유럽사의 해석

유럽사의 해석

유럽 중심주의 사관의 재고찰

최영보

고려대학교출판부
KOREA UNIVERSITY PRESS

서문

20세기 전반기에 유럽을 두 차례나 파국으로 몰았던 세계대전에서 역사가들은 전대미문前代未聞의 비극적 현실을 목도하였다. 1914-1917년의 첫 번째 대전이 끝나고 시간이 흐르면서, 유럽은 차츰 재기再起하였고 그 세계적 위세를 다시 회복하는 듯했다. 유럽 열강의 세력판도는 미국이 전통적 고립주의의 길로 회귀回歸하고, 러시아도 국내 문제(러시아혁명)로 대외관계에 등을 돌리게 되면서 전통적 "유럽 국가 체제"는 부활하는 듯이 보였다. 1939-1945년의 두 번째 대전은 명실상부한 세계대전으로서 유럽을 폐허로 만들었고, 역사가들은"유럽 시대의 종식"을 알렸다. 세계를 지배하던 유럽의 강국들은 사라지고, 유럽 밖에서 꾸준히 성장해 온 미국과 러시아가 이른바 세계적 초강대국으로 등장하였다. 두 영역으로 나뉜 유럽은 이 두 강대국의 영향권 안에 들게 되었다. 영국의 명성 높은 비교문명사가比較文明史家 아널드 토인비는 대전으로 폐허가 된 유럽을 사화산死火山에 비유했다.

지난날의 유럽에서는 거의 비교할 만한 시기를 찾아볼 수 없을 만큼, 큰 변화를 경험한 역사가들은 단지 새로운 역사를 찾아내는 일뿐만 아니라, 역사에 대한 반성의 심정과 함께 유럽사를 재검토하기 시작하였다. 실용적 목적이 있었음에도 불구하고 "비잔티움의 역사"나 "동유럽의 역사"는 오랫동안 무시되어 왔듯이, 서유럽의 역사가들은 자기네들과 "현실 관련성"이 적은 역사적 대상을 외면해 왔던 것이 사실이다. 적어도 19세기 이래 서유럽 문명에 집중되었던 역사 서술이 두 차례의 세계대전이 끝나면서 적극적으로 비판되었고 극복되기 시작하였다. 사려 깊은 역사가들은 유럽 역사를 전면적으로 되돌아봤고, 무엇보다도 "유럽사의 개념"을 특정 시기에 따라서 다시 관찰하였다.

역사가들이 공감하게 된 유럽사에 대한 좌절의식과 새로운 해석을 우리는 다음과 같은 몇 가닥의 포괄적 주제를 통해서 우선 규지窺知할 수 있을 것이다. 1) 전통적 "유럽 중심주의적" 역사 개념의 재고찰, 2) 유럽 외적外的 위치에서 군림한 강국들의 유럽 개입을 불가피하게 용인해 온 "유럽 국가체제"의 역사적 실상, 3) 동·서 유럽 문명의 역사적 연계성, 4) "유럽시대의 종식"이라는 엄청난 좌절의 시기에 재구성된 유럽사상史像 등을 이 책의 제1부에서 보게 된다.

다음으로 제2부에서 유럽 시대를 승계하는 1) "대서양 시대와 대서양사"의 전개 과정을 금세기에 이르도록 전면적으로 관찰하고, 2) 대서양 시대의 개막을 알린 미국인들이 건국초기에 지녔던 유럽에 대한 정치적 현실적 상황 인식, 3) 냉전 시대에 고조됐던 "미 제국"이라는 관념에 대한 상충하는 해석 경향 등을 살피게 된다. 특히 금세기에 들어오면서 날로 심화하는 "대서양 시대사"에 대한 연구 경향은 앞으로 어떠한 진척이 있을지 우리의 큰 관심사가 아닐 수 없다.

제3부에 곁들여진 세 편의 토인비 관련 글들은 필자가 유럽사를 "하나의 전체"라는 시각으로 관찰하면서 부수적으로 얻게 된 그 나름대로 중요한 내용들이다. 토인비의 비교문명론이 서유럽 역사(서구 문명사)를 이해 가능한 하나의 연구 영역으로 설정하고 있는 것은 주지의 사실이거니와, 바라클라프를 포함한 적지 않은 역사가들이 유럽이라는 보편적 역사를 구성하기에 적지 아니 참고의 대상으로 삼아 온 것도 사실이다. 한편 이 책의 마무리 삼아 소개한 "현대의 세계사(바라클라프의 다이얼로그)"는 진행 중에 있는 냉전의 실상을 변화의 과

정에서 파악하고 있는 부분이 돋보인다. 역사가는 지난 일만 서술해야 하는 입장에 머무를 수 없다는 그의 논리의 일단을 대화 속에서 볼 수 있다. 특히 냉전은 1956년에 끝나는 방향으로 움직이기 시작하였음을 예리하게 분석하고 있다. 이 역사가의 세계사적 단상들은 우리가 유럽사를 당시대적 시각으로 이해하는 데 요긴하다고 고려된다.

오늘날 저널리즘에서도 익숙해진 "유럽 중심주의 사관의 극복" 문제는 "유럽사와 세계사를 동일시하는" 그릇된 개념의 극복을 의미한다. 이는 세계사적 또는 비교문명사적 정치 경제 문화라고 하는 새로운 역사구성에서 오래된 유럽사에 전과 다른 자리를 부여하는 양상을 생각하게 한다. 이는 흔히 유럽 중심적 유럽 편향적 세계사 서술이나 해석의 모순성을 극복해야 하는 실천적 문제로 고려되고 있다. 이 문제는 해묵은 논제이지만, 오히려 근년에 와서 더 활성화하는 느낌이다.

이른바 "유럽 중심주의적 역사관"의 문제는 이 책에서도 부제로 제시하고 있듯이, 적극적으로 또한 전면적으로 논급될 기본적인 문제이지만, 그렇다고 해서 이 책의 연구 범위나 연구대상이 세계적 또는 전全 지구적 규모의 보편사 그 자체를 새로이 구성하는 데 있는 것이 아니라는 점을 미리 밝혀 두고 싶다. 이는 "유럽사의 해석"을 기축基軸으로 우리의 연구의 폭을 유럽 외적 상황으로 필요한 만큼 얼마든지 넓힐 수는 있어도, 21세기의 세계사 자체를 새로이 구성하는 문제는 대상 밖의 다른 문제라는 것이다. 적어도 현대의 세계사는 우리가 지금 사는 세계에 잘 조화하는 전혀 새로운 차원에서 탐구해야 할 새로운 문제이기 때문이다.[1] 이 책이 지향하는 범위는 유럽 시대를 잇는 신시대의 전망에 적응할 수 있는 유럽의 과거에 관한 새로운 인식의 틀과 내용을 정리하는 데 있다고 말할 수 있을 것이다.

한마디로 이 책은 "전통적 유럽사" 그 자체에 대한 새로운 해석을 시도하는 데 그 기본적 방향이 설정되어 있다. 즉 "유럽시대의 종식"에 공명하는 역사가들이 고찰하는 "유럽사의 개념"과 연관된 문제들을 검토하는 데 초점이 맞추어져 있다는 것이다. 이는 유럽 역사 그 자체의 "서유럽 중심적 해석" 경향을 두고 비판해 온 역사가들의 입장을 밝히는 데 있다고 말할 수도 있을 것이다. 또는 유럽사를 "자족적 단위"로 보는 데서 멈추지 않고, 유럽과 보다 넓은 세계와의 편견 없는 대등한 관계 속에서 파악해야 한다는 것이 이 책 내용의 큰 흐름이기도 하다. 이를테면 유럽이 신세계(미국)에 준 충격을 일방적으로 강조하는 대신에, 신세계가 유럽에 미친 충격에도 필요한 만큼 주목을 한다든가, 또는 적어도 양자의 역사를 별개의 대륙의 역사가 아니라 산업혁명 이래 일관되게 점차로 통합되어 온 하나의 세계 속에서 직접 관련을 맺어온 요소로 이해하기 시작했다는 것이다. 또한 동유럽의 역사를 무시해 온 해석 경향을 비판적으로 분석할 수도 있을 것이다. 또한 18세기 계몽주의에서 비롯한 유럽 우월론의 실상을 거론할 수도 있다. 그리고 거듭 강조하는 바이지만, "유럽 중심주의 사관"의 "서유럽 중심적" 모순을 극복하는 새로운 다양한 해석들이 이 책의 전체적 흐름

1) G. Barraclough, "Universal History," in H. P. R. Finberg. ed. *Approaches to History : A Symposium*. pp. 85, 88. 우리는 다음과 같은 문맥에서 그 이유를 음미할 수 있다. "세계사는 흔히 고려되는 단순한(부분적) 역사의 총합總合이 아니다. 세계사는 다른 유형의 역사와는 다른 각도에서 현실을 자르고 들어간다. 이렇듯 세계사는 그 각도가 다르기 때문에 다른 유형의 역사가 남긴 발전의 가닥을 절단切斷하고 들어가는 것이다. 세계사는 과거부터 우리가 받아들인 전통적인 역사에 조화를 도모하기보다는, 현재 우리가 사는 세계에 한층 더 잘 조화하는 새로운 차원과 새로운 전망의 탐구라고 설명하는 편이 훨씬 합리적이다. 아무튼 세계사는 그 자체의 독특한 출발점과 독자적 방법을 가지고, 다른 유형의 역사가 실현할 수 없는 목적과 대상을 갖는 역사연구의 독립적 한 분야이다."

에서 선명히 밝혀지고 또는 시사되고 있음을 미리 일러두는 바이다.

한편, 우리가 잘 알고 있듯이, 제2차 대전 후에 서유럽은 복잡하고 힘든 과정을 거쳐 하나의 연합체를 구성하고 차츰 그 규모를 확장해 왔다. 유럽연합EU은 일부 동유럽 지역에도 새로운 차원의 지평을 연 것이다. 그리고 이 책의 주요 논제 중의 하나이기도 한, "동서 유럽의 역사적 연계성"이 지금도 우리의 눈앞에서 생생하게 전개되고 있는 것이다. 본래 역사는 사후post factum에 다루기 위해 일정한 거리를 두고 보아야 하지만, 동유럽의 민주화와 자유화가 훤히 내다보이는 불가역적 발전의 과정으로 정착한 지도 오래됐다. 전 세기 말부터 현 세기 초에 걸쳐, 가톨릭의 서西슬라브족을 시작으로 정교회의 남南슬라브족에 이르는 "동중유럽East-Central Europe" 일대의 "소수민족"들이 제2차 세계대전 이래 세차게 동진東進해 온 북대서양조약기구NATO로 대표되는 "대서양 체제"에 자연스럽게 흡수되는 상황을 지켜보면서 우리는 역사적 "대서양 시대"의 생동하는 "현실 관련성"을 실감하게 된다.

이렇듯 과거는 언제든지 현재에 뛰어든다. 특히 급변하는 전환의 시기에 그렇다. 그리고 지난 역사의 "현실 관련성"의 문제, 즉 과거와 현재와의 관계를 올바른 관계로 유지하는 일이야말로 미래의 형성에 충분히 공헌할 수 있는 실천적 의미를 갖게 될 것이다. 급변하는 현대에 사는 우리들이 지난 역사에 대한 올바른 "현재적 인식Gegenwartserkenntnis"을 해야 할 이유도 여기에 있다.

* * *

강단을 떠나 온 지 오랜 처지에, 지난날에 발표했던 글들을 다시 모아 엮어 내게 된 것을 송구스럽게 생각하면서 사사로운 감사의 말씀을 첨부한다.

이 책에 게재된 글들은 한 편의 신고 新稿, "대서양 공동체와 대서양사"(제5장)를 제외하고 1995년까지 몇 개의 학술지〔《역사학보歷史學報》 61(上)집, 62(下)집 (《서양사논문선집西洋史論文選集》에 재수록), 78집, 《사총史叢》 42집, 32집, 《인문논집人文論集》 32집, 《미국사연구》 3집, 《우문友文》 3집, 《고대신문》 737호, 《서양사신론 西洋史新論》(단행본) 제2권. 이상 이 책의 목차 순서에 따름〕에 발표된 글들이다. 1969년에 기필起筆하여 한 20년 넘게 쓴 글들인 셈이다.

생각해 보니, 필자는 유럽사의 모습을 찾아서 여러 방향을 짚어 보는 입장에 있었던 것 같다. 전체론적 유럽사의 문제성을 염두에 두고 글을 써 온 것이다. 그래서 유럽사의 포괄적 개념적 문제를 살핀 글이 주종을 이룬다. 그런데 이 책에는 유럽을 벗어난 미국외교사 관계 논문도 두 편 실려 있는 것이다. 그 하나는 미국인들이 건국 초기에 유럽 국가체제의 개념을 기능면〔즉, 유럽적 '세력균형'의 기능면〕에서 관찰한 글이다. 또 하나는 제2차 세계대전 후에 유럽에 주둔한 "양대 초강국"중의 한 나라이며 대서양 체제의 패자인 이른바 "미 제국"이라는 관념적 위상을 살펴보기 위해서 실은 것이다. 두 편 모두 미국에 국한되지 않은 대외문제에서, 이 책의 본바탕인 "유럽사 개념" 의 외연을 적극적으로 충족시켜 줄 것이다.

이 책이 빛을 보기에는 지난 세기말 10년 중반이 넘기까지 재직했던 대학의 덕분이 크다. 바야흐로 소위 노경에 진입한 것이 필자의 처지임에도, 이 책 출판에 계기를 만들어 주신 김정배 고대 명예교수(한국학중앙연구원 원장, 전 고대총장)에게 깊은 감사의 뜻을 표하며, 아울러 때늦은 탈고이지만, 출판을 서둘러준 송하춘 교수와 김재혁 출판부장에게 각별한 감사의 뜻을 전한다. 특히 출판부의 관계관 제위의 친절한 배려에 감사하는 바이다.

그리고 책 내용을 정리해 준 대학원 서양현대사팀의 동학 同學 박인숙 박사, 조정운, 안영식, 이동규(석사 제위), 특히 사학과 조교 김승우 군에게 고마움의 우의를 전한다.

학문의 정도를 이끌어 주신 은사 노원蘆園 염은현 교수님께 깊은 정의情誼를 절감하면서 감사드리고, 아울러 나라는 존재를 에워싼 메마른 풍토 속에서 따듯한 손길을 내밀어준 선학 ,동료, 동학 제위에게 감사의 뜻을 이 지면에 실어 보내 드린다.

이 소품이나마, 나를 너무나 아끼고 사랑해 주신 나의 선친(崔公祥淵, 承訓郎)께 삼가 드린다.

2009년 9월

저자

차례

2부. 대서양 시대와 대서양사의 전개

3부. 토인비의 비교문명론 관견管見

1부

유럽 시대와 유럽사 개념의 해석

I II III IV V VI VII VIII IX X

"유럽 시대의 종식"과 유럽사 개념의 재고찰

1. 서론

제2차 세계대전이 종막을 내린 1945년 이래 구미歐美의 역사가들은 유럽 시대가 종식하였다는 역사의식을 갖게 되면서 유럽사를 다시 고찰하기 시작하였다.

일반 역사가들이 말하는 "유럽 시대의 종식The end of the European Age"이라는 표현은 비교 문명론比較文明論에서 예언하는 서양 문명의 몰락을 뜻하는 것도 아니고 더욱이 종교적 의미의 "종말론Eschatology"을 암시하는 것도 아니다. 이는 단적으로 말해서 "전통적 유럽 체제의 좌절"과 새로운 세계 강국으로서의 미·소 양 대국의 등장을 목도하게 된 역사가들이 시대적 전환을 지적하기 위해서 사용한 어휘이다.

유럽 시대의 종식을 의식한다는 것은 그 자체에 있어서 유럽의 끊임없는 발전과 세계적 확대를 믿게 했던 전통적 유럽 우월관優越觀의 좌절을 의미하거니와 이러한 좌절감은 역사가로 하여금 유럽사에 대한 성찰의 계기를 갖게 하였다. 세계대전 후에 시도된 유럽사의 재고찰은 쇠퇴한 현실을 반성하기 위해서 시작된 관계로 그 대부분이 원인 추구적인 것이었다. 말하자면 이들 역사가의 연구 태도는 일찍이 랑케Leopold von Ranke가 강조해 마지않던 명언, "그것은 본래 어떠하였는가"에 집착하는 것이 아니라, 데히오Ludwig Dehio의 말대로 "그것은 어떻게 발생했는가wie es gekommen"[1]를 새로이 음미하는 데 있었다.

이러한 성격의 유럽사의 재고찰은 역사가마다 다른 관점과 다른 시각에 따라서 마련된 것이므로 매우 다양한 내용 전개를 보였지만, 다음과 같은 두 가지의 공통적 결론을 지니고 있었다. 그 하나는 "유럽 공동체의 세계적 우월성의 종식"이요, 다른 하나는 "자족적自足的 정치 단위政治單位로서 연구할 수 있었던" 유럽사의 종식[2]이다.

이와 같은 문제제기적인 두 개의 결론을 확집할 수 있었던 필자는 랑케가 확립한 전통적 유럽 사관이야말로 재평가의 대상으로서 적합하다고 생각하게 되었다. 즉 세계대전 후에 시도된 유럽사의 새로운 해석을 통해서 랑케의 "유럽사 개념"을 새로이 관조할 필요가 있다고 생각하게 된 것이다. 그 이유는 데히오의 말대로 랑케가 어느 역사가보다도 앞서서 유럽사의 정치적, 문화적 통일성을 강조했고 또한 유럽 공동체의 세계적 우월성을 주장했던[3] 까닭이다.

그리하여 마련된 것이 이 장의 주제이며, 다시 말하자면 "유럽 시대의 종식"을 계기로 이루어진 새로운 유럽사 해석에 입각한 "랑케적 유럽사 개념"의 재고찰인 것이다.

그런데 실제로 랑케의 유럽사 개념을 정리하는 일만 하더라도 방대한 그의 전체 저작을 통해서 종합적으로 파악하기란 힘에 겨운 일이므로 그의 대표적 저작과 일반 역사가들의 견해를 통해서 이해할 수밖에 없었다. 다만 그의 개념 구성에서 기초적 전제가 되는 이른바 "유럽 우월관"의 사학사적史學史的 배경을 살피는 데 미력하나마 적지 않은 힘을 기울였다. 그러고 나서 랑케를 원류源流로 하는 일반 역사가 내지는 아류사가亞流史家들에 대한 그의 영향을 적극적으

1) L. Dehio, *Gleichgewicht oder Hegemonie, Betrachtungen über ein Grundproblem der neueren Staatengeschichte*, 1948, S. 9.

2) O. Halecki, *The Limits and Divisions of European History*, 1962, p. 201. Halecki는 "분리된 단위separate unit로서 연구할 수 있었던 유럽사의 종식"이라고 말하였다. Hajo Holborn, *The Political Collapse of Europe*, 1957, p. 14. Holborn은 유럽은 "자족적 정치 단위self-contained political unit"를 형성한 적이 없다고 말했다. 이웃의 다른 문명의 압력을 받아 왔음을 지적하고 있다.

3) L. Dehio, *op. cit.*, S. 12,

로 관찰하였다. 마지막 항목에서 랑케의 유럽사 개념과 근본적으로 대척되는 제2차 세계대전 후의 새로운 해석의 내용이 갖는 의의를 부각시켜 보았다.

1945년에 표면화한 "유럽의 분열은 필연적으로 영구히 역사학에 있어서 최대의 주제의 하나를 만들 것"[4]이라고 하는 하요 홀보른Hajo Holborn의 말이 뜻하는 대로 유럽과 미국 역사학계에서는 매우 활발한 "재해석의 시대"[5]가 열렸거니와 허다한 역사서가 속출하여 여러 모로 유럽사를 재고찰하여 왔다. 이러한 재해석 경향을 될수록 넓게 포괄하고 싶은 것이 필자의 생각이지만, 좀더 만족할 만한 자료를 구비하기에는 한계가 있었음을 밝혀 둔다.

2. 계몽주의 시대의 유럽 우월론

19세기의 낭만주의적 분위기에서 성장한 레오폴트 랑케는 18세기의 계몽주의적 역사 서술이 지녔던 사변성思辨性과 추상성抽象性을 극복하고 역사적 사실을 사실대로 기술함으로써 실증적 서술의 세계를 개척한 역사가이다. 랑케의 역사 구성이 국민사國民史나 국가사와 같은 이른바 "개별적인 것"을 골간으로 삼았는 데 반하여, 계몽주의적 역사 서술은 국민의식이란 것과는 무관한 상태에서 오직 인간정신의 합리적 목적을 추구하기 위하여 보편사普遍史 서술에만 전념하였다는 점에서 양자 간에는 대척 관계가 성립되는 것으로 이해된다.

18세기를 가리켜 비역사적unhistorisch 세기라고 말하는 연유도 랑케로 대표되는 낭만주의의 19세기를 위대한 "역사의 세기"로 평가하기 위한 목적에서 비롯하였다고 말할 수 있거니와, 일반적으로 보아서 랑케는 계몽주의적 역사 사상과는 대립적인 입장에 있는 것이 분명하다.

4) H. Holborn, "Der deutsche Idealismus in socialgeschichtlicher Beleuchtung," *Hist. Zeitschrift*, Bd. 174, 1952, S. 359ff.

5) C. Vann Woodward, "The Age of Reinterpretation," *A. H. R.* Vol. LXVI, No. 1, 1960, p. 1. 필자는 Woodward의 논제 자체를 인용하였다.

그럼에도 불구하고 랑케를 논의함에 있어서 계몽주의적 역사관을 하나의 전제조건으로 삼으려는 이유는 마이네케F. Meinecke가 긍정하고 있는 대로 랑케 사학의 근저에는 "18세기의 보편사적 유산universalhistorischen Erbe"[6] 이 잠재하고 있기 때문이며, 특히 랑케의 유럽사 개념은 보편주의적 역사관의 가장 큰 대목임에 틀림없는 유럽 우월관과 불가분의 관계가 있다고 고려되기 때문이다.

보편사 서술에서 흔히 나타나는 유럽의 세계적 우월성이란 주로 아시아에 대한 유럽의 우위를 의미하고 있거니와, 우리는 이러한 유럽 우월관이 어떠한 내용과 의미를 가지고 있으며 또한 어떠한 배경에서 이루어졌는가를 살피는 데서 출발할 수 있을 것이다.

우선 유럽 역사 전반을 통해서 볼 때 유럽과 비유럽과의 대비는 일찍이 고대 그리스 사상에서 비롯하였음을 알 수 있다. 영국사가 해이Denys Hay의 설명에 따르면[7] 기원전 500년경 밀레투스Miletus의 헤카타에우스Hecataeus는 처음으로 서방과 동방을 유럽과 아시아(후에 아시아로부터 리비아Libya가 나뉘어졌지만)로 양분하였다. 이로부터 1세대 후에 실지답사를 많이 했던 헤로도토스Herodotos는 이러한 양분론을 부정하고 "사람이 주거할 수 있는 땅으로서 세계oecumene를 삼분三分하여" 아시아·아프리카·유럽 등으로 헤아렸다. 헤로도토스는 스스로 세계를 삼분하였음에도 불구하고 당시의 그리스인들이 생각했던 대로 "대륙 간의 근본적 차이를 동방과 서방, 페르시아인과 그리스인, 아시아와 유럽 등"으로 양분해서 생각하였다.

그러나 유럽을 하나의 역사적 실체로 보면서 아시아와 비교할 수 있었던 그리스인이나 그 뒤를 이은 로마인에게서 "유럽이 갖는 의미는 대단한 것이 아니

6) F. Meinecke, *Weltbürgertum und Nationalstaat*, Werke Bd. V, 1962, S. 249.

7) D. Hay, *Europe : the Emergence of an Idea*, 1957, pp. 2, 3. 어원적 연구에 의하면 아시아 및 유럽이란 낱말은 고대 "셈"족이 "일출과 동방의 땅"을 AÇU로 "일몰과 암흑과 서방의 땅"을 Erib로 부른 데서 비롯한다(H. Hassinger, *Geographischer Grundlagen der Geschichte*, 1931, S. 38). 한편 그리스인들은 셈족의 두 명칭을 받아들여 Asia와 Europa라는 자기네 언어로 바꾸어 사용하였다고 한다(V. M. Ninck, *Die Entdeckung von Europa durch die Greichen*, 1945, S. 15ff.) 그러나 D. Hay의 풀이에 의하면 위와 같은 설은 마침내 대폭 부정되기에 이르렀고, 근년에는 "유럽"의 어원을 그리스어 속에서 구하고 있다고 주장한다(Vide, D. Hay, *op. cit.*, pp. 1, 2)

었다. 〔…〕 왜냐하면 그리스인에게는 그리스 그 자체가 문명의 중심이었고, 로마인에게도 로마가 중심적 위치를 차지했기 때문이다".[8]

이렇듯 일찍이 고대 그리스인이 의식했던 유럽과 아시아이지만 "유럽 문명과 중국 문명을, 일반적으로 말해서 유럽 문명과 비非유럽 문명을 명확히 구별 짓기에는 18세기까지 기다리지 않으면 안 되었다".[9] 18세기에 통용된 유럽과 아시아의 구별은 보편사universal history로서 세계사world history를 서술하는 가운데 이루어졌다. 유럽이란 개념은 유럽 아닌 것과의 대비對比을 통해서 명확해지거니와 "18세기에 이르러 처음으로 아메리카가 유럽에 대립하는 개념으로 사용된 적도" 있었으나 이보다도 보편적 의미에 있어서 유럽 아닌 것이란 언제나 아시아를 가리켰다.[10] 계몽주의 시대의 역사가가 "기독교학자들의 편협성 parochialism이나 신학적 선입견으로부터 역사를 해방시키고"[11] "역사상 처음으로 비유럽 세계를 연구 범위에 넣어 보편사의 구성을 가능하게 한 것"은[12] 위대한 역사적 업적임에 틀림없을 것이다.

계몽주의 시대의 보편사 서술에 나타난 지배적 관념은 콩도르세Condorcet나 헤르더Herder로 대표되는 동양 민족 경멸론과 유럽 우월론이었다.

진보의 예언자 콩도르세는 중국을 가리켜 다음과 같이 말하였다. "무지와 편견에 지배된 인간정신은 그 광대한 제국에서 수치스런 정체 상태에 머물도록 운명을 타고났다. 더욱이 이 제국은 멈추는 일없이 존속하여 매우 오랫동안 아시아의 명예를 손상시켜 왔다. 우리가 이와 같이 문명과 문명의 타락을 동시에 관찰할 수 있는 것은 이 대륙의 주민뿐이다."[13]

보편사 자체를 착실하게 서서히 전진하는 인류 진보의 역사라고 생각하면

8) *Ibid.*, pp. 4, 5.
9) Federico Chabod, *Storia dell' idea, d'Europa*, 1961(일역서, 清水純一), p. 93.
10) *Ibid.*, p. 23.
11) P. Gay, *The Enlightenment : An Interpretation*, 1968, p. 37.
12) T. J. G. Locher, *Die Überwindung des europäozentrischen Geschichtsbildes*, 1954, S. 9, quoted in G. Barraclough, "Universal History" in *Approaches to History : A Symposium*, ed. by H. Finberg, 1962, p. 85.
13) Condorcet, *Sketch for a Historical Picture of the Progress of the Human Mind*, 1795, p. 39(tr. from the first edition by G. Barraclough, 1955).

서, 그러나 다양한 민족들이 결코 동등한 진보를 이룩하는 것은 아니라고 파악한[14] 튀르고Turgot는 동양을 가리켜 "중국인은 매우 오래전에 고착되었다. 그들은 흡사 큰 나무가 쓰러진 뒤에 작은 가지들만이 지면 위에 겨우 뻗어난 것 같은 모습으로 변하였다. 그들은 결코 범용凡庸을 초극超克하지 못할 것이다"[15]라고 평하였다.

계몽주의 시대에서 낭만주의 시대로의 이행기에 독일문학을 대표한 헤르더도 유럽의 인간생활만이 순수하게 역사적인 것이라고 보았다. 반면에 중국이나 인도, 또는 미국의 토착민들에게서는 진정한 역사 발전이 없으며 오직 정체적이고 변화가 없는 문명만이 있을 뿐이라고 보았다. 그리하여 "마치 인간이 동물 중에서 특혜를 부여받은 것과 같이 유럽만이 인간생활을 위한 특혜를 받은 지역이었다".[16] 프랑스 사상가 중에서도 특히 몽테스키외Montesquieu와 라이프니츠Leibnitz의 영향을 받은 헤르더는 비록 튀르고나 콩도르세와는 다른 각도에서 역사를 관찰하고 있으나 이 두 프랑스 역사가가 계획한 것과 동일한 과제의 세계 문명사를 구성하려고 노력한 역사가였다.[17]

18세기의 유럽인이 가진 우월감은 스스로 계몽되었음을 자부하는 가운데 이루어진 것이며 이 시대의 합리주의 정신을 바탕으로 하는 것이었다. 계몽주의적 사조가 풍미했던 18세기의 시대적 성격을 통일적으로 파악한다는 것은 용이한 일이 아니지만, 일반적으로 말해서 이 시대의 정신적 기조基調가 역사적 합리주의에 있었음에는 의문의 여지가 없거니와 실로 이 역사적 합리주의야말로 역사적 세계주의를 낳았던 것이다.

우리는 튀르고의 다음과 같은 지론을 통해서 합리주의적 사고방식에 입각한 계몽주의적 우월감이 어떠한 것인지 엿볼 수 있다. 즉 "다른 민족보다 앞서서 어느 정도나마 계몽된 지식을 얻은 민족은 속히 그 이웃 민족에 대하여 우위를

14) J . B. Bury, *The Idea of Progress : An Inquiry into its Origin and Growth*, 1960, p. 155f.
15) Turgot, *Plan du second Discours sur le progrès de l'esprit humain*, Oeuvres, 1913, vol. I, p. 320, requoted from Luis Diez del Corral, *The Rape of Europe*(tr. from El Rapto del Europa by H. V. Livermore, 1959), p. 11.
16) R. G. Collingwood, *The Idea of History*, 1957, p. 90f.
17) Bury. *op. cit.*, p. 240.〔Vgl. Herder, *Ideen zur Philosophie der Menschengeschichte*, 1784-1791.〕

차지하게 되었고", 그리하여 "각 단계는 다음 단계를 촉진함으로써 한 나라의 발전이 날로 급격하게 이루어졌으며, 반면에 계몽을 모르는 다른 나라들은 특수한 환경에 의하여 강요된 범용凡庸 속으로 침전하였다"[18]는 것이다.

볼테르Voltaire는 대부분의 계몽주의자와는 달리 동양 민족의 존재를 긍정적으로 보았던[19] 사상가였으나 그의 경우도 예외 없이 "유럽의 일각에서 지금까지 선행한 어느 시대보다도 더 큰 광명을 획득하였다"[20]라고 주장함으로써 계몽된 18세기 유럽의 우월성을 과시하였다. 실로 계몽주의 철학자들은 18세기 유럽 사회야말로 세계에서 최상의 영광된 단계에 도달한 사회라고 자찬하여 마지않았다.

"유럽의 우월성"은 19세기로 접어들면서 더욱 밀도 깊게 인식되었다. 헤겔Hegel은 유럽의 우월성을 보다 적극적이며 진취적인 입장에서 강조하였다. 그의 주장에 의하면 "세계는 바야흐로 탐구되고 또한 주항周航이 이루어졌다. 세계는 유럽인을 위한 활동 범위이다. 유럽인에 의하여 지배되지 않은 부분이 있다면 그것은 지배할 가치가 없든지 또는 지배되지 않을 운명에 있는 것이다". 반면에 유럽은 "정신적 세계이며, 그 자체로서 통일된 정신이다. 그리하여 유럽은 스스로 문화의 무한한 창조와 그 지속을 위해 헌신하여 왔고, 더욱이 자체의 독립성과 본질성을 상실하지 않았다".[21] 그런데 유럽의 세계 지배는 단순한 정복이나 공략과 같은 힘만으로 얻어지는 것이 아니라 "오히려 정신적이며 절대적 이성"에 의해서 달성되는 것이다. 이러한 이성으로 추진되어 가는 것이야말로 "공리公理와 같은 진리로서 이 진리를 설명하는 것이 바로 세계사 그 자체이다. 세계사는 곧 이성의 영상이며 이성의 행위인 것이다".[22]

18) Turgot, *op. cit.*, p. 303, requoted from del Corral, *op. cit.*, p. 12.

19) Voltaire는 Bossuet의 역사적, 신학적 일원론historico-theological unitarianism에 대한 반박을 목적으로 동양 민족의 존재를 시인하였다. 그는 왜소한 유대민족의 역사가 세계의 중심이 될 수 없을 뿐만 아니라 거대한 아시아제국帝國의 존재도 인정해야 한다고 주장하였다. Vide, del Corral, *op. cit.*, p. 11.

20) Benedetto Croce, Filosofia come scienza dello spirito, IV, *Teoria estoria della storiografia*, 1920(일역서, 羽仁五郞), p. 288.

21) Hegel, *Vorlesungen über die Philosophie der Weltgeschichte*, 1944, Bd. I, S. 202.

22) *Ibid.*, S. 5.

동양에 대한 헤겔의 평가는 동양이 운명적으로 유럽의 지배를 받게 된다는 점에서 극히 부정적인 것이었다. 더욱이 특별하게 지적할 만한 것은 "동양은 사거死去하였으나 자연에 근거하고 있는 까닭에 다만 잔재하고 있다"[23]는 것이다. 이와 같이 헤겔이 본 중국이나 인도 같은 동양의 노대국老大國은 일종의 역사 이전의 상태에 머물러 있는 나라에 다름없었고 다만 자연 상태에 흡사한 시간적 영속성이나 항상성 때문에 명맥을 유지하고 있는 것으로 해석되었다.

헤겔과 동시대에 살았던 프랑스의 콩트A. Comte도 헤겔 못지않게 비유럽 세계를 부정하였다. 그는 "우리의 과거에 실제로 아무런 영향도 주지 못한 중국이나 인도나 이 밖에 다른 나라들과 그릇 혼동함으로써 오히려 우리 스스로의 사회 발전에 대한 연구를 어지럽힌다"라고 주장함으로써 불교·회교·비잔틴 세계 등이 세계사에 기여한 사실을 외면하였다.[24]

헤겔이나 콩트가 주창한 유럽 우월론의 논거는 어디까지나 정신적 영역에서 구해진 것이며, 이들 두 사상가에게서 "실증적 정신esprit positif"이 구현된 곳은 바로 유럽이었다. 그리고 유럽만이 이 정신을 계승할 뿐만 아니라 앞으로도 계속해서 발전시킬 것으로 확신하였다. 이러한 유럽은 다른 대륙에 대하여 정신적 질서 위에서 경쟁의 여지없이 우위에 있으면서 지도력을 발휘할 수 있다고 생각하였다.[25]

유럽을 격동시킨 산업혁명을 비롯하여 과학적 혁명이나 정치적 혁명에서 급속한 사회 발전을 의식했던 지도적 사상가들의 눈에 비친 중국 사회가 발전과 변화를 모르는 정체停滯와 퇴영退嬰으로 점철된 전통 사회로 인식되었던 것은 당연한 일이었다. "혁명의 시대는 또한 세계적 발전의 시대"[26]이며 이 시대의 유럽은 외부로부터 아무런 위협도 받지 않은 안정된 사회였다. 그리하여 이 시기의 유럽의 열강들은 넓은 세계에서 자의대로 행동할 수 있었다. 유럽의

23) *Ibid.*, S. 275.
24) Comte, *Cours de philosophie positive*, 1864, Vol. V. p. 8 quoted in del Corral, *op. cit.*, p. 14.
25) del Correl, *op. cit.*, p. 14,15.
26) C. Dawson, *Understanding Europe*, 1960, p. 49.

사상가들은 이같이 강대한 유럽의 국민국가가 양성釀成한 여유 있는 환경 속에서 그들의 사상의 세계를 마음껏 펼쳤다.

계몽주의 시대와 낭만주의 시대의 사상가들은 함께 유럽 우월관을 가지고 있었으나 이들 사이에는 자연과 역사와의 관계를 인식함에서 적지 않은 차이점이 있었다. 우리는 카E. H. Carr의 설명을 통해서 이들 사이의 차이점이 무엇인지 착안할 수 있을 것이다. 그의 견해에 따르면 계몽주의 시대의 사상가는 분명히 두 개의 상충하는 의견을 받아들이고 있었다. 계몽주의자들은 자연 세계에서 인간의 지위를 확인하려고 노력하는 가운데서 끝내 역사법칙은 자연법칙과 동일하다고 생각하였으나, 그럼에도 불구하고 그들은 역사에 있어서의 진보라고 하는 관념을 믿고 있었다. 한편 헤겔은 계몽주의자의 입장과는 달리 처음부터 역사를 진보하는 것으로 보고 진보하지 않는 자연으로부터 예리하게 구별함으로써 역사와 자연 사이에 얽혀진 난삽성難澁性을 극복하였다.[27] 상이한 시대에 살았던 이들 두 부류의 사상가들 사이에는 자연 내지는 역사에 대한 인식의 격차가 현저하였음에도 불구하고 유럽사 자체의 동적이며 진취적 성격을 강조하는 데에는 일치된 견해를 가지고 있었다. 그 근본적 이유는 "비록 헤겔이 낭만주의적 주의환경으로부터 국민 또는 국가적 활동 범위 안에서의 유기적 통일의식을 간취하고 있다"는 점에서 계몽주의적 보편사상과 준별되는 국가사상의 소유자라고 하더라도, 본래 그는 "계몽주의의 유아遺兒child of the Enlightenment" 임에 틀림없는 까닭이다. 그는 계몽주의 특유의 "낙관론을 비롯하여 진보 내지는 완벽성의 신념에 스며들었던 것이다".[28]

세계 이해를 위한 중요 수단으로서의 진보의 사상을 낳은 것은 자연과학이 아니라 역사 사상 분야라고 구명한 호이징하Johan Huizinga의 아래와 같은 명쾌한 요약[29]을 통해서 우리는 18세기로부터 19세기에 이르는 동안의 진보의 관념을 위요한 역사 사상의 흐름을 파악할 수 있을 것이다. "볼테르, 튀르고, 콩도르세

27) E. H. Carr, *What is History?* 1965, pp. 149, 150(Vide, 번역서, 吉玄謨, 역사란 무엇인가?).
28) Pieter Geyl, *Use and Abuse of History*, 1957, p. 35.
29) Johan Huizinga, *Man and Ideas*, 1959, pp. 31,32.

는 거대한 역사 과정을 점진적 이행과 부단不斷의 변화와 진보로 본 최초의 사람들이었다. 이러한 견해는 역사적 위대성이란 의식적으로 구성된 것으로 이해되어야만 한다는 당시의 지배적 관념에 대립하였다. 문화 상황이나 문화 현상은 효과적이며, 점진적이며 무의식적인 진전을 한다고 믿는 사상은 헤르더를 비롯하여 독일의 낭만파와 그리고 최후로 헤겔의 정신에서 보다 충실한 내용과 심오한 의미를 얻게 되었다. 19세기 전반에 이르러 발전evolution이라고 하는 말이 차츰 변형transformation, 변화change, 진보progress와 같은 말을 대신하게 되었다. 그것은 일반적으로는 아직 순수관념적 의미밖에 갖지 못했고 자연의 구체적 형식이 아니라 정신적 개념에 적용되었을 뿐이었다. [⋯] 그런데 19세기 후반에 이르러 자연과학에서 발전의 개념이 압도적으로 승리하게 되면서 우선 생물학적 형태에서 다윈Darwin의 진화의 개념이 영원의 왕좌를 차지하게 되었다."

생각건대 18세기의 사상가가 열망했던 "인간의 역사로서의 보편사"의 구성은 19세기에 들어와서 "헤겔에 이르러 정점에 도달한다"라고 하는 콜링우드R. G. Collingwood의 견해가[30] 갖는 뉘앙스와 마찬가지로 18세기에 진보의 관념을 근거로 성립한 유럽 우월관도 헤겔에 이르러 절정에 달한다고 말할 수 있을 것이다.

역사 사상의 구심점이 18세기 프랑스의 계몽주의로부터 19세기 독일의 낭만주의로 이행하면서 유럽 우월관은 앞서 살핀 대로 그 본질에서 별다른 변동 없이 날로 성장하여 갔다.

3. 랑케의 유럽 우월론과 유럽사 개념

19세기 낭만주의사가들 중에서 "가장 건실한 학구적 대표"[31]라고 칭송되는 레오폴트 랑케는 "세계사의 구성을 필생의 목표로"[32] 삼았던 역사가이다. 랑케

30) Collingwood, *op. cit.*, pp. 84, 113.
31) P. Geyl, *op. cit.*, p. 33.

가 표방하는 "세계사"의 명제는 그 표제만 일견해서 18세기 계몽주의 사상가와 동일한 서술 목표를 가지고 있는 것 같으나, 실제의 내용 구성을 보면 현격한 차이가 있다. 18세기의 세계사는 "만국적, 세계주의적oecumenical and cosmopolitan 역사"[33]로서 모든 나라와 모든 대륙에서 전개되는 인류의 역사에 대한 포괄적 화상을 그리려는 보편적 유형의 역사인 것에 비해서 랑케가 지향한 세계사는 유럽 대륙 내의 제한된 주민의 세계사적 발전상을 중심으로 구성한 역사였다. 물론 랑케가 활용한 바 있는, 특수한 사실을 보편화하는 역사 서술 방법은 계몽주의 시대의 보편사 서술로부터 적지 않은 영향을 받은 것으로 알려지고 있으나,[34] 세계사의 근본적 구성요소를 국민국가라고 하는 유럽 특유의 정치적 실체에서 추구하고 있는 점에서 18세기의 서술 내용과는 적극적으로 구별되는 것이다.

랑케는 1854년 가을 바발리아 국왕 막시밀리안 2세에게 베푼 역사 강의에서 아직 시론적 단계에 있었던 자신의 세계사적 구상을 전면적으로 피력한 바 있고, 또한 만년에는 자신의 숙제이던《세계사》[35]의 집대성을 위해 헌신하다가 중도에 병몰함으로써 소기의 목적을 이루지 못한 바 있다. 따라서 그의 세계사 체계의 전모는 "막스"왕에게 행한 강의 내용을 후세에 정리한《근대사의 제시기》[36]란 표제의 책자에서 찾아볼 수 있다.

이 책을 통관하면 다만 서론 부분과 랑케와 "막스"왕 사이에 가진 결론의 대담에서 비유럽 세계, 특히 아시아에 대한 약간의 평가가 발견될 뿐, 랑케의 세계사적 구도는 시종 유럽 세계에 국한되고 있음을 알 수 있다. 랑케는 이미 서문에서 "세계사적 운동에 참가하고 있는 것은 인류 전체 속에서 불과 하나의 주민 체계System von Bevölkerungen가 있을 뿐이다"라고 주장하면서 이러한 주민

32) Herbert Butterfield, *Man on his Past : the Study of the History of Historical Scholarship*, 1960, p. 105.

33) G. Barraclough, "Universal History," p. 88.

34) F. Meinecke, *Historism : the Rise of a New Historical Outlook*, 1972(tr. from Die Entstehung des Historismus revised by H. D. Schmid), p. 502ff; also cf. Eduard Fueter, *Geschichte der neueren Historigoraphie*, 1936, S. 334f.

35) Leopold von Ranke, *Weltgeschichte*, 5 Aufl. 1922.

36) Ranke, *Über die Epochen der neueren Geschichte* (Ed. Gedächtnisausgabe zum 100. Jahrestag der Abhaltung der Vorlesungen), 1954.〔이하 *Epochen*으로 표시함〕

체계는 다름 아닌 "로마적·게르만적 민족"이라고 규정하였다. 그는 아시아에도 "문화가 발전하고 있었던 것과 아울러 이 대륙이 몇 개의 문화 단계를 가지고 있었던 것을 알고 있다"라고 말하면서 그러나 "그곳에서의 역사의 움직임은 전반적으로 보아서 오히려 퇴영적退嬰的이었다"라고 평가하였다. 더욱이 "아시아 문화에 있어서는 최고最古의 시기가 도리어 전성기이며 〔…〕 만족 즉 몽고족의 침입과 함께 아시아의 문화는 완전히 종말을 고하였다"[37]라고 주장함으로써 원元나라 이후의 중국 역사를 사실상 부정하였다. 그렇다고 해서 랑케가 중국의 고대를 자신의 세계사적 구도에 본격적으로 포함시키고 있는 것은 아니다. 그는 아시아를 사실상 전면적으로 외면하였다.

이렇듯 랑케가 아시아 문화의 퇴행성을 주장하고 있는 점은 계몽주의적 사상가들이 동양의 역사를 가리켜 "변화를 모르는" "정체에 빠진" 역사라고 보았던 것과 다름없을 것이다.

랑케는 근년에 발견된 그의 초고草稿 〈세계사의 이념〉[38]에서도 세계사의 범위를 여러 모로 제한하고 있는 것을 볼 수 있다. 학문적 초년기에 해당하는 1831년에 기술한 이 초고에서 랑케는 원시 시대를 문헌 연구의 원리에 모순된다는 이유로 거부하였을 뿐만 아니라 유럽에서 원격한 거리에 있는 민족이나 문화도 도외시하였다. 즉 "우리는 오늘날도 의연히 일종의 자연 상태에 정체하고 있으며 〔…〕 원시 세계 같은 상태가 그대로 보존되어 있다고 추정되는 민족들에 대해서 약간의 주의를 돌리는 것만으로 족하다. 인도와 중국은 고령을 자랑하고 오랜 연대를 보유하고 있다. 〔…〕 그 고대는 전설적인 것이며 그 상태는 오히려 자연사에 가깝다"[39]라고 술회하였다.

랑케가 세계사의 윤곽을 처음 구상한 1831년은 뢰프케W. Röpke가 말하는 "현대로의 진정한 관문을 형성한 1830년에서 1840년에 이르는 10년간"[40]이 개막

37) Ranke, *Epochen*, S. 6.

38) Ranke, "Die Idee der Universalhistorie" ; quoted in Joseph Vogt, *Wege zum historischen Universum, von Ranke bis Toynbee*, 1961. S. 13.

39) J. Vogt, *op. cit.*, S. 13.

40) V. Wilhelm Röpke, *Die Gesellschaftskrisis der Gegenwart*, 1942, S. 92.

되던 해로서 이 무렵부터 유럽인은 줄곧 자신이 사는 세계를 변혁하려는 과제에 열중하였다. 인구는 전에 없이 급증하였고 자연정복을 위한 기술의 가능성은 놀랍게 발전했으며, 더욱이 산업의 생산 형태나 풍속 및 사고 방법 등 사회 전반에 걸친 혁명적 변화가 추진되었다. 이렇듯 변화와 발전과 팽창을 거듭한 19세기의 30년대 유럽 사회의 시대적 조건은 랑케가 1831년에 유럽의 우위와 아시아의 경멸을 바탕으로 구상한 세계사관이 갖는 타당성을 보다 객관적으로 뒷받침 한 셈이었다. 이러한 시대적 배경과 함께 랑케는 자신의 학문적 초년기에 처음 품었던 세계사관을 1886년에 일생을 마칠 때까지 간직하였다. 그는 만년에 마지막으로 집필한 저작《세계사》에서도 "세계사의 내면적인 움직임을 이해하려면 영원한 휴지 상태休止狀態에 교착하고 있는 민족들로부터 출발해서는 도저히 불가능하다"[41]라고 전제함으로써 세계사의 구성 범위를 규정하는 데 자신의 초년기 초고에서 처음 구상했던 범위를 넘지 못하였다. 거듭 말해서 랑케는 "낡은 '세계사의 이념'을 고집하였고 그리하여 세계사의 연구를 유럽 제민족의 서술에만 집중하였다".[42]

랑케는 아시아의 역사를 단순히 외면하는 데에서 멈추지 않았다. 그는 한걸음 나아가 유럽 정신에 의한 세계 지배를 확신하였다. 이는 그가 자신의 세계사적 구상을 전면적으로 강술講述하고 난 다음 "막스"왕에게 표명한 별항과 같은 결구를 통해서 엿볼 수 있다.

> 세계의 모든 다른 요소가 〔…〕 서양기독교 세계의 정신에 의하여, 특히 게르만적 이념에 의하여 압도되고 마는 것은 실로 공전의 일이다.
>
> 영국에 의해 수립되고 유연적類緣的인 앵글로 아메리카적 이념anglo-amerikanischen Ideen에 의하여 배증倍增된 거대한 힘은 실로 아직껏 존재하지 않았다. 영국인은 무역으로 전 세계를 지배하고 있다. 그들은 동인도와 중국을 유럽으로 향해서 개방시켰다. 이들 모든 나라는 이른바 유럽 정신 아래 굴복해 가고 있는 것이다. 바로 이곳에 입헌적, 공화적 원리의 압도적 우세의 기초가 놓여 있는 것이며, 이

41) Ranke, *Weltgeschichte*, Bd. 1, S. 5.
42) J. Vogt, *op. cit.*, S. 18.

러한 원리에 의거한 국가 형태의 지배 아래 있는 민족이야말로 세계에서 최대의 성공을 거두고 있는 것이다.[43]

로마적 · 게르만적 정신romano-germanischen Geistes의 확대는 실로 놀라울 만한 것이며 바야흐로 교회의 형식을 넘은 문화로서 자유롭게 전 세계에 퍼지고 있다.[44]

1879년에, 즉 터키 세력을 유럽으로부터 거의 제거하다시피 한 베를린회의가 열린 지 일 년 만에 84세에 이른 레오폴트 랑케는 자신이 반세기 전에 저술한 《세르비아사》를 재편집한 바 있다. 이 책의 에필로그에서 그는 서양 문명에 대한 일종의 정의를 내리면서 이 문명이 날로 팽창하는 이유를 다음과 같이 말하였다.

오토만 제국은 기독교 정신에 의하여 모든 방면에서 지배되고 침투되었다. 우리가 "기독교 정신"에 관해서 말한다고 해서 종교만을 마음속에 두고 있는 것은 아니다. "문화"나 "문명"이라고 하는 말로도 기독교 정신을 완전히 표현할 수 있을 것이다. 그것은 서양의 천분天分인 것이다. 사람들을 조직적인 군대로 변용시키고 도로를 건설하고 운하를 파고 대양을 해군력으로 뒤덮어 소유하고 원격한 대륙을 식민으로 채우는 것은 바로 이 정신인 것이다. 이 정신은 정확한 연구를 통해서 자연의 심층深層을 개척하며, 모든 분야의 지식을 소유하게 되며, 또한 이러한 지식은 영원한 진리에의 안목을 잃지 않은 생생한 노력으로 계속적으로 개선된다. 진리로 향한 눈은 인간 감정의 다양성에도 불구하고 질서와 법을 집행한다. 우리는 이러한 정신이 비상한 진전 상태에 있는 것을 본다. 즉 그것은 아메리카에서 자연의 거친 힘과 다루기 힘든 사람들(아메리카 토인)을 이겨내게 하였다. 그리고 그것은 가장 멀리 떨어진 아시아까지 밀고 들어갔다. 그리하여 중국은 더 이상 문을 닫을 수 없게 되었고 아프리카는 해안 전면이 포위되었다. 많은 측면에서 불가항력적인 무기와 과학으로 무장된 서양의 정신은 세계를 굴복케 하였다.[45]

43) Ranke, *Epochen*, S. 164.

44) *Ibid.*, S. 165.

45) Ranke, *Serbien und Türkei in neunzehnten Jahrhundert*, in Sämtliche Werke, 1879, Bde. 43–44, S. 518–19 quoted in Hajo Holborn, *Der Zusammenbruch des europäischen Staatensystems*, 1954, S. 12.

당대에 있어서 "역사에 대한 객관적 통찰력의 대가"[46)] 이던 랑케가 유럽인의 세계적 진출의 양상을 곧 유럽의 세계 지배라는 전망에서 파악한 것은 철학자 헤겔이 유럽인에 의해서 정복될 만한 가치가 있는 곳은 정복되고 만다고 믿었던 유럽 우월의 세계사관과 동일한 전망에서 이루어진 것이다. 이들 두 학자에게서 세계사라고 하는 것은 요컨대 유럽이 갖는 역사적 구체적 운명에 의해서 결정되는 것이며, 그리하여 세계사는 유럽의 운명에 종속 관계從屬關係을 갖는 것으로 파악되었다. "세계사적 민족weltgeschichtliche Volk은 〔…〕 세계 지배적 민족weltbeherrschende〔Volk〕이기도 하다"[47)] 라는 헤겔의 절대적 세계이성世界理性이 주창하는 유럽 우월관은 랑케가 실증적 연구를 통해서 구성한 유럽 사상史像에 의하여 실재로 구현되었다고 말할 수 있을 것이다.

생각건대 "고압적 체계가gewaltigen Systematiker이며, 관념적 운동의 완성자인 헤겔의 이름을" 랑케와 같은 "경험주의자"와 동시에 제기한다는 것은 자칫 잘못하여 어설픈 이론적 부회附會를 초래할 수도 있겠지만, 적어도 헤겔이 주장하는 유럽인의 세계 지배라는 역사이념의 논리는 마침내 랑케에 이르러 역사적, 현실적 사실을 통해서 현재화顯在化하게 되는 것이다.[48)] 다만 랑케는 "역사적 개성의 고유의 권리를 승인한 점에서 한걸음 앞섰던"[49)] 것이다. 그러나 주의를 요하는 것은 18세기 이래 유럽 우월관의 기초적 조건이 되어 온 "진보의 관념"이 랑케에 이르러 매우 미묘한 독창적 경지에서 추구되었음을 간과할 수 없을 것이다. "각 시대는 신에 곧 접하는 것이며 각 시대의 가치는 그것으로부터 파생하는 것이 무엇이냐고 하는 것에 따르는 게 아니라 그 존재 자체, 즉 그것의 독자

46) W. Dilthey, *Gesammelte Schriften*, XI, S. 216-17 quoted in Benedetto Croce, *History as the Story of Liberty*, 1941 (tr. by Sylvia Sprige), p. 86.

47) F. Meinecke, *Weltbürgertum*, S. 241.

48) *Ibid.*, S. 236. 237. 이 두 사람 사이에는 정신적 인식의 차원에서 기본적으로 다른 점이 있다. Hegel의 경우 "민족들의 경험적 권리나 구체적 세계 지배는" 독자적으로 곧 바로 이루어지는 것이 아니다. 오히려 "각국민은 이를테면 절대적 세계정신의 법정 앞에 집합되어 이 법정으로부터 이상적 권리와 지배의 요구"가 있게 된다. 그런 까닭에 Hegel의 견해는 "필연적으로 역사의 온갖 개성으로부터 그 자체의 권리를 박탈하여 이들 개성을 세계정신의 무의식의 도구 또는 사용인으로 만들어지는 결과가 된다". 반면에 랑케가 민족이나 국민의 독자성을 강조하고 있는 것은 재언再言을 필요로 하지 않는다(Vide, Meinecke, *Weltbürgertum*, S. 241f.).

49) *Ibid.*, S. 243.

성 속에 존재하는 것이다"[50]라고 하는 그의 유명한 문맥은 종교적 즉물주의 heilige Sachlichkeit의 사상을 나타내는 것으로서 이 말이 함축하는 뜻은 지상에서 발생하는 사건들에 대한 "신의 상상적 위치를" 찾는 데 있고 "신은 지상의 일들을 부단한 연속 속에서 추진한다는 〔…〕 것을 공언하는 데 있다".[51] 이러한 역사사상을 지녔던 랑케에게서 이미 "널리 공인된 18, 19세기의 합리주의적 진보의 이론이 〔…〕 아무런 매력도 없었던 것은"[52] 당연한 귀결이었다.

그러나 그는 도덕적 이념과 같은 어떤 영구불변의 기본 이념을 떠나서 각 시대가 갖는 특수한 경향이나 고유한 이상을 통해서 역사의 "진보를 인정할 수밖에 없다"라고 풀이하였고, 특히 "물질적 이익의 영역에서 무조건적 진보와 완전하고 결정적 향상"이 있다는 것을 시인하였다.[53]

기실 랑케는 역사를 구성하는 데 양면적 방법론을 구사하였다. 그는 역사에서 특수성이나 개별성을 제일의적第一義的으로 중요시한 반면에, 이에 못지않게 진보나 발전과 같은 추상화되고 일반화된 이념도 중시하였다. 그는 특수적인 것이 갖는 생명력을 발전적인 것으로 확신하면서 다른 한편으로 진보나 몰락, 자유주의나 절대주의 같은 형식적이고 추상적인 이념은 "역사가가 보편적인 것에 대하여 항시 관찰하는 가운데에서" 구명할 수 있다고 말하였다.[54] 마이네케Meinecke는 그의 생애의 마지막 강연에서 랑케의 이러한 방법론적 양면성에 대해서 다음과 같은 견해를 밝혔다. "개체성과 발전이라고 하는 근대 역사주의의 두 개의 근본사상 중에서 랑케는 모든 형성물形成物의 특수한 것이나 또는 이와 마찬가지로 세계사의 일반적인 과정에 있어서 개체성이라고 하는 제1의 사상보다는 오히려 제2의 것, 즉 발전사상을 더욱 강조하고 있는 것 같다"[55]라

50) Ranke, *Epochen*, S. 7.

51) Ferdinand Schevill, "Ranke : Rise, Decline, and Persistence of a Reputation," *The Journal of Modern History*, Vol. XXIV, Sep. 1952, p. 230.

52) *Ibid.*

53) Ranke, *Epochen* S. 6, 7, 8. 그러나 "도덕적 관념도 外延的으로 진보할 수 있다. 사람들은 정신적 방면에서, 이를테면 미술이나 문학이 낳은 위대한 작품을 오늘날 더 많은 대중에 의해서 감상된다고 주장할 수 있다"라고 랑케는 부연하였다.

54) Ranke, *Die grossen Mächte und politisches Gespräch*, 1958(Mit einen Nachwort von Theodor Schieder, 초판은 1833년 간행), S. 3; *Epochen*, S. 7.

고 술회하였다. 역사에 있어서의 발전의 이념을 더욱 소중하게 생각했던 것이 랑케의 기본적인 입장이었음을 지적한 것이다.

18세기에 보편사 서술을 시도하는 가운데서 성립한 유럽 우월관은 19세기에 헤겔이나 콩트를 거쳐 꾸준히 전개되어 오면서 마침내 랑케에 이르러 구체적, 실증적 서술 형태로 나타나게 되었다. 우리는 랑케에 의하여 확립된 유럽 사상史像을 본격적으로 살피기에 앞서 하나의 전제조건으로서 강조해 두어야 할 것이 있다. 즉 18, 19세기의 역사가가 유럽의 우월성을 운위한다는 것은 한마디로 유럽 자체의 진보나 발전을 확신하는 가운데서 구해진 것이며, 더욱이 이 두 세기에 걸쳐 유럽사를 에워싸고 전개된 "진보의 관념"은 시대의 변천과 함께 또한 역사가 개인의 독창적 사상과 함께 인식의 바탕과 원리를 달리하는 것이 분명하지만, 유럽 역사가 그 자체로서 꾸준히 진보한다는 신념만은 시대와 개인을 초월해서 변함없이 지속된 역사 사상이라는 것이다.

무릇 인류의 진보를 믿는 관념이란 뷰리Bury의 말대로 "과거를 종합하고 미래를 예견하는 이론으로서 그것은 인류가 일정하고 바람직한 방향으로 '점차로 진보한다pedetemtim progredients'라고 생각하며, 또한 이러한 진보는 끝없이 지속될 것이라고 추단하는 역사해석에 기초를 두는 것이다". 그리하여 이러한 해석은 "사람은 전반적인 행복의 조건을 궁극적으로 향수하게 된다"라고 하는 신념과 함께 "문명의 전 과정"도 이와 동일한 진보의 길을 걷는다는 것을 이론적으로 정당화하는 것이다.[56)]

그러면 18세기 이래 철학자들에 의해서 연면히 이어져 온 유럽 우월관이 랑케의 실증적 역사학에 이르러 어떠한 형태로 구체화하여 하나의 뚜렷한 역사상歷史像을 갖추게 되었는지 살펴야 할 것이다.

55) Meinecke, "Ranke und Burckhardt," in *Zur Geschichte der Geschichtsschreibung*, Werke Bd. VII, S. 106.
56) Bury, *op. cit.*, p. 5.

***

랑케가 그려 낸 유럽 사상史像은 그것이 사실적이고 구현적이며 실증적 양태樣態의 독창물이란 점에서 헤겔로 대표되는 형이상학적, 이념적 역사 세계의 파괴와 부정을 의미한다. 헤겔 이후의 역사과학의 전개를 역사주의의 완성에 있다고 볼 때에 우리는 마이네케가 지적한 대로 역사주의歷史主義의 완성자로서 랑케를 지목할 수 있을 것이다.[57] 이러한 거인적 존재로서의 역사학자 랑케가 이룩한 업적은 철학적 사변의 흐름에 제방을 쌓고 역사주의라고 하는 구체적 형태를 창출한 데 있다.

역사주의란 단적으로 말해서 18세기의 계몽주의와 그 이전부터 내려오는 자연법사상自然法思想에 대립하는 낭만주의적 역사의식이 낳은 개체개념個體概念과 발전개념發展概念을 기축으로 이루어진 사상이다. 이러한 역사의식의 소유자 랑케에게서 18세기의 일반 사상가들이 구체적, 개별적 사실을 무시하면서 구상해 낸 보편사관은 처음부터 찬동할 수 없었다.

랑케를 포함한 낭만주의 역사가들이 혐오한 계몽주의적 보편사 서술의 결함은 "구체적 연구도 없이 인류의 역사에 부여한 값싼 일반화"와 "지나친 단순화"에 있었고, 특히 기록된 사실로부터 추출되지 않은 "막연한 개관schematisation"에 있었다.[58] 랑케 개인의 경우, "특히 그가 품은 적의는 헤겔의 역사철학에 집중된 것이었다".[59]

랑케는 "본래 어떠하였는가를 있는 그대로 나타내는 것만이"[60] 역사가의 임무라고 스스로 천명한 대로 철저한 사실 존중주의자이다. 그리고 그는 이러한 사실주의의 원칙에 입각해서 엄청난 분량의 저술을 세상에 남긴 역사가이다. 그의 수많은 저작을 통해서 유럽사의 모습을 선명하게 파악한다는 것은

57) Meinecke, *Historism*, p. 496ff.
58) Butterfield, *op. cit.*, pp. 103–104.
59) *Ibid.*, p. 104.
60) Ranke, "Geschichten der romanischen und germanischen Völker von 1494 bis 1535," in *Fürsten und Völker*, 1957, S. 4.

용이한 일이 아니겠으나, 우리는 그의 유럽 각국의 역사나 특수사를 고루 반영하지 않고서도 전체로서의 유럽사에 대한 그의 역사 개념을 이해할 수 있다.

랑케는 자신의 처녀작《로마적 · 게르만적 민족의 역사》의 서문에서 유럽사의 개념을 소묘하였다. 그는 서두에서 두 가지 관점을 제시하였는데 "우선 나는 로마적 · 게르만적 두 민족을 하나의 통일체Einheit로 간주한다"라고 전제하고, 그러나 이에 관련되는 "세 가지 유사개념類似概念을 부정한다"는 조건을 덧붙였다. "첫째로 (아르메니아인까지 포함하는) 보편적 기독교국의 개념을 부정하고, 둘째로 유럽적 통일성의 개념을 부정한다. 왜냐하면 터키인은 아시아인이고 러시아 제국은 북부 아시아 전체를 포괄하고 있으므로 그들의 실정은 총체적 아시아적 상황을 천착하지 않고서는 전반적으로 이해할 수 없기 때문이다"라고 말했다. "끝으로 또한 배제되어야 할, 유사개념은 라틴적 기독교국의 개념인데, 이 개념에 속하는 슬라브, 라트비아, 마가르 같은 부족은 특이하고 특별한 성격을 가지고 있으므로 이 책에 포함되지 않는다"라고 확언했다. 이어서 "자신은 순수 게르만적 또는 게르만적 · 로마적 기원에 부족적 연관을 가진 사람들"만의 역사를 살피는 데 멈추겠다고 밝혔다. 또한 이들 "게르만적 · 로마적 민족의 역사야말로 모든 최근의 역사의 핵심이 된다"[61]라고 말했다.

그가 본 유럽사의 기초는 바로 이들 혼합 민족의 "통일성"과 상호 연관된 발전에 있었다. 그러나 로마적 요소가 강한 프랑스인, 스페인인, 이탈리아인과 게르만적인 독일인, 영국인, 북유럽인은 제가끔 명확히 구별되는 정치 단위를 형성하였다. 이들은 결코 단일 사회를 형성하지 않았고 오히려 "언제나 위태롭게 서로 전쟁을 하면서" 다양한 사회를 유지하였다.[62] 이러한 유럽사의 윤곽을 랑케는 자신이 주관한《역사 정치 잡지》에 게재한〈강국론強國論〉에서 한층 넓혔고, 또한 이미 위에서 언급한 막시밀리안 국왕에게 베푼 강연 기록,《근대사의 제시기》라는 책에서 한층 충분하게 논파했다.

61) *Ibid.*, S. 3.
62) *Ibid.*, S. 7f.

그는 로마적·게르만적 양대 민족이 공동의 정치 구조 속으로 융합되어 가기 시작한 민족 대이동기로부터 15세기에 이르는 사이의 발전 과정을 기술하는 가운데 이들 혼합 민족이 갖는 "다양성"이 어떤 방법으로 "통일성"을 향하여 결합되어 갔는가를 구명하였다. 또한 중세적 몰락을 가져온 십자군 전쟁이나, 근세 유럽의 해외 진출과 같은 동일한 경험을 통해서 서로 영향을 주고받는 가운데 통합적 경향이 진행되는 과정을 밝혔다.[63] 그러나 이들 제민족의 통일성은 이따금 실현되는 민족적 융합뿐만 아니라 "관념에서" "행동에서" 그리고 "발전에서" 나타나고 있다. 따라서 그가 말하는 유럽 사회는 "통일성과 다양성Einheit und Mannigfaltigkeit"이 병존하는 일종의 "공동기업gemeinschaftliche Unternehmung"과 같은 사회이다.[64]

그러나 랑케의 유럽은 전술한 유럽의 6대 민족이 점유하는 지리적 위치를 보아 알 수 있듯이 "유럽 대륙의 서반西半"에 국한된 것이었고 또한 이 지역은 "천여 년에 걸쳐 역사적 통일체"[65]였다는 점에 유의해야 한다. 그에 의하면 샤를마뉴 대제 후의 헝가리인과 슬라브인은 "우리들 제민족의 통일체에 속하지 않으며" 무엇보다도 동유럽인들은 서유럽의 충격을 받았을 뿐, 서유럽에 대해서 아무런 영향도 미치지 못하였다.[66]

"다양성을 갖춘 통일성"이란 어휘야말로 "랑케가 서유럽의 역사 사상에 남긴 유럽사의 전체적 개념whole conception이 갖는 특징이다".[67] 그리고 "다양성"이란 기본적 원리 없이는 유럽의 거대한 잠재력과 아울러 이 잠재력을 발전시킨 유럽 특유의 자유는 있을 수도 없는 것이다.

이러한 유럽의 특성은 근대사에서 농도 짙게 나타난다. 이는 18세기 중엽에 강국으로서의 국가 형성을 완료한 5대 열강五大列强 사이의[68] 상호 관계에서

63) Theodore H. von Laue, *Leopold Ranke: the Formative Years*, 1950, p. 27 ff.
64) Ranke, *Fürsten und Völker*, S. 10. 11. 17.
65) Butterfield, *op. cit.*, p. 114.
66) *Ibid.*, p. 115.
67) Barraclough, *History in a Changing World*, 1950, p. 169.〔이하 *History*로 표시함〕
68) Ranke, *Epochen* S. 142. 그는 오대 열강을 다음과 같이 묘사하였다. "1. 가톨릭적 군주적 원리 위에 서는 프랑스. 2. 게르만적 海上的 그리고 의회적 원리 위에 서는 영국, 3. 슬라브-바잔틴적 원리

찾아 볼 수 있다. 이들은 정치적 대항 관계 속에서 자유로운 상호작용과 경제적 경쟁을 지속하였다. 그런데 자유로운 상호작용과 경제적 경쟁을 보증하는 실제적 수단은 "세력 균형勢力均衡"의 원칙인 것이다. 이 원칙은 근대사의 정치 조류 속에서 하나의 강국이 패권을 잡지 못하도록 방지하기 위하여 여타의 강국들이 제휴하고 결속함으로써 유럽 문명 고유의 "다양성을 유지하는 기능"이었다. 이 기능을 지탱하는 국가 관계가 이른바 "유럽적 국가 체제國家體制/European states system/or europäischen Staatensystem"인 것이다. 따라서 유럽적 국가 체제는 유럽 국가 간의 정치적 균형을 유지하는 기초조건인 것이다.[69] "유럽적 균형 체제"는 "유럽 사회 구조를 지탱하는 주축" 같은 구실을 하는 것이다.[70]

여기서 우리의 주목을 끌게 하는 것은 열강간의 균형의 원칙이야말로 유럽 근대사를 해석하는 데 가장 빈번히 활용되는 원리로서 큰 비중을 차지하여 왔다는 것이다.

랑케는 그의 전체저작의 초석이 되었다고 볼 수 있는 처녀작의 서문에서 유럽사의 전반적 윤곽을 소묘하고 난 다음에 세력 균형 체제가 처음으로 완성되었다고 생각되는 1494년에서 1514년에 이르는 20년간을 선정하여 이탈리아 지배를 에워싼 강국 간의 분쟁을 고찰하였다. 1494년은 프랑스의 샤를 8세에 의한 이탈리아 공략이 개시된 해로서 랑케는 이로부터 카를 5세의 등장이 있기 전까지 이탈리아를 중심으로 형성된 세력 균형의 역사를 자세히 서술하였다. 이어 그는 카를 5세와 펠리페 2세 시대의 세력 균형을《터키 및 스페인사》[71]에서 서술하였고 다시 루이 14세 이후의 유럽 쟁패전을〈강국론〉[72]에서 약술하였다. 또한 로마 제국 몰락 이후의 유럽사 전반을 세계사적 시각에서 논의한 것으로서 전술한 바 있는《근대사의 제시기》를 지적할 수 있을 것이다.

위에 서는 러시아. 4. 가톨릭적 군주제적 독일적 원리 위에 서는 오스트리아. 5. 독일적 프로테스탄트적 군국적 관료적 원리 위에 서는 프로이센, 즉 이들은 유럽이라고 하는 나무 위에서 성장하였다."

69) Edward Voes Gulick, *Europe's Classsical Balance of Power: A Case History of the Theory and Practice of the Great Concepts of European Statecraft*, 1955, 5-7.

70) Barraclough, *History*, pp. 169-170.

71) Ranke, "Die Osmanen und die spanische Monarchie in 16. und 17. Jahrhundert" in *Fürsten und Völker*,1957.

72) *Die grossen Mächte*.

유럽근대사 서술에 치중한 그의 일련의 저작에서 다루고 있는 중심적 과제는 허버트 버터필드Herbert Butterfield의 다음과 같은 요약을 통해서 이해할 수 있을 것이다. 즉 "랑케의 견해에서 1492년에서 1789년에 이르는 시기의 세계사의 특징은 유럽 근대국가의 형성과 강국의 성장 그리고 국가 체제의 성립에 있다"[73]는 것이다. 그리고 부연해서 말할 수 있는 것은 랑케 자신의 시대에 있어서도 중세 독일의 경우와 같이 유럽 안에서의 독일의 우위를 꿈꾸면서 공격적 국가주의를 주장한 사람들이 있었으나 그는 끝내 "대등한 형평 위에 존립하는 국가군〔즉, 국가 체제〕의 이념에 집착하였고"[74] 또한 이러한 체제의 영속성을 확신하였다는 것이다. 그런데 여기서 우리가 착안해야 할 중요한 대목은 이미 16세기 초에 해외로 발전하기 시작한 유럽이 적어도 루이 14세 시대 이후로는 유럽 내의 세력 균형 체제를 유지하기 위하여 새로운 지역과 새로운 세력을 끌어들인 사실에 있다. 랑케는 프랑스의 패권을 막고자 표트르 대제 시대의 러시아가 어떤 경로로 유럽의 협조 체제에 끌려들어 왔는가를 밝혔고, 또한 18세기의 신대륙에서 벌어진 영국과 프랑스 사이의 적대 관계에서 나타나고 있는 세력 균형의 원리가 해외에서도 적용되고 있는 것으로 풀이하였다. 이렇듯 그가 관찰한 세력 균형의 둘레는 점차로 확대되어 비유럽 세계를 포괄하게 되었다. 다시 말하자면 그는 "유럽 안의 체제로 시작된 것이 차츰 세계적인 체제로 그 모습을 바꾸어 간"사실을 명시하였던 것이다.[75]

랑케가 구성한 유럽 사상史像은 이를테면 "1500년 이래 유럽은 세계사의 중심에 위치하고"[76] 있을 뿐만 아니라, 유럽의 민족은 맹렬한 발전과 팽창에 의해서 마침내 세계를 지배하게 되는 사실을 구체적으로 전망한 것이다. 따라서 그의 세계사는 유럽이 곧 세계라고 하는 차원에서 성립된 것이다.

랑케가 정립한 유럽사 개념이 지니는 가치는 첫째로 데히오L. Dehio의 말대로

73) Butterfield, *op. cit.* p. 112.
74) *Ibid.*
75) Barraclough, *History*, p. 170; Ranke, *Die grossen Mächte*, S. 11f.
76) Butterfield, *op. cit.* p. 113.

"민족 이동이 있었던 때로부터 우리 자신의 시대〔20세기 중엽〕에 이르는 동안에 서양이 형성한 정치적 문화적 통일성"을 "누구보다도 앞서서 명백하게 그리고 다각도로 관찰한 데 있고"[77] 둘째로 종래의 역사 서술이 지녀 온 압도적 특징이라 할 추상성과 사변성에 종지부를 찍고 새로운 서술 방법으로서 실증적이며 과학적인 사실주의의 단계로 이끌어 올린 데 있을 것이다. 랑케가 이룩한 역사의 과학적 서술 방법이 갖는 위대성은 휴즈H. Stuart Hughes의 다음과 같은 말로써 집약할 수 있을 것이다. 즉 "역사가 소유권을 주장할 수 있었던 유일한 논리적 근거는 백 년 이전에 레오폴트 폰 랑케에 의하여 완성되어 실질적으로 별다른 개변改變 없이 대대로 계승되어 온 바 있는 사학 연구 방법론이었다".[78]

이로써 랑케에 의하여 확립된 유럽의 역사적 모습은 유럽사학계에서 차츰 전통적 위치를 차지하게 되었고, 적어도 20세기 전반까지는 유럽사를 이해하는 데 하나의 표준적 정립적定立的 위치를 차지하게 되었다.

4. 랑케의 전통적 유럽 중심주의 사관

랑케와 동시대를 산 역사가로서 "일반사적 형태a form of General History"의 역사에 관심을 기울인 역사가는 매양 그 연구 범위를 "기독교국에 한정하는" 것이 통례였다.[79] "일반사적 형태"라 함은 한 민족이나 한 국가의 역사를 초월한 보편사적 형태를 뜻하거니와 이러한 보편사 서술을 위해 유럽 각국의 외교문서나 외교 정책에 대하여 랑케가 쏟은 각별한 관심과 연구는 실제로 유럽 대륙의 역사를 함께 결속하는 데 중요한 계기가 되었다. 그러나 랑케가 쌓은 업적도 유럽 각국의 주요 문서고가 역사 연구자들을 위해서 개방되지 않았다면 결코 이루어질 수 없었을 것이다. 또한 주목을 요하는 것은 이 무렵에 유럽사 자체가 대학의 강의에 크게 반영되었을 뿐만 아니라, 전문직 역사가들이 유럽 문제를 적극적

77) Dehio, *Gleichgewicht oder Hegemonie*, S. 12.
78) H. S. Hughes, "The Historians and the Social Scientist," *A. H. R.*, 1960, Vol. LXVI, No. 1, p. 21.
79) Butterfield, *op. cit.* p. 113.

으로 연구하는 학회를 구성하기에 이르렀다는 사실이다. 이미 독일의 가터 Gatter나 슐뢰처Schlözer 이후로 일반 역사가들은 "동양학자라든지 또는 어떤 특이한 문명의 연구가"로서 행세하던 태도를 버리고, 유럽 대륙의 근대사를 위주로 연구하게 되었고 아울러 유럽과 세계와의 관련성을 포함한 일반사도 연구하기 시작하였다.[80] 액튼Acton에 의하여 "최초의 보편사가"라고 호칭되었던 18세기 스위스의 뮐러Johann von Müller도 세계사를 유기적으로 종합하려던 본래의 목적과는 달리 인류를 구성하는 여러 민족들 가운데 유독 유럽의 민족에만 관심을 모았다.[81] 한편 계몽주의자 볼테르도 일찍이 유럽을 가리켜 러시아를 제외한다면 "다양한 나라로 나뉜 일종의 커다란 공화국"[82]과 같다고 설파한 바 있다.

유럽사 자체를 보다 본격적으로 학구적으로 연구하기 시작한 것은 랑케에게 지대한 영향을 끼쳤던 괴팅겐대학의 역사학 교수들이다. "세계사의 아버지"라고 불린 슐뢰처를 필두로 랑케에게 직접적으로 많은 영향을 주었던 헤렌A. H. L. Heeren에 이르기까지 1760년대 이후의 교수들은 유럽사를 하나의 전체로 파악하는 데 획기적인 공헌을 하였다. 괴팅겐학파로 불린 이들 교수는 중국, 서장, 일본 같은 아시아의 여러 나라를 포함한 폭 넓은 세계사의 구성을 시도하였으나 끝내 실패하게 되면서 "일반사의 개념"을 유럽 근대에 관계되는 한, "근대 유럽 국가 체제의 역사와 동일시하게 되었다".[83] 이 시기에 괴팅겐대학을 중심으로 태동한 보편사 편중의 연구 경향은 "랑케를 위한 본질적인 배경을 형성"하는 것이며, 우리는 여기서 근대 독일사학의 실질적 기원을 구할 수 있다.

전란에서 살핀 대로 랑케의 세계사학에서 가장 핵심적 구조가 되는 것이 다름 아닌 근대 유럽의 국가 체제의 역사이고 또한 이 체제의 세계적 팽창 과정을 관찰하는 데 있음은 재언할 나위도 없거니와, 우리는 랑케로 대표되는 이러한

80) *Ibid.*

81) *Ibid.*, p. 110. Müller 자신은 Göttingen 대학의 Schlözer에게 사사한 바 있다.

82) Federico Chabod, *op. cit.*, p. 64. Voltaire는 "그 어느 것은 군주제, 어느 것은 혼합제, 어느 것은 귀족제, 또한 어느 것은 민주제이지만, 모두가 서로 결합하고 각파의 구별은 있다고 하더라도 동일의 종교 기반을 갖고 타 세계에는 알려지지 않은 동일의 공권적 정치원리를 공유하고 있다"라고 말하였다.

83) Butterfield, *op. cit.*, p. 110–113. 특히 Göttingen 대학의 연구 경향에 관해서는 cf. p. 39ff.

유럽사 중시의 연구 태도를 "유럽 중심주의적Europacentric"[84] 세계사관이라는 어휘로 표현할 수 있을 것이다.

랑케를 비롯한 19세기의 낭만주의적 역사가들이 아시아의 역사를 외면하고 유럽 역사 연구에 편중한 유럽 중심주의적 역사관을 고집한 이유는 무엇인가?

그 첫 번째 이유는 역사 지식이 심화되고 확대되면서 세계의 역사를 전체로서 파악하려던 18세기의 합리주의적 서술 방법은 일종의 허구에 불과하였음을 깨닫게 되었다는 사실에 있다. 계몽주의 시대 이래 철학자들은 사회와 문화의 일반적 진보의 양상을 묘사하여 왔으나, 그것은 사료의 비판이나 상세한 사실에 대한 연구 없이 다듬어진 "값싼 일반화"의 산물이었음을 인식하게 되었다는 것이다. 특히 그것은 역사에 대해서 밖으로부터 "철학적 성격의 정형pattern"을 강제로 짜 맞춘 것에 불과하였다. 18세기 말로부터 19세기에 걸쳐 역사에 대한 과학적 연구 방법이 발달하면서 18세기적 역사 서술의 무지와 천박성을 깨닫게 된 역사가들은 세계를 포괄하는 보편사 서술이 실현가능한 것이냐고 하는 의문을 제기하게 되었다.[85] 그리하여 세계사로서의 보편사의 성립을 회의적으로 보게 된 역사가들은 그들의 시각을 유럽 안으로 돌리게 되었다. 무엇보다도 역사적 사실을 존중한 이들은 손쉽게 얻을 수 있는 기록된 사료에 관심을 쏟을 수밖에 없었다.

두 번째 이유는 보다 기본적으로 중요한 사실로서 지적할 수 있는 사상적 풍토의 변화이다. 프랑스 혁명을 분수령으로 종래의 세계주의적 사고는 국민주의적 사고에 의해서 밀려나게 된 것이다. 국민적 자치권 위에 세워진 "유럽 최초의 위대한 국민국가로서의 혁명의 프랑스"[86]가 등장하게 되면서 유럽인의 의식에는 국민주의적 사상이 심어진 것이다. 이로부터 국민국가만이 인간이 추구해야 할 목적이며 모든 활동이 지향해야 할 구심적 실체라고 생각하게

84) Barraclough, "Universal History," p. 97. 이러한 표현은 Fritz Wagner, *Der Historiker und die Werltgeschichte*, 1965, S. 86에서도 사용되었고 또한 T. L. G. Locher, *Die Überwindung des europäozentrischen Geschichtsbildes*, 1954의 표제 중에서도 볼 수 있다.

85) Barraclough, "Universal History," pp. 85, 86. Butterfield, *op. cit.*, pp. 103, 104.

86) Meinecke, *Weltbürgertum*, S. 23, 24.

되었다. 그리하여 "국가가 인간 노력의 최상의 표현일진대 국민사國民史만이 궁극의 가치를 지니는 역사의 유형type"이라고 믿게 되었다.[87]

랑케가 자신의 세계사적 구상을 마지막으로 피력한 저작인《세계사》의 서두에서 "세계사가 만일 국민사라고 하는 확고한 지반으로부터 이탈하려고 한다면 공상이나 철학적 금언金言으로 화하고 말 것이다", "국민이란 것은 오직 끊임없이 한 국민과 다른 국민과의 상호접촉 속에서 서로 연쇄반응을 일으키면서 하나의 살아 있는 복합체를 형성하는 한계 안에서 생각할 수 있는 것이다"[88]라고 말하였다. 이는 첫째로 국민적인 것을 역사 구성에서 기본적 요소로 간주하고 있으며, 둘째로 국민국가 상호 간의 긴밀한 유대를 바탕으로 한 유럽적 구성체만이 역사성을 가질 수 있다는 주장에 다름없다.

그가 흔히 언급한 바 있는 "특수적인 것"이라는 어휘는 이를테면 국민적인 것이며, "보편적인 것"은 전체로서의 유럽 자체를 의미하거니와 그가 국민국가에 대해서 가졌던 확고한 신뢰는 그의 평생을 통해서 일관되게 견지했던 기본개념이었다.[89] 이러한 국민주의적 역사 해석의 원리는 그의 "정치문답" 가운데 잘 나타나고 있다. 그는 헤겔과 같이 "유럽적 공동성共同性"이 존재한다는 것을 누구보다도 정확히 이해하고 있었으나 유럽의 "여러 국가가 집합하였다고 하더라도" 그것이 얼마나 곤란한 상황을 내포하고 있으며, 국가 간에 형성된 결속은 "이를테면 파멸에 직면했기 때문에" 부득이 이루어졌던 것임을 강조하였다. 그는 유럽의 본래적 공동성을 시인하면서도 그 반면에 유럽 각국의 국가적 위치를 가리켜 "그럼에도 불구하고 어느 국가이든 자신의 특수한 발전에 의존하고 있었으며, 혁명 전쟁의 영향이 없어지면 어떤 국가이든 자신의 특수한 발전에 전적으로 되돌아간다는 것을 나는 의심하지 않는다"[90]라고 말하였다.

"특수적인 것으로서 영구한 생명력을 지니는" 국민국가를 역사 구성에서

87) Barraclough, "Universal History," p. 86.
88) Ranke, *Weltgeschichte*, Bd. I. S. 5.
89) Ranke, *Die grossen Mächte*, S. 3. "특수적인 것"과 "보편적인 것"에 관한 상세한 풀이는 특히 Vide, Meinecke, "Leopold von Ranke," in *Historism*, p. 496ff.
90) Meinecke, *Weltbürgertum*, S. 259. 괄호 부분은 랑케의 말을 Meinecke가 인용한 것임.

불가결의 중핵적인 것으로 확신했던 랑케의 역사 사상은 19세기 유럽 사상계에서 중심적 위치를 차지했고 실제로 실천적 사고방식으로 통용되었다.

근년에, 특히 1945년의 종전 이래 독일의 야코프 부르크하르트Jacob Burckhardt나 니체Nietzsche의 회의주의적 미래관未來觀에서 국가 권력에 대한 부정적이며 비극적인 전망이 19세기 중엽에 등장했던 사실을 우리는 규지窺知할 수 있다. 그럼에도 "19세기의 전반적 역사 서술은 이들에 의해서 결코 방해되지 않았다"[91]는 것을 간과해서는 안 될 것이다.

19세기 중엽에 한때 나타났던 비극적 유럽관은 1870년 이후에 다시 낙관주의로 바뀌었다. 이러한 관념상의 변화는 대체로 시대적 상황에서 기인한다고 생각된다. 우리가 지적할 수 있는 것은 1870년으로부터 20년 동안에 서유럽의 대공업 국가들이 공업 기술 면에서 줄기찬 개선과 눈부신 발전을 거듭했고, 이러한 시대적 진전을 통해서 유럽 제국은 변전變轉하는 세계 속에서 스스로 유리한 위치를 점하고 있었다. 다음으로 지적할 수 있는 것은 당시의 유럽의 정치 상황인데 크림 전쟁으로 인하여 한때 동요되었던 유럽의 세력 균형 체제勢力均衡體制가 안정을 회복하게 되면서 다시금 낙관적 분위기가 태동하게 되었다는 것이다.[92] 끝으로 착안할 수 있는 것은 1870년대의 개막과 함께 계기繼起한 이탈리아와 독일의 국가적 통일을 계기로 국민국가에 대한 전래의 신뢰를 한층 뿌리 깊이 다지게 되었다는 것이다. 실로 이 시대의 역사가의 연구열을 북돋아 준 추진력은 국민국가와 국민의 마음과 그리고 국가를 이끌어가는 지도자의 정신 등에서 용솟음쳐 나왔다.

19세기 말엽에 들어서면서, 특히 1890년대에는 해외로 향한 제국주의적 팽창이 한층 본격화함으로써 세기 초에 헤겔이 예견한 바 있는 유럽인의 세계 정복이 적극적으로 실천되는 것으로 보였다. 또한 공업기술의 줄기찬 진전은 유럽의 우위라고 하는 세습재산을 부단히 증대시키고 또한 공고히 다져서 급기

91) R. K. Bultman, *History and Eschatology*, 1959, p. 78.
92) Barraclough, *an Introduction to Contemporary History*, 1964, pp. 92, 93.〔이하 *Introduction*으로 표시함〕

야는 지구 전면에 걸친 유럽인의 지배권의 확립을 실현시킬 것으로 믿게 하였다.[93] 유럽 열강의 군사적 우위 앞에 아시아의 노대국老大國들이 완전히 굴복한 듯한 열세를 보이자 "아시아 역사의 생래적 범주native categories"[94]는 도무지 이해할 만한 가치가 없다고 하는 전통적 "아시아 경멸론"을 유럽인의 마음속에 더욱 부동의 원리로 정착시켰다. 이렇듯 19세기 유럽의 비약적 발전이 지속되는 가운데 랑케로 대표되는 "국민주의적 유럽 중심 사관"은 날로 번창하였다. 그리하여 세계사는 지구 전체를 포함해야지만 성립될 수 있다는 이유는 없고, 유럽만이 세계사를 정당하게 소유할 수 있다[95]고 하는 사고방식이 "좁은 국민주의적 입장에서 서술한 것이 아니더라도" 대부분의 서양 역사가들의 저작에서, 특히 불투명한 입장에 있는 저작에서 공통적으로 발견할 수 있는 19세기적 전통적 역사 서술 경향으로 꾸준히 성장하여 갔다.[96]

* * *

랑케적 유럽 중심 사관의 영향을 좀더 구체적 사례를 통해서 살피자면, 19세기 말엽에서 20세기 초엽에 이르는 시기의 독일사학의 경우를 일견하는 것이 가장 적절할 것이다. 독일이 국가적 통일을 완수하고 유럽 열강의 대열에 끼어 해외로 진출할 무렵에 성장한 랑케의 에피고넨은 랑케가 정립한 원리에 따라서 유럽사를 해석하였을 뿐만 아니라, 독일 내지는 유럽이 당면한 정치적 현실 문제를 해결하는 데에도 랑케의 원리를 적용할 수 있다고 확신하였다.

잠시 19세기 말엽의 국제정세를 돌이켜 보자면, 1870년에 시작된 이른바 "신제국주의" 시대에는 유럽열강 이외에도 미국과 일본 같은 비유럽 세계의 새로운 강국이 등장함으로써 "세계적 지배력은 이미 유럽만이 향유하는 특권이 아니라는 사실이"[97] 객관적으로 명백해졌다. 그리하여 존 실리John Seeley 같은

93) *Ibid.*, p. 94.
94) Corral, *op. cit.*, p. 20
95) Vide, H. Freyer, *Weltgeschichte Europas*, 1954.
96) Barraclough, "Universal History," p. 97.

영국의 특출한 역사가는 유럽 밖에서 대두하는 새로운 세력의 움직임을 파악할 수 있었다. 그는 1897년에 서술한《영국 팽창사》에서 러시아와 미국같은 "거대한 정치적 집합체aggregations"가 가까운 장래에 그들의 잠재력을 가동하게 될 때 "프랑스나 독일 같은 유럽 국가는 완전히 왜소화하여 2류 국가의 지위로 전락할 것"[98]이라고 전망하였다. 그러나 중요한 사실은 실리의 동시대인으로 서유럽의 장래를 어둡게 바라본 사람은 거의 없었다는 데에 있다.

데히오의 뛰어난 관찰에 의하면, 19세기 중엽에 등장했던 부르크하르트로 대표되는 비관론이 사그라졌던 실상을 알 수 있다. "1870년대 이래" "젊은 역사가들 사이에는 〔…〕 랑케의 이념이 다시금 표면화하였고" 또한 독일이 제국주의의 대해로 자신 있는 출범을 단행했던 "1890년대에 이르러서는 랑케의 견해는 확대일로에 있었다".[99] 학생시절부터 랑케의 사관을 받아들여 오던 랑케의 후학들은 오직 위대한 선학의 이념을 그대로 계승하는 것으로 만족하였다. "랑케의 에피고넨은 평화로운 랑케의 생시로부터 복잡한 근대 제국주의 시대로 거대한 교량을 놓고 〔…〕 새 시대의 정치는 실제로 앞서 경험한 범위〔즉 유럽적 세력 균형 체제가 지배한 범위〕를 넘지 않을 것"[100]이라고 생각하였다. 이들은 왕년의 랑케적 원리에 비추어서 국제적 조건의 변화가 뚜렷해진 19세기 말엽의 새로운 환경을 해석한 것이다. 그리하여 랑케가 확립한 세력 균형의 원리는 유럽적 범주에서나 세계적 범주에서나 동일한 효과를 가진다고 믿었다. 이러한 신념을 가졌던 후학들은 현실적으로 세력 균형의 원칙을 적용하고자, 이를테면 유럽의 열강은 "아프리카 대륙도 분할하여 점유할 수 있다고 생각하였다". 결국 이들을 위해서 "랑케는 유럽사의 흐름 전체를 보증하는 보편적 법칙universal rule을 확립한 셈이었다".[101]

예컨대, 막스 렌츠Max Lenz는 유럽에서 겪은 세력 균형의 경험은 보다 넓은

97) O. Halecki, *op. cit.*, p. 53.
98) J. R. Seeley, *The Expansion of England*, 1919, pp. 334, 349–350.
99) Dehio, *Deutschland und die Weltpolitik im 20. Jahrhundert*, 1961, S. 34. 35.〔이하 *Deutschland*로 표시함〕
100) *Ibid.*, S. 36.
101) Barraclough, *History*, p. 170.

세계에서도 타당성을 갖는다는 확신 아래 유럽의 미래는 세계의 전장에서 결정되지 않고 오히려 최고의 절대적 결정은 어디까지나 유럽에서 이루어질 것이라고 주장하였다. 한스 델브뤼크Hans Delbrück은 유럽의 세력 균형을 유지하기 위해 외부적 지원을 도모해 온 해양 세력으로서의 영국의 역할을 랑케의 시각에 따라 과소평가하면서 오직 대륙적 세력 균형의 기능만을 강조하였다. 오토 힌체Otto Hintze는 현대 제국주의의 목적을 가리켜 말하기를, 로마와 같은 세계적 제국주의를 창건하는 데 있는 것이 아니라, 구舊유럽 체제하의 균형과 유사한 세력 균형 속에서 일군의 세계적 강국이 공존 상태를 유지하는 데 있고, 그리하여 유럽 체제는 "새로운 세계국가 체제neues Weltstaaten-system"로 대체되어야 한다고 주장하였다. 헤르만 온켄Herman Oncken은 앞으로 다가올 세계에서 유럽의 세력 균형은 독일의 승리로 강력하게 조직적으로 수립되어야 한다고 생각하였다. 에리히 마르크스Erich Marcks는 20세기 초의 미국과 영국 사이의 현실 관계를 19세기 초의 적대 관계에서 파악하려고 시도하였다. 심지어는 제1차 세계대전에 뒤이어 두 개의 앵글로색슨 제국帝國 사이에는 캐나다와 오스트레일리아를 차지하기 위한 전쟁이 계기繼起할 수 있을 것이라는 그릇된 예견 아래, 이러한 새 판국에서 신흥의 독일 제국도 세계적 강국들 중의 일원이 되어야 한다고 생각했다.[102] 한편 마이네케도 1916년에 랑케의 〈강국론强國論〉을 재차 간행하여 그 가치를 널리 재인식시키려고 노력하였다. 또한 그는 같은 해에 발표한 글에서 영국이 해양을 석권하려고 움직인다면 반드시 실패하고 말 것이라고 경고하면서 "만일 영국이 과거에 유럽 안에서 인위적으로 제한하려던 세력 균형의 질서를 대양을 포괄하는 전 세계적 질서로 확대한다면, 세계적 국가로서 스스로의 자리를 지킬 수 있을 것이다"라고 말하였다.[103] 그는 유럽적 질서를

102) Dehio, Deutschland S. 33-62. Dehio가 참조한 관계문헌은 다음과 같다. M. Lenz, *Die grossen Mächte*(1900). H. Delbrück, *Vor und nach dem Weltkrieg*(1926). O. Hintze, *Imperialismus und Weltpolitik*(1970). Sammelwerk (Meinecke,Oncken, Schmachen……) *Deutschland und der Weltkrieg*(1916). E. Marcks, *Englands Machtpolitik*(1940). R. Kjellen, *Die Grossmächte der Gegenwart*(1914). H. Oncken, *Amerika und die grossen Mächte*(Historisch-Politische Aufsätze) I(1900).

103) Dehio, *Deutschland*, S. 51, 52.

세계적 질서로 확대할 것을 바랐다.

제1차 세계대전 후에 발터 포겔Walter Vogel은 랑케의 에피고넨의 역사해석에서 볼 수 있는 공통적 특징을 다음과 같이 지적하였다. “1919년 이전의 독일의 관찰자들은 유럽의 세력 균형을 전 세계를 포괄하는 균형으로 변형시키는 것이 독일의 역사적 과제여야 한다는 데에 일반적으로 동의하였다”[104]는 것이다.

제1차 세계대전은 유럽의 세계적 우월성을 근본적으로 동요케 한 공전의 일대 파국이었으나 전후의 정치판도는 역사가로 하여금 이러한 파국의 의미를 정확히 인식할 수 없게 하였다. 세계대전 그 자체가 엄청난 비극으로 널리 인식되었던 것만은 사실이었으나, 전쟁이 종식하면서 러시아가 국내 사정 때문에 유럽 무대에서 철수하고 미국 역시 다시금 고립에의 길로 복귀하면서 유럽 자체는 프랑스의 역설적 재등장과 함께 전쟁 전의 상태로 되돌아가는 것같이 보였다. 그리하여 역사가들은 결국 그들의 시야를 다시금 “앙시앙 레짐의 정치권”과 동일한 범위로 좁히게 되었다.[105] 예컨대 라인A. Rein은 유럽의 해외 팽창이 갖는 중요성을 서술한 교훈적인 논문에서 유럽 국가 체제는 “전 세계를 포괄하는 정치적 세력권으로 투영되어야 한다”라고 주장했고, 빈델반트Wolfgang Windelband는 세계 속에서의 영국의 위치를 유럽 속에서의 나폴레옹의 위치와 동일시하면서, 유럽 체제가 유럽 밖으로 확대되어 세계적 국가 체제로 종국적인 완성을 보게 될 것으로 믿었다.[106]

세계대전 후에 유럽이 직면한 위기를 논의한 간행물은 많았으나 종합적 안목을 갖춘 역작은 없었다. 역시 데히오의 말대로 랑케의 후학들 중에서 전쟁 전의 랑케적 관념으로부터 이탈하려던 예는 거의 없었고, 다만 마이네케의 한 논문에서 찾아볼 수 있을 정도이다. 그는 이대二大 앵글로색슨 제국imperium Anglo-saxonicum의 몽롱한 출현을 예감하면서 이들 두 나라를 로마 제국imperium Romanum으로, 한편 유럽 대륙의 국민국가들을 그리스의 도시국가로 각각 비교

104) W. Vogel, *Das neue Europa*, 1921, S. 51, requoted from Dehio, *Deutschland*, S. 53.
105) Dehio, *Deutschland*, S. 57, 58.
106) *Ibid.*, S. 60–61.

하면서 종당엔 유럽의 국민국가들이 앵글로색슨 제국에 의해서 그들의 자치권을 억압받게 될 가능성이 있다고 말하였다. 그러나 마이네케의 이 같은 훌륭한 예언적 성격의 논문으로 개안開眼할 수 있었던 유럽사 재평가의 길은 그 이상 진척되지 못했다. 그의 견해는 랑케의 후학들에게서 "너무나 생소한 것이었고" 또한 유럽에 대한 이들의 "이기적인 느낌을 포기하기에는 너무나 막중한 것이었다". 더욱이 그의 글은 "미국이 고립〔주의〕에의 길로 후퇴함으로써 곧 불신임되고 말았다".[107]

거의 모든 역사가들은 바다에서 일어난 일과 육지에서 일어난 일을 항상 불합리한 관계에서 다루었고 보다 넓은 포괄적 그림을 형성할 만큼 자신들의 시야를 넓히지 못했다.[108] 결국 제1차 세계대전을 치르고 난 후에도 유럽은 외부적 요인에 의하여 좌우되지 않는 전래의 유럽 국가 체제를 바탕으로 하는 "자족적 정치 단위"로 인식되었을 뿐만 아니라, 이러한 유럽 체제는 날로 발전하고 확대되어 전 세계를 포괄하는 체제가 될 것으로 인식되었다. 다시금 "옛 랑케주의의 부활Renaissance des Altrankeanismus이 일게 되었던 것이다".[109]

이 무렵의 랑케적 "유럽 중심 사관"에 대하여 부정적 입장에 있었던 사례를 언급해야 한다면, 그 대표적인 경우를 이른바 비교 문명론의 창시자인 슈펭글러O. Spengler와 그 뒤에 이보다 폭 넓고 깊이 있는 이론적 기초를 다진 토인비A. J. Toynbee를 지적할 수 있을 것이다. 양차의 세계대전 사이에 이 두 사람이 예언한 유럽 문명의 몰락은 유럽인이 누려 온 전통적 우월감의 좌절을 의미한다는 점에서 크나큰 의의가 있다. 특히 우리가 착안해야 할 점은 "유럽사의 수준과 타민족 내지는 타 문화의 역사가 지닌 수준 사이의 격차가 줄어 가고 있다"는 것과 "이러한 현상은 다른 민족의 성장보다는 오히려 유럽의 몰락이라는 의미에서 파악된다"[110]는 데에 있다. 이른바 문명론이 정식화定式化하고 있는 문명의 쇠

107) *Ibid.*, S. 57, 58.〔Vgl. Meinecke, *Nach der Revolution*, 1919〕
108) *Ibid.*, S. 62.
109) *Ibid.*, S. 59.
110) Corral, *op. cit.*, p. 25.

퇴 과정을 여기서 운위할 필요는 없을 것이다. 다만 우리가 명심해야 할 것은 "전통적 역사관에 대한 중대한 도전임"에 틀림없는 문명이론이 제기한 유럽의 쇠퇴는 역사를 "연속적 발전의 이야기"로 보는 랑케적 역사주의적 해석 방법에 대한 적극적인 반작용으로서 높이 평가되어야 한다는 것이겠다.[111)]

그러나 비교 문명론이 전문적 역사가에게는 매우 생소할 뿐만 아니라 유럽 문명의 몰락을 많건 적건 결정론적決定論的 차원에서 논하고 있다는 점에서 많은 역사가들의 반발을 받게 되었던 것은 너무나 널리 알려진 사실이다.

이렇듯 문명론이 유럽의 장래를 비관적으로 전망한 것에 반하여, 구미의 전문적 역사가들은 랑케의 에피고넨과 마찬가지로 아무런 변함없이 유럽사의 진전을 낙관하였다. 그 까닭은 바라클라프의 의견대로 경제공황에서 출발한 1930년대를 돌이켜 볼 때에 당 시대인들이 시대적 위기를 의식하지 못했던 것은 아니지만, "이때의 시대적 진전은 역사의 연속성에 대한 종래의 신앙을 혼란에 떨어뜨릴 정도는 아니었다는 데"[112)]에 있을 것이다.

더욱이 히틀러가 이끈 독일의 재등장은 유럽의 정치적 경제적 재흥再興을 약속하는 듯하였다. 그것은 비록 꺼져 가는 촛불이 최후의 순간에 이르러 사력死力을 다해서 밝은 빛을 발산하는 형상에 다름없었지만!

제1차 세계대전의 파국을 경험한 트뢸치E. Troeltsch가 지녔던 세계관은 이 무렵의 유럽인의 관념을 적극적으로 대변한다. 그의 주장에 따르면 "보편적 세계사라고 하는 것은 우리에게는 유럽 문화요 유럽주의Europäismus"이며 "러시아와 미국까지도 유럽주의에 포함시켜야 한다".[113)] 또한 뷰리Bury가 1920년에 공개한 "진보의 관념"에서 "서양 문명을 낳고 움직이고 있는 관념을 진보로"[114)] 보고 있는 것은 전쟁의 참화의 좌절 속에서 유럽 문명의 발전을 확신한 자신의 신념을 표시한 것에 다름없었다.

111) Barraclough, *History*, p. 16.

112) *Ibid.*, p. 8, 9.

113) Vogt, *op. cit.*, p. 82. Troeltsch가 생각한 유럽 중심주의적 세계사는 지중해적, 유럽적, 미국적 문화권을 의미하였다.

114) J. B. Bury, *op. cit.*, pp. vii–viii.

요컨대 구미의 역사가들은, 특히 독일의 역사가들은 “1939년에서 1945년 사이의 사건”이 초래한 유럽의 정치적 몰락을 체험하기까지, 그리하여 “지금까지 배워 온〔유럽의 우위를 근본 바탕으로 한〕 역사의 치명적 한계를 느끼게 될 때”[115]까지, 유럽의 세계적 지배권을 확신해 마지않는 랑케적 “유럽 중심 사관”을 견지하였던 것이다.

5. “유럽 시대의 종식”과 유럽사의 재해석

1) 유럽 우월론의 좌절

1945년에 전쟁의 초연이 가시면서 유럽의 지표地表에는 엄청난 이변이 드러나게 되었다. 지난 4세기 동안 세계로 향해서 팽창을 거듭해 온 유럽 고유의 열강은 간데없이 사라지고 그 대신 “기본적으로 유럽 국가가 아닌” “초강국Super-power”으로서의 러시아와 미국이 새로운 주역으로 등장하였다. 다만 영연방英聯邦이 유럽 안에서 승자의 지위를 유지하고 있었으나 이 나라 역시 “그 원동력sinews은 유럽 밖에 있었다”.[116] 미국과 러시아라는 양대 산맥 사이의 계곡 속에서 쇠잔할 대로 쇠잔해진 유럽을 목격한 구미의 역사가들은 제가끔 유럽사를 되돌아보면서 반성하기 시작하였다.

전쟁의 쓰라림을 가장 절실하게 체험한 독일사학의 경우, 유럽 역사에 대한 반성은 여러 모로 나타났다. 이를테면 패전 직후에 마이네케F. Meinecke는 그의 저서 《독일의 비극》[117]에서 역사적 도덕적 반성을 통하여 유럽 정신의 새로운 활로를 찾으려고 고심했고, 베버A. Weber는 니힐리즘의 극복을 위해서 “유럽 역사와 결별”[118]을 고해야 한다고 주장했다. 데히오는 “유럽 국가 체제의 빈

115) Barraclough, *History*, p. 9.
116) G. Barraclough, *History*, p. 171.
117) Meinecke, *Die deutsche Katastrophe*, 1946.
118) A. Weber, *Farewell to European History: or the Conquest of Nihilism* (tr. by R. F. G. Hull, 1948).

사"[119]의 원인을 역사적으로 추적하였다. 이러한 역사가들의 다양한 반성 가운데서 각별히 우리의 관심을 끌게 하는 것은 쇠퇴한 유럽의 현실을 유럽사적 전체적 시각에서 어떻게 파악하고 있는가를 살펴보는 데 있다.

전쟁으로 인한 몰락의 비애를 겪은 마이네케가 자신의 역사관을 반성하는 뜻에서 베푼 마지막 강연에서 유럽사를 "규칙적으로 계속해서 발전하는" 세계사로 전망한 랑케의 입장으로부터 유럽사의 미래를 비관적으로 예견한 부르크하르트의 입장으로 자신의 입지를 바꾼 사실은[120] 지난 시대에 일반적 공감을 얻지 못했던 비관적 유럽관의 가치를 재발견함으로써 전통적 유럽 우월관이 지녔던 허상을 비판한 것임에 다름없다. 이러한 그의 방향 전환은 마침내 역사가들의 많은 공명과 함께 그 자신을 위한 온당한 귀결로도 평가되었다.

랑케 사학의 정통적 후계자이던 그의 극적인 태도 변경을 효시로 1945년 이후에 활발히 전개된 "유럽 시대의 종식" 논의는 전통적 유럽 우월관의 실질적 좌절을 의미한다. 데히오는 "유럽 국가 체제의 붕괴"로 말미암아 "유럽 민족이 그들의 역사상 처음으로 밖으로부터 오는 공동의 위협에"[121] 직면하게 된 사실에서 유럽의 쇠퇴를 지적했다. 할레키O. Halecki는 "유럽이 소아시아나 북아프리카와 함께 로마 제국에 포함됐던 고대에 있어서의 유럽사의 존재"와 같이 그 존재의의를 상실했다고 비유하였다.[122] 토인비A. J. Toynbee는 모든 문명의 몰락을 유형적類型的으로 파악한 점에서 일반 역사가의 견해와는 근본적으로 다른 인식의 바탕을 가지고 있지만, 제1차 세계대전 후에 "유럽의 왜소화"를 지적한 글 가운데서 "유럽은 이미 그곳에서 에너지와 선도력先導力을 외부로 향해서 방사하는 의미의 중심이 아니라, 유럽 외적 에너지와 선도력이 유럽으

119) L. Dehio, "Das sterbende Staatensystem," in *Deutschland und die Weltpolitik im 20 Jahrhundert*, 1961. S. 110.

120) Vgl. Meinecke, "Ranke und Burckhardt," S. 94. Meinecke는 다음과 같이 두 사람을 비유하였다. "Burckhardt는 자신의 시대의 역사적 본질을 랑케보다 한층 깊이 한층 예리하게 통찰하였다. 따라서 미래를 또한 랑케보다 더욱 명확하게 더욱 확실하게 예견할 수 있었다", "Burckhardt의 탁월함은 현재와 미래에 관한 판단"이었다.〔국역본 : 차하순,《랑케와 부르크하르트》〕

121) Dehio, *Deutschland*, S. 116.

122) Halecki, *op. cit.* p. 47.

로 결집되는 하나의 중심이 되었다"[123]라고 술회함으로써 일반 역사가에 앞서서 그의 예리한 통찰력을 과시하였다. 바라클라프G. Barraclough는 "로마 제국 치하에서도 그리스의 역사, 즉 펠로폰네소스 반도의 역사는 지속되었으나 극소수의 전문가가 아니고는 〔…〕 마케도니아의 필리포스 5세 몰후의 그리스 역사에 대해서 아무것도 모른다"[124]는 사실과 동일한 의미에서 "유럽 시대의 종식"은 곧 "유럽사의 종식The end of European History"에 다름없다고 말하였다.

이같이 유럽 시대의 종식을 운위한다는 것은 랑케 이래로 전문적 역사가들에 의해서 널리 강조되어 온 전통적 유럽 우월관에 정면으로 대치되는 논의임에 틀림없거니와, 우리는 "유럽 시대의 종식"이란 명제命題 자체가 갖는 문제, 이를테면 이 시대는 과연 언제 종막을 내렸고 또한 이 시대의 종막과 함께 우리가 착안할 수 있는 것은 무엇인가를 살펴야 할 차례이다.

전쟁이 아직 진행 중이던 1945년 2월에 누구보다도 앞서서 "유럽 시대의 종말"을 고한 독일의 알프레트 베버Alfred Weber가 있다. 역사가라기보다는 오히려 철학자의 입장에서 사태를 관조觀照한 베버는 이미 제1차 세계대전이 유럽 시대의 종국을 실질적으로 가져왔으나 "미국의 퇴각과 그리고 얼마 동안 지속된 러시아의 고립주의 정책에 의하여" 실현되지 못하였다고 풀이하면서 이른바 "세계적 균형World Balance"의 시대가 제2차 세계대전을 고비로 실현되었음을 지적하였다.[125] 이러한 거대한 세계 체제의 균형이 지배하는 새로운 세계의 등장은 랑케적 "유럽사 개념의 기본적 구성 요건"인 "서로 인접한 대소 강국의 자유경쟁에 기초를 둔 구체제〔유럽 열강의 균형 체제〕와 함께 기원전 1200년에 기마 부족에 의하여 창시된 오랜 역사는 끝났다"[126]는 사실을 확신케 하는 것이라고 주장하였다.

19세기의 비관론자 니체의 견해에 대한 재해석과 그가 역사에 미친 영향 등

123) A. J. Toynbee, *Civilization on Trial*, 1948, p. 103.〔국역본 : 이보형, 《試鍊에 선 文明》〕
124) Barraclough, *History*, pp. 204–205.
125) A. Weber, *op. cit.*, p. xiii.
126) *Ibid.*, p. xv. also cf. p. 175.

을 고찰하는 가운데서 이루어진 베버의 "모든 역사와의 결별"은 전쟁이 몰고 온 현실적 니힐리즘의 극복을 위해서 미련 없이 이루어져야 하는 결별이란 점에서[127] 많은 감명을 준다. 이렇듯 역사와의 결별을 공언한 그가 전망한 유럽 역사의 미래상은 "불과 5개국 정도의 세계적 규모의 강대국이 정치적 세계 조직"[128]을 독점하는 것이었다.

다음으로 우리는 독일 출신 미국사가 하요 홀보른Hajo Holborn의 경우를 살필 수 있다. 그가 말하는 유럽 시대의 종식은 그의 저작의 표제가 명시하는 대로 "유럽 국가 체제의 붕괴"[129]에 있다. 그는 1905년의 국제적 위기〔러·일 전쟁, 모로코 전쟁 등〕에서 이미 유럽 체제를 능가하는 "세계 정치 체제의 최초의 출현"을 보았다. 유럽, 미국, 아시아 등 3개의 지역 정치가 "이 운명의 해"에 있었던 것같이 적극적으로 교차되었던 때는 없었고 그리하여 "세계는 1905년에 최초로 다가올 지구 시대의 예고를 받았다"라고 한다. 이는 모든 대륙과 모든 지역의 정치 체제를 흡수한 "세계 강국 체제System der Weltmächte의 출발"을 의미하고 이 같은 상태는 유럽에서 발단한 양차의 세계대전을 통해서 명확하게 표면화한 것이다.[130]

제1차 세계대전은 "유럽의 균형", 다시 말해서 "유럽의 정치 체제"가 독자적으로 존립할 수 없다는 사실뿐만 아니라, 유럽 중심부의 강국을 굴복시키기 위해서는 미국 및 영국의 통치권과 같은 해외로부터 오는 힘의 개입에 의지해야 한다는 것도 입증하였다.[131] 홀보른은 다른 글 속에서도 제1차 세계대전이 유럽 체제의 최후를 장식하였다는 사실을 적절히 지적하였다. 즉, 1815년에 나폴레옹 전쟁이 종결된 후에는 새로운 균형의 형식으로 유럽의 안정을 확보하

127) Weber가 Nietzsche 연구를 통해서 크게 강조하는 이른바 "내재적 초월성Immanent Transcendence"은 비참한 부정적 요소의 출현으로 경험하게 되는 것이며 그리하여 오늘 날과 같은 위기의 시대에 의식적으로 이해될 수 있고 나아가서 지적 재산을 만들 수 있다고 한다(cf. *Ibid.*, pp. 165, 182). Weber 자신은 누누이 Hegel의 형이상학적 역사관에 반대하면서도 자기 자신은 오히려 불합리한 초월성에 결합된 이상에 근거해서 역사를 해석하고 있는 것이 주목된다.

128) *Ibid.*, pp. xvi, xvii.

129) H. Holborn, *Der Zusammenbruch des europäischen Staatensystem*, 1954.〔이하 *Zusammenbruch*로 표시함〕

130) *Ibid.*, S. 66.

131) *Ibid.*, S. 90.

려는 움직임이 있었으나 1919년에는 그러한 시도가 없었다고 비유하였다. 파리 강화회의에서는 전쟁 전에 존재한 것과 같은 자족적인 유럽 체제의 부활이란 것은 문제도 안 되었고 이러한 체제는 이미 실제로 만들 수 없게 되었다고 강조하였다.[132)]

한편 그는 제2차 세계대전과 전후의 국면을 다음과 같이 말했다. 히틀러가 일으킨 세계대전은 "비유럽 세력으로 하여금 재차 유럽 운명의 중재인이 되도록 만들었고" 더욱이 "1945년 5월 이후에 유럽에서 전쟁이 멈추자 오직 두 개의 자립적 초강국Grossmächte oder Übermächte인 미국과 러시아만이 전쟁에서 살아남았다".[133)] 전래의 "유럽의 정치 체제"는 소련에 의한 병합을 모면할 수 있었고, 반면에 미국과 전통적 유럽이 합쳐서 이루어진 "대서양 체제atlantischen System로 대치되었다". 대서양 체제의 주역인 "미국 문명은 새로운 서유럽 국가의 강력한 표현이다".[134)]

폴란드 출신 미국사가 할레키O. Halecki도 "유럽 시대"의 종말은 "1914-1918년의 전쟁"에 이르러 명확한 사실이 되었다고 말하였다. 그는 유럽의 쇠퇴기를 19세기 후반에서 찾았다. "오토만 제국이 1856년에 유럽 체제에 편입되었을 때와 얼마 뒤에〔적어도 1세대 후에〕 미국과 일본이 유럽의 6대 강국에 첨가되어 "새로운 강국"으로 인정되었을 때에 세계적 지도력은 이미 유럽만이 갖는 특권이 아니라는 사실이 명백해졌다"는 것이다.[135)]

그는 유럽 시대 다음에 올 시대를 다음과 같이 관망하였다. 제2차 세계대전은 유럽뿐만 아니라 세계를 두 개의 국면으로 분단하는 결과를 가져왔다. "러시아를 축으로 하는 전체주의적 유라시아 세계"와, 반대로 러시아에 끌려들어 가지 않은 서유럽과 미국이 합쳐서 이루어진 "유럽적-아메리카적전통Euro-American

132) Holborn, "Die amerikanische Aussenpolitik und das Problem der europäischen Einigung," in *Europa: Erbe und Aufgabe*, ed. M. Göhring, 1956, S. 303.

133) Holborn, *Zusammenbruch*, S. 162; Cf. W. T. R. Fox, The Super-Powers 1944.

134) *Ibid.*, S. 170.

135) O. Halecki, *op. cit.*, p. 53. Halecki는 스웨덴의 지리학자 Rudolf Kjellén의 "8대 강국"을 참작하고 있는 것이 특징적이다.〔Vgl. Kjellén, *Die Grossmächte der Gegenwart*, 1914〕

tradition에 기초를 둔 정치조직"[136]이 형성되었다. 후자는 "자유 유럽과 미국의 점진적 상호협조 경향" 속에서 태동한 것으로서 새 시대의 역사를 창출하게 될 "대서양 공동체大西洋共同體"의 출현을 의미하는 것이다. 따라서 유럽 시대를 뒤따르는 새 시대는 대서양 시대이며 "대서양 공동체는 지난날 세계에서 유럽이 차지했던 지도적 지위를 계승한다".[137]

이 밖에도 제1차 세계대전을 유럽 시대의 종국으로 본 역사가로서 독일의 데히오나 영국의 제프리 바라클라프를 열거할 수 있을 것이다. 데히오는 20세기에 벌어졌던 두 차례의 세계대전이 근대 유럽의 역사상 여러 번 거듭되었던 패권장악覇權掌握을 위한 "일련의 전쟁이라는 쇠사슬 가운데에서 두 개의 연결고리"에 다름없다고 보면서 독일이 주도한 이른바 양차의 세계 전쟁이 갖는 특별한 의의는 "일련의 쟁패전爭覇戰에서 최종적인 것"[138]이라고 풀이하였다. 그리하여 1945년에 이르러 실감하게 된 "유럽 국가 체제의 빈사〔상태〕"는 그것의 "오랜 준비 과정에 비해서 갑작스런 전환점"[139]을 노출한 셈이다. 이 해를 최후로 유럽은 "근대유럽사에서 가장 으뜸가는 요소인 힘을 잃었고" 다음으로 중요한 사실로는 "앵글로-색슨인과 러시아인 사이의 분쟁이 유럽 및 세계에서 가장 중요한"[140] 현실 문제로 되었다고 한다. 바라클라프는 데히오의 견해를 거의 전면적으로 받아들이고 있어 새삼 언급할 필요가 없겠으나, 다만 바라클라프의 견해 가운데서 우리의 주목을 끄는 것은 할레키나 홀보른이 강조하고 있는 대서양 공동체에 입각한 대서양 시대론을 부정하고 그 대신 전 지구적全地球的 차원의 새 시대의 출현을 주장하고 있는 점이다. 그는 이미 1955년에 발표한 글에서 영국과 독일이 도버 해협을 사이에 두고 대치하고 있는 것과 마찬가지로, 금일의 러시아와 미국이 베링 해협을 사이에 두고 대치하고 있는 사정을

136) *Ibid.*, pp. 101, 200, 201.

137) *Ibid.*, pp. 60–61, "대서양 공동체는 역사적 개념이라기보다는 정치적 개념이며, 이는 1941년의 대서양 헌장을 과거에 투영시킨 것으로서 내가 아는 한, 제2차 세계대전 이전에 이 개념을 채용한 역사가는 없다"(Barraclough, *Introduction*, pp. 13–14). 이 책 p. 234, n.28 참조.

138) Dehio, *Deutschland* S. 29.

139) *Ibid.*, S. 113.

140) *Ibid.*

고려한다면, 대서양 시대라고 하는 것은 결국 "태평양 시대로 판명되는 것이 아닌가 생각된다"[141]라고 말하였다. 그가 주장하는 "태평양 시대"란 표현은 어떠한 방법으로든지 유럽을 개재시키고 있는 유럽 중심적 입장을 완전히 초극한 새 시대의 도래를 의미하는 것이다. 그의 말대로 "유럽을 넘고 서양을 넘어 모든 지역을 포괄하는" "지구 정치"와 "지구 문명"이라고 하는 보다 넓은 개념으로 형성되는 새 시대를 의미하는 것이다.[142]

생각건대 "유럽 시대의 종식"이라는 문제는 일반적 의미로 보아 정치사적 바탕에서 구명되고 있는 것이라고 간주할 수 있지만, 이러한 해석과는 달리, 유럽 문명의 세계적 확산 과정 속에서 유럽 문명 자체의 쇠퇴 과정을 파악한 사례가 있다. 미국의 역사가 에릭 피셔Eric Fischer는 "한 문명이 새 지역으로 이식되고 새 형태로 변할 수 있다"[143]는 기본 원리에 의해서 유럽 시대의 종언을 구명하고 있다. 그의 해석에 의하면 서양 문명은 지난 수 세기 동안 문명의 본산인 유럽으로부터 밖으로 뻗어 나가 날로 그 변경邊境을 넓혀 갔다. 이러한 문명의 확장은 눈에 보이지 않게 그 성격을 바꾸었다. 서양 문명은 그 자체의 "중력 중심"Center of Gravity이 탈구脫臼되면서 그 중심이 다른 대륙으로 전위轉位되었고 동시에 변화해 갔다. 그런데 이 중력 중심重力中心은 "40년 내지 50년 전〔1900년 전후〕부터 전위하기 시작한 것이다".[144]

그는 두 차례의 세계대전을 가리켜, 이는 이미 정해진 문명의 전위 과정轉位過程의 중단을 뜻하는 것이 아니라 격동적 전환을 상징하는 것으로서 오히려 문명 중심의 전위를 촉진시키는 결과를 초래했다고 보았다. 그가 말하는 "유럽 시대의 소실Passing of the European Age"은 유럽 자체가 정치적, 경제적 그리고 문화적 의미에서 지도적 위치를 상실하였다는 데에 그치지 않고 비유럽 세계에 형성된 "새 중심지New Center"가 강대해짐으로써 바야흐로 "옛 중심지"로서의 유럽보

141) Barraclough, *History*, p. 206.

142) *Ibid.*, p. 220.

143) E. Fischer, *The Passing of the European Age: A Study of the Transfer of Western Civilization and it's Renewal in Other Continents*, 1948, p. v, p. 214.

144) *Ibid.*, p. xiv.

다 더욱 중요한 위치에 오르고 더 많은 활력을 가지게 되었다는 사실에 있다. 그리하여 "서양 문명의 새 중심지는 유럽의 운명이 어떻게 되든지 관계없이 미래의 발전이 보장된 특이한 존재로서 자리를 잡았다"[145]는 것이다. 그가 열거한 새 중심지는 ① 스페인과 포르투갈에 의해서 세워진 남미의 여러 나라, ② 앵글로색슨에 의한 영연방과 북아메리카합중국, ③ 북부아시아, 즉 러시아령 아시아 지역 등이다. 이들 여러 새 중심지 가운데서도 "미국은 지도적 위치"[146]에 있으면서 유럽으로 향해서 또는 세계로 향해서 자신의 의사를 전파하는 입장에 있다고 주장하였다.

유럽 문명의 지역적 확대라는 점에서 피셔E. Fischer의 문명 전위文明轉位와 유사성을 지니고 있는 웹W. P. Webb의 저서, 《대변경大邊境/*The Great Frontier*》을 언급할 수 있다. 웹의 경우 "폐쇄된 본토metropolis"[147]인 유럽에 대해서 개방된 지역인 "대변경"의 비중을 지나치게 강조하고 있다. 그는 대변경을 가리켜 "근대문명의 모체"[148]라고 평가하고 있는 점에서 피셔가 풀이하는 문명전위 이상의 심각한 의미를 갖는다. 이른바 "대변경 지대"는 남북아메리카 및 오스트레일리아의 공지와 남아프리카연방에 포함된 암흑 대륙의 일부 공지에 한정되어 있고 아시아 지역은 그의 전체 구도全體構圖에서 아무런 역할을 못한다. 이러한 그의 변경설정의 도식을 생각해 볼 때 러시아사에서 아시아를 횡단하여 태평양까지 진출한 러시아적 변경이 미국사의 변경 못지않게 중요성을 지니고 있다는 사실을 외면하고 있는 것을 알 수 있다.[149]

145) *Ibid.*, pp. 177, 183, 200, 201. Halecki의 비판에 의하면 Fischer가 "유럽 문명의 종식을 잉카나 멕시코 문화의 완전한 소멸과 비교한다는 것은(Vide, Fischer, *op. cit.*, p. 177) 과장이 아닐 수 없다"라고 주장한다. 또한 "문명이 갱생된 형태로 오직 다른 대륙에서만 살아남는다는 예언을 할 만한 이유는 없다"라고 주장한다(O. Halecki, *op. cit.*, p. 45).

146) *Ibid.*, 78ff. esp. Chap III. Halecki는 Fischer의 "미국화 경향" 논의에 대해서 "모순된 해석"이라고 지적하면서 "우리가 서양화나 미국화라고 칭하는 것은 다양한 문화의 단순한 물질적 동화작용에 불과하며 정신적 통일성과는 일치할 수 없다"는 반론을 피력하였다(Vide., Halecki, *op. cit.*, pp. 59, 60).

147) W. P. Webb, *The Great Frontier*, 1952, p. 7.

148) *Ibid.*, pp. 10, 16, 17, 144.

149) *Ibid.*, p. 9. B. H. Sumner에 의하면 "러시아사의 전체를 통해서 하나의 지배적 테마는 변경Frontier이었다"라고 한다. 그는 Soviet 연방을 가리켜 넓이와 인구에서 북미 대륙 전체와 같을 정도로 광대한 나라임을 지적하면서 미국의 급속한 토지개발에 비해서 러시아는 식민의 진도가 무척 늦었음

웹의 대변경 논의는 변경의 개막이 유럽사에서 신시대의 출발이었던 것과 같이 변경의 폐막은 그 시대의 종언을 의미한다. 그가 스스로 서문에서 밝혔듯이, 변경에 관한 대부분의 예증例證을 미국의 경험에서 도출導出하는 방법상의 문제 때문에 결국 미국 내에서의 변경의 폐막을 대변경에서의 폐막으로 동일시하는 미국 편중의 모순이 있는 것 같다. 물론 그의 주장대로 유럽의 근대적 발전에서 신세계가 공헌한 역할이 막중한 것임은 의문의 여지가 없다. 이렇듯 소중한 변경도 "1890년에서 1910년 사이에 그 막을 내렸고" 그리하여 유럽의 발전을 보장했던 "변경 시대"는 지나간 시대로 되었다는 것이다.[150)]

이상 살핀 대로 1945년을 고비로 구미의 역사가들은 제가끔 "유럽의 해체 un-making와 분명히 그 시대 전체의 종말the end of a whole age이라고 하는 것"[151)]에 관해서 해답을 얻고자 면밀한 검토를 하였음을 알 수 있다. 물론 한 시대와 다른 한 시대와의 단속 관계斷續關係가 돌발적으로 발생하는 것은 아니다. 고대사의 와중에서 유럽사의 명확한 출발점을 설정하기 어려운 것과 마찬가지로 20세기 중엽의 유럽이 겪은 시대적 전환이 언제부터 시작하였는가를 확정 짓기는 어려운 일이다. 한 시대가 궁극적으로 종식하기 전에 이미 새 시대의 징후는 싹트기 마련이고 그리하여 두 시대는 시간적으로 서로 포개지는 관계에 놓이기 때문에 한 시대와 다른 또 하나의 시대를 구분한다는 것은 더욱 힘든 일이 아닐 수 없다. 이 장에서는 지금 유럽 시대의 종언이라는 문제를 두고, 어떤 새로운 독자적인 시점을 찍어야 할 필요는 없을 것이다. 다만 중요한 것은 현대 유럽사에서 기본적 변화가 두 차례에 걸친 세계대전이라고 하는 격동기를 통해서 뚜렷하게 노정되었다는 사실을 확인하는 것으로 만족할 수 있을 것이다.

위에서 살펴본 역사가들의 견해를 통해서 밝혀진 역사적 사실로서의 유럽의 변화는 첫째로 유럽의 쇠퇴와 유럽 밖에 위치하는 초강국들의 발흥勃興, 둘째로

을 지적하였다(Vide, Sumner, *Survey of Russian History*, 1944, pp. 17, 55). 특히 Webb의 이론에 대한 종합적 분석적 비판을 시도한 예로는 Vide, Barraclough, *History*, pp. 135–153.

150) *Ibid.*, pp. 10,18.

151) Halecki, *op. cit.*, p. 46.

"세계 어느 지역에도 유례類例가 없는 유럽사 특유의 메커니즘"으로서의 세력 균형 체제의 종식, 셋째로 유럽의 열강이 자유로이 뻗어 나갈 수 있었고 유럽에 의해서 지배될 운명에 있다고 생각됐던 비유럽 세계의 소멸,[152] 넷째로 대서양 시대나 또는 태평양 시대로 일컬어지는 새 시대의 등장과 같은 것으로 요약할 수 있을 것이다.

이렇듯 유럽의 시대적 종식을 검토하는 가운데서 확실해진 몇 가지 사실을 "랑케적 유럽사 개념" 내지는 "전통적 유럽 우월관"과 관련지어 생각해 볼 때 우리는 다음과 같은 두 가지 문제의식에 상도想到하게 된다.

먼저 우리가 생각할 수 있는 것은 유럽의 끊임없는 세계적 발전과 팽창을 보증했던 랑케적 유럽사 개념은 "유럽 시대의 종식"과 함께 와해되는 운명을 겪게 되었다는 것이다. 왜냐하면 그의 이론으로는 두 차례나 거듭된 세계대전 후에 전에 없이 쇠잔해진 유럽의 현실뿐만 아니라, 미국과 러시아 같은 비유럽적 초강국이 갖춘 정치적, 경제적 요인과 조건이 강조되고 있는 새 시대의 양상을 해석하거나 이해할 수 없게 되었기 때문이다. 마침내 랑케적 유럽사 개념은 20세기중엽에 이르러 현실적 관련성과 타당성을 상실하게 된 것이다. 다음으로 생각할 수 있는 것은 전후의 역사가들이 다양하게 논의를 거듭한 "유럽 시대의 종식"이라는 역사의식은 헤겔이나 랑케에 의해서 강조되고 또한 그동안 널리 확신되어 온 "유럽의 세계 지배"라고 하는 역사 사상과는 근본적으로 배치되는 역사 인식이란 점에서 이른바 전통적 "유럽 우월관"의 좌절을 입증하는 것으로 보아야 한다는 것이다. 물론 일반 역사가가 운위云謂하는 종식은 결코 비교 문명론에서 예언하는 유럽적 가치의 전면적 소멸을 의미하는 것이 아니다. 또는 베버가 말한 대로 "기원전 1200년에 시작된 전체의 역사가 종말에 이르렀음"을 시인해야 할 만큼 엄청난 몰락은 아닐 것이다. 할레키의 말대로 "유럽 공동체의 우월성의 종식이요, 하나의 격리된 단위로서 연구할 수 있었던 유럽사의 종식이며, 구태여 역사적 유럽과 유럽 문화 및 유럽적 전통의 역할이나

152) Barraclough, *An Introduction*, p. 118.

〔가치가〕 모두 지난 과거의 일로 되었다는 것을 의미한다고 생각할 필요는 없을 것이다"[153]

유럽의 근대사는 "유럽의 확대"와 "유럽 열강의 우위"라고 하는 역사의 인식으로 통일적으로 파악할 수 있는 발판을 모두 잃게 되었다.[154] 유럽을 위해서 현대의 역사가들이 심각하게 생각할 문제는, 랑케가 주장했던 우월론에 집착해서 이를 무의미하게 반추하던 제1차 세계대전 후의 일반 역사가들의 경우와는 달리, 바야흐로 유럽 시대의 종언과 새 시대의 대두를 냉엄하게 확인하기에 이르렀다는 것이다. 그리하여 유럽의 현실적 좌절을 의식한 역사가들은 "유럽적 유산"의 "영속성을 유지"하기 위한 새로운 처방 준비에[155] 몰두한다든지, 또는 역사를 "연속성과 발전의 이야기"로 믿었던 역사주의적 모순을 고집하는 자세로부터 탈피하여 역사의 전환이나 역사의 위기를 인식하게 되었다.[156] 마침내 전 시대의 전통적 유럽 우월론은 이미 지나간 유럽 시대에만 적합했던 역사 사상으로 남게 되었다고 확언할 수 있을 것이다. 실로 역사적 유럽 우월론은 역사적 유럽 시대와 함께 종식하게 된 것이다.

우리는 위에서 얻은 두 가지의 결론을 통해서 새로운 그리고 중요한 문제에 봉착하게 된다. 랑케적 "유럽사 개념"은 비록 역사의 현실적 관련성을 상실하였지만, 지나간 유럽 시대 자체를 해석하는 데에는 여전히 이론적 타당성이나 효용성을 유지하느냐는 문제이다. 제2차 세계대전 후의 역사가들이 유럽사 자체와 랑케적 이론과의 관계를 어떻게 평가하고 있는지 우리는 다음 절에서 좀더 살펴야 할 것이다.

2) 랑케적 유럽사 개념의 와해

안녕과 흥기의 시대에는 인간정신이 낳은 작품을 단지 바라보는 일에 침잠沈潛하는 것만으로 만족할 수 있지만, 몰락과 붕괴의 시대에는 다가올 장래가 행복

153) Halecki, *op. cit.*, p. 201.
154) Barraclough, *History*, p. 207.
155) *The European Inheritance*, ed. by Sir Ernest Barker, Sir George Clark and Prof. paul Vaucher, 1954.
156) Vide, Barraclough, *History*, chap. 1.

과 불행 가운데 어느 쪽으로 이어질 것인가 하는 우려와 불안의 상념과 함께 "다시금 우리의 눈을 만들어진 것으로부터 만드는 것으로 돌리게 된다".[157] 역사가는 당연히 몰락의 원인을 역사 속에서 찾게 되고 지나간 시대를 일괄하여 다가올 새 시대와 다른 것으로 파악하게 된다.

1945년을 기하여 "유럽 시대의 종식"을 의식한 구미의 역사가들은 그들의 시각視角을 다시금 과거로 돌려 유럽사 재해석의 길을 열었다. 이러한 역사 재평가의 계기는 무엇보다도 전쟁 후의 역사가들이 공통으로 감지한 현실적 역사 인식에서 비롯된 것이다. 베버를 필두로 그보다 조금 뒤에 바라클라프가 강조하였듯이, 자신의 처지를 바야흐로 "학창 시절에 배워 온 전통적 역사 즉 서유럽 중심적 역사의 종점에 또는 그 바깥에 서 있는 것"[158]으로 의식하게 된 때문이다. 다시 말해서 유럽의 정치적 몰락과 함께 펼쳐진 생소한 시대적 상황 속에서 깨닫게 된 것은 종전과 같이 "서유럽적 관점"에서 역사적 배경을 돌이켜 보는 방법으로는 엄청나게 변모한 유럽의 현실을 이해하는 데 아무런 도움도 안 된다는 것이다.

그리하여 역사가들은 전후의 새 시대에 알맞은 새로운 유럽 사관의 확립을 필요로 하게 되었다. 이는 "새로운 역사 기술을 위하여 어떤 공식"을 꾸며 내는 일이 아니라 "옛 사실에 대하여 새 비전"[159]을 갖는 일이었다. 따라서 유럽사에 대한 새로운 관조는 결과적으로 전통적 정설에 대한 재검토로 이어진다.

제2차 세계대전 후에 전개된 "유럽사의 재해석"은 매우 다양하고, 역사가마다 특이한 내용과 주제를 갖지만, 우리는 특히 유럽의 세계적 우위와 발전을 기약해 온 랑케적 유럽사 개념에 대해서 비판적 입장을 취했던 역사가들에게 관심을 모아야 할 것이다.

먼저 대표적 역사가로서 데히오를 손꼽을 수 있다. 일찍이 랑케가 영속할 것으로 보증하였던 "유럽 국가 체제"의 몰락을 목도한 그는 이 체제가 갖는

157) Meinecke "Ranke und Burckhardt," S. 108,109.
158) Barraclough, *History*, p. 1.
159) *Ibid.*, p. 11.

자족적 기능에 의문을 품고 보다 넓은 시각에서 유럽근세사를 고찰하기 시작하였다. 그가 새로이 발견한 것은 "유럽 체제"에 대해서 항시 견제 작용을 하여온 "양익 강국兩翼强國/Flügelmächte"[160]이었다. "양익 강국"이란 유럽 중심부에 대하여 해양과 대륙의 양익적〔두 날개의〕 위치에 있으면서 유럽 안의 한 나라가 패권을 장악하고자 의도할 때면, 이를 효과적으로 견제함으로써 한나라에 의한 유럽의 정치적 지배를 막아왔던 강국들을 가리킨다.

그는 근대 유럽의 국가 체제의 역사를 재고찰함에서 "랑케의 발자취를 뒤따르겠다"라고[161] 스스로 밝혔듯이, 카를 5세, 펠리페 2세, 루이 14세, 나폴레옹 등의 경우를 차례로 검토하고 난 다음에, 이어서 빌헬름 2세, 히틀러 등에 대한 면밀한 검토 끝에 이들이 품었던 패권에의 열망이 모두 양익적 위치에 있는 강국들의 견제 작용에 의해서 무산되었던 사실을 포착하였다.

그의 탁월한 관찰력을 필자는 다음과 같이 요약할 수 있을 것이다. "16세기의 카를 5세에 의해서 나타난 통합 경향Einheitstendenz에 대한 견제력은 터키가 이룩한 것이다." 이는 마치 펠로폰네소스 전쟁 종반기에 아테네나 스파르타가 패권을 잡고자 기동起動할 때면 반드시 페르시아인들이 그리스의 이들 두 나라에 대하여 적시에 번갈아 가면서 압력을 가하여 한 나라에 의한 패권 장악을 방해했던 사실과 같다.[162] 펠리페 2세에 의하여 계획된 통합 경향은 "해양 강국Seemächte인 네덜란드와 영국의 세계적 지위가 지니는 비밀"에 의하여 견제되었다. 이 비밀이란 "바다 너머 새 영토로부터 오는 힘"이었다. 바다 너머에서 오는 힘은 패권을 추구하는 어떠한 대륙의 강국에 대해서도 견제의 역할을 하였다. 이들 두 개의 해양 강국은 몰락해 가는 오토만 제국의 역할을 인수할 수 있었으며 또한 이들은 터키인들보다 월등한 견실성과 힘을 가지고 양익 강국으로서의 기능을 발휘하였다. 특히 영국은 향후 수 세기 동안 이러한 역할을 감당할 만한 힘을 견지하였다.[163]

160) L. Dehio, *Gleichgewicht oder Hegemonie*, S. 12, Passim.
161) *Ibid.*, S. 10.
162) *Ibid.*, S. 37.

프랑스의 루이 14세에 의해서 야기된 유럽 쟁패전도 해양 강국인 영국과 네덜란드의 힘으로 저지되었다. "루이 왕이 겪은 라 오귀La Hogue의 패배는 영불해협에서 펠리페 왕의 무적함대가 겪은 경로의 되풀이였고" 이로써 "다시 한번 권력을 잡은 대륙 강국의 해군이 순수한 해양 강국의 해군보다 열세하다는 것이 입증되었다".[164] 루이 14세의 치세에 유럽의 국가 체제는 세 번째의 시련을 치렀으나 이에 앞선 두 차례의 도전에서 겪었던 것보다 훨씬 높은 유럽 체제의 안전도를 유지할 수 있었다. "16세기 말과 마찬가지로 17세기 말에도 해양 제국은 패권을 잡으려는 프랑스 태양왕에 대한 견제력이요, 적수이며 분열 경향Tendenz zur Aufsplitterung의 지주支柱로 입증되었다."[165] 그런데 도서 영역島嶼領域에서의 힘의 결집은 대륙에서의 힘의 분열과 뚜렷한 대조를 나타냈다. 바다에서의 힘의 결집은 해양 강국만이 향유할 수 있는 특권이었다.[166]

나폴레옹의 패배는 유럽 대륙 내의 국민적 봉기〔독일의 국민적 저항이나 반도전쟁 등〕에 의한 것이 아니라 광대한 아시아 지역을 힘의 배경으로 삼은 러시아와 신세계에서 오는 풍부한 재화로 힘을 갖춘 영국에 의한 것이었다. 나폴레옹의 패배는 프랑스의 완전한 몰락이었으며 그리하여 "다시 한번 노老 대륙은 패권을 장악한 강국의 탄생을 실현하는 데 무기력하다는 것을 실증하였다".[167]

20세기에 들어와서 빌헬름 2세의 독일이 결정적으로 패한 것은 새로운 양익 강국으로 출현한 미국의 직접 개입에 있었다. 또한 히틀러의 독일은 미국과 러시아의 힘에 의하여 전면적 패배를 겪었고 이로써 마지막으로 유럽의 활화산은 그 숨을 거두었다. 결국 "유럽은 전통적 자유국가 체제를 재건할 수 없게 되었고 마침내 두 개의 그룹으로 갈리었다. 각 그룹은 두 개의 거대한 세계 강국 중의 한 나라의 이해관계에 추종하는 영역으로 분리되었다".[168]

163) *Ibid.*, S. 54.
164) *Ibid.*, S. 73.
165) *Ibid.*, S. 80.
166) *Ibid.*
167) *Ibid.*, S. 151, S. 152.
168) *Ibid.*, S. 210f, 224, 230.

제2차 세계대전이 끝나자 일찍이 루이 14세 때에 볼 수 있었던 두 개의 상반相反하는 대륙과 도서의 원리는 그들의 본색을 드러내면서 서로 본격적이며 직접적인 대결 태세를 취하게 되었고, 마침내 이러한 두 원리의 대결은 지구적 차원으로 확대되었다. 지난 수 세기 동안 유럽 대륙에서 군림했던 여러 강국들의 후계자 격인 러시아는 고유의 전통으로부터 벗어나 강대한 지구적인 세력으로 성장하였고, 반면에 미국은 "유럽의 도서적 전통"이 갖는 기초 위에서 전 세계에 걸쳐 그 영향력을 과시하게 되었다.[169)]

이와 같이 비유럽 세계에서 오는 견제력은 "대륙적 원리"와 "도서적 원리"로 양분되는 것인데, 이 두 개의 원리야말로 근세유럽의 "통합 경향"에 대한 궁극적 저지력으로서 유럽 시대가 종국을 맞이하기까지 줄곧 작용하여 왔다. "국가체제"로 뭉쳐졌던 유럽이란 곳은 양익적 위치에 있는 강국들의 침투가 가능했던 개방된 지역이었다. 유럽은 한 나라에 의한 패권 장악을 저지하기 위해 늘 분열 상태를 지향해 오다가 마침내 비유럽적 초강국에 의한 전면적 제압을 받는 운명을 겪게 된 것이다.

이상 요약한 바와 같이 데히오의 양익 강국은 랑케의 입론, 즉 유럽을 외부로부터 아무런 영향도 받지 않는 하나의 "자족적 정치 단위"로 규정했던 이론을 근본적으로 와해시키는 데 충분한 논거論據를 제시하였다. 또한 데히오의 이론은 전후에 논의되었던 국제 정치의 양극화 현상을 기원 탐구적起源探究的 시각에서 구명한 독보적 저작[170)]으로 높이 평가되고 있다.

데히오와 동일한 시각에서 랑케의 유럽사 개념이 지니는 모순을 지적한 바라클라프의 경우가 있다. 그는 〈유럽사의 새로운 관찰〉[171)]이라는 논문에서 데히오의 양익이론을 거의 전면적으로 받아들이고 있어 유럽근대사에 관한 한, 여기서 상세하게 언급할 필요는 없을 것이다. 데히오가 근대유럽의 국가 체제에 국한해서 연구한 것에 비해서 본래 중세사 전공학자이던 바라클라프는 랑케

169) *Ibid.*, S. 231.
170) Barraclough, *Introduction*, p. 89.
171) Barraclough, *History*, Chap. 12.

적 의미의 유럽중세의 통일성을 부정적으로 관찰한 것이 매우 특징적이다. 그에 의하면 유럽이 외부 세계로부터 가장 고립했던 시대로 알려져 온 중세 세계도 그루세Grousset가 지적한 대로 훈족을 필두로 아바르족, 불가리아족, 마가르족, 터키족 등 아시아의 여러 종족으로부터 밀려오는 압력에서 자유로울 수 없었던 것이 재고되어야 한다.[172] 흔히 말하는 "중세적 통일"이라는 개념도 "실은 부분적 통일로서 서방기독교 세계의 통일이었으며" 서유럽에 대하여 지대한 영향을 끼쳤던 "중세의 양대 문명인 회교 문명과 비잔틴의 그리스 정교 문명은 포함되지 않았다"[173]는 점에서 불합리한 개념으로 남는다. 또한 그는 샤를마뉴 대제로부터 출발하여 소위 "역사적 중심historic core"의 도도한 흐름을 강조하는 서유럽 중심주의적 해석 경향과는 달리, 표트르 대제 시대 이후에 러시아가 서유럽 세계에 끼친 충격뿐만 아니라 서유럽과 다른 러시아 문화의 본질적 특징이 형성된 11세기 말로부터 16세기 중엽에 이르는 시기의 중요성도 강조되어야 한다고 말하였다.[174]

이밖에도 데히오와 동일한 바탕에서 적극적으로 랑케를 비판한 독일 역사가 헤프터Heinrich Heffter의 경우가 있다. 그는 〈외교 정책의 우위〉란 논문에서 유럽적 국가 체제가 이미 랑케의 생애의 후반기에 세계국가 체제Weltstaatensystem로 변모함으로써 세계적 성격을 갖는 문제는 이미 구시대의 내각정치Kabinettspolitik에 의해서 해결할 수 없게 되었고 더욱이 이러한 사실은 랑케 사학의 영역에서 다룰 수 없는 결과를 초래하였음이 확실하다고 주장하였다. 그럼에도 불구하고 랑케의 영향 아래 있었던 독일 역사가들은 이 같은 새 사태를 이해하지 못하고 세계국가 체제를 단지 확대된 옛 유럽의 국가 체제로 보는 과오를 범하였다고 지적하였다.[175]

172) Barraclough, *History*, p. 177.

173) *Ibid.*, pp. 100, 101. esp. Chap. 7(pp. 97–104)

174) *Ibid.*, p. 187. f.〔Vide. W. philipp, *Hist. Zeitschrift*. Bd. 176,1953. S. 590〕

175) Heinrich Heffter, "Vom Primat der Aussenpolitik," *Hist. Zeitschrift*, Bd. 171, 1951. 그가 말하는 세계국가 체제로의 변모는 미국이나 일본 같은 비 유럽적 강국의 등장과 함께 제국주의로의 발전, 아시아의 각성, 고도한 자본주의와 공업화에 의해서 생긴 문명의 국제화, 새로운 대중 운동의 발생 등으로 설명된다.

다음으로 홀보른H. Holborn은 이미 위에서 언급한 바 있는 저작, "유럽 국가체제의 붕괴"에서 랑케의 유럽 사관을 다음과 같이 논박하였다. 레오폴트 랑케는 그의 첫 번째 저서에서 유럽을 "로마적·게르만적 민족 공동체"로 규정지었던 것 자체가 큰 오류였음을 지적하였다. 기실 "유럽은 게르만 세계에 의하여 확대된 로마 제국帝國의 서반부 이상의 것이다". 왜냐하면 폴란드인, 체코인 등 슬라브계 민족들이 중세와 근대사에서 절대적 요소를 차지하였고 마가르족의 기마병이 서양 문명을 수호하는 데 공헌한 것과 마찬가지로 발틱계 민족도 많은 역할을 담당하였기 때문이다. 이뿐 아니라 터키 제국帝國의 몰락과 함께 유고슬라브인, 루마니아인, 불가리아인, 그리스인 등이 모두 유럽사에 참여한 사실을 재인식해야 한다. 한마디로 줄여서 유럽은 결코 "하나의 정치적 통일체"가 아닌 것이다.[176] 한편 그는 중세의 황제들도 통일된 유럽 국가의 창건을 열망하지 않았다는 점을 지적하였다. 역대의 황제들은 여러 국왕들 사이에서 우세한 지위를 확보하려고 노력했으며 심지어는 이러한 지위도 어렵게 힘들여 획득할 수 있었다고 한다. 따라서 "중세적 통일"이라는 종래의 널리 인정된 개념도 동유럽 쪽에서 오는 압력과 함께 내부적 분열을 참작하는 가운데 재검토되어야 한다. 유럽 여러 민족의 진정한 유대는 오직 문화적 결속에 있었을 뿐이다.[177]

동유럽 전반에 대한 새로운 관찰을 시도한 홀보른은 특히 러시아의 역사적 위치에 대한 랑케의 견해에 대해서 예리한 비판을 가했다. 러시아가 발칸의 여러 민족을 터키의 지배로부터 해방시키는 데 다른 어느 나라보다 크게 작용하였음에도 불구하고 랑케는 이러한 사실을 별로 중요하게 보지 않았던 데에 문제가 있다고 지적한다. 이는 그가 러시아를 유럽 공동체의 일원으로 간주할 수 있을 만큼 서구화한 나라로 보지 않았던 데에서 기인하는 것이다.[178] 홀보른에 의하면 "러시아는 그 출발부터가 유라시아적 국가였다". 1700년 이전의 3세기 동안 러시아와 서구 문명 사이의 차이는 현저했고 이러한 대조적 관계는

176) H. Holborn, *Zusammenbruch* S. 9,10.
177) *Ibid.*, S. 10,18f.
178) *Ibid.*, S. 12.

그 뒤로 2세기 반 동안 계속된 러시아의 서구화 정책에 의해서도 극복되지 않았다. 왜냐하면 "서방의 이념이나 제도는 단지 절대적 힘을 강화하기 위한 수단으로" 이용되었기 때문이다.[179] 그러나 러시아는 문화적으로는 유럽과 구별되었음에도 불구하고 유럽 정치 체제 속에서 강국들 중의 한 나라로 행세하게 되었는데 실상 이러한 지위로의 성장은 불과 1세기 미만의 짧은 기간에 이루어졌다.

생각건대 랑케가 동유럽의 여러 민족을 유럽사의 구성에서 외면하면서도 러시아만큼은 유럽 체제에 편입시킴으로써 오히려 유라시아적 러시아가 유럽에 끼친 압력이나 충격을 객관적으로 평가하지 못했던 모순은 마침내 20세기에 와서 러시아의 위협적 등장과 동유럽 제민족의 독립을 통해서 명확해진 것이다.

거듭 말해서 홀보른이 "근대 유럽의 정치적 기초"를 고찰하면서 유럽은 처음부터 랑케적 의미의 "자기 완결적 정치 단위"[180]가 아니었다고 주장할 수 있었던 근거는 동유럽에 흩어져 있는 군소민족에 대한 새로운 관찰과 함께 아랍민족이나 비잔틴 문명 그리고 근대의 터키 제국과 러시아 제국 등이 유럽에 가해온 압력이 대륙 내의 민족적 불화를 증대시킨 사실에 있는 것이다.

유럽사의 연대적 지역적 한계를 확정하고 이를 다시 내용적으로 구분하는 데 주력한 할레키도 랑케의 유럽 국가 체제를 근본적으로 부정하였다. 그는 유럽을 서유럽과 동유럽으로 양분한 다음, 양측으로부터 각기 상당한 부분을 분리시켜 중앙유럽을 설정하였다.[181] 중앙유럽은 이를 또 다시 양분하여 독일을 "서중유럽West-Central Europe"으로 정하고 한편 러시아를 제외한 동유럽의 군소 민족 국가를 "동중유럽East-Central Europe"으로 설정하였다. 이럴 경우 "동부 중유럽"의 지역적 테두리는 서편으로 스웨덴, 독일, 이탈리아와 동편으로 터키 러시아 등에 의하여 둘러싸인 광대한 지역이 된다. 그리하여 유럽은 4개의 지역으로 구분되는 것이다. "동부 중유럽"에서 명멸했던 여러 나라들은 항시

179) *Ibid.*, S. 14, 15. Holborn은 이러한 사실을 1849–50년에 있었던 러시아의 중앙유럽 침입으로 반증하면서 현대 러시아의 반자유주의적 개입과 지난날 차르의 개입과는 피상적 연관 이상의 심각한 내용이 있다고 지적하고 있다.

180) *Ibid.*, S. 18f.

181) Halecki, *op. cit.*, pp. 127, 138.

인접한 강국들의 영향 아래 있었고 무엇보다도 전래하는 전통적 유럽사의 구성에서 "미지의 세계terra incognita"였다.[182] 이 미지의 세계는 10세기에서 20세기에 이르는 유럽 시대의 전 과정을 통하여 독일을 거치지 않고 유럽 문명의 라틴적 고국과 직접적 연결을 맺고 문화 발전과 정치적 유대의 증진을 위해 노력하여 왔다.[183] 이 지역은 실제에 있어서 로마 가톨릭의 영향과 르네상스 및 종교개혁의 영향 그리고 현대로 내려와서 서방유럽 사이에 이루어졌던 밀접한 외교와 통상 관계 등으로 연관을 맺어 왔다.

따라서 랑케적 이론에서 볼 수 있는 "세력 균형의 역사가 제2의 중유럽인 '동중유럽'의 심각한 문제를 도외시하는 한, 불완전하게 남게 된다는 것이"[184] 할레키의 지론이다. 특히 그는 유럽적 세력 균형勢力均衡에 근거한 유럽 사관이 갖는 모순성을 다음과 같이 적절히 요약하였다. 일찍이 르네상스 말기의 이탈리아를 경계로 활용되었던 세력 균형의 이념이 유럽 정치라고 하는 보다 넓은 분야에서 국제 관계를 이끌어 가다가 유럽 시대의 말기에 이르러 보다 넓은, 아니 최대한으로 가능한 세계 정치 분야를 동일한 개념으로 이끌기 시작하였다. 그러나 이탈리아의 경우와 같이 유럽의 좁은 정치 분야는 외부로부터 개입의 대상이 된 것이다. 그리하여 〔랑케나 랑케의 후학들이 예측하지 못한〕 비유럽 세력들이 유럽의 땅위에서 싸우게 되었고 마침내 유럽 대륙의 미래에 관한 절실한 문제가 이들 비유럽적 강국의 외교 문제에 의해서 결정되는 운명을 받아들이게 되었다.[185]

이상 살핀 바와 같이, 피셔의 "신중심지"와 웹의 "대변경"을 포함한 1945년 이후의 역사가들의 새로운 유럽사의 해석은 한결같이 랑케가 설정한 "유럽사 개념"과는 기본적으로 다른 관점과 시각을 가지고 유럽사를 해석하고 있는

182) *Ibid.*, p. 126. 특히 이 지역의 역사에 관해서는 Vide, O. Halecki, *Borderlands of Western Civilization: A History of East Central Civilization*, 1952.
183) *Ibid.*, p. 139. Vide, Halecki, *The Millennium of Europe*, 1963. 그는 이 책에서 "동부 중유럽"과 서유럽 사이의 문화적, 종교적, 외교적 유대 관계를 구체적으로 성찰하고 있다.
184) *Ibid.*, p. 140.
185) *Ibid.*, p. 197.

것에 착안할 수 있다. 역사가들의 상이한 해석에서 찾을 수 있는 공통적 대목을 요약하자면, ① 근대 유럽 국가 체제에 작용한 비 유럽적 견제 세력의 결정적 역할, ② 전통적 유럽사 구성에서 항상 외면되었던 "동중유럽"의 여러 군소 민족과 서유럽과의 긴밀한 역사적 관련성, ③ 비잔틴 제국이나 이슬람 문명이 중세 유럽에 미친 영향, ④ 신세계를 비롯하여 유라시아 제국같은 비유럽 세계에 전위된 유럽 문명에 대한 새로운 관조 등으로 묶어 볼 수 있을 것이다.

그러면 1945년 이후에 다양하게 전개된 유럽사의 해석에서 랑케 비판의 공통적 특징을 부연해 보기로 한다. 이들이 갖는 공통적 특징은 랑케적 전통적 유럽사 개념을 형성하는 데 가장 중요한 기반基盤과 같은 "로마적·게르만적 세계"와 이보다 더 넓은 세계와의 밀접한 관련성을 발견한 데에 있다고 말할 수 있을 것이다. 특히 이들이 새로운 해석을 통해서 적극적으로 부각시킨 부분은 랑케적 유럽 세계로 밀려온 유럽 외적 영향이나 압력에 있으며, 이러한 유럽 외적 작용은 유럽의 확대와 팽창만을 보아 왔던 종래의 전통적 "서유럽 중심주의적 역사관"에서 근본적으로 무시되었던 부분임을 알 수 있다. 유럽 외적 세계의 중요성을 강조한 바라클라프의 적절한 요약[186)]을 빌린다면 우리의 이해에 도움이 될 것이다. 즉 "서유럽 사회를 '이해 가능한 연구 영역'이라고 하는 토인비에 의하여 널리 알려진 견해와는 달리, 유럽사를 형성하는 결정적 요인으로 생각해야 할 것은 유럽과 보다 넓은 세계와의 관련에서 찾아야 할 것이다. 말하자면 우리가 확신할 수 있는 것은 외부로부터 오는 충격 없이는 유럽의 발전의 어느 국면도 이해할 수 없고 서유럽의 발전일 경우는 더욱 이해할 수 없다. 이러한 사실은 단지 우리가 볼 수 있는 현대나 또는 가까운 과거뿐만 아니라 유럽사 전반에 걸쳐서 타당성을 갖는 것이다". 이러한 바라클라프의 말 가운데서 토인비의 견해라고 인용한 부분을 랑케의 견해로 치환置換해서 생각해 보면 우리가 찾고자 하는 랑케에 대한 여러 역사가들의 비판적 견해가 지니는 공통적 특징이 무엇인지를 쉽사리 이해할 수 있을 것이다.

186) Barraclough, *History*, p. 177.

바라클라프의 "유럽과 보다 넓은 세계Europe and the Wider World"[187]에 관한 새로운 관찰이나 새로운 평가를 여기서 망라할 여지는 없다. 다만 신세계에 관한 새로운 해석 경향을 조금 더 부언附言할 수 있을 것이다. 유럽이 신세계에 끼친 충격에 보다 깊은 관심을 쏟으면서 양자의 역사를 각기 다른 대륙의 역사로 다루지 않고 산업혁명 이래 줄곧 강하게 통합되어 온 하나의 세계라고 하는 역사 과정 속에서 파악하는 경향이 짙어졌다고 강조한다.[188] 이러한 해석 경향은 신세계를 단순한 유럽의 연장이나 확대로 보아 온 종래의 입장과는 달리 "대서양 공동체"라고 하는 현실적 바탕에 입각해서 과거를 고찰하고 있다는 점에서 새로운 의미를 찾을 수 있다.

이 장에서 언급한 1945년 이후의 새로운 해석을 통해서 명확해진 것은 랑케가 정립한 유럽이라고 하는 역사 공동체는 중세 및 근세 전반을 통해서 유럽 외적 세계로부터 오는 충격과 압력으로부터 자유로울 수 없었다는 사실이 날로 강조되어 가고 있다는 것이다. 이러한 유럽사 해석 경향이야말로 "유럽 시대의 종식"이라는 역사의식이 낳은 가장 특징적이고 획기적인 해석 내용이라고 말할 수 있을 것이다.

그러나 이러한 새로운 해석 경향은 유럽 외적 세계에 대한 유럽의 압력이 유럽에 대한 유럽 외적 세계의 압력보다 강했던 시기를 부정하려는 데에 목적을 두고 있는 것이 아님은 말할 나위도 없을 것이다. 우리는 유럽 우위의 시대가 낳은 극히 일방적인 "유럽 중심주의적 세계사관"이 유럽사를 해석하는 데 기준이 되어서는 안 된다는 것을 현금의 역사학이 새로이 깨닫고 있다는 것을 지적하는 것으로 만족하면 될 것이다.

187) *Ibid.*, p. 135. 필자는 Barraclough가 Webb의 "The Great Frontier"에 대하여 비판을 加한 논문의 제목을 그대로 사용하였다.

188) M. Silberschmit, *Wirtschaftshistorische Aspecte der neueren Geschichte*, Hist. Zeitschrift, Bd. 171,1951, S. 245–261. 특히 미국 혁명이나 프랑스혁명 등 18세기 후반부터 19세기 전반에 걸쳐서 펼쳐진 혁명 운동을 별개의 국민적 사건으로 보지 않고, 전체로서 하나의 커다란 혁명 운동으로 파악해야 한다는 주장을 예로 들 수 있다. Palmer는 이를 가리켜 Great Democratic Revolution이라고 칭하고 Godechot는 대서양혁명이라고 말하였다. Cf. Palmer, *The Age of the Democratic Revolution*, 2 vols., 1959–64 ; Godechot *Les Révolutions* (1770–1799), 1963.

결국 우리는 19세기에 랑케가 처음 확립한 뒤로 의문의 여지없이 믿어졌던 전통적 "유럽사 개념"이 유럽 시대의 종식을 의식한 1945년 이후의 역사가들의 노력에 의해서 와해되었음을 확인할 수 있다. 랑케가 서술한 "로마적·게르만적 민족"이 구성한 "공동 사회"의 역사상歷史像, 즉 자신의 질서에 따라서 움직이고 세계로 향해서 팽창은 하지만 본질적으로 외부의 요인에 의해서 좌우되지 않고, 또한 유럽 외적 세계와 명확히 구별되는 것으로 이해되어 온 "유럽의 공동 사회"의 역사적 모습은 마침내 와해되고 만 것이다.

6. 결론

랑케적 유럽사 개념은 구미의 역사가들이 "유럽 시대의 종식"을 의식한 1945년을 한계로 사실상 운명하였다. 랑케적 개념의 몰락은 이 해를 기하여 현실적 타당성과 관련성을 상실함으로써 비로소 현재화顯在化하였다. 호이징하의 말대로 "역사는 언제나 형식과 기능의 개념으로"[189] 해석할 수 있거니와, 랑케의 유럽사 개념 구성에서 형식 조건에 해당하는 유럽 국가 체제가 현실적으로 와해되고 동시에 기능 조건으로서의 세력 균형의 원리도 좌절함으로써 마침내 그가 구성한 유럽사의 모습은 실재로 존립의 발판을 상실한 것이다.

그런데 보다 중요한 사실로서 지적되어야 할 것은 랑케적 유럽사 개념은 단지 현실적인 와해에 그치지 않고, 지나간 유럽 시대 자체의 역사 전반을 해석함에 있어서도 그 존재 가치를 상실하게 되었다는 것이다. "모든 역사는 '현대사'라는 성격을 갖는다"[190]라는 명언이 함축하듯이 랑케의 역사 개념이야말로 세계대전 후의 "실천적 요구"에 부합하지 못하게 되면서 본래적 가치마저 부정되

189) Fuizinga, *op. cit.*, p. 58.

190) B. Croce, *op. cit.*, p. 19. 이 명언의 문맥은 다음과 같다. "모든 역사적 판단의 기초에는 실천적 요구가 있으므로 모든 역사는 '현대사'라는 성격을 갖는다. 왜냐하면 재고되는 사건이 멀리 떨어진 듯이 보이더라도 현실에 있어서 역사는 현재의 요구 및 상황에 관해서 말하고 있기 때문이며 이는 다시 말해서 현재의 요구나 상황 속에서 사건들이 진동하고 있는 때문이다."

기에 이른 것이다. 다시 새삼스런 설명을 첨가할 필요는 없겠지만, 단적으로 말해서 서유럽을 "세계 그 자체"로 보면서 로마 제국의 붕괴 이래 줄곧 고유의 발전 과정을 추구한 밀접히 관련된 "로마적·게르만적 민족"의 복합체라고 하는 그의 유럽 사상은 보다 넓은 비유럽 세계로부터 밀려온 충격이나 압력을 외면하는 가운데 구성되었던 모순 때문에 와해의 운명을 겪게 된 것이다.

랑케에 의해서 정립되어 지난 유럽 시대에 널리 통용되었던 전통적 "유럽 중심주의" 사관은 유럽적 기능을 오직 팽창과 확대의 시각에 따라 관찰함으로써 비유럽 세계에서 조용히 진행된 세계적 초강국들의 성장 과정을 의식하지 못하였다. 18세기 이래 강조되어 온 "유럽 특유의 우월론"은 주로 아시아에 대한 유럽의 우위를 강조하는 데 논의의 초점이 있었지만, 스스로 우월감에 사로잡혔던 당대의 지성들의 시각에는 앞으로 유럽 자체를 능가하게 될 잠재적 세계 강국의 완만하고 울연蔚然한 등장이 포착捕捉될 수 없었나 보다. 가령 마음에 없으면 보이지도 않는다는 평범한 이치가 있듯이, 자부심과 우월감에 차 있던 유럽 시대의 유럽인의 시각은 비유럽 세계에서 추진되어 온 꾸준한 움직임의 진면목이나 가치를 판독할 수 있을 만큼 명민하지 못했던 것 같다. 실상 19세기 중엽에 미국과 러시아의 등장을 예언한 바 있는 토크빌Alexis de Tocqueville 같은 형안의 역사가를 제외한 유럽 우월론자들은, 이를테면 "19세기를 대표하는 가장 훌륭한 두뇌라고 일컬을 만한 헤겔이나 랑케나 콩트도 대서양 너머에서 무엇이 일어나고 있는지 너무나 무감각하였고"[191] 이뿐만 아니라 유라시아적 성격의 러시아가 이른바 "초강국"으로 등장하여 유럽위에 군림하게 될 것도 예측하지 못하였다. 온 세계를 부관俯觀하려고 애썼던 유럽의 역사가나 철학자들이 유럽 외적 세계에서 추진되는 사태에 좀더 밝지 못했던 까닭은 유럽의 끊임없는 발전과 세계적 우월성을 과신했던 일종의 고정관념에서 유래하는 것이었고 이러한 그릇된 관념은 1945년의 결정적 전환점을 고비로 사실상 종말을 고한 것이다.

191) Corral, *op. cit.*, p. 252. n.

1960년대에 들어서면서 역사가들 사이에는 대전 후의 좌절 의식으로부터 벗어나는 경향을 뚜렷이 나타냈다.[192] 이는 좌절에서 재기한 유럽이 역사상 유례없는 급속한 회복과 발전에 성공함으로써 실제에서 "1945년 이래"로 오히려 "유럽의 르네상스"를 구현하게 되었다고 하는 크루제M. Crouzet의 주장을 통해서 규지窺知할 수 있다. 이러한 재흥의 기쁨은 그로 하여금 "두 개의 유럽〔동·서 유럽〕이 아직도 문화와 문명의 중심"[193]이라는 자신을 갖게 하였지만, 그것이 곧 지난 유럽 시대에 누렸던 "유럽 문화의 세계 지배"라고 하는 전통적 우월론의 재기를 의미하는 것은 아니다. 그러기에 크루제는 유럽의 발전을 강조하면서도 한편 "전체로서의 유럽은 과거에 차지했던 유일한 전형unique model으로서의 위치를 상실하였다"라고 첨언하는 것을 잊지 않았다.

대전 직후의 "양극화" 현상이 오늘날 과거의 일로 되면서 세계가 새로운 다극화 체제로 변모하여 가고 있지만, 그것은 구조와 양식에서 전통적 "유럽 국가 체제"와 근본적으로 다른 체제이다. 다시 말해서 "아직도 형성 중에 있는 새로운 다수국가 체제multipower system"가 궁극적으로 어떠한 국가들로 구성될는지는 미지의 사실이라고 하더라도 그것이 랑케적 의미의 "유럽의 5대 강국이라든가 6대 강국이라고 하는" "고전적 국가 체제의 부활"을 의미하는 것이 아님은[194] 잠언을 필요로 하지 않을 것이다.

이로써 랑케적 유럽사 개념은 지난 유럽 시대에만 통용되었던 낡은 이론이며, 시대적 전환을 겪은 현금의 세계에서는 이미 그 설득력을 잃은 개념이라고 논단할 수 있을 것이다.

192) 특히 예거할 수 있는 것은 *A New Europe?* ed. S. R. Graubard, 1964. 21명의 기고로 이루어진 이 논문집은 제2차 세계대전 후 유럽의 나양한 발전상을 기록하고 있다.

193) Maurice Crouzet, *The European Renaissance Since 1945*, in Library of European Civilization, general editor: Geoffrey Barraclough 1970, p. 197.

194) J. H. Herz, *International Politics in the Atomic Age*, 1959, pp. 34–35; cf. *Ibid.*, pp. 153, 156–158. 이 책은 그 현대적 함축으로 보아서 이 문제에 관해 훌륭한 시사를 준다. 이 밖에도 널리 알려진 것으로 Cf. Hans J. Morgenthau, *In Defense of the National Interest*, 1952, p. 50.

I **II** III IV V VI VII VIII IX X

유럽 국가 체제와 양익 강국兩翼强國

1. 서론

1945년에 제2차 세계대전이 종식한 이래, 유럽사를 그 전체적 규모에서 새롭게 탐구하려는 노력이 서유럽의 많은 역사가들에 의해서 시도되었다. 우리가 살피려는 독일 역사가 루트비히 데히오Ludwig Dehio는 그러한 역사가들 중에서 아마도 가장 탁월하고 대표적인 학자일 것이다. 데히오는 1948년에 그의 가장 빼어난 저작《균형이냐 패권이냐—근대국제 정치사의 근본 문제에 관한 고찰 *Gleichgewicht oder Hegemonie : Betrachtungen über ein Grundproblem der neueren Staatengeschichte*》을 발표하여 역사가로서의 명성을 얻은 바 있다. 이 장은 이 책이 구성한 특출한 유럽 사상史像에 착안, 그 내용을 전체적으로 요약 정리하고 동시에 그 내용이 지니는 가치와 의미를 찾는 데 주목적이 있다. 이 책이 일반적 유럽 근대사나 정치사 관계 개설서와 다른 점은 단순한 연대기적 사료 서술적 내용 구성을 지양하고, 일찍이 독일의 레오폴트 폰 랑케가 서술한 근대 유럽의 "국가 체제國家體制"의 역사가 갖는 결함이나 허점을 포괄적으로 비판하면서 랑케의 이론에 대체될 수 있는 자기 특유의 "근대국제 정치사"를 새롭게 구성한 데 있다. 데히오가 랑케를 비판의 대상으로 삼은 이유는 말할 나위도 없이 그가 19세기에 확립한 "유럽사 개념"의 확고한 학문적 위치 때문이다.

데히오가 제기한 두 번째 문제는 "신랑케학파"로 지칭되는 랑케의 후학들의 연구 실적을 개별적으로 또는 종합적으로 예리하게 검토하고 있는 점이다. 이들에 대한 데히오의 분석을 보면, 독일 제국주의의 유럽적 세계적 발전을 확신한 데에 역사 인식의 문제성이 있다는 지적이다. 한마디로 독일이 배출한 우수한 랑케의 후학들은 극소수의 몇 사람을 제외하고 모두 독일 제국주의의 미래를 낙관하였다. 그의 이러한 두 번째 문제는 독일의《역사학 잡지》와《외교 정책》 같은 학술지에 발표한 여섯 편의 논문에 수록되어 있다. 데히오의 논문들 중에서 착안해야 할 또 하나의 문제는 자신이 정리한 "유럽 근대국제 정치사"의 타당성을 적극적으로 설명하고 있는 부분이다.

우리는 20세기 중엽이 넘도록 일반적으로 통용되었던, 아니 지금도 부지중에 상당히 긍정적으로 인식되는, 유럽 근현대사의 중심 구도를 다음과 같이 압축해 볼 수 있다. 15세기 말에 유럽적 "세력 균형 체제勢力均衡體制"가 이탈리아를 중심으로 형성된 이래 줄곧 발전해 온 국제 정치사의 근본적 특징은 단일 국가의 패권 경향에 대한 여타 국가의 방어적 결집과 저항에 있었다. 이를테면 영속적 패권을 장악하려던 스페인, 프랑스, 독일의 끈질긴 노력은 이에 대항하는 유럽 여러 나라들의 대규모적 동맹으로 번번이 좌절되었다. 이렇듯 유럽은 다양한 여러 나라의 협력과 결속으로 구성된 공동체, 다시 말해서 "국가 체제"라고 볼 수 있다. 바로 이러한 역사적 발전 과정을 체계적으로 서술한 랑케의 유럽 국가 체제론이 유럽 역사학계에 널리 인정된 "유럽사 개념"의 기본 구조였다.

이렇듯 근대사 초기부터 20세기 중엽까지 유럽 체제를 줄곧 지킬 수 있었던 유럽의 힘과 그 기초는 랑케가 정리한 대로 유럽 국가 체제를 기능적으로 유지한 유럽적 "세력 균형"의 작용 범위를 넘지 않는 것으로 보았다. 그러나 데히오에 의하면 이 체제가 유지된 것은 유럽이라는 자족적自足的 체제(테두리 또는 단위)보다 더 크고 더 강한 힘의 배경이 따로 있었기 때문이라고 한다. 그 배경은 유럽의 동쪽과 서쪽에 자리 잡은, 유럽적 영역 밖에 위치한 "양익 강국兩翼强國"들이고, 바로 이들 강국으로부터 유럽을 견제하는 힘이 늘 작용하였다는 것이다. 양익 강국은 서방에 자리한 해양 강국海洋强國과 동방의 대륙 강국大陸强國을 말한다. 유럽의 양 날개에 위치한 강국들은 어느 때나 유럽 영역 밖에서 오는 힘, 즉 한쪽은 해외에서 오는 자원의 뒷받침으로, 또 한쪽은 유라시아 대륙에서 오는 자원의 뒷받침으로 유럽을 지배하려는 패권 강국覇權强國에 대한 견제와 공략을 지속할 수 있었다.

역사가들 사이에 "유럽 국가 체제"라고 하는 "국제 정치의 개념적 틀"을 의식한 지는 퍽 오래이다. 이 체제를 일반적으로 활발히 논의한 사례는 대체로 18세기 초까지 소급해서 찾아볼 수 있거니와, 이 시기는 마지막 해양 강국으로 등장하는 미국이 독립을 선언(1776)하기 이전이었음을 기억해 둘 필요가 있을 것이다. 그런데 데히오가 말했듯이 랑케는 유럽 국가 체계의 역사를 누구도 극복할 수 없을 정도로 웅대하고 심원하게 파악했던 역사가였다. 그러나 이제 유럽 체제라고 하는 커다란 주제를 두고 랑케적 차원과 데히오적 차원을 비교함에서 우리는 좀더 확실한 이해를 위해 18세기의 연구 경향부터 살펴보기로 한다. 이미 이 무렵부터 국가 간의 균형과 패권의 문제가 여러 모로 제기됐기 때문이다. 우리는 랑케의 이론적 배경을 소급해 살핌으로써 데히오 사관의 의의를 좀더 선명하고 가치 있게 이해할 수 있을 것이다.

2. 18세기의 유럽 국가 체제

여기서 이따금 사용하게 될 "전 랑케적Pre-Rankean"이라는 형용구는 단지 랑케의 생시 이전이라는 시간적 경계를 구획하고자 표현한 것이 아니다. 그의 동시대인이라 하더라도 그가 확립한 유럽 국가 체제론의 직접적인 영향을 받지 않은 사람들의 경우는 모두 포함된다.

그러면 이 장에서 랑케의 논거를 하나의 기준으로 삼고, 그 전후를 준별峻別하려는 이유는 무엇인가? 그것은 우선 데히오의 말대로 "랑케에 앞서서 유럽의 통일성 — 물론 그 본질은 자유란 바탕 위에서 조화롭게 조정된 다양성에 있지만 — 을 명료하게 다각적으로 관찰한 사람은 아무도 없기"[1] 때문이며, 더욱이 랑케가 말하는 "유럽의 통일성"은 근대사에 관한 한, 랑케가 확집한 "서구적 국가 체제abendländischen Staatensystem의 역사"[2]를 통해서 추구되었기 때문이다. 실로 근대 유럽 국가 체제의 역사는 랑케에 이르러 처음으로 명확하게 파악되거니와, 이에 못지않게 중요한 사실은 랑케가 확립한 유럽 사관은 장구한 시일에 걸쳐, 적어도 제2차 세계대전이 종식할 때까지 그 타당성을 인정받아 왔다는 데 있을 것이다. 랑케의 이러한 영향력에 대해서는 1954년에 영국 역사가 바라클라프G. Barraclough가 적절히 지적하고 있다. 즉 "영국과 독일에서 — 프랑스는 그다지 유력하지 않은 것 같지만 — 모든 표준적 역사 서술의 근저에 있는 유럽사의 개념은 독일의 위대한 역사가 레오폴트 폰 랑케에서 비롯한 것이다".[3]바로 이 같은 랑케의 위상이야말로 랑케의 논거를 기준으로 그 전후를 나눌 수 있는 이유가 될 것이다.

전 랑케적 단계의 유럽 국가 체제론을 18세기 초엽까지 거슬러 올라갈 경우, 우리는 영국의 한 팸플릿 저자가 1720년에 공언한 사례에 주목할 수 있다. 즉 그 저자는 "국가 간의 규율에서 세력 균형의 기본 정책만큼 시민 사회의 번영에 보다 확실하고 위대하며 또한 폭넓은 중요성을 지닌 것이 없다"[4]고 말하였다. 앤더슨M. S. Anderson에 의하면 이 같은 견해는 당시에 널리 인정되었던 인식을 대변하고 있다고 하는데, 그러나 이 무렵의 세력 균형 문제는 아직도 전과 다름없이 구름에 가려진 불분명한 개념이었다고 한다.[5] 영국에서 있었던 팸플릿을 매개로 한 세력 균형 논쟁은 18세기 초 스페인 계승 전쟁에서 스페인의 국왕 카를로스 2세가 밝힌 뜻을 루이 14세가 받아들인 사건을 계기로 고조된 바 있는

1) Ludwig Dehio, *Gleichgewicht oder Hegemonie, Betrachtungen über ein Grundproblem der neueren Staatengeschichte*, 1948, S. 12.

2) *Ibid.*, S. 10.

3) G. Barraclough, "Europe in Perspective, New Views on European History(1954)," in *History in a Changing World*, p. 169.

4) M. S. Anderson, "Eighteenth-Century Theories of the balance of Power," in Ragnhild Hatton ed., *Studies in Diplomatic History*, 1970, p. 183(further Cf. "Two Essays on the balance of Europe," London, 1720, in *A Collection of Scarce and Valuable Tracts*, London, 1809-15 XIII, 770).

5) Anderson, "Eighteen-Century," p. 183.

데, 적어도 영국에 있어서의 "세력 균형"이라는 낱말의 성구成句는 국제 관계의 문제와 마찬가지로 각국의 국내 정치 문제에도 자주 적용되었었다. 그리하여 18세기 초의 많은 저술가들은 세력 균형의 이론을 생존 능력이 있는 조직체임을 주장할 수 있는 국내 정치 세력들의 균형 문제를 논의하는 데도 그대로 적용했던 것이다.[6] 다시 말해서 국제 문제에 아무런 관련 없이 오직 국내 문제에 국한해서 사용하는 경우도 보통이었다.

그러나 이미 1713년 7월 위트레흐트에서 서명된 영국·스페인 조약은 세력 균형의 원칙에 입각하여 유럽의 평화보장을 그 주요 목표로 천명한 국제 간의 첫 번째 합의 사례였다. 이와 유사한 성격의 국제 간의 합의는 18세기와 19세기 초에 체결된 여러 조약에서 흔히 볼 수 있다. 아무튼 1740년대까지 영국을 비롯한 유럽의 관련 제국에서는 국제적 균형을 유지하려는 이러한 관념과 매우 친숙해졌다.[7]

유럽에서의 세력 균형은 "많건 적건 상호 간에 연결된 인접 국가들"이 함께 모인 "국가 체제" 안에서 실현되었다.[8] 국가 체제가 없는 곳에 세력 균형 체제도 있을 수 없거니와, 따라서 양자 간에는 표리상응表裏相應하는 불가분의 관계를 갖는 것이다. 그러므로 국가 체제는 국가 간의 정치적 군사적 균형을 유지하려는 어떠한 목적이나 어떠한 이론을 위해서도 기초적 전제 조건이 되는 것이다.

그럼에도 18세기 중엽의 저술가들은 유럽적 규모의 세력 균형을 아직 막연한 것으로 생각하였다. 그러나 유럽의 일정 지역 내에서는 지방적 세력 균형이 작용하고 있었고, 지방적 여러 균형은 유럽적인 전반적 균형을 구성하는 기본적 요건이라고 널리 생각되었다. 예컨대 1743년에 한 팸플릿 저자는 "유럽 강국들이 평온을 유지하는 것은 몇 군데에 있는 몇 개 지방의 균형을 유지하는 데

6) *Ibid.*, p. 184. 이를테면 "군주와 백성들 사이의 세력 균형" 같은 비유도 흔히 있었다(further Cf., *A Collection of State Tracts*, london, 1705–06, III, 210–29).

7) *Ibid.*, p. 184.

8) Friedrich von Gentz, *Fragments on the Balance of Power*, 1806, p. 55, quoted in Edward Vose Gulick, *Europe's Classical Balance of Power, A Case History of the Theory and Practice of One of the Great Concepts of European Statecraft*, 1955, p. 4.

있다"라고 말했고, 이보다 수년 전에 또 한 사람이 "유럽의 세력 균형을 확립하려면 어딘가 딴 곳에서 이루어지는 소규모의 균형에 주의를 기울여야 한다"[9]라고 말했다. 특히 이러한 지방적 균형에서 가장 초점이 되는 곳은 북유럽의 "발틱"해였는데, 이곳은 한 세기 동안 영국의 국제 문제 해석 전문가들로부터 늘 염려의 대상이 되어 왔고, 그것은 주로 상업적인 이유 때문이었다. 이 밖에 지적할 수 있는 두 곳은 노대국 합스부르크와 신생국 브란덴부르크·프로이센 사이의 균형에 의존하는 독일과 다음으로 합스부르크와 부르봉 사이의 균형을 기대하는 이탈리아였다.[10] 그러나 당시의 균형론자들은 이러한 특정 지역에서의 균형이 유럽적 규모의 균형에서 무슨 역할을 하였는지 정확하게 관찰하지 못하였던 것으로 지적되고 있다.

다음으로 이들의 관심사는 어떤 일정한 시기에 각기 다른 나라들이 갖는 국력을 측정하는 일이었다. 이는 결코 용이한 문제가 아니었고, 무엇을 기준으로 힘을 측정하느냐가 문제였다. 이 문제에 대한 상세한 논의는 피하겠거니와, 우리에게 참고가 될 수 있는 한 가지 사례만을 지적하자면, 18세기 중엽에 국력 측정 문제를 가장 조직적으로 정리했던 빌펠트Baron von Bielfeld는 유럽의 여러 나라를 전쟁 수행 능력에 따라 4등급으로 나눈 것을 볼 수 있다. 1급에 해당하는 영국·프랑스 양국은 동맹국의 도움 없이 독자적으로 전쟁을 수행할 수 있고, 2급인 오스트리아·러시아·프로이센·스페인은 특히 장기전에서 동맹군 내지는 외부로부터의 재정적 지원을 필요로 하며, 3급에 속하는 포르투갈·스웨덴·네덜란드는 오직 강대국을 보조하는 처지에서 행동할 수 있고, 끝으로 분열 상태에 있었던 독일과 이탈리아는 보잘 것 없는 소국들이라고 규정하였다. 이 무렵의 국력 측정에 관한 논의는 그 대부분이 저급한 수준의 분석에 지나지 않았다.[11]

이 밖에도 세력 균형의 성격에 관한 많은 문제로서, 이를테면 균형의 파괴는

9) Anderson, "Eighteenth-Century," p. 185(further Cf. *Observations on the Conduct of Great Britain in Respect to Foreign Affairs*).

10) *Ibid.*, p. 185. 당시의 이러한 경향에 대해서 논의한 책으로는 Cf. J. Campell, *The Present State of Europe*, 6th ed., London, 1761.

11) *Ibid.*, p. 187.

국가와 통치자들의 타고난 공격성 때문에 야기되지 않는가? 균형 상태에서 약소국을 어떻게 보호할 수 있는가? 세력 균형은 경쟁적인 국가들이 모인 체제 안에서 자연적으로 또는 불가피하게 출현하였는가? 따라서 이는 어떤 의미로는 자연적인 현상으로서 인간의 예견과 의지로부터 많건 적건 독립된 것이 아닌가? 하는 많은 문제가 논의되었다.

그런데 이러한 다양한 논의 중에서도 18세기 중엽의 팸플릿 저자나 역사가들은 일찍이 15세기 말에 프랑스가 이탈리아를 침공한 이래 수 세기 동안 유럽 국가 간에는 세력 균형 상태가 지속되었음을 일반적으로 시인했을 뿐만 아니라, 나아가서 일단 이룩된 이 균형은 유럽의 평화를 보전하고 군소 국가들의 자유와 생존권을 보호할 수 있는 일종의 통속적인 지혜로 간주하고 있었다.[12]

이러한 통념의 발현이라고 볼 수 있는 18세기 중엽의 국제법학자들의 경우가 있는데, 이들도 유럽의 국가 체제를 바탕으로 하는 균형의 원리를 유럽에서 통용되는 중요한 현실로 받아 들였다. 이를테면 유수한 국제법학자 볼프Christian Wolff와 바텔Emmerich de Vattel은 모두 세력 균형의 문제를 그들의 주요 저서에 담고 있는 것이다. 이 두 학자는 모두 18세기 유럽에서 세력 균형과 국제법상의 규범과는 밀접하고도 기본적인 관련성이 있다고 설명하였는데,[13] 특히 세력 균형 자체가 법률을 집행하는 데 중요한 여건이 된다고 보았다.

17·18세기의 유럽에는 약 300에 달하는 주권국가가 있었으나 유럽 체제 자체는 소수의 강국들의 지배를 통해서 기능하는 세력 균형으로 유지되었다. 그리고 비록 어떤 거대한 장성長城이 유럽 국가들을 에워싼 것은 아니었지만, 일종의 외교적 울타리로 이 체제를 둘러쌓았기 때문에 쉽사리 다른 세계와 구별할 수 있었다.[14]

18세기의 관찰자들은 유럽 국가 체제를 지탱하는 실제적 기능이라 할 세력

12) *Ibid.*, p. 184.
13) E. Gulick, *Europe's Classical Balance of Power*, p. 51(For further substantiation of this point, see Lassa Oppenheim, *International Law, A Treatise*, 4th ed., 1928, I, p. 99).
14) *Ibid.*, pp. 9–10.

균형의 양상을 여러 모로 살피는 데서 그 이해의 폭과 심도를 발전시켜 나갔고, 마침내 유럽 여러 나라의 문화적 공통 기반에 관한 개념도 가질 수 있었다. 차츰 많은 저술가들은 국가 간의 균형 체제를 단단히 묶어 주는 "근접성proximity"에는 전쟁이나 격차가 개재함에도 불구하고 공동 운명의 개념이나 어떤 통일성의 개념이 강하게 작용하고 있다는 것을 지적하였다.[15] 계몽사상가 볼테르Voltaire는 러시아를 제외한 유럽을 가리켜 "여러 나라로 나누어진 일종의 커다란 공화국"과 같다고 비유하면서 그 어느 것은 군주제, 그 어느 것은 혼합제混合制, 또한 어느 것은 민주제이지만, 각 국가의 정파 간에는 구별이 있다고 하더라도 모두가 서로 결합하여 동일의 종교 기반을 가지고 타 세계에는 알려지지 않은 동일의 공권적 정치원리를 공유한다는 풀이를 하였다.[16] 법률가 마르텐스G. F. von Martens는 1788년에 발표한 글에서 "예절과 종교의 유사성, 상업상의 교류, 온갖 종류의 빈번한 조약 체결, 군주들 사이의 혈연적 유대 등이 특정 국가와 여타의 국가들 사이의 관계를 너무나 증대시켰기 때문에 우리는 유럽(특히 기독교국)을 여러 국민과 여러 국가로 이루어진 하나의 사회라고 간주할 수 있다. 각국은 자체의 법률과 풍습과 금언金言을 가지고 있으나 이 사회 안에서 한 나라는 다른 나라에 대한 미묘한 관계를 관찰하지 않고서는 혼자서 마음대로 행동할 수 없다"[17]라고 말하였다. 그에 뒤이어 신부 드 프라트de Pradt는 유럽은 "유럽 공화국이라고 호칭할 수 있는 단일 사회"를 형성하였다고 말하면서[18] 그것은 넓은 규모를 가졌고 그 안에서 독일 여러 나라의 가족들이 소규모의 주권을 향유한다고 풀이하였다.

그러나 이미 18세기 중엽에 법률학자 마르텐스의 선학이요 활동적 외교관이었던 바텔은 세력 균형 정책을 원만히 이행함으로써 "근대 유럽을 일종의 공화국으로 만들 것"[19]이라는 의사를 밝힌 바 있다. 그가 말하는 공화국은 강대국의

15) *Ibid.*, p. 10.
16) Voltaire, *The Age of Louis XIV*, Chap. 2.
17) G. F. von Martens, *Summary of the Law of Nations*, 1795, pp. 27–28, quoted by Gulick, *op. cit.*, p. 11.
18) Gulick, *op. cit.*, p. 11.
19) Emmerich de Vattel, *The Law of Nations*, 1916, III, p. 251.

위협에 대항해서 자신의 독립성을 보호할 수 있는 약소국의 절대적 권력을 바탕으로 이루어진 세력 균형의 개념에 근거하는 것이었다. 이러한 바텔의 생각은 물론 그 당시에 널리 통용되었던 세력 균형의 이론을 정리한 것에 다름없고 앞서 인용한 마르텐스의 견해는 바텔의 의사를 반영한 것에 다름없는 것이다. 18세기에 아마도 가장 우수한 유럽 국가 체제론자로 지목할 수 있는 루소Rousseau의 견해를 다음과 같이 요약할 수 있을 것이다.[20] 즉 그는 유럽 국가 체제를 가리켜 "각국의 관계가 자연의 상태"에서 관련되는 한, 일군의 유사하고 문명화文明化한 나라들의 살아 있는 공동체라고 규정하였다. 그는 유럽 문화가 지닌 공통의 요소에서 깊은 인상을 받았고, 특히 그 문화의 탁월성과 아울러 국가 간의 정치적 교섭에서 발생하는 끊임없는 위협과 잔인성의 역설에서 강한 인상을 받았다. 또한 "유럽 체제는 그것을 완전히 파괴하는 일 없이, 영원한 교반攪拌 속에서 유지할 수 있는 일정한 견고성을 갖는다". 따라서 이들 여러 나라의 경쟁은 매우 보편적인 것이므로 그 체제 자체를 재건할 수 있는 균형 상태를 늘 유지할 수 있게 한다는 것이다.

19세기 초에 겐츠Gentz는 "만일 유럽 국가 체제가 공동의 노력으로 존립할 수 있고 유지될 수 있다면, 그 구성원 중의 어떤 한 나라도 다른 나라들을 모두 위압할 수 있을 만큼 강대해질 수는 없을 것이다"[21]라고 말하면서 유럽연방이라는 체제를 이상으로 삼았다. 이러한 유럽연방이라는 관념에는 세력 균형 체제에서 긴요한 조건이 되는 동질성의 근원이 전제되는 것이다. 흔히 세력 균형에 관한 저술을 남긴 사람으로 인식되지 않는 철학자 칸트Immanuel Kant도 69세가 되던 해에, 바로 프랑스에서 혁명 전쟁이 발발한 이듬해에 "영원한 평화"라는 제하의 논문에서 유럽 국가 체제에 관한 기초적인 문제를 다루었다. 그는 세력 균형 문제를 언외로 다루면서도 유럽적 보편 군주의 출현을 반대한다든지, 개별 국가의 개별적 자유의 보유를 지지한다든지, 또는 어떤 한나라의 힘의

20) Gulick, *op. cit.*, p. 84. 이 책 제1장 각주 82 참조.

21) Gentz, Fragments, p. 61–62, quoted by Gulick, *op. cit.*, p. 34.

우위에 반대함으로써 각 통치자들이나 각 국가의 이기적 또는 분열적 활동을 인정하였다.[22] 그는 유럽 체제를 가리켜 말하기를 관습화된 분열로 인한 절망적 무정부 상태와는 거리가 먼 존재이며, 반면에 인간과 국가가 지니는 공격적 능력에도 불구하고 안정과 평화로 편향하는 존재라고 주장하였다. 또한 이 체제의 보편적 이기성은 개별 국가로 하여금 자신의 손이 묶인 것을 의식할 만큼 억제와 견제를 가하였다고 지적하였다.[23] 또한 개선이라는 전제 앞에서 늘 미완성일 수밖에 없었던 인간성은 경쟁적인 국제 관계에 항시 적응할 수 있었는데, 그 이유는 자동적으로 개선의 길로 지향하는 유럽 국가 체제 안에서는 항시 진화의 움직임이 있었기 때문이다. 이는 다시 말해서 "조화의 형성을 위해 인간적 부조화로부터 솟아나는 일종의 예정된 설계"를 구성하는 것이었다.[24] 칸트가 말하는 개선지향적인 예언이 상당히 성공적으로 적중했던 까닭은 1814년에서 1822년 사이에 유럽의 협조 체제가 원만히 진행됐던 시기에 술회하였기 때문이다. 칸트의 논의 중에서 착안할 수 있는 가장 기본적인 문제는 유럽 국가가 지니는 상대적 동질성이었다.[25]

유럽 국가 체제에 관한 논의를 18세기 초의 무명의 언론인으로부터 철학자 칸트에 이르도록 살펴가면서 착안할 수 있는 중심적 문제는 모든 논자들이 유럽을 하나의 커다란 통일체로 보고 있으며, 그러한 체제를 구성하는 국가 간에는 크고 작은 각종의 세력 균형의 원리가 매개되어 결속을 가능케 하였다는 것이다. 넓은 의미에서 볼 때 이러한 유럽적 통일성의 개념은 앞으로 언급하게 될 역사가 랑케에게로 전승되고 더욱이 역사적 사실을 통한 실증적 연구로 발전해 나가는 것이지만, 여기서 밝혀 두려는 한 가지 중요한 사실은 "전 랑케적" 단계에서 "유럽 체제" 논의는 실로 많은 저술가들이 관심을 쏟았고 연구의 대상으로 삼았으나 아직 초보적이면서도 단편적인 단계에 있었다는 점이다.

22) Immanuel Kant, *Zum ewigen Frieden*, 1795, *Sämmtliche Werke*, VI, 1868 ; Engl trans. by M. Campbell Smith, *Perpetual Peace; A Philosophical Essay*, 1903, p. 128 ff. 이곳 인용문은 모두 영역본에 의거함.

23) *Ibid.*, p. 134-135.

24) *Ibid.*, p. 143.

25) *Ibid.*, p. 120f.

그것은 이 장에서 많이 인용된 굴릭Edward Gulick의 각별한 연구에서 볼 수 있다. 즉, 그에 의하면 마키아벨리, 홉스, 몽테스키외, 벤담 같은 당대의 저명한 학자들도 이 문제를 결코 천착하지 못하고, 극히 피상적인 접근에 그쳤다고 한다. 더욱이 본격적으로 세력 균형 문제를 다룬 저술가의 경우도 한결같이 얼마 안 되는 분량의 글을 쓰고 있다는 것이다. 그리하여 사실상 많은 언론인들이나 학자들이 세력 균형 문제의 중요성을 인정하고, 상당히 정확한 핵심을 이해하면서도 결국은 불과 몇 매 안 되는 짤막한 글을 쓰는 데 그쳤다고 한다. 예컨대 국제법과 세력 균형과의 관련을 연구한 영향력 있는 학자인 바텔의 경우도 몇 장 안 되는 지면에서 이 문제를 산만하게 다루고 있을 뿐이며, 또한 영국의 유명한 철학자요 역사가인 데이비드 흄David Hume은 이 문제의 중요성을 인식하면서도 불과 9면에 걸쳐 술회하는 데 그치고 있음을 밝히고 있다.[26)]

대체로, 18세기의 대학에서 과거를 연구한다는 것은 곧 신학, 문헌학 및 법률학 등에 종속되는 것이었다. 성서에 대한 관심이나 고대 그리스와 로마를 숭상하는 일을 제외하고 과거라는 대상은 법률가나 정치학자에게 또는 종교나 법률 논쟁에서 필요한 것으로 고려되었다. 따라서 보편사의 대상도 주로 성서나 고전이나 유럽 세계에 제한되었다. 이러한 환경 속에서 괴팅겐 대학교수들은 한동안 세계사의 범위를 확대하여 중국, 티베트, 일본 등지를 포함했고, 이러한 방대한 세계를 에워싼 하나의 통일된 화상을 그려내려고 꾸준히 노력하였다. 그러나 곧 이러한 넓은 영역은 축소되는 경향을 나타냈다. 이 대학의 교수이며, 유명한 역사가 영국의 액튼Acton에 의하여 "최초의 보편사가"로 평가되었던 뮐러Johann von Müller는 온갖 역사적 이야기의 유기적 통일성을 주장하면서 특히 유럽 지역에 관해서 기술하겠다는 뜻을 밝혔다. 괴팅겐대학에서도 "일반사의 개념은 근대사에 관한 한, 근대 유럽 국가 체제의 역사와 동일시하였고" 또한 18세기 중엽에 독일의 다른 대학에서도 유럽 체제의 역사를 가르치고 있었다.[27)]

26) E. Gulich, *Europe's Classical Balance of Power*, p. vii.
27) Herbert Butterfield, *Man on His Past:The Study of the History of Historical Scholarship*, 1960, p. 110.

그런데 중요한 사실은 이 주제에 관해서, 즉 유럽 국가 체제의 역사에 관해서 세 가지 형식의 관념이 19세기 초의 괴팅겐에서 확립되었다는 것이다. 그들은 "일반사"를 어떠한 형태로 연구하느냐는 중요한 문제에서 그들 나름의 특색 있는 착안점을 가지고 있었다. 첫째로 가장 폭넓은 지구적 관점에서 볼 때, 1492년 이래의 인류의 역사에서 두드러지는 양상은 전에 없이 유럽의 우월성이 지속되고 있다는 것, 둘째로 1492년과 1789년 사이의 유럽사의 성격은 근대국가의 형성과 강국의 성장으로 집약할 수 있다는 것, 셋째로 이러한 유럽 국가들은 아직도 무엇인가 하나의 사회 내지는 통일된 체제 같은 것을 형성하고 있다는 것으로서 이는 공동의 문화, 공동의 종교, 공동의 도덕적 외양을 가지고 있기 때문이며, 바꾸어 말해서 실로 유럽은 오직 정치의식에서 나뉜 단일의 나라와 같다는 것이었다.[28]

그런데 유럽 근대에 대한 이러한 세 가지의 해석 경향에 새로운 시각에 의한 새로운 내용이 첨가되었다. 그것은 헤렌A. H. L. Heeren에 의해서 이루어졌는데, 유럽 체제와 유사한 다른 체제로서 고대 그리스와 15세기 이탈리아의 "도시국가 체제"가 처음으로 거론된 것이다. 그의 의견에 따르면 그중에서도 유럽과 가장 가까운 유사성을 지닌 것이 헬레니즘 시대의 여러 왕조의 경우이다.[29] 그러나 여기서 특이한 내용으로 지적될 수 있는 것은 그는 고대사를 기술함에서 헬레니즘의 각 나라를 제 각기 분리해서 평가하고 있는 데 반하여, 근대를 기술함에서는 유럽 제국을 "하나의 정치 체제single political system"로 간주할 수 있다는 이유 때문에 여러 나라를 종합적으로 또한 밀착시킨 상태에서 논하고 있다는 점이다.[30] 그리하여 근대 분야의 경우, 그가 취급한 논제들은 예컨대 종교개혁 논쟁, 터키인에 대한 기독교국의 방어, 중상주의 정책, 세력 균형의 원리 등 모두 큼직한 대륙적 규모에서 다루어질 수 있는 내용들이었다. 특히 유럽의 팽창

28) *Ibid.*, pp. 110–111.

29) *Ibid.*, p. 111(Cf. A. H. L. Heeren, *Handbuch der Geschichte der europäischen Staatensystems und seiner Colonien, von der Entdeckung beyder Indien bis zur Errichtung des Französischen Kayserthums*, 2te Ausgalt, 811).

30) *Ibid.*, p. 111.

같은 문제는 이 같은 종합적 처리를 가능케 하는 큰 대목의 하나이고, 식민이나 해외무역과 같은 문제는 바로 큰 대목의 성립을 가능케 하는 기능적 조건이었다. 나폴레옹 시대에 살면서 역사를 서술한 그는 그가 살고 있는 당대는 유럽 국가 체제가 몰락한 듯이 보이지만, 미래에는 "세계 국가 체제world states-system"가 출현할 수 있을 것이라고 전망하였다.

이러한 전체로서의 유럽을 위요한 사관들, 즉 괴팅겐대학에서 성행했고 헬렌에 이르러 크게 응집했던 유럽 사관들이야말로 "랑케가 물려받아 자기 것으로 만든 것이요" 더욱이 "우리의 시대로 내려오기까지 계속해서 〔…〕 '근대사'를 서술함에 있어 적극적인 영향을 끼친 사관이었다". 버터필드Butterfield의 말대로 20세기에 사는 우리들은 무의식중에 랑케가 확립한 전통 속으로 들어가며 또한 그 근원을 시험하지도 않고 몰입하는 것이 보통이지만, 랑케나 그의 괴팅겐대학의 선구자들이 그들 나름대로 힘들여 고안했던 유럽 사관은 세계를 하나의 넓은 무대로 보기 시작하고 또한 "세계사global history"에 있어서의 유럽의 중요성을 평가하기 시작한 출발점이었다는 데에 크나큰 의의가 있다.[31]

"랑케가 본 1492년에서 1789년에 이르는 시기의 세계사의 주된 양상은 유럽 근대국가의 형성과 유럽 강국의 성장과 국가 체제의 확립" 등[32]으로 요약할 수 있거니와, 이러한 랑케의 역사 견해와 그 규모나 윤곽에 일치되는 견해를 괴팅겐 대학의 선학들이 이미 예시했음을 확인할 수 있다. 더욱이 유럽을 하나의 동질적 전체로 이해하려던 노력은 이미 18세기 전반에 걸쳐 많은 저술가들에 의해서, 비록 체계적인 것은 못되었다고 하더라도 여러 모로 단편적으로 시도되었음을 우리는 이해할 수 있다.

31) *Ibid.*, p. 111–112.
32) *Ibid.*, p. 112.

3. 19세기의 유럽 국가 체제

1) 데히오의 랑케 비판

데히오는 자신의 저서《균형이냐 패권이냐》에서 밝힌 적지 않은 분량의 서문에서 일찍이 랑케가 정립한 "유럽적 국가 체제의 개념"을 거론, 이를 포괄적으로 고찰함으로써 자신이 정리하려는 새로운 입론立論의 대강을 제시하였다.

데히오의 비판적 랑케 논의는 두 가지로 대별할 수 있다. 첫째로 비록 랑케 자신은 조국의 역사를 쓴다는 "애국적인 생각"을 버리고, 장대한 "서구의 보편사, 특히 유럽 국가 체제의 역사"를 서술하였으나 결코 편협한 시각視角을 벗어나지 못하였다. 둘째로 랑케는 "서구의 팽창이 유럽 국가 체제에 미치는 결과에 대해서 아무런 걱정도 안 했던 것같이, 유럽 문명이 유럽 문화에 미치는 결과에 대해서도 아무런 불안한 생각을 갖지 않았었다".[33] 여기서 "유럽 문화"라는 말이 갖는 뜻은 정치적인 유럽 체제에 대한 랑케 나름의 안목에 있어서의 정신적 상관관계로서 그 체제의 존재 이유를 정당화하는 기본적 요인들이다.

먼저 랑케의 시각적 편협성에 대한 데히오의 비판을 요약하자면 다음과 같다. 우선 랑케는 나폴레옹의 몰락을 주로 전체 서유럽인들의 국민적 봉기와 저항에서 찾았다. 그는 이러한 국민적 봉기의 조건을 두 측면에서 형성한 "양익강국兩翼强國/Flügelmächte"으로서의 영국과 러시아를 통해서 밀려오는 비유럽 세계로부터의 압력, 다시 말해서 해외 영토 및 유라시아 지역에서 오는 압력이었다는 사실을 강조하는 데 실패했다. 그는 러시아를 서구의 사정에 관련되는 범위 안에서 인정했고, 러시아 제국帝國의 비서구적 성격이 갖는 막중한 잠재력에 대해서 본능적인 지각을 발휘하지 못했다. 또한 랑케가 관찰한 영국은 "동방의 양익 강국"인 러시아보다는 비교가 안 될 만큼 훨씬 친숙했으나, 대륙 안에서 출생한 그는 영국이 해양으로부터 얻은 엄청난 수익에 대해서 오직 간접적 이

33) Ludwig Dehio, *Gleichgewicht oder Hegemonie*, 1948, S. 10. 여기서 "문명"이란 정치, 경제, 기술 같은 우리의 복지를 위한 수단을 뜻하며 "문화"는 윤리, 예술, 종교 같은 것을 뜻한다.

해를 했을 뿐, 바다 너머로 퍼진 앵글로색슨의 생활양식을 생생하게 감식할 수 없었다. 물론 그가 유럽 밖의 거대한 새 영토들로부터 서구의 구대륙으로 향해서 불안하게 다가오는 위험을 전혀 식별하지 못했던 것은 아니다. 다만 그가 적극적으로 주시한 것은 유럽 국가 체제 안에서 일국의 패권 추구로 말미암아 야기됐던 과거의 위험에 집착하는 일이었다. 그는 유럽의 국가 체제가 존속하는 한, 미래에 있어서도 일국의 패권 추구는 극복될 것이라고 확언하였다. 즉 그는 그의 말대로 "유럽의 수호신Genius Europas"을 확신했던 것이다.[34)]

두 번째로 랑케의 유럽 문화에 대한 미래적 낙관론이 갖는 문제와 이에 대한 데히오의 의견을 요약하면 다음과 같다. 랑케는 프랑스 대혁명이 천 년의 기초를 뒤흔든 일대격변으로서 새 시대의 시작이자 세계사적 위기임을 시인할 의사가 없었다. 그 반대로 유럽의 강국들은 장차 계속해서 번영할 것이며 "보편적 시대정신allgemeinen Zeitgeistes"이 중첩됨으로써 그들의 개성은 고양될 것이라고 확신하였다. 중부 유럽 속에서 살았던 그는 유럽 밖에 있는 새로운 영토의 미래적 중요성을 의식하는 데 실패하였거니와, 더욱이 서구에서는 경제적으로나 사회적으로나 후진한 지역에 살았던 그는 다가오는 사회·경제 및 기술상의 힘의 활기찬 동태를 식별할 수 없었다. 그는 16·17세기라는 시기에 국한해서 역사의 연구 주제를 선택했고, 더욱이 그 주제 자체도 사건들의 정치적 종교적 국면에 제한된 것이었다. 따라서 그의 시야도 본질적으로는 1848년의 혁명 이전이었다. 랑케를 에워싼 이러한 한계들은 서로 관련되면서 그에게 영향을 주었던 것이다. 비록 그의 연구가 그 당시에는 어떤 특정의 유럽 문제에 대한 미래적 지침으로서 공헌했을 것이라고 볼 수 있다 하더라도, 현금의 복잡한 지구적 규모의 문제를 다루기에는 응당 보충되어야 할 내용이 있는 것이다. 비록 랑케는 유럽사에 대하여 확고한 구조를 세웠으나 우리들의 약간의 현대적 경험은

34) *Ibid.*, S. 12,13, 랑케의 명구를 부연하자면 다음과 같다. "줄곧 유럽을 모든 일면적이며 폭력적인 경향의 지배로부터 보호하고, 한쪽으로부터 오는 어떠한 압박에도 언제나 다른 쪽으로부터 오는 저항으로 대치시켜, [⋯] 일반적인 자유와 독립을 운 좋게 지켜 온 저 수호신"(Leopold von Ranke, *Die Grossen Mächte*, 1833, *Geschichte und Politik*, S. 11)

그것에 맞지 않는 것이다.[35)]

위에 요약한 데히오의 랑케 비판은 랑케가 구성한 유럽사 자체에 대한 포괄적이요 총체적인 비판이며, 더욱이 19세기 유럽사의 미래적 전망에서 랑케가 품었던 온당치 못한 낙관론에 대한 적극적인 비평임을 간취할 수 있다. 그럼에도 불구하고 데히오 자신은 선학이 이룩한 학문적 업적에 대하여 외경의 뜻을 표하면서 다른 시대의 다른 환경에 처했던 랑케의 연구 여건을 긍정적으로 이해하고 있는 것이 특징적이다.

앞 장의 서두에서도 언급하였듯이 데히오는 랑케를 가리켜 "특히 서구 국가 체제의 역사를 서술한 대가"로 칭찬하면서 "랑케는 신뢰하는 생각과 함께 정책을 실현하는 날이 밝아오는 것을 맞이하고 있었으나, 우리들은 오늘날 그 황혼 속에 들어가고 있다. 〔…〕〔랑케에게서〕 아침과 같은 낙천적 분위기는 우리들이 맞는 저녁노을의 우울과 잔인한 대조를 보여 준다"[36)]라고 비유하였다. 자신과 랑케 사이에는 시대적으로 다른 조건에서 사는 차이가 있음을 밝히면서 바야흐로 비판의 대상이 된 랑케의 입장을 변호하고 있는 것이다. 그러한 시대적 조건 때문에 이미 전항 말미에서 언급하였듯이 "랑케는 견고한 구조를 세웠으나 우리들의 약간의 현대적 경험은 그 구조에 안 맞는다는 것이며", 무엇보다도 자신의 저서에서 "의도하는 것은 랑케의 구조를 무너뜨리는 데 있지 않고 단지 그것을 확대하는 데 있다"는 겸양을 보이고 있다.[37)] "그리하여 국가 체제의 역사라는 주제를 논하는 데 우리는 랑케의 뒤를 따르겠다"[38)]라고 후학으로서의 자신의 입장을 밝히고 있다.

필자가 보기에는 유럽 국가 체제의 문제를 에워싼 데히오의 새로운 해석에는 랑케적 구조의 단순한 확대가 아니라 그 구조 자체의 기본적 재구성이 시도되고 있다. 이는 앞으로 다음 장에서 소상히 정리하게 될 문제이지만, 다만 데히

35) *Ibid.*, S. 13,14.
36) *Ibid.*, S. 11.
37) *Ibid.*, S. 14.
38) *Ibid.*, S. 10.

오의 이와 같은 자조적自照的 표현 속에서 랑케로의 귀환을 수긍할 수 있는 이유를 두 가지로 압축해 볼 수 있다. 첫째로 데히오가 붓을 들 당시에 이미 스스로 지적하였듯이 "사거死去한 체제"에 불과한 유럽 국가 체제를[39] 새삼 자신의 연구 주제로 삼고 있다는 것과 둘째로 그 자신이 말하듯이 "이 체제의 역사 속에서 주요 요인을 지적함으로써 정신적 물질적 존재로서의 다른 분야도 어려움 없이 적용할 수 있는 구조를 구성하게 될 것"이라고 하는 확신을 가지고 있었다는 데 있을 것이다. 그리하여 "이러한 방법을 택함에 있어서 나는 역사에 대한 독일적 접근과 기본적 전통에 집착할 생각이다"[40]라고 말하고 있다. 다시 말해서 데히오가 집착하는 기본적 입장은 국가와 정치라고 하는 19세기적 독일적 전통을 연구의 주제로 삼는 데 있고 이로써 랑케의 학문적 흐름을 타고 있음을 자긍하고 있는 것을 알 수 있다. 그의 주장에 의하면 "확실히 국가는 우리를 위해서 랑케의 시대와 마찬가지로 역사적 생명의 중심적 요인으로 남아 있다"는 것이며 또한 "역사적 발전의 간선großen Linien이 교차하는 점이요, 또한 그 위대한 충동이 수렴하는 점이며, 질서와 힘의 덕성에 의해서 우리의 존립을 형성하는 주된 영향"[41]이라는 것이다.

생각건대 데히오는 랑케의 권위 있는 국가 체제론이 갖는 허실虛實에 착안, 이를 전폭적으로 비판하면서도, 구태여 그 기본 구조를 자신의 연구 주제로 삼고 있는 점에서 독일 정통 사학의 기본 축에 자신을 속박하고 있는 것을 짐작할 수 있다. 데히오의 연구 시각이 갖는 이러한 묘한 표리 관계는 그의 입론의 결말 부분에서 명백하게 노출되겠거니와, 이러한 문제는 이 글의 최종의 장에서 언급함이 우리들의 이해를 위해서 옳을 것이다.

2) 데히오의 랑케 에피고넨 비판

그러면 유럽적 국가 체제에 대해서 랑케의 후진 역사가들은 어떠한 견해를 가

39) L. Dehio, *Das sterbende Staatensystem* (1953), in *Deutschland und die Weltpolitik in 20. Jahrhundert*, 1961, S. 110.

40) L. Dehio, *Gleichgewicht oder Hegemonie*, S. 11.

41) *Ibid.*, S. 10.

졌는지, 그리고 그들은 랑케와의 관련에서 어떻게 평가할 수 있는지, 데히오의 폭넓은 비교와 해석을 통해서 살펴보기로 한다.

자신의 논문 〈랑케와 독일 제국주의Ranke und der deutsche Imperialismus〉에서 데히오가 고찰한 대상은 신생 독일 제국이 성립한 뒤에 새로이 등장한 상당수의 랑케의 에피고넨들이다. 랑케의 제3세대에 해당하는 후학들은 이미 노대가가 된 아직 "살아 있는 주인을 발견하였던 것이다". 1848년 이후 프로이센 학파에 의해서 거의 망각 속으로 떠밀리다시피 했던 랑케가 이들 3세대에 의해서 새로이 빛을 보게 되는데, 이 무렵의 젊은 역사가들 사이에는 랑케의 이념이 그 어떤 권위주의적 사고와 함께 다시 한번 표면에 떠올랐던 것이다. 랑케의 역사관은 원래 안전하게 세워진 국가 권력의 분위기 속에서 배태된 것이었거니와 그러한 분위기가 1870년 이후에 다시금 발전하게 되면서 랑케의 권위는 되살아났다.[42] 더욱이 1870년대에는 독일의 대외적인 위치도 새롭고 희망적인 양상을 띠기 시작하였기 때문에, 이러한 환경 속에서 랑케의 역사관은 날로 폭넓게 전파되어 갔다. 데히오가 제기한 문제는 바로 이 새 시대의 "신랑케파"[43] 에게 있었고, 그중에서도 특히 "랑케의 정신으로 향해서 마음을 열은 사람들의 정교한 관념 상태Gedankengewerbe를 시험하는 일이었다. 그 이후는 독일 학계의 합법적 대표자로서 자기주장을 할 수 있었던 것이 바로 이들 에피고넨이었기 때문이다".[44]

랑케의 명성은, 유럽 국가들이 전부 가족이라고 하는 매우 일반적 관련 속에서 각 국가의 운명을 어떻게 해석하느냐는 문제로 널리 알려졌었다. 그의 주제는 근대사에서 유럽의 여러 강국들이 항상 어떻게 "균형 체제Gleichgewichtssystem"를 유지하는 데 성공하고, 또한 어떤 단일 국가가 품은 패권 장악의

42) L. Dehio, "Ranke und der deutsche Imperialismus"(1950), in *Deutschland und die Weltpolitik in 20. Jahrhundert*, 1961, S. 34.

43) *Ibid.*, S. 33, 34. 랑케는 1848년 이래 표면적으로는 독일 국민국가 건설을 에워싼 정치적 투쟁으로부터 떠나서 연구생활에 침잠하고, 이른바 정치적인 프로이센 학파에 의해서 망각지대로 밀려난 듯 한 형세에 있었다. "신랑케파"는 신제국 건설 후에 새로이 등장한 랑케의 에피고넨을 지칭한다.

44) *Ibid.*, S. 36.

열망을 어떻게 패배시키는 데 성공하였는가를 규명하는 데 있었다. 그런데 랑케의 후진들이 당면했던 문제는 활력에 넘치는 신생 독일 제국이 역사적 정치적 사건의 진전 과정에서 지구적인 넓은 무대에서도 유럽에서와 마찬가지로 유사한 발전을 지속할 수 있을 것이라는 결론을 이끌어 내는 데 있었다. 독일의 장래를 발전적으로 전망한 충실한 랑케의 추종자들은 "평화로운 랑케의 생시로부터 복잡한 현대 제국주의의 시대로 커다란 교량을 놓고, 〔…〕 새 시대의 정책들은 사실상 구시대에 경험한 범위를 넘지 않을 것이라는 좋은 인상을 주었다".[45]

이러한 방향을 추구한 첫 번째 인물은 렌츠Max Lenz이다. 1900년에 그는 랑케의 유명한 논문, 〈강국론強國論〉과 동일한 제목 아래 자신의 글을 발표하면서 자신이 랑케의 아류임을 자처하였다. 유럽에서의 경험은 세계에서도 타당성이 있느냐는 문제에 아무런 의문도 제기하지 않았던 그는 유럽 여러 나라의 "국민적 봉기가 궁극적으로 나폴레옹 시대의 유럽의 운명을 결정 지었듯이 자신의 시대의 세계의 운명도 국민적 에너지에 의해서 결정되고" 미래의 세계도 분명히 유럽을 넘는 세계의 전쟁터에서 결정되지 않고 그 최종적 결정은 유럽에서 이루어질 것이라고 확신하였다. 독일의 무력에 확신을 가지고 있던 그는 "우리는 평화를 규제할 수 있다. 우리는 우리 수중에서 균형을 유지한다"라고 장담하였다. 결국 그가 구상한 세계관은 랑케가 그린 유럽적 윤곽의 단순한 확대에 불과하였다.[46]

렌츠와 같은 시기에 그의 학문적 친구인 델브뤼크Hans Delbrück가 상당한 영향력을 가지고 등장하여 그와 유사한 생각을 학계에 전파했다. 델브뤼크는 랑케적 차원의 유럽적 범위를 넘어 세계적 차원으로 향하여 독일의 힘을 투사하는 문제에 매우 정교한 비교 연구를 하였다. 델브뤼크의 저작물도 다양한 국민성 속으로 분열하는 경향을 바탕으로 삼고 기본적 개념을 구성하고 있었는데, 이는 랑케가 이룩한 불변의 기본적 구상〔즉 유럽 체제〕에 근거를 둔 것이었다. 그런

45) *Ibid.*, pp. 36–37.
46) *Ibid.*, S. 37f.〔Vgl. *Die Grossen Mächte*, 1900〕

데 이 개념은 충분히 무장한 독일이 세계 정치에서 어떤 좋은 기회를 이용할 수 있으리라는 생각과 연결되고 있었다. 바다에서 벌어질 영국과의 경쟁에 지대한 관심을 쏟았던 그는 전체로 보아서 영국이 누려 온 해양의 패권은 앞으로 전쟁 없이도 자동적으로 쇠퇴할 것이며, 더욱이 "세계적 세력 균형 Weltgleichgewicht"은 다름 아닌 영국이 거느리는 바다에서 출현하게 될 것이라고 믿었다. 그는 많은 독일 사람들과 마찬가지로 해양으로부터 오는 영국의 힘이 유럽의 세력 균형을 밖으로부터 지탱해 주는 역할을 한다는 사실을 과소평가하였다. "이 과소평가는 랑케의 저작에서 솟아 나온 것이다."[47]

정치이론에 열중했던 델브뤼크보다는 다른 유형의 진지한 역사가이던 오토 힌체Otto Hintze의 경우를 볼 수 있다. 그에 의하면 현대 제국주의의 목표는 로마인의 경우와 같은 세계 제국을 창출하는 것이 아니라, "구유럽 국가 체제 속에서의 강국들의 균형과 유사한 균형" 관계에서 한 무리의 세계 강국의 공존을 허용하는 데 있었다. 그리하여 유럽이 지금까지 지켜 온 전통적 국가 체제는 새로운 "세계 국가 체제Weltstaatensystem"로 대치하게 될 것이라고 관망하였다. 또한 독일은 세계적 패권에 도달하려고 시도하지 않았고 단순히 미래에 전개될 세계국가 체제에서 세력 균형을 확보하려고 시도하여 왔을 뿐이라고 주장하였다. 시간은 잠깐 사이에 흘러 세계대전을 맞이하였다. 1916년에 마이네케, 온켄 Herman Oncken, 슈마허Schumacher 등 유수한 역사가와 더불어 《독일과 세계대전》[48]이라는 책을 발행했던 힌체는 영국 문제에 관해서 "우리의 의도는 영국과의 평화적 경쟁에서 이 오랜 강국이 우리를 세계 정치에서 동등한 경쟁자로 인정하지 않을 수 없을 때까지 서서히 발전시키는 것"이라고 말했다. 이어서 말하기를 "육지에서 펼쳐진 세력 균형을 바다에서 펼칠 세력 균형으로 보충해서 완전하게 만드는 것이 우리의 목적"이라고 강조했다.[49]

렌츠의 제자이기도 한, 온켄은 1900년에 랑케의 개념을 폭넓게 발전시켜 미

47) *Ibid.*, S. 39-45.〔Vgl. *Delbrück*, *Vor und nach dem Weltkriege*, 1926, S. 10, S. 304〕
48) *Ibid.*, S. 46.〔Vgl. Otto Hintze, *Deutschland und der Weltkrieg*, 1916〕
49) *Ibid.*, S. 45f.

국과 강국들에 관한 연구를 발표하였다.[50] 미국이란 주제가 그로 하여금 유럽 강국의 테두리를 벗어나게 한 점에서 매우 특징적이거니와, 이렇듯 크게 확대된 정치 무대가 바야흐로 전 세계를 포괄할 만큼 성장하였음에도 불구하고 그는 그 속에서의 균형의 추진력을 전보다 더욱 제한된 무대에서 오는 것으로 믿었다. 그는 세계적 "세력 균형 체제"가 흡사 겨자씨에서 나무가 자라나듯이 보다 유기적이며 오래된 좁은 체제로부터 성장할 수 있다는 선학들의 이념에 동의했고, 더욱이 이러한 역사적 사실은 전쟁이 시작된 뒤에 더욱 명백해진다고 말하였다. 특히 세계적 규모의 세력 균형은 독일의 승리로 강력하게 또한 조직적으로 확립될 것이라고 생각했다. 그런데 온켄의 강조점은 힌체의 견해와도 전적으로 일치하는 것이었지만, 이들 두 사람의 서술 내용에서 우리가 착안할 수 있는 것은 독일이 승리할 경우 세력 균형의 시대는 단축될 것임을 시인하였다는 점이다.[51]

에리히 마르크스Erich Marcks의 저작에서도 근본적으로 랑케의 후학들과 유사한 이념을 찾아볼 수 있다. 1930년에 쓴 글에서 유럽의 여러 나라들은 자기 나라의 제방을 넘어 세계 속으로 흘러나갔는데 이들의 제국주의적 경쟁은 오래된 내셔널리즘의 기초로부터 야기된 것이었다. 그는 자신의 시대의 제국주의를 나폴레옹 1세 때의 보편적 제국주의와 구별했고, 그런가하면 자신의 시대의 제국주의를 17·18세기의 중상주의적 제국주의에 접근시켰을 뿐만 아니라 19세기의 국가주의적 이념에도 접근시켰다.[52]

마이네케도 역시 다른 에피고넨과 유사한 확신을 가지고 있었다. 1916년에는 랑케의 이념을 보급하기 위해 그의 "강국론"을 다시 발간하였다. "우리의

50) *Ibid.*, S. 49.〔Vgl. *Historisch-politische Aufsätze*, I, S. 3〕

51) *Ibid.*, S. 49, 50. 데히오는 다음과 같은 주석을 붙이고 있다. "내가 아는 한, 우리가 연구한 역사가들은 적어도 유럽 무대 안에서는 독일정치가 나폴레옹적인 길로 유도되었음을 결코 인정하지 않았다는 것이다. 스트레제만Gustav Stresemann이 감히 그런 주장을 했지만, 내 생각에 이 사람은 정치평론가들 중에서 완전히 격리된 인물이었다."

52) *Ibid.*, S. 50, 51. Marcks는 제1차 세계대전이 캐나다와 오스트레일리아를 얻기 위한 두 앵글로색슨 제국(즉, 영국과 미국) 사이의 싸움으로 이어질 것이라고 생각하였다.〔Vgl. *Englands Machtpolitik*, 1940, S. 183〕

역사적 관념과 문화적 이상은 강대하고 자유로운 여러 국가와 국민과 문명이 갖는 다양성과 평등성을 존중하는 데 기초를 두고 있다." 근대사의 사건들이 갖는 본질적 의미는 보편적 군주국을 지향하는 것이 아니라, 이전과 마찬가지로 보편적 군주국을 건립하려는 어떠한 시도에도 반대하는 강국들 사이의 활력과 풍요를 지향하는 데 있다. "보편적 제해권制海權은 단지 다른 형태의 보편적 군주제인데, 이는 용인될 수 없을 뿐만 아니라 조만간 실패하고 말 것이다. 영국은 근대적 발전 정신에 거역하면서 싸우고 있다"[53]라고 논하였다.

렌츠, 델브뤼크, 힌체, 온켄, 마르크스, 마이네케 등 이러한 젊은 층의 계열을 따라 계속해 간다면 오직 진력이 나게 될 것이라고 데히오는 말하고 있다. 이 문제에 관해서 제1차 세계대전 후에 발터 포겔Walter Vogel이 포괄적으로 함축성 있게 잘 요약하고 있다. 그는 말하기를 "1914년 전에 독일의 관찰자들은 유럽을 포괄하는 세력 균형을 전 세계를 포용하는 균형으로 변형시키는 것이 독일의 역사적 과제이어야 한다는 논의에 일반적으로 동의하였다"[54]고 한다. 이 한 구절의 지적이야말로 대부분의 독일 역사가들이 20세기 초엽 이래 첫 번째 세계 전쟁을 치르는 시기까지 믿어 마지않았던 역사적 또한 현실적 상황 인식의 대강을 명쾌하게 설명해 주고 있다. 우리는 포겔의 지적을 통해서 독일사학의 세계적 우수성을 대변하는 역사주의적 역사 인식의 속절없는 한계를 탐지할 수 있다.

다만 마이네케 한 사람만이 전쟁 전의 관념으로부터 이탈하려는 경향을 1919년에 발표한 논문에서 나타내고 있음을 데히오는 지적하고 있다. 즉 그동안 유지되어 온 근대 유럽사의 교훈은 그 타당성을 잃게 되고, 더욱이 세력 균형을 지향했던 일반적 인식은 세계 패권으로 향한 새로운 경향에 자리를 양보하게 될 것 같은 예기치 못한 가능성을 의식하게 된 것이다. 마이네케는 수평선 너머에서 어렴풋이 떠오르는 영국과 미국으로 형성된 앵글로색슨 제국Imperium

53) *Ibid.*, S. 51f.
54) *Ibid.*, S. 53. 〔Vgl. Walter Vogel, *Das neue Europa*, 1921, S. 51.〕

Anglosaxonicum의 환영을 보았던 것이다. 그러나 오랜 유럽의 국가적 분열 경향은 이제 그 환영을 쫓아낼 만한 힘을 갖지 못했다고 그는 말했다. 만일 두 개의 앵글로색슨 제국에 의해서 방향이 정해지고 그들의 해군력의 지원이 있게 된다면, 새로 나타난 이 문명은 유럽 여러 나라의 자치권을 억압하는 우세한 힘을 가질 것이라고 예측했다. 그는 앵글로색슨을 옛 로마인으로 대륙의 국민국가를 그리스의 도시국가로 비교하였다.[55] 그러나 중요한 사실은 이 예언적 논문에 의해서 개안開眼할 수 있었던 새로운 정치사관의 급진적 재평가의 길은 그 이상 개척되지 못했다. 그러한 전망은 너무나 생소했고, 독일인으로 하여금 자기네들의 이기적인 느낌을 포기하기에는 너무나 엄청난 내용을 지니고 있었기 때문이다. 더욱이 그의 견해는 전쟁이 끝나면서 유럽으로부터 미국이 철수함으로써 빛을 잃게 되었다. 그 무렵의 미국은 아직 전통적 고립주의의 길을 완전히 벗어나지 못하고 있었던 시기이다.

1919년 후에 벌어진 프랑스의 역설적 재등장과 러시아와 미국의 철수를 목도하게 된 독일의 역사가들은 그들의 새 전망을 앙시앙 레짐의 정치권을 넘지 않을 정도의 범위로 좁혔다. 그리하여 랑케가 오랫동안 묘사했던 여러 강국들로 이루어진 유럽의 화상畵像은 그대로 유지되었다. 결국 비유럽 세계에 대한 새로운 관찰도 하지 못한 채, 전래의 랑케적 유럽 체제는 그 나름대로 변함없는 모습을 유지하게 된 것이다.

마침내 "옛 랑케주의의 르네상스"가 시작되었고, 지난 날 프랑스 제국이 아직 지배적 강국으로 군림했던 시절부터 지속되어 온 독일의 감정과 이념이 부활하기 시작하였다.[56] 패전으로부터 소생하여 다시금 희망을 갖게 된 독일인들은 세계 국가 체제라는 관념으로 되돌아가야만 했다. 데히오는 세계대전 후에도 건재한 신랑케파의 결정적 연구 사례를 라인A. Rein과 볼프강 빈델반트 Wolfgang Windelband 두 사람에게서 찾고 있다. 전자의 경우, 유럽 체제의 해외팽창

55) *Ibid.*, S. 56f.〔Vgl. F. Meinecke, *Nach der Revolution*, 1919〕
56) *Ibid.*, S. 59.

에 관한 교훈적 논문에서 "전 세계적 포괄적 정치 세력권"에 대한 "서양의 전통적 조건의 투영投影"을 강조하고 있는 것이 특징적이다. 그는 세계대전을 구유럽 체제로부터 신세계 체제로의 이행 단계로 보려고 시도하였다. 그가 생각했던 특이한 부분은 새로운 세계 체제에 관한 이론을 18세기에 있었던 유럽 체제의 재현으로 간주하는 점이다.[57] 이는 일종의 역사적 이념적 가설에 다름없었다. 후자의 경우도 1922년에 간행된 저서에서 랑케의 이념을 유럽 밖의 세계로 투영하는 것이었다. 그는 서문에서 애초에 게르만적·로마적 민족만을 포괄했던 국가 체제가 더 큰 유럽 체제의 형성을 위해 북방과 동방으로 확대되었는데, 앞으로는 세계적 규모의 국가 체제로 그 최종적 완성 단계에 도달하게 될 것이라고 논하였다.[58]

세계대전에 관하여 방대한 분량의 출판물이 출간되었던 당시의 실정에 견주어 보면 진정으로 종합적인 성격을 갖춘 저작은 없었다. "바다와 육지에서 일어난 여러 사건은 거의 항상 분리해서 다루어졌고 이들 사건은 보다 폭넓고 포괄적인 모양을 형성할 만큼 조정되지 못하였다."[59]

위에서 살핀 대로 데히오의 분석을 통해서 명확해 지는 것은 이들 신랑케파는 랑케가 확립한 유럽 국가 체제론을 계승하여, 랑케적 견지에 입각해서 새로운 제국주의 시대에 통용될 수 있는 그들 나름의 새로운 개념을 창출해 내느라고 고심하였다는 것이다. 물론 이들 에피고넨 중에서 제1차 세계대전 직후에 잠시나마 새 시대의 변화를 예감했던 마이네케의 경우는 구별돼야겠으나, 모든 현역 역사가가 전래의 유럽 국가 체제론의 범위를 고수함으로써 바다 건너 미국을 비롯한 비유럽적 세계의 움직임이나 역할을 의식하지 못하였던 것을 확인할 수 있다. 결국 랑케적 유럽 중심주의적 시각과 전망을 가지고 변모하는 제국주의 시대의 역사적 현실을 해석하는 데 집착하였다고 말할 수 있을 것이다.

57) *Ibid.*, S. 60, 61.〔Vgl. *Historische Zeitschrift*, Bd. 137, 1928〕
58) *Ibid.*, S. 61, 62.〔Vgl. *Die auswärtige Politik der Grossmächte in der Neuzeit(1491-1919)*, 1912〕
59) *Ibid.*, S. 62. 책 50쪽 각주 109 참조.

4. 데히오의 근대 국제정치사에서 근본 문제

1) 고대 그리스와 르네상스 이탈리아의 국가 체제

서구 세계의 역사는 두 개의 원리, 즉 통일성의 원리와 다양성의 원리에 따라 진행되었다는 확신을 가지고 서술한 것이 루트비히 데히오의 유럽 국가 체제론이다. 유럽사를 연구하는 많은 역사가들의 공감대를 형성해 온 이 두 개의 기본적이며 상징적인 원리는 일찍이 레오폴트 랑케가 전체로서의 유럽사를 개념적으로 규명할 때에 제시한 원리이다. 데히오의 관찰에 따르면, 유럽사라는 "역사의 진자振子"는 천 년이 넘도록 대립적인 두 경향, 즉 "통합 경향과 분열 경향"을 오갔다. 그러나 이들 두 경향은 결코 완전히 통합된 적도 반면에 완전히 분열하여 붕괴된 적도 없었다. 그런데 여기서 주목해야 할 중요한 사실은 여러 시기에 걸쳐 이들 두 경향이 다른 환경과 다른 세력과 함께 서로 얽히고 견제하면서 발전했음을 새롭게 규명하고 있다는 데 있다〔L. Dehio, *Gleichgewicht oder Hegemonie*, S. 21; 영역본 Charles Fullman, *The Precarious Balance*, 1965, p. 19. 본절本節에 한해서, 주석은 편의상 모두 본문 안에 삽입함〕.

유럽 체제에 관한 데히오의 해석은 지극히 은유적이고 시사적이며 때로는 추상적이기도 하여 문학성이 짙은 산문과 시를 접하는 느낌도 준다. 더욱이 그의 예리한 통찰력은 유럽사의 구조를 전체적으로 재구성하는 데 독창적 경지를 유감없이 발휘하고 있다. 데히오는 450년이 넘는 동안 진동을 멈추지 않았던 유럽 근대역사의 진자振子를 적극적으로 추적하여 유럽 국가 체제론을 체계화하는 데 자기 특유의 구도를 그리고 있다. 그는 근대 유럽의 모습을 고전고대 그리스 도시국가 체제와 유추하여 관찰하는 데서 시작한다. 즉 지구 전면에 전파된 유럽 국가들의 풍요로운 활력이 갖는 신비를 생각해 볼 때, 그것은 이미 고대 그리스의 국가 체제에서 소단위의 도시국가들 사이에 벌어졌던 수많은 마찰과 알력의 역사적 선례에서 찾아 볼 수 있다는 것이다. 그리스 도시국가들의 불화와 마찰은 나일 강이나 메소포타미아 지역에서 강력하게 구성된 정치적 문화적 의미의 동질적 실체들이 결코 도달할 수 없었던 높은 차원의 발전을 극히 단시일 내에 성취했기 때문이다(*Ibid*., S. 22, 23; pp. 21, 22). 유럽의 중세기에는 교황과 신성 로마 제국의 황제가 통합 경향을 보였는데, 이에 앞서 중세 초기에는 야만족의 내적인 상잔이나 또는 기독교적 서구에 밀어닥친 외적인 투쟁을 겪어야만 했다(*Ibid*., S. 21; p. 20).

마침내 "중세 유럽이 수백 년에 걸쳐 유지한 사회 구조의 복잡한 침윤 과정의 결과로" 새로운 국가 체제가 등장하였다. 이 새로운 구조로서의 국가 체제는 1494년에 이탈리아를 에워싼 강국 간의 쟁패전爭霸戰이 벌어지면서 비로소 확립되었다. 흡사 분수반噴水盤에 어떤 순간까지 물이 고여 완전히 차면, 그 물은 이를 둘러싼 두 번째의 수반으로 넘쳐흐르게 되고, 그러고 나서 또 다시 이러한 과정은 거듭되는 것과 같다. 우리 자신도 오랜 발전의 결과로 이런 분수반의 흐름의 시작을 경험한 바 있다. "이것은 1917년에 일어났는데, 미국이 처음으로 전 세계를 단일의 과정으로 포괄하는 전쟁에 참가하였을 때이고" 마침내 세계를 두 개의 진영으로 나누었다.

일찍이 이탈리아 안에서 처절한 싸움 끝에 생겨난 5대 도시국가는 서로 상대편을 파멸시킬 수 없었고 균형 상태와 상호 간의 존립을 위해서 화해할 수밖에 없었다. 그리하여 그리스 체제, 아니 헬레니즘 체제라고 보아도 무방하지만, 이 체제가 몰락한 이후 처음으로 이탈리아에서 국가 체제가 등장하였다. 이는 유럽 국가 체제의 선구적 체제이기도 하다. 우리가 르네상스 문화의 번영에 감사할 때면, 반드시 비교적 단명으로 끝난 이탈리아의 국가 체제를 연상해야 하고, 이 체제 없이는 르네상스 문화의 번영이란 상상도 할 수 없다는 것을 알아야 한다(*Ibid*., S. 24, 25; pp. 23, 24).

이탈리아 도시국가에 대한 데히오의 견해 가운데서 우리의 관심을 끌게 하는 대목은 전체로서의 이탈리아 체제가 유럽 체제의 선구자인 것과 같이 베니스는 "도서적島嶼的" 국가이기 때문에 영국의 선구자라는 것이다. 영국이 해외의 넓은 세계와 유럽 사이의 중개인이 되었던 것 같이 베니스는 동양과 서양 사이의 중개인이었다. 해외원정에서 베니스의 힘센 사자는 그를 뒤따른 영국의 사자와는 달리 자신보다 강한 "세계 강국Weltmacht" 에 대항하면서 등장하였다. 14세기 이래 동방 세계로 퍼져 진출한 이 베니스의 "도서 제국Inselreich"은 여러 모로 터키인들의 저지를 받았었다. 그럼에도 불구하고 베니스인의 해양 국가는 지중해 안에서 세계적 규모의 비중을 차지했고 내구성에서도 아테네인이나 카르타고 사람을 월등히 능가하였다. 더욱이 15세기에는 섬나라라는 입지조건에도 불구하고 이 나라는 내륙으로 퍼져 들어감으로써 레판토Lepanto해전에서 입은 손실을 스스로 보상하는 데 성공하였다(*Ibid.*, S. 24–26; pp. 25–26).

문화적 강점과 정치적 약점을, 다시 말해서 빛과 그늘을 비극적으로 결합시켰던 이탈리아인들은 외부 세계에 대한 탐욕을 채우고 자신의 약점을 극복하기 위해서 우월한 자에게 굴종할 수밖에 없었다. 사실은 국가적 통합을 이룩할 수 있는 계획들이 없었던 것은 아니지만, 고대 헬라스의 경우와 같이 통합의 시기는 이미 늦었던 것이다. 그러나 만일 통합이 이룩되었다면 이탈리아 문화 발전의 "강력한 동인動因"은 파괴되었을 것이다(*Ibid.*, S. 28, p. 28).

유럽의 4대 강국 — 프랑스, 스페인, 영국, 합스부르크 왕조 — 이 처음으로 이 아름다운 정원〔이탈리아〕을 두고 무력적인 투쟁을 벌인 끝에 얻은 것은 국내적 힘의 강화와 국외적 안전을 도모함으로써 앞으로 있을 새롭고 더 큰 경쟁을 위한 준비를 갖출 수 있게 되었다는 것이다. 당시의 이들 4대 강국은 이탈리아를 에워싼 경쟁 구도에서 서로 적대와 맹방의 관계를 맺었다. 처음에 그들 중 주요 "쟁패자爭覇者"는 프랑스와 스페인이었다. 뒤에는 진자의 난폭한 선회가 있게 되면서 이들 두 나라 사이에는 형평이 이루어졌고 반도는 분할이 있을 같이 보였다.

2) 카를 5세의 패권 지향과 양익 강국(영국 · 터키)

그러나 스페인 국왕 카를로스 1세가 신성 로마 제국의 황제 카를 5세로 선출되면서 상황은 철저하게 변했다. 겨우 그 기능을 발휘하기 시작한 강국 간의 균형은 이탈리아뿐만 아니라 전체 서양 세계에서도 변하게 되었는데, 이는 패권의 망령에 의한 위협이었다. 패권의 망령은 향후 수 세기 동안 자주 출현하게 되지만, 바야흐로 통합 경향이 합스부르크가에 의해서 촉진된 것이다(*Ibid.*, S. 28; p.

28). 이탈리아에서 벌어진 싸움은 합스부르크와 프랑스 사이의 싸움이었으나 동시에 자유로운 존립이 가능했던 이탈리아 국가 체제의 죽음을 초래하는 싸움이었다. 빛나는 문화와 부패한 도덕을 지닌 이탈리아의 왜소하고 무기력한 국가들이 대륙의 강대국들과 충돌하게 되면서 파멸의 길로 가게된 것은 고전고대에 빛나는 자유를 누리면서 부패하고 무력한 길로 침잠하던 그리스의 도시국가들이 마케도니아 왕국의 맹습으로 허망하게 무너진 것과 다름없었다(*Ibid.*, S. 34; p. 35).

종교개혁의 파도는 황제의 지배권의 기초를 흔들었지만, 독일 군주들이 뒤늦게 얻은 승리와 그 지속적 효과는 황제의 운명을 불안하게 했던 다양한 "억제력"과 특히 모든 저항의 자연적 결집력을 움켜쥔 프랑스의 정책과 연관이 있다는 것을 고려할 때에만 올바로 이해할 수 있다(*Ibid.*, S. 37, p. 38). 대체로 이 문제에 대한 일반적 해석은 랑케의 사고의 방향에 밀착해서 생각할 수밖에 없을 것이다. 랑케는 처음 벌어진 이 쟁패전을 설명하는 데 완벽한 해득을 보여 줄 수 있었는데, 그 이유는 이 싸움이 근본적으로 구대륙이라는 한계선 내에서 진행되었기 때문에 가능했다.

그러나 데히오는 이 문제에 대한 해석에서 훨씬 넓은 시각을 가지고 접근하고 있다. 그에 따르면 "오직 두 가지 사실을 강조할 수 있는데" 구대륙의 "주변국 Randstaat"인 영국과 터키 두 나라의 역할을 고려할 수 있다. 영국의 경우, 카를 5세에 대한 억제의 필요성은 처음부터 많이 지적된 바 있지만, 아직 성공적인 세력 균형 정책을 수행할 만한 힘이 없었고, 실제로 울시 경Cardinal Wolsey 같은 사람은 영국 해군의 중요성에 관해서 아무런 의견도 갖지 않았다. 그럼에도 불구하고 영국의 역할을 미리부터 지적하는 이유는 지난 수 세기 동안 대륙의 강국에 대해서 균형을 유지하는 하나의 평형추平衡錘로서 전통적인 정책을 추구해 왔기 때문이다. 영국보다는 오히려 대륙의 터키야말로 카를 5세의 통합경향統合傾向에 대한 막중한 억제력을 형성하였다(*Ibid.*, S. 37, 38; pp. 39, 40). 이것은 흡사 펠로폰네소스 전쟁이 종식 단계에 들어간 뒤에 아테네나 스파르타가 패권을 잡으려고 시도할 때면, 페르시아 사람들이 언제나 이 두 나라를 한쪽에서 다른 한쪽으로 바꾸어 가면서 견제했던 것과 다름없는 것이다. 십자군 전쟁에서 이슬람에 대한 서양의 공격은 기독교적 통일성을 과시할 수 있는 좋은 기회였다. 그러나 이제 기독교도들은 이슬람의 습격을 받으면서도 통합된 방어책을 강구할 수 없게 된 것이다. 프랑스의 가장 독실한 기독교도인 국왕이 터키국과 동맹을 맺게 되었다는 사실은 프랑스도 두려움에 맞닥뜨리게 되자, 어쩔 수 없이 보편종교의 외양이 갖는 약화된 성격을 여실히 드러낼 수밖에 없었다는 것이다. 그럼에도 불구하고 이 같은 외교 및 군사 면에서의 터키 세력의 도입은 유럽적 국가 체제의 자유를 지키는 데 가장 중요한 수단이었다(*Ibid.*, S. 38; p. 40).

거대한 반도로서 서구가 갖는 지리적 폐쇄성은 통합 경향을 위해서 자연적 도움을 제공하였으나 바야흐로 이 폐쇄되었던 지역이 동남쪽으로 넓게 열리고 터키가 정치적 계략의 세계에 소개되면서 분열로 향한 서양의 경향을 부추겼다. 이로부터 수 세기 동안 프랑스와 터키 사이에 맺어진 동맹은 프랑스의 합스부르크와의 투쟁에서 무기와 같은 역할을 하였다. 그러나 날로 쇠퇴해 가는 오토만 제국은 16세기에 향유했던 중요한 비중을 견지할 수 없게 되었다.

광대한 동방에 영토를 거느린 생기와 젊음에 넘치는 러시아의 정통 제국正統帝國이 터키의 자리를 대신 차지하게 되고, 뒤이어 유럽 체제에 참여하게 되면서 이번에는 프랑스의 패권 장악을 위한 노력에 대해서 해로운 결과를 주게 된다(*Ibid.*, S. 39; p. 41).

3) 펠리페 2세의 패권 열망과 해양 강국(영국 · 네덜란드)

두 번째로 등장한 스페인의 펠리페 2세의 경우, 그의 부왕 카를 5세보다 유리한 여건과 전망을 가지고 패권 쟁취의 열망을 불태웠던 것을 볼 수 있다(*Ibid.*, S. 40, p. 43). 펠리페가 1571년에 레판토Lepanto해전에서 거둔 승리는 이교도를 이겨낸 서구의 우승자란 영광을 안겨 주었고, 이 영광은 유럽 반도의 정치적, 정신적 통합을 위한 목표를 빛내었으며, 더욱이 그는 이 목표에 도달할 듯한 기세를 보였다. 기실 카를 5세의 경우를 따져 보면, 유럽의 통합 경향이 절감되었던 것은 아니었다. 펠리페는 그의 권위와 견실성과 헌신적인 노력으로 부왕과 같은 외국인 대우를 받지 않았고 실제에 있어서 스페인의 국가적 영웅이 되었다(*Ibid.*, S. 42; p. 45).

펠리페에 대한 억제는 네덜란드가 동참한 가운데 영국의 주도로 이루어졌다. 원래 네덜란드는 베니스 다음 가는 부국이었다. 해양국으로서의 베니스의 위대성은 네덜란드의 성장 속에서 재현된 셈이었다. 네덜란드는 수륙 양면적 조망을 가진 삼각주에 위치하고 있으나, 역시 베니스의 도서들이 형성한 것과 같은 순수한 도서적 본거지는 없었다(*Ibid.*, S. 45; p. 49). 네덜란드의 힘은 베니스의 힘을 되살린 듯했지만, 영국보다는 열등한 것이었다. 이제 유럽 국가 체제의 운명은 영국에 의해서 결정되었다. 영국이 감당할 수 있는 중심적 역할은 도서적 위치와 최근에 획득한 해양의 힘에서 유래하는 것이었다. 엘리자베스 여왕의 치세에 성취한 국력은 처음으로 이 조그만 나라로 하여금 세계사적 역할을 담당케 하였다. 이때 비롯된 국가적 발전은 1945년까지 좌절됨이 없이 계속되었다. 물론 모든 해외 식민지는 1580년 이래 이베리아 반도의 두 나라가 장악했지만, 이와는 달리 도서 왕국이 해역에서 벌인 줄기찬 활동은 자신의 힘의 엄청난 증대를 가져왔다(*Ibid.*, S. 46; p. 50).

프랑스의 몰락은 영국으로 하여금 스페인의 적수로서 역사적 역할을 감당할 수 있는 계기를 만들었다. 영국의 힘은 유럽적 세력 균형 정책을 현실화한 것이다. 그런데 이 정책은 유럽의 균형을 지키는 일뿐만 아니라, 영국 자신의 우월성을 바다에서 차지할 수 있도록 공격적인 조종을 하게 되는 것이다. 이 조종은 다름 아닌 해적 행위로 나타났고, 이는 너무나 성공적인 것이었다. 스페인이 영국의 해적들의 손에 빼앗긴 재화는 엄청난 것이었다. 마침내 대륙의 으뜸가는 강국은 왜소한 미지의 도서 강국島嶼强國에 도전하게 되었다. 대륙의 골리앗과 바다의 다윗 사이에 싸움이 벌어진 것이다. 스페인의 무적함대는 그 옛날 살라미스 해전에서 겪은 페르시아 함대의 운명을 맛보았다(*Ibid.*, S. 50, 51; p. 60). “아르마다”를 격파한 힘은 바다〔대서양〕 너머 새 영토에서 불어오는 훈풍薰風이었다(*Ibid.*, S. 55; p. 60). 이 새로운 식민지로 부상한 영토적 요소야말로, 패권 장악을 위한 싸움이 고조되면서 비록 간접적이긴 하지만, 새로 등장한 두 해양 강국, 영국과 네덜란드를 통해서 결정적인 견제력의 구실을 하였다.

4) 루이 14세의 패권 경향과 해양 강국(영국 · 네덜란드)

"아르마다"의 패배는 엄청난 손실이었으나 스페인의 정치적 경제적 몰락은 극히 완만하였기 때문에 스페인 자신의 위치를 대륙 안에서 적대 관계에 있었던 나라에 양보하여 2류 국가로 전락하기까지에는 2세대 이상의 세월이 흘러야 만했다. 이렇다 할 큰 문제가 없게 되자 도서 세계와 대륙 세계와는 서로 격리 상태를 유지하였다(*Ibid.*, S. 59; p. 66). 북미로 이주하는 조그만 배출구를 제외하고 45년간이나 스튜어트의 통치에 갇혀 살다시피 했던 영국이 해외무역과 해군력에서 패권을 장악하게 되면서 베니스의 경우와 같이 대륙과 해외 영토 사이의 중재적 역할을 담당하게 되었다. 한편 대륙의 강국들의 경우와 달리, 영국은 자신의 결집된 힘을 바다로 향해서 투사할 수 있었다. 이뿐 아니라 영국은 경쟁자인 네덜란드의 경우같이 내륙 전선에 군대를 배치할 필요가 없었기 때문에 그 규모나 활력에서 네덜란드를 능가하였다. 더욱이 영국은 국내의 분쟁에도 종지부를 찍었던 것이다. 마침내 영국은 세계적 강국이라는 칭호를 얻게 됨으로써 "도서의 원리insulare Prinzip"는 네덜란드의 쇠퇴에도 불구하고 "대륙의 원리kontinentalen Prinzip"에 비견되는 수준의 새로운 세력으로 등장하게 되었다(*Ibid.*, S. 64; p. 71). 1661년에 왕위에 오른 루이 14세는 그가 추구한 통치 목표나 통치 수단에서 펠리페 2세와 유사한 데가 많았다. 이 두 사람의 왕국은 군사적이며 또한 관료적인 대륙 강국의 범주에 속했다. 스페인의 영토는 산재하여 공통점이 없었는 데 반하여 프랑스의 영토는 공고히 짜였고, 동질성을 지녔으며 또한 스페인의 고정 인구보다 2배나 많은 인구를 가졌었다(*Ibid.*, S. 65, 66; pp. 72, 73).

오랫동안 대륙에 등을 돌려 왔고 두 차례나 서로 싸웠던 해양의 두 강국, 영국과 네덜란드는 그들의 간극을 유보해 둔 채, 다시 합심해서 새로 등장하는 대륙의 지배 세력에 정면으로 맞서게 되었다. 프랑스의 루이 왕은 두 해양 세력에 대한 계략을 추진함에 있어서 네덜란드는 공개적 전쟁으로 영국은 비밀 동맹으로 일거에 제거해 버리려고 생각하였다. 그러나 그는 두드러진 성공을 거두지 못했다. 네덜란드만 하더라도 프랑스의 돌발적인 공격을 쫓아버릴 만큼 강인한 힘을 입증했다. 그런데 중요한 사실은 네덜란드의 강인성이 어디서 왔느냐는 것이다. 의심의 여지없이 그들의 위력은 본국과 해외 영토 사이의 연결에서 오는 것이었다(*Ibid.*, S. 67–70; pp. 75–78).

1692년에 루이 왕이 라 오귀La Hogue의 해전에서 겪은 패전은 펠리페 왕의 "아르마다"가 영불 해협에서 패주한 사실의 재판이었다. 이로써 대륙의 지배적 강국의 해군이 순수한 해양 강국의 해군에 열세하다는 것이 다시 한번 입증되었다. 대륙적 프랑스 정신과 해양적 프랑스 정신은 융합하지 못했다(*Ibid.*, S. 73; p. 81). 해전으로 말미암아 비록 프랑스가 절정기를 분명히 넘겼다고 하더라도 그 몰락은 스페인의 경우와 같이 천천히 차후에 일어났다. 루이 왕도 펠리페 왕 못지않게 여러 차례 전쟁을 치렀으나 전체적으로 보아서 유럽 국가 체제가 이번에 겪은 시련은 앞서 두 차례에 걸쳐 치른 패전보다 훨씬 안전하고 완만한 여지가 있었다. 또한 루이 왕의 통치 경향에 대해서 유럽 고유의 분열 경향은 더욱 현저하고 교만하게 그 세력을 떨칠 수 있었다. 해양 강국은 16세기 말기의 경우와 다름없이 17세기가 종식할 무렵에도 이러한 "분열 경향의 지주支柱"로서 패권 경향Hegemonial Tendenz에 대한 견제력이며, 적대자임을 입증하였다(*Ibid.*, S. 80; p. 90).

5) 본색 드러낸 양익 강국(영국 · 미국 · 러시아)

프랑스 혁명에 이르는 동안에 영국·미국·러시아 등 3대 세계 강국은 차츰 그 본색을 드러내기 시작했다. 이 무렵에는 해외 영토뿐만 아니라 동방에 위치한 〔아시아〕 대륙의 광대한 영토도 세력 균형 유지에 공헌하였다. 해외 세력의 등장으로 그 빛을 잃었던 터키의 위치를 숙적인 러시아가 차지하게 되는데, 러시아는 모든 분야에서 터키를 능가했다. "서방의 힘"이 광활한 해외 영토에 매혹되어 자력磁力에 이끌리듯이 대륙적 중심부로부터 대서양 연안으로 옮겨졌고, 반면에 "동방의 힘"은 유라시아 대륙 내부의 바다와 같은 광막한 대지에 매혹되어 역시 자력에 이끌리듯이 동쪽으로 끌려갔다. 러시아는 터키와는 달리 인종적으로나 정신적으로나 서유럽인의 먼 사촌이었기 때문에 서유럽으로 동화할 가능성을 지니고 있었다(*Ibid.*, S. 85; pp. 93–94). 터키의 대륙적 측면적 위치의 힘을 승계한 러시아는 "유럽과의 관계에서 대륙적 양익 강국kontinentale Flügelmacht"이 되었다. 영국이 영예로운 고립 속에서 편히 쉴 수 있었던 것과 마찬가지로 러시아는 바다같이 넓은 유라시아 대륙의 저지대 속으로 인퇴할 수 있었고 그곳에서 안전하게 머물면서 언제든지 밖으로 뛰쳐나와 유럽을 공격할 수 있었다. 서방과 동방의 외곽 지대는 유럽의 중심부에 대하여 직접적이든 간접적이든 견제의 기능을 갖는다는 것이 하나의 기본 원리였다(*Ibid.*, S. 91, 92; pp. 101, 102).

원래 영국의 성장은 해양 세계를 지배함으로써 가능했던 것인데, 유럽은 바로 이러한 해양 세계로부터 가장 심각한 위협을 받게 되었다. 원래 바다는 유럽의 힘을 내륙으로부터 서해안으로 끌어냈고, 해군과 식민 세력을 발전시켰으며, 해양 국가들 가운데 두 나라의 힘을 강화했고, 마침내 유럽의 서해안으로부터 떨어진 한 작은 섬으로 모든 힘을 집결시켰었다. 그런데 바야흐로 힘의 이동이 이 섬 자체로부터 시작한 것이다. 그리하여 마치 "분수반에 꽉 찬 물이 다음 분수반으로" 넘쳐흐르듯이, 힘은 이 섬으로부터 대양을 건너 멀리 서쪽으로 옮겨 가게 된 것이다. 유럽 국가의 시종侍從으로서 구세계의 "균형 체제의 자유"를 보호하는 데 간접적으로 도움을 주었던 식민지는 이제 그들 자신의 자유를 얻고자 희망했고, 또한 스스로 신세계의 주인이 되기를 원했다. 서양의 구세계는 그동안 누려 온 다양한 국가적 자유의 대가로 대서양 너머로의 힘의 이동을 허용할 수밖에 없었다(*Ibid.*, S. 105; p. 18). 바다 건너에 위치한 신세계가 간접적으로는 영국을 매개로, 직접적으로는 구대륙으로부터의 분리를 통해서 날로 중요한 위치로 성장하고 있었다. 한편 "또 하나의 양익 강국인 러시아가 갑자기 동쪽에서 새로운 수준의 위력을 갖추면서 등장하였다". 앵글로색슨은 세력 균형 체제를 발판으로 하는 유럽으로의 접근이 저지되자 그들의 정력을 해외의 미개 지대로 향해서 쏟았다. 반면에 러시아는 그들의 정력을 유라시아의 미개척 지대로부터 고대 문화의 요람인 서구로 향해서 쏟았다. 앵글로색슨이나 러시아의 변방을 바라본 구대륙의 한 관찰자는 먹구름의 수평선과 지평선을 의식할 수 있었다. 그러나 서양의 가능성은 고대 그리스가 헬레니즘 시대의 여러 나라의 그림자에 가리게 되었던 때만큼 쇠진하지는 않았다(*Ibid.*, S. 115; p. 130).

6) 나폴레옹의 패권 열망과 양익 강국의 성장

다시 태양은 남쪽 산허리의 혹한을 녹이게 되고, 나폴레옹은 "루이 14세의 권력 국가를 새 시대의 새 수준으로 높였다"(*Ibid.*, S. 121; p. 141).

트라팔가르Trafalgar의 전투는 영국이 프랑스를 상대로 대결한 마지막 대해전大海戰이었다. 그러나 그것이 마지막이 된 까닭은 얼마 후에 나폴레옹이 육상에서 패배했기 때문이었다. 그리고 이 패배는 바다에서 영국을 이길 만한 능력을 갖추지 못했던 결과이며, 그렇지 않고 만약 이겼다면 결코 모스크바로 행군하지 않았을 것이다. 그러나 만일 그가 대륙에서 우세하였더라면 트라팔가르의 패배에도 불구하고 바다에서 다시 싸웠을 것이다(*Ibid.*, S. 144; p. 164). 아무튼 해양 세계에 대한 무지 때문에 서방에서의 영국 타도가 늘 빗나갔던 것같이, 광막한 유라시아의 생소함 때문에 동방에서도 실패로 끝났다. 나폴레옹은 서방의 대륙인이었다. 이곳 동방도 대륙임에는 틀림없었으나 이미 서방은 아니었다. 그는 구대륙을 무력으로 굴복시킨 최초의 인물이었으며 카를 5세도 펠리페 2세도 루이 14세도 비교가 안 될 만큼 큰 업적을 남겼다. 유럽 정치의 활동 영역이 거대한 러시아 제국의 참여로 확대되었고 유럽 국가 체제의 자유를 위한 이러한 변화가 갖는 의의는 가장 결정적인 시기에 표면화하게 되었다. 왜냐하면 새 문명〔즉, 혁명 후의 프랑스〕조차도 동방의 광활한 노정路程을 이겨낼 만한 적절한 수단을 강구하지 못했던 까닭이다. 결국 러시아는 나폴레옹을 상대로 독일 세력이 감당해내지 못했던 일을 유럽 체제의 보증인으로서 영국과 나란히 이겨낼 수 있었다. 러시아는 세계 문제에서 일찍이 표트르 대제와 예카테리나 여제의 치하에서 이룩했던 업적을 훨씬 능가함으로써 명실 공히 일급의 나라로 등장하게 되었다(*Ibid.*, S. 151; p. 172).

역사의 진자振子가 뒤로 선회하고 있을 때 독일의 여러 나라들과 다른 나라들이 나폴레옹 타도의 대열에 가담했고 마침내 러시아와 영국 두 양익 강국의 영도력 아래 굳건한 방진方陣이 형성되었다. 이 군사적 연합이 패권 추구자의 덜미를 잡아 격파하고 말았다(*Ibid.*, S. 151; p. 172). 다시금 구대륙은 일국적 지배력을 낳기에는 무력하다는 것을 보여 주었다. 나폴레옹의 파멸은 펠리페 2세나 루이 14세의 패배보다 훨씬 적극적으로 구대륙에서 새로운 지배권의 출현 가능성을 제거하였다(*Ibid.*, S. 152–154; pp. 174–176). 나폴레옹의 몰락으로 영국·러시아 간의 적대 관계는 재현되었으나 유럽 국가 체제의 재구성은 대륙적 견제력보다 도서 강국의 견제력을 훨씬 유리하게 만들었다(*Ibid.*, S. 155; p. 177). 구대륙의 배후에 펼쳐진 광대한 세계는 아직 힘의 공백 상태를 노정하고 있었고, 미국은 아직도 자신의 광대한 힘의 영역을 점령당한 상태로 있었으나 다른 세력과의 마찰은 적었다. 미국과 러시아는 아직 성장하는 신생국이었다(*Ibid.*, S. 157; p. 179).

이상과 같은 양상이 전체로서의 세계와 줄어드는 서방 세계 사이에 가로놓인 기본적 차이이며, 이러한 차이야말로 1815년의 상황 평가에서 우리가 기억해 두어야 할 일이다. 이 기본적 차이는 지역에 따라서는 이미 17·18세기에 그 징후를 보였었다. 즉 우리가 이미 살핀 대로 유럽의 두 양익 강국이 세계로 향해서 자라고 있었고, 유럽 밖에서 제3의 잠재적 세계 강국인 미국이 뒤따르고 있었다. 이 밖에도 이미 1789년 전에 〔앞에서 언급하진 못했으나〕 구대륙과 세계와의 연결이 줄어들고 있음을 간취看取할 수 있다. 그러나 1815년까지 이러한 경향은 인상적인 결과를 가져오지 못한 상태에 있었다.

바로 1815년부터 두 개의 무대가 구분될 수 있다. 오랫동안 좁은 유럽 무대의 배막背幕 뒤에 존재했던 넓은 세계무대가 표면에 나타난 것이다. 유럽의 양익에 위치한 두 강국이 제각기 자기 무대에서 동시에 활동하기 시작했다. 미국은 아직도 대서양 너머 넓은 무대에서만 활동하고 있었다. 반면에 구대륙의 여러 국가들의 활동 범위는 아직도 주로 좁은 무대에 국한되고 있었다. 큰 무대에서 비롯한 긴장은 아직 시작에 불과했고 공간도 아직 풍부하였으나 작은 무대에서 벌어졌던 긴장은 자연적 피로와 인위적 새 질서에 의해서 1815년에 잠시 부드러워졌을 뿐이었다(*Ibid.*, S. 157; p. 179)

7) 독일의 패권 경향과 유럽 국가 체제의 좌절

유럽에서 몇몇 나라가 패권을 추구함으로써 야기됐던 주기적 격동 뒤에는 반드시 영토적 분열이 있었다. 이와는 다르게, 비유럽 세계에서 전개되는 사건의 흐름은 날로 증대하는 영토적 응집만이 있었다(*Ibid*., S. 170; p. 194). 미국에서 유럽형의 세력 균형 체제가 출현하게 될 것이라는 예측도 있었으나, 실제로 라틴 아메리카의 나라들은 그 탄생의 순간부터 북방의 대국에 의해서 그늘 지어졌었다. 북방의 대국과 균형을 이룬다는 것은 비아메리카적 강국에 의한 지원을 통해서만이 가능했을 것이나, 미국이 "먼로주의"를 수행할 수 있는 한, 유럽에서 볼 수 있는 균형적 발전은 생각할 수조차 없는 일이었다. 이 먼로의 교의로 말미암아 아메리카 대륙은 폐쇄된 영역이 되었다. 문명이 진전하면서 여러 나라가 모여서 형성되는 국가 체제의 자유는 오직 유럽과 같은 개방된 지역에서만 유지될 수 있었다. 그렇지 않은 지역의 경우 이 같은 체제의 자유는 패권의 길로 몰입하게 되는 것으로 입증되었다(*Ibid*., S. 169; p. 193).

유럽의 정치적 활력은 새로운 봉우리에 오르기 위해 독일로 옮겨졌다. 스페인과 프랑스에 뒤이어 독일국민이 구대륙의 여러 강대국민들 중에서 최종적으로 오직 그 자신의 역사와 유럽 국가 체제의 역사를 종결짓기 위해, 정복되지 않은 패권의 정상에 폭풍우를 몰고 오기 시작하였다(*Ibid*., S. 184; p. 210).

펠리페 2세의 통치기 이래, 패권 장악을 위한 투쟁에서 볼 수 있는 특징적 요소는 구대륙을 지배하려는 세력과 서방의 해양 세력을 대표하는 나라 사이의 충돌이었다. 두 번째 벌어진 또 다른 양상은 나폴레옹 시대에 나타난 지배적 대륙 세력과 러시아 사이의 충돌이었다(*Ibid*., S. 201; p. 230). 그동안 여러 차례 있었던 패권 투쟁에서 유럽 반도를 단일국가로 통합하려던 노력들은 주로 구대륙의 외부로부터 개입하는 새로운 세력에 의해서 좌절하는 운명을 겪어왔다. 서유럽은 열린 지역이었다. 그러나 지구는 닫힌 지역이었기 때문에 문명의 진전이 원격지遠隔地를 정복하는 관계로 지연된다든지, 또는 휴지 상태로 변하지 않는 한, 분열 아닌 통합의 길로 줄달음질 칠 운명을 타고났었다. 그런데 이러한 과정에서 유럽적 분열 경향은 지구적 규모의 전개에서도 또한 승리할 수 있었다.

만일 문명의 진전 속도가 늘어날 수 있었다면 통합 과정도 그만큼 증대했을 것이다. 이 통합 과정 자체가 양차의 세계대전에서 명백하게 나타났다.

세계 강국인 러시아와 미국은 영국의 동맹국이 되었고 이들 3국은 결국 유럽과 아시아에서 새로운 세계 강국의 등장을 막는 데 관심을 모았었다. 그리하여 영국은 나폴레옹 1세에 대한 전쟁에서 겪었던 바와 같이 왕년의 적수인 러시아를 자기 편으로 가담시킬 수 있었을 뿐만 아니라 자기가 낳은 딸의 나라 미국도 끌어들일 수 있었다(*Ibid*., S. 204; p. 234). 영국은 구대륙의 지배 세력〔즉, 독일〕에 대항하여 세계적 규모의 강대국들을 결속시켰다. 독일은 미국의 개입으로 모든 합리적인 희망이 파괴당할 때까지 좌절하지 않았다(*Ibid*., S. 210; p. 242). 그러나 마침내 구대륙의 이 지배적 강국은 아직 정복되지 않은 패권의 정상을 바라보면서 네 번째로 쓰러졌다.

앞에서 수차 지적했듯이, 유럽 체제 내의 균형은 서양이 위기에 처할 때면 매양 "구서유럽" 밖에 위치한 새 영토로부터 작용하는 억제력에 의해서 유지되었었다. 유럽 체제가 자유를 유지하기 위해서 지불한 대가는 분할된 대륙에서 항시 힘의 쇠퇴를 초래하는 일이었다. 반대로 유럽 밖의 새 영토에서는 힘의 결집과 성장만이 있었다. 힘은 서서히 서양 중심부의 노련한 나라들로부터 차례로 떠났다. 그러나 제1차 세계대전에서 이러한 경향은 전례 없는 계기와 새 양상으로 발전하였다. 바야흐로 해외로부터 오는 힘은 전과 같이 오직 추축樞軸의 위치에서 활동하는 영국을 경유해서 간접적으로 오는 게 아니었다. 영국을 우회한 미국의 직접 개입은 해외의 세력들에게 새로운 직접 개입의 의의를 일깨워 주었다. 1815년에 "힘의 이주Machtwanderung"는 유럽의 주변국가인 영국과 러시아를 위해서 아직 이로운 것이었으나, 이제 힘은 대양을 뛰어넘어〔미국으로〕가 버린 것이다. 구대륙은 다시 한번 자유를 위하여 힘의 쇠퇴를 대가로 지불했을 뿐만 아니라, 이번에는 불길한 그림자가 러시아까지 가리게 되었고, 또한 전승자戰勝者인 영국까지도 뒤덮게 되었다. 왜냐하면 영국은 그 거대한 식민적 팽창에도 불구하고 유럽 내부에서 세력 균형을 유지해 나가기에는 그동안 해양 세계에서 장악했던 패권 경향을 포기하지 않을 수 없게 되었기 때문이다. 영국의 정치적, 산업적 지배 역량은 용해됐고 그러한 지배 역량 없이 식민지를 영유한다는 것은 한낱 부담으로 남을 수밖에 없었다(*Ibid.*, S. 210–211; p. 242–243). 미국은 세계대전 후에 갑자기 제기된 대국으로서의 세계적 역할을 맡을 만한 정신적 준비를 못 갖추었기 때문에 이를 거절했고, 그 거대한 섬나라는 전통적인 "영예로운 고립"의 길로 퇴각했다. 미국은 태평양에서도 자신의 이익에 부합하지 않는 부정적 안목을 고수하고 있었다. 고대 로마 역시 자신의 세계적 역할의 의의를 이해하는 데는 오랜 시간이 걸렸었다.

러시아는 일찍이 표트르 대제가 무너뜨리고 나왔던 거대하고 특색 없는 영역 속으로 숨어 버렸다. 그러나 러시아는 새로 시작한 스핑크스 같은 생활양식을 지탱할 만한 충분한 힘을 가지고 있었다(*Ibid.*, S. 212; p. 244).

8) 히틀러의 필사의 투쟁과 유럽 국가 체제의 파탄

1914년 이전에 독일의 정책이 추구한 목적은 몽롱했고 제한된 것이었다. 그러나 기대했던 것과는 달리 그들은 패권을 향한 싸움으로 이끌려 갔다. 두 번째의 세계대전은 독재자의 마음속에서 명백히 나타났고 전혀 제한이 없었다. 히틀러는 자신의 목표에 단숨에 도달하고 세계대전은 피할 것을 바랐으나, 그는 처음부터 어떠한 싸움에도 뒷걸음질 치지 않고 자신의 목적을 실현하고자 전진할 것을 결심했다. 강국 중의 한 나라이며 튼튼하고 활기찬 나라이던 제3제국은 실로 죽음의 투쟁에 매달렸다(*Ibid.*, S. 224; pp. 258–259).

히틀러는 영국이나 러시아 두 나라 가운데서 한 나라만 상대로 싸울 셈이었다. 그러나 두 세계 강국은 이념적 간격을 넘어서 서로 손을 잡았다. 제1차 세계대전 때의 동맹이 재현된 것이다. 실로 이 두 나라의 정책의 기본 원리는 두 나라를 앞지르려는 징후를 나타낸 어떤 세력에 대해서도 자신들의 이익을 위해 제휴하는 것이었다(*Ibid.*, S. 226, 227; p. 262).

다시금 지배적 경향을 띠고 나선 유럽 대륙의 강국(즉, 독일)은 정상으로 상승하던 길에서 좌절하고 쫓겨났다. 그러나 이번 싸움에서 공격자는 자신의 노력에 비해서 전보다 월등히 높은 대가를 지불해야만 했다. 펠리페 2세나 루이 14세는 그들의 실패에도 불구하고 대륙에서 해양 강국들보다는 강한 위치를 유지할 수 있었다. 나폴레옹 전쟁의 결과는 이 정복자의 나라를 훨씬 저급한 수준으로 격하시켰다. 제1차 세계대전의 결과는 이보다 한층 격심했다. 그런데 1945년의 패배자들은 그들의 정치적 존립성存立性마저 상실했고, 또한 그들의 신체적 존립조차도 위태로웠다(*Ibid.*, S. 228; p. 263).

더더욱 큰 문제는 이번에는 유럽 체제의 구성 국가들이 다시금 그들의 "자유 체제"를 재건할 수 없게 되었다는 것이다. 유럽의 그 많은 국가들은 "각기 거대한 두 개의 세계 강국의 이해 영역Interressensphäre에 속하게 되면서" 두 개의 그룹으로 갈라졌다. "서방 영역과 동방 영역으로의 분할"은 이미 18세기 이래 나타나고 있었다. 그러나 바야흐로 이러한 분할은 새로운 의미를 얻게 되었다. 즉 독립성의 상실이었다. 유럽의 활화산은 스스로 쇠멸한 것이다. 영국을 제외한 유럽 제국은 이전과 같은 성격의 완전한 주권을 가질 수 없게 되었다(*Ibid.*, S. 230; p. 265).

다시금 대륙적 원리와 도서적 원리는 그들의 본성을 드러내어 대적하게 되고, 적대 관계는 동시에 지구적인 범위로 확대되었다. 한편으로는 지난 수 세기 동안 유럽 대륙에서 군림해 온 강국들의 후계자인 러시아가 그들의 전통으로부터 지구적인 차원의 지위로 자라나고 있고, 다른 한편으로는 미국이 "유럽적 도서적 전통"의 기초 위에서 그 영향력을 세계로 향해서 확산하고 있는 것이다(*Ibid.*, S. 231; p. 267). 러시아와 미국이라는 거대한 두 산맥 사이의 계곡 속으로 몰락한 전통적 서양은 끝내 왕년의 강국들로 구성된 국가 체제를 재건할 수 없게 된 것이다.

9) 서유럽 블록(대서양권)과 동유럽 블록의 성립

데히오는 자기 저서의 미국판 영어 번역본을 위해 1960년에 새로운 에필로그를 첨부했다. 미래는 예측할 수 없다는 것을 남보다 더 잘 알아야 할 처지에 있는 역사가로서 그는 자신을 "과거를 탐구하는 예언자"로 자처하면서 자기 목소리를 가다듬고 있다.

그가 말하는 에필로그의 주요 내용을 정리하자면 다음과 같다. 해양 강국은 지구상의 더 큰 영역을 장악했고, 전쟁 전의 대부분의 식민지를 영향권으로 장악했다(*Ibid.*, p. 271). 유엔이 지향하는 "하나의 세계"는 "미국의 세기"가 인류를 위해 마련하고 있는 은총의 터전으로 변해 갈 것이다. 평화로운 민주주의의 세계적 지배가 무력정치와 그것이 의도하는 온갖 공포의 재발을 막을 것이다(*Ibid.*, p. 272). 이번 전쟁으로 유럽적 세력 균형 체제의 메커니즘은 총체적으로 와해됐고, 유럽의 실정은 러시아라는 거대한 우방의 선의에 좌우되는 형편으로 귀착했다(*Ibid.*, p. 274).

1945년 이래 유럽의 복합적 국가 체제는 두 개의 블록 세계로 축소되었다. 그리고 힘없는 유색인들은 바야흐로 이 양립한 두 권력의 중심부를 지목指目하게 되었다(*Ibid.*, p. 277). 제3세력의 출현은 "두 개의 블록으로 이루어진 세계를 다른 세계 체제"로 바꾸어 놓을 수도 있지 않을까?(*Ibid.*, p. 279) 그러나 영속적 냉전 상태는 영속적 동맹 관계를 강화했다. 그리하여 유럽 국가들의 새로운 연합체의 기초가 다져지면서 유럽적 통합은 대서양적 통합으로 짜였다. 부정적 과정이라고 보아야 할 유럽 국가 체제의 몰락은 오히려 건설적 결과를 낳았다. 그것은 확대된 서구Occident에 다름없는 대서양지역권大西洋地域圈/Atlantic orbis terrarum을 그 운명적 결속의 실체로 낳은 것이다(*Ibid.*, p. 283). 두 차례의 세계대전을 겪을 때까지 서양의 근대국가들은 오직 독자적 팽창만을 지향했다. 근대역사상 처음으로 유럽 국가들은 유럽의 존립을 위한 사고의 전환을 강요받게 되면서 공동의 방어 체제와 결속의 요긴함을 절감하게 됐다. 유럽 국가 체제의 붕괴로 대륙 국가들의 주권은 약화됐고 대서양 너머의 후원자〔즉, 미국〕에게 의존하게끔 되었다(*Ibid.*, p. 284).

대전 후에 전개된 "도서적 대륙적 이중주의二重主義"는 선명하게 식별할 수 있게 되었다. 지난날 유럽적 다양성이 발전했던 것같이, 대전 후의 지구적 차원의 "이중주의"도 계속 분쟁으로 발전할 것인가? 그리고 도서적 원리가 다시 우세를 장악할 수 있을 것인가?(*Ibid.*, p. 286) 지난날, 유럽 체제의 결말이 늘 전쟁터에서 매듭지어졌듯이, 이번의 지구적 차원의 결판도 전쟁을 가져올 것인가?

지난 시대의 전쟁 경험이 부지불식간에 우리의 현실에 가져다줄 수 있는 "제3차 세계대전"이라는 부담으로 우리를 짓누른다면, 그런 악몽이 또 어디에 있겠는가?(*Ibid.*, p. 287) 바야흐로 막중한 "지도적 역량이 미국의 두 어깨에 달려 있다". 미국은 자신은 물론 전체 자유 세계의 파멸을 막아야 할 지도적 책무를 가지고 있다. 오늘날 "양대 블록은 평화로운 세계질서 속에서 앞으로 하나의 실체로 병합될 것이다". 우리 시대의 과학기술의 발전이 불가역적不可逆的으로 세계질서를 이끌어 줄 것이다(*Ibid.*, p. 288).

역사학자 데히오의 교훈적 의미와 놀라운 통찰력으로 구성된 예언은 민주주의의 가치와 세계평화를 지향하고 있다. 그는 "쇼펜하우어가 말했듯이 자유는 우리의 건강같이 그것을 상실한 다음에야 고마움을 깨닫게 되는 것이다"라고 매듭짓고 있다.

5. 데히오의 양익 강국론

유럽 국가 체제의 역사를 재고찰한 데히오의 역저力著, 《근대국제 정치사의 근본 문제에 관한 성찰》[60]이 이룩한 성과는 무엇인가? 그리고 그 자신이 말했듯이, "나의 연구는 이미 존립하지 않는 〔유럽〕 체제를 다룬 것이며, 말하자면 시체해부의 결과"[61]에 다름없다고 하는 비통한 그의 유럽 근대 사관이 갖는 의의는 무엇인가?

영국 역사가 바라클라프G. Barraclough는 데히오의 책을 가리켜 "콘스탄티노플의 함락 이후 5세기에 걸친 국제 관계의 전체 과정에 관해서 한 사람의 독일 역사가가 이룩한 도전적 재검토"라고 지적하면서 그것은 "근대 유럽의 정치사를 유럽 외적 세계와의 맥락에서 정리함으로써 전혀 새로운 빛으로 재평가한

60) 여기 인용된 부분은 바로 L. Dehio의 주저 《균형이냐 패권이냐》의 부제이다.
61) L. Dehio, *Gleichgewicht oder Hegemonie*의 영문 번역본에 새로 첨가된 "에필로그 (1960)"의 장은 유럽의 미래상에 대하여 많은 시사를 던져 주고 있다. p. 269.

것"[62]이라고 논평한 바 있다. 그가 말하는 "유럽 외적 세계와의 맥락"이라는 짤막한 표현에서 우리는 데히오 사관이 갖는 기본적 맥락 내지는 체계라고 할까, 또는 구조적 골격 같은 것을 확집할 수 있다. 다시 말해서 유럽의 국가 체제는 매양 유럽 외적 세계가 주는 압력과 충격에 의해서 유지될 수 있었는데, 여기서 말하는 "유럽 외적 압력"이란 것은 유럽 체제 안에서 일국에 의한 패권 경향이 표면화할 때면 반드시 이러한 경향을 억제하려는 힘이 비유럽 세계로부터 작용했다는 것이다. 그 사례를 20세기의 역사에서 보자면, 양차의 세계대전에서 해양 세력으로 등장한 미국과 대륙 세력으로 개입한 러시아가 바로 유럽 외적 억제 세력이었다.

그는 이러한 유럽 외적 세력을 "양익 강국"이라는 자기 특유의 용어로 지칭하고 있다. 이들은 유럽 중심부로부터 동편과 서편에 떨어진 "양익적 위치"에서 강하게 성장한 나라들로서 필요한 때만 되면, 유럽의 패자에게 향해서 적절한 압력을 가하여 유럽 체제 안의 강국 간의 힘의 균형을 조절해 주는 평형추의 역할을 해 왔다. 이러한 외부적 억제기능은 유럽 근대사 전반을 통해서 지속적으로 작용하여 왔음을 입증한 것이 데히오의 특출한 이론이다. 카를 5세, 펠리페 2세, 루이 14세, 나폴레옹 1세, 빌헬름 2세, 히틀러 등이 패권적 통합 경향을 추구할 때면 예외 없이 유럽 밖에서 유럽 안으로 힘을 구사할 수 있는 배경을 가진 "양익 강국"들이 막대한 억제력을 행사했다는 것이다. 전 장前章에서 살핀 대로 역사적 양익 강국은 "도서적 원리"에 서는 해양 강국으로서 베니스, 네덜란드, 영국, 미국 등과 "대륙적 원리"에 서는 대륙 강국으로서 터키, 러시아 등으로 양분된다. 이 두 원리는 근본적으로 태생적으로 대척적인 관계에 있었음을 근대사 전반에 걸쳐서 논증한 것이 데히오가 새롭게 해석하는 비판적 유럽 국가 체제론이다. 특히 1945년에 이르러 유럽의 국가 체제가 종식한 후에 미국과 러시아, 두 양익 강국은 잠재적 대립 관계를 현실적으로 노정하게 되는데, 바로 이 점에서 데히오의 근대국제 정치사가 착안한 5세기에 걸친 역사의 과정이

62) G. Barraclough, *Europe and the Wider World*, 1950, *History in a Changing World*, p. 218.

종점에 도달한 것을 볼 수 있다. 우리는 여기서 유럽 체제 전체의 20세기적 현재적 연관성이 갖는 의미를 이해할 수 있다.

데히오는 유럽 체제가 유럽 외적 압력에 의해서 다양성이 유지되어 왔다는 점에서 유럽을 "개방된 지역"으로 규정한다. 반면에 유럽 밖의 세계를 "폐쇄된 지역"으로 보면서 줄곧 통합 과정을 지향해 왔다고 해석한다. 그의 지적대로 우리는 유럽 밖의 미국과 러시아에서 진행된 국가적 통합 과정의 실제를 볼 수 있다. 또한 전장 말미에서 언급하였듯이, 데히오에 의하면 분리된 여러 나라로 구성되었던 전통적 유럽 체제가 없어진 현금의 세계에서 동방과 서방 간의 견제와 갈등도 과학기술의 발전과 균형을 통해서 세계적 질서를 형성해 갈 것이라고 전망하였다.[63] 1960년에 출판된《균형이냐 패권이냐》의 영문 번역판에 새로이 첨가된 이러한 결론은 향후의 세계질서를 전망한 점이 이채롭지만, 그 모두가 양익이론으로부터 발전하여 도달한 결론이다. 특히 그의 생시에 두 개의 블록 체제를 유지하던 세계를 가리켜 결국에 가서는 "단일의 실체single entity"로 융합될 것이라고 전망한 반짝이는 그의 총명과 예지와 통찰력에서 훌륭한 예언자적 모습이 엿보인다.

데히오의 양익 이론은 랑케 및 그의 에피고넨의 "유럽 국가 체제론"에 비해서 훨씬 넓은 시각과 조망을 가지고 구성된 것임을 알 수 있지만, 우리는 여기서 데히오의 이론을 더욱 명료하게 이해하기 위해서 랑케 및 그의 에피고넨의 입장을 재음미할 필요가 있을 것 같다.

랑케 이후의 전통적 유럽 사관을 바라클라프의 시각을 빌려 다음과 같이 요약할 수 있다.[64] 15세기 말을 시작으로 이탈리아의 패권을 에워싼 이탈리아 도시국가들의 싸움이 격화되면서 세력 균형의 영역은 알프스 너머로 날로 넓혀졌다. 유럽의 중심부에 위치한 노대국들은 유럽 국가 체제 안의 균형 유지를 위하여

63) L. Dehio, *Gleichgewicht oder Hegemonie*, Engl. trans. p. 288. 데히오의 예상대로, 전 세기의 90년대에 와서 공산주의를 추구하던 소련은 해체되고, 미국의 단일적−또는 일극적−체제 아래 인류 공멸의 위기만은 피해 가고 있기 때문이다.

64) G. Barraclough, *An Introduction to Contemporary History*, 1964, pp. 110–111.

새로운 세력과 새로운 지역을 권내에 불러들였다. 그러한 과정의 결과로 러시아도 표트르 대제 때 유럽의 협조 체제에 편입되었는데, 이것은 프랑스가 패권을 잡는 것을 저지하려고 열강이 생각해 낸 고육책이었다. 이보다 앞서서 터키도 카를 5세의 패권 경향을 견제할 목적으로 균형 체제 내에 끌어들였던 것이다.

18세기에는 신세계에서 영국과 프랑스가 쟁패전을 벌임으로써 세력 균형의 기능을 바다 너머 북아메리카로 확대시킨 셈이었다. 이렇듯 유럽 고유의 세력 균형의 기능이 차츰 유럽 외적 영역으로 확대되고 변모하게 되었다. 19세기에 들어서면 이 과정은 더욱 진전하는 양상을 나타낸다. 열강에 의한 아프리카의 분할은 세력 균형의 테두리를 전에 없이 넓혀 놓았다. 유럽 제국이 경쟁적으로 아프리카의 분할에 가담했던 것은 유럽의 협조 체제 안에서 자국의 지위가 상대적으로 저하될까 봐 두려웠기 때문이었다. 차제에 20세기 초엽의 "신랑케파"들은 그들 나름대로 랑케적 견지의 유럽 국가 체제론을 유럽 밖에서 전개되는 현실에 적용하였다. 말하자면 오랜 역사를 갖는 세력 균형의 기능이 앞으로는 단지 유럽이라는 차원에서뿐만 아니라, 지구적인 차원에서도 계속적으로 작동할 수 있다고 보게 된 것이다. 그들은 마침내 아프리카의 분할과 점유의 필요성을 주장했다. 이러한 충동과 더불어 유럽의 제국주의는 20세기 초두에 고조되었다. 실제로 유럽은 본래의 유럽이라는 "제방을 넘어서" 외부 세계로 분출하였다. 유럽 체제가 유지할 수 있는 무대는 광대하고, 바야흐로 전 세계는 그 체제 속에 편입해 들어가는 듯했다. 그리고 "그 추진력은 의연히 변함이 없었다". 유럽의 세력 균형이 "전 세계를 포괄하는 균형으로" 변모하고 있으며 "유럽적 방식이 비유럽 세계로 투영"되고 있는 것으로 믿었다. 그리고 이렇듯 새로이 전개되는 새 판국에서 "최종적 결정은 유럽이 내린다"는 것을 "아무도 의심하지 않았다".[65)]

이상 살펴본 바와 같은 랑케적 유럽 사관을 유럽 "중심주의적" 세계사관[66)]이

65) 이 책의 92쪽, "3-2) 데히오의 랑케 에피고넨 비판" 참조.
66) 이 책의 제1장의 "결론" 참조.

라고 지칭할 수 있다. 이러한 랑케적 해석은 1945년에 이르러 유럽 체제의 붕괴를 목도하게 되면서 문자 그대로 그러한 역사적 상황을 이해하기에는 "현실적 인식Gegenwartserkenntnis의 관련성"을 상실하게 된 것이다. 다시 말해서, 독일이 패망하기 직전까지 존속했던, 그리고 랑케 및 그 에피고넨이 영속할 것으로 믿어 마지않았던 세력 균형 체제가 몰락하여 미국과 소련의 양대 진영으로 나누어지면서 그 이론적 타당성을 현실적으로 상실하게 된 것이다. 이렇듯 변모한 유럽의 시대적 상황과 아울러 전통적 독일사학의 한계성을 인식하면서 글을 쓰게 된 것이 데히오의 입장이다. 이제 랑케와 데히오의 직접적 대비에서 뚜렷해지는 것은 "양익 강국"의 역사적 과정에 입각한 데히오의 유럽 사관이야말로 랑케적 유럽 중심주의의 편협성을 극복한 이론이라는 것, 그리하여 유럽 체제를 상실한 현대 서구 세계의 실상에 부합하는 새로운 사관이라고 말할 수 있다. 아무리 훌륭한 구성을 이룬 역사관이라고 하더라도 "자신의 연구 주제를 현대 생활의 보다 넓은 사상事象에 관련짓는 일"[67]에서 실패하고 있다면, 그 존립 가치를 아무도 인정하지 않을 것이다. 그런 의미에서 볼 때 1945년 이후의 유럽적 현실에서 전래傳來의 역사적 관련성을 잃게 된 것이 랑케적 입장의 유럽 사관이라면, 랑케를 대신하여 새로운 역사적 관련성을 창출해 낸 것이 바로 데히오의 주저《균형이냐, 패권이냐》라고 볼 수 있을 것이다. 바로 이 점이 랑케를 따르면서도 랑케를 초극한 데히오 사관의 우월성일 것이다.

데히오는 자기 생애(1888-1963)를 통해서 별반 많은 글을 남기지 않은 역사가이다. 생각건대 그에게서 아마도 대표적 역저인 이《유럽 근대국제 정치사》가 갖는 특징은 일반정치사 관계 저작에서 볼 수 있는 틀에 짜인 연대기적 서술이라든가, 판에 박힌 개설적인 배경 정리 같은 것이 무시된 인상마저 짙다. 반면에, 비유럽 세계를 포괄하는 광대한 구도 속에서 역사의 시간성을 초월한 대담한 철학적 유추라든가, 역사적 사실 해석에서 때로는 기묘한 은유적 처리를 하면서도 매양 핵심적인 문제성을 추출抽出하여 자기 특유의 사변적思辨的 서술의 경지

67) N. Sykes, *The Study of History*, History, XIX, 1934, p. 99.

로 승화시키기를 서슴지 않은 재능을 지적할 수 있다. 이 점은 마이네케Meinecke도 한 친구에게 보낸 서한에서 데히오를 평가하기를 훌륭한 "세계사의 구성자Konstrukteur der Weltgeschichte"[68)]라고 칭찬하였다. 한편 마이네케는 데히오에게 직접 보낸 서한에서 매우 특이한 논평을 가하고 있다. 그는 데히오의 역작을 칭찬하고 난 뒤에 다음과 같이 말하고 있다. "완전히 이해하기에는 몇 차례나 거듭 읽지 않으면 안 풀리는 글입니다", "내가 선생의 역작에 관해서 한 가지 비난해야 할 것이 있다면, 그것은 너무나 사상에 충만했고, 또한 너무나 핵심만을 나타내고 있으며, 독자에게 한 번에 과도한 요구를 한다는 것입니다. 그러나 이 결점은—부르크하르트의《세계사적 고찰》을 읽을 때와 마찬가지로—여러 차례 읽음으로써 용이하게 시정될 수 있는 것입니다".[69)] 이 말대로 데히오 사관에서 지적되지 않을 수 없는 것은 그 내용이 갖는 난삽성難澁性이다. 그러나 그것은 무슨 내용 자체의 모순이나 어떤 문맥상의 논리에서 오게 된 것이 아니라, 오히려 충만 된 높은 차원의 사상성思想性이나 사변성에서 오는 것이라고 보아야 할 것이다.

끝으로 데히오의 결론을 통해서 우리의 결론을 맺어 보기로 한다. 데히오 스스로의 말에 의하면 "우리들의 고찰은 랑케로부터 출발하였으나 야코프 부르크하르트에서 끝난다. 〔…〕 우리들은 랑케에 의해서 열린, 본질적으로 대외 정책에 국한된 고찰의 길에 다시 한 번 우리를 맡겼었다. 그러나 이 길은 부르크하르트가 오래전에 그 자신의 방법으로 도달하고 있었던 것과 같은 전망에 의외로 우리를 이끌었다". 부르크하르트가 19세기 중엽에 품었던 미래에 대한 전망은 유럽 말기를 고대 말기와 유사한 역사 과정으로 보는 예감이었다. 그런데 데히오의 고찰도 부르크하르트와 마찬가지로 "결국은 부지중에 유럽 말기와 고대 말기와의 비교에 흘러들어 갔다"는 것이다. 즉 고대 그리스에서도 유럽과 다름없이 상호 간에 성질이 유사한 자유로운 국가 체제가 존재했고, 그 구성

68) Friedrich Meinecke, *Ausgewählter Briefwechsel*, 1962, S. 459(an Kaehler, 4, 9, 1944).
69) F. Meinecke, *Briefwechsel*, S. 290f. (an L. Dehio, 4, 6, 1948).

국가는 어느 단일국가의 패권에도 굴복하지 않았던 것을 볼 수 있었다. 이러한 정치 상황은 그리스에서나 유럽에서나 "우선 처음에는 굉장한 문화 발전의 축복이 있고, 이어 쇠퇴와 몰락의 저주가 있게 된다". 마침내 그리스나 유럽의 국가 체제는 "전혀 별개의 거대한 질서를 가진 강국의 그림자에 뒤덮이고, 그 강국이 〔…〕 본토의 전래의 문화를 문명의 방향으로 쫓는다". 다시 말해서 국가 체제는 본토 밖에 자리 잡은 "젊은 문명국가"의 그림자에 뒤덮이면서 그 문화적 생명력을 잃게 되는 것이다. 여기서 우리는 문화를 지배하는 문명의 논리를 규명한 슈펭글러의 "문화숙명론"의 영향을 엿볼 수 있다. 데히오의 현대 유럽 사관의 근저에는 역사에 대한 단절의식이 깔려 있는 것을 알 수 있다. 이러한 단절의식이 그로 하여금 "유럽 사상史像의 혁신"을 추구케 했던 것으로 간주된다.[70]

그런데 여기서 한 가지 주목할 것은 랑케도 또한《강국론》의 말미에서 자신의 시대를 헬레니즘 시대와 비교했다는 점이다.[71] 그러나 랑케가 강조한 것은 두 시대의 유사성보다는 상이성相異性이었다. 랑케에 의하면 헬레니즘 시대의 여러 왕국이 쉽사리 로마에 정복되어 해체된 것은 이들 각 나라가 독자의 국민적 원리를 갖지 않았기 때문이었다. 그러나 유럽의 국가들은 나폴레옹의 세계 제국에 맞서서 제각기 독자적 국민정신을 발휘함으로써 이를 이겨낼 수 있었다는 점에 위대성이 있다는 것이다. 국가는 독자의 국민적 원리 없이는 존립할 수 없다. 랑케가 생을 누린 19세기는 국민정신의 각성으로 말미암아 유럽 고유의 자유로운 국가 체제를 회복한 시대였다. 이러한 랑케의 시대관의 근저에는 "유럽의 수호신守護神"에 대한 신뢰가 작용하고 있었고, 그리하여 근대유럽사는 고대사와는 달리 자족적 정치 단위들로 구성된 "국가 체제"로 영속하는 것이었다.

랑케와 부르크하르트에 대한 데히오의 평가는 매우 철저하고 기본적인 것이었다. 그것은 유럽사 자체를 랑케적 전통적 해석의 맥락을 따라 전면적으로

70) L. Dehio, *Gleichgewicht oder Hegemonie*, S. 235.
71) Leopold von Ranke, *Die Grossen Mächte*, 1833, *Geschichte und Politik*(hrsg. von Hans Hofmann) S. 48f.

재고찰한 것이었고, 이러한 연구를 통해서 도달한 성과는 부르크하르트의 역사의식에 공명하는 비관적 단절의식이었다. 생각건대 "랑케로부터 출발한" 데히오의 고찰은 처음부터 랑케와의 결별을 의도한 비판적 재고찰이었고, 나아가서 랑케의 에피고넨 모두와의 결별을 위한 것이었다. 이러한 랑케 및 그의 에피고넨과의 결별은 말할 나위도 없이 "전 랑케적" 단계의 모든 유럽 국가 체제 논의와의 총체적 의미의 결별이기도 하다. 그리하여 데히오의 양익 강국이 첨가된 새로운 유럽사의 모습은 랑케적 "유럽 중심주의적 역사관"을 극복한 새로운 입론立論으로서의 가치를 지니고 있을 뿐만 아니라, 1945년 이후의 새 시대에 적합한 "유럽 사관"이라고 평가할 수 있을 것이다.

I II **III** IV V VI VII VIII IX X

토인비의 서양 문명론에서 기초적 문제

— 서양 문명과 정교기독교 사회의 관계

1. 서언

유럽이라는 표현에 익숙한 이라면, 토인비의 책에서 유럽이 아닌 "서양western" 문명이라는 그의 전용어를 접하게 되면서 한번쯤 의문을 가질 수 있을 것이다. 토인비는 무슨 이유에서인지 소수의 문명을 제외한, 20개가 넘는 인류의 문명에 한결같이 역사적 고유의 명칭을 부여하면서 유독 서양 문명에 한해서 방위方位를 나타내는 보통 명사를 사용하고 있기 때문이다. 이러한 문제를 생각한 지 오래인 필자는 오스카 할레키Oscar Halecki의 저서《유럽사의 경계와 구분》을 다시 읽으면서 어떤 단서와 가닥을 잡게 됨으로써 위와 같은 제목의 글을 쓰게 되었다.

그런데, 이 글의 제목과 같이 "서양 문명의 기초적 문제"라고 지극히 모호하고 일반화된 표현을 할 경우, 우리가 그의 독특한 여러 가지 문명 이론 체계에서 연상할 수 있는 대목들은, 이를테면 창조적 소수인creative minorities, 고등종교, 보편국가universal state, 내적·외족 프롤레타리아트, 문명의 탄생에서 해체에 이르는 여러 단계 등 허다할 것이다. 사실상 필자로서는 "토인비의 서양 문명론에서 기초적 문제"라고 적시하고, 이어서 "정교 러시아 사회의 유럽주의 수용"

이라는 부제를 첨가하고 싶었으나, 그것이 갖는 수사적 혹은 내용상의 모양새가 여러 모로 마음에 걸려, 위와 같이 표시하게 되었음을 밝혀 둔다.

그리고 한 가지 미리 언급하고 싶은 것은 우리가 서양사·서양 문화·서양 문명이라고 말할 때, 남북아메리카의 문화를 포함한 "유럽"의 역사와 문화를 상정想定할 수 있는데, 이것은 "서양"과 "유럽"이라는 두 낱말을 거의 동의어로 간주하기 때문일 것이다. 또한 "서양" 문화라고 말할 때, "미국" 문화도 거의 동시적으로 연상할 수 있다고 말한다고 하더라도 무리가 없을 것이다. 그런데 문제는 토인비의 유명한 저작인《역사의 연구》이래 학술적으로도 "서양" 문명 "서양" 문화라는 표현은 크게 일반화하여 유럽사·유럽 문화 못지않게 널리 쓰이고 있으며, 요즘에는 전자가 후자를 대체하는 듯한 인상마저 주고 있다.

이러한 실정을 감안하면서, 토인비의 서양 문명론이 말하는 서양이라는 역사적 명칭이 갖는 문제성에 착안하여 유럽사의 실제의 범위와 러시아사의 실제의 위치를 검토해 보기로 한다.

2. 서양 문명과 정교正教기독교 사회

"서양"이라는 명칭은 슈펭글러에 이어 토인비가 자신의 문제작에서 적극적으로 사용한 이래, 서양의 많은 학자들이 별반 문제 삼지 않고 받아들이고 있고, 오늘날에도 특히 미국의 일반적 저작에서 유럽 문명이라기보다는 서양 문명이라고 표현하고 있는 것이 보통이다. 우리나라의 경우 흔히 서구 문명이라고 번역해서 쓰기도 하는데, 이럴 경우 서양 내지 구주Europe라는 두 가지 의미가 명시적으로 함축되어 의미 전달에 이로운 점도 있지만, 토인비의 문명론에 관한 한, "서양"으로 번역함이 옳다고 생각한다.

대체로 "서양"이라는 낱말은 방위를 나타내는 용어에 불과하다는 데 문제가 있다. 할레키는 "서양이라는 명칭이 정말 사용할 만한 것인지는 의심스럽다"라고 전제하면서, 우선 서양은 "아무런 설득력도 없는 순수한 상대적 호칭에 불과하여", 말하자면 "우리가 근동이라고 부르는 것은 극동에 대한 서방Western에 해당하고, 극동은 미국의 서쪽West에 위치하는 것"에 다름없음을 지적하였다.[1]

그러면 아마도 오직 극서 문명과 극동 문명[2]에 한해서 방위를 나타내는 상대적 명칭을 부여하고 있을 뿐, 모든 인류의 문명에 대해서 고유의 특정 명칭을 사용한 토인비가 유럽 문명 아닌, 서양 문명이라는 보통명사를 흡사 고유명사같이 사용하는 이유는 무엇일까? 이 문제에 대한 토인비 자신의 정의 내지는 해명 같은 것을 찾지 못하여, 필자 나름의 정리를 해 보자면 다음과 같다.

그는 유럽 문명이라는 어휘를 피하고 있을 뿐만 아니라, 어떤 글의 부기附記에서는 아시아에 대척되는 유럽이라는 개념을 단지 "환상幻想"의 존재로 보면서, 이러한 개념을 잘못 적용하는 이유로 두 가지를 지적하였다. 그 하나는 "정교기독교 세계와 서양 기독교 세계가 같은 지리적 지배 영역을 영유하기 때문에 단일 사회를 형성한" 것으로 보는 데 있다. 또 하나는 그릇된 의식으로부터 연유하는 것인데, 이는 그리스 역사와 서양 역사가 "철학적으로 동시대성과 동가치성"을 경험했고 "단일의 유럽이라는 드라마에서 역사적 연속성과 연대적 지속성을 지니는 장면들"을 연출한 것으로 생각하는 데 있다고 말하였다.[3]

더욱이 토인비는 유럽권 내에 있는 또 하나의 다른 문명을 "정교기독교 문명"으로 명명命名하여, 그 종교적 성격을 밝히고 있는 데 반하여, 서양 문명에 대해서는 "기독교적"이라는 어휘를 부여하지 않았다. 한편 그는 서양 문명의 현재의 국면을 간혹 "탈脫기독교적"이라고 부르면서 서양 문명이 원래는 기독교적이었으나, 현재는 그렇지 않다는 것을 시사한 바 있다.

서양 문명의 실재의 범위와 관련해서 토인비의 입장을 서둘러 짧게 정리한다면 다음과 같이 요약할 수 있을 것이다. 즉 서양 문명은 지리적으로 유럽권에

1) Oscar Halecki, *The Limits and Divisions of European History*(Indiana, 1962), 졸역, 《유럽사의 경계와 구분》, p. 20.

2) 토인비는 아일랜드에서 태동했던 극서極西 문명을 지적하면서 유산된 문명이라고 보았다. 한편 한국과 일본을 중국의 영향을 받은 극동 문명으로 언급했다(Cf. *A Study of History*, Vol. Vll. 첨부된 도표). 다시 "재고찰"이라는 부제가 붙은 마지막 제12권에서 한국 문명을 중국 문명의 위성 문명으로 최종 결론 지었다. 이 책 제9장 p. 340ff.참조.

3) A. J. Toynbee, *A Study of History*(London, 1955), Vol. VIII, pp. 725–726.

한정되는 문명이 아니고, 적어도 15세기의 지리적 발견 시대 이래 대서양의 동서 양편에 위치한 신·구 대륙에 걸쳐서 실재하는 문명이며, 무엇보다도 유럽이라는 땅에는 서양 문명 이외에도 별개의 정교기독교 문명이 있다는 것이다.

토인비의 서양 문명에 대한 해석을 부연해 봄으로써 그 명칭이 갖는 그 나름의 타당성이 무엇인지 살펴보기로 한다. 그가 말하는 서양 문명의 대표적 특징부터 지적하자면 1950년에 이르기까지 5세기 동안 진행된 "서양 사회의 확장과 서양 문화의 방사放射는 현존하는 모든 문명 사회와 모든 미개 사회를 세계적 넓이로 확대된 서양 문명의 영역 안으로"[4] 포괄하였다고 요약할 수 있을 것이다. 따라서 헬레니즘 세계로 확산된 그리스 문명에 비유되는 서양 문명은 이미 유럽이라는 지리적 영역을 초극한 지 오래이다. 현존하는 다른 모든 문명을 "이미 해체에 신음하고 있는" 상태로 보는 토인비에게서, 서양 문화는 오래전에 대서양 너머 아메리카 대륙으로 전파되어, 이 대양의 양편에 위치한 나라들 사이에 밀접한 문화적 유대를 형성한 유일한 문명인 것이다. 더욱이 할레키가 지적한 대로 그는 "아메리카에 생긴 분가offshoot를 〔…〕 그 본래의 모체와 분리하지 않은 채 단순히 서양이라는 말로 계속해서 부르고 있다".[5] 다시 말해서 토인비는 지리적 발견에 따른 해외식민 시대 이래, 대서양의 양편에는 같은 문명이 지배해 온 것으로 해석하고 있는 것이다. 할레키는 토인비의 이러한 입장에 대해서 "이것이 아마도 그가 서양 문명을 유럽 문명으로 부르지 않는 〔…〕 이유일 것이다"[6]라고 말하였다. 토인비는 미국을 가리켜 "유럽을 근원으로 태어나 서양 문명의 권내로 인도되어 생명을 부여받은" "유럽 외적 세계" 중에서 으뜸가는 나라로 기술하였다. 이러한 진전 과정은 "유럽의 왜소화"를 초래했는데, 이로써 "신세계는 구세계의 균형을 보상하느니보다는 전복시키는 존재"라고 보았다.[7] 이와 같이 토인비의 주장대로 서양 문명의 상당한 부분

4) Toynbee, *Study*, IX, pp. 413, 414, 479–90, also V, pp. 152–3.

5) Halecki, 《유럽사》, p. 71.

6) Halecki, "The Validity of Toynbee's Conception of the Prospects of Western Civilization," *The Intent of Toynbee's History*, 1961, p. 206

7) Toynbee, *Study*, III, p. 304 and note 2.

이 "진정한 서반구"[8]인 아메리카 대륙에 이식되었다는 것을 고려할 때 서양 문명이라는 명칭이 갖는 의미는 합당하게 보일 것이다.

다음으로 우리는 러시아 문명을 포괄하는 정교기독교 사회의 이질적 요소에서 토인비의 견해가 갖는 논리를 살펴볼 수 있을 것이다. 그가 말하는 정교기독교 사회는 그 기원에서 서양 사회(문명)와 가까운 관계에 있었으나, 그 성격과 발전 과정에서 서양과 다른 사회(문명)였다. 그 테두리 안에서 러시아 사회는 하나의 분가를 이루고 있다. "문명이 존재하지 않았던 처녀지"에 처음 세워진 러시아 사회는 정교기독교 사회의 본체로부터 바다와 초원으로 이루어진 이중의 장벽에 의해서 격리되었다. 러시아의 확대로 장벽을 타파한 것은 18세기에 이르러 러시아의 모태이자 본체인 정교기독교 문명보다 자신이 훨씬 강하고 우월하다고 의식했을 때였다.[9]

멀리 돌이켜 볼 때 정교기독교 사회에서는 12세기 이후 "격렬한 반反서양주의가 지배적 감정으로 등장하였었다".[10] 이러한 반 서양주의는 러시아 사회에도 충분히 침투되었다. 그러나 이러한 감정은 정교 사회에서 서양화가 시작되면서 쇠퇴하는 경향을 보였다. 그런 변화 속에서도 서양은 자기네들과는 다른 고장이고 어떤 의미에서는 자기네들보다 열등하다는 감정도 가지고 있었다. 이러한 배경에서 19세기가 끝날 무렵까지 러시아 제국의 국경을 서쪽으로 넘는 러시아의 여행객들은 유럽이라고 하는 이질의 세계에 들어가는 것으로 의식했다. 유럽, 그것은 모든 서양의 나라들로서 독일도 이탈리아도 프랑스도 그리고 영국도 포함되며 러시아 사람의 생활 방식과는 상이한 생활 방식을 가진 세계였다. 그럼에도 불구하고 19세기 전반을 통해서 러시아인이 논의한 중심적 테마는 러시아와 유럽과의 관계였다.[11] 이러한 의미에서 유럽은 지리적 개념도 인종적 개념도 아니었다. 왜냐하면 러시아는 지리적으로 유럽의 일부이고, 러

8) Halecki, "Toynbee's Conception," p. 206.
9) Toynbee, *Study*, I, p. 34, II, p. 80 note 3.
10) *Ibid.*, IV, p. 618.
11) Cf. Hans Kohn, *Mind of Russia : Historical and Political Thought of Russia's Great Age*, 1995.

시아인은 유럽인종을 구성하는 일원이며, 이들 중 많은 사람이 대표적 북유럽인들보다도 크고 강하기 때문이다. 유럽은 여기서는 서양 사회라는 개념과 동등한 정치·문화적 개념이었다.[12)]

여기서 토인비의 입장을 추수追隨하여 생각할 수 있는 것은, 12세기 이래의 역사적 러시아의 반서양주의가 서양 사회와의 관계를 격리시키는 요인이었다는 것이다. 더욱이 유럽을 서양 사회라는 개념과 동등하게 생각하고 있는 점에 주목을 요한다.

3. 동유럽과 서유럽의 이질성

오스카 할레키는 "유럽 문명을 서양 문명이라고 부르는 사람들은 가장 어렵고 논쟁적인 문제를 서둘러 결정하는 경향이 있다"라고 전제하고 나서 "그들은 유럽에 관해서 기본적으로 이원주의二元主義의 관념을 받아들이고 있으며, 오직 그 서쪽 부분만을 실제의 유럽으로 고려하고 있다"라고 지적하였다.[13)] 그의 이 같은 지적은 토인비와 레이놀G. de Reynold의 서양 문명관을 두고 한 말이다. 이미 위에서 살폈듯이 토인비는 "서양 사회 이외에도 유럽이라는 땅에 별개의 정교기독교 사회를 발견하고 있는데 — 실로 두 개의 정교 사회를, 그 하나는 동남유럽에 있는 그 본래의 고장에서, 다른 하나는 그 지역 밖에 있는 러시아, 즉 동북유럽에서 발견하고 있다".[14)] 그런데 "토인비는 이들 두 정교 사회를 서방의 기독교 사회에 대립시킴으로써 유럽적 통일성의 관념을 통째로 지워버렸다"[15)]는 데에 문제성이 도사리고 있는 것이다. 과연 동유럽은 서유럽과 격절된 사회인가? 이 두 사회에 기본적 차이가 있다면 무엇이 문제인가?

12) Hans Kohn, "Toynbee and Russia," *The Intent of Toynbee's History*, 1961, p. 115.
13) Halecki, 《유럽사》, p. 21.
14) Toynbee, *Study*, I, p. 122,123, note 49,50, and p. 132f.
15) Halecki, 《유럽사》, p. 132.

이러한 중요한 문제들은 일찍이 1933년에 국제역사학총회에서 야로슬라프 비드로Jaroslav Bidlo에 의해서 총괄적으로 검토된 바 있다. 그는 답변을 통해서 유럽사가 갖는 기본적 이중성 때문에 서유럽과 동유럽을 양분하는 것은 충분히 정당화된다고 자신의 의견을 밝혔다. 비드로의 영향을 받지 않았으나, 토인비의 동유럽에 대한 개념은 비드로의 결론에 매우 근접된 것이었다. 서방의 기독교 세계에 대비해서 모든 정교도들의 통일성을 강조한 비드로는 그의 방대한 저작에서 가톨릭계의 슬라브족도 포괄해서 전체 슬라브족의 역사의 통일성을 나타내려고 시도했다.[16] 그러한 전체 슬라브족의 통일성은 진정한 유럽으로서의 서유럽으로부터 서슬라브족을 배제하는 것을 정당화할 수 있었으며, 이밖에도 정교도도 슬라브족도 아니면서 지리적으로나 역사적으로나 서슬라브족과 갈라질 수 없는 소수의 다른 민족들도 — 헝가리족 발트해의 제민족 — 자연히 동등한 취급을 받게 되었다.

비드로의 이러한 그릇된 해석은 소련의 체제가 러시아를 유럽의 외곽에 자리 잡게 만들면서 러시아와 독일 사이에 위치한 해방된 소수민족들이 전보다 한층 서방측으로 기울게 되자, 소수의 학자들 사이에 저항을 받게 되었다. 서방의 학자들은 동유럽의 개념을 이들 해방된 민족들에 국한하였다. 프랑스의 미쉘 레리티에Michel L'héritier[17]는 동유럽의 정교도들조차도 설혹 소비에트 러시아와 어떤 관계가 있다 하더라도 아무런 공통성이 없기 때문에 정치적으로나 문화적으로나 전체적 유럽의 명확한 부분이며, 라틴계 서양과 밀접히 연결되어 있는 것으로 보았다. 휴 왓슨Hugh Seton Watson[18]도 가톨릭교도이든 정교도이든 소련의 서쪽에 있는 한 무리의 나라들만을 "동유럽"으로 불렀다. 이렇듯 소수민족으로 이루어 진 진정한 유럽적 다양성을 갖춘 동유럽은 동방의 거대한 이웃인 유라시아 제국보다 서유럽 쪽과 월등히 많은 공통성을 지니고 있는 것으로 해석되기 시작하였다.[19] 그러나 중요한 사실은 고유한 유럽과 고유한 아시

16) *Ibid.*, p. 132.
17) Cf. M. L'héritier, *L'Europe orientale á l'époque contemporaine* 1938 quoted in Halecki, *Limits*, p. 108.
18) H. Seton Watson, *Eastern Europe between Two Wars*, 1945.

아 사이의 중간 지대에 관한 한, 유럽의 동방 변경에 대한 검토를 통해서 알 수 있는 것은 지리적으로 유럽에 속하는 부분조차도 결코 역사적으로 유럽 공동체를 형성한 적이 없다는 것이다. 그럼에도 불구하고 러시아를 배제한 이른바 동유럽에 대한 친서방적 시각은 날로 호응을 얻어 냉전 시대 전반을 통해서 발전하였다.

수년 전 소련이 페레스트로이카의 열풍에 휘말리게 되자, 재빨리 이에 대응한 미국의 학술교양 잡지《디달로스*Daedalus*》의 "동유럽·중유럽 및 유럽" 특집호는 동유럽 내지 중유럽의 역사적 상황을 다각도로 검토하였는데, 이 잡지에 수록된 논문의 대부분이 서유럽의 막중한 영향 아래 있는 소수민족들의 실상을 관찰한 것이 특징적이었다. 그중에서 대표적인 한 사례를 보자면, 러시아를 배제한 동유럽사는 서유럽사와 많이 중첩되었고 그러한 만큼 동유럽은 본질적으로 유럽이라는 활동 무대에서 폭넓은 경험과 가치를 함께 나눈 전형典型의 일부라는 것이다. 왜냐하면 다소간에, 특히 서방의 기독교를 택한 동유럽의 ― 즉 중유럽으로 볼 수 있는 ― 사회들은 봉건제·중세 기독교의 보편주의·르네상스·종교개혁·반종교개혁·계몽주의 등 여러 가지 서방 역사의 국면을 함께 나누었기 때문이다. 그런데 이러한 서양적 모습들은 동유럽 사회가 유럽적 경험에 부분적으로 참여한 사실에 따라서 약간씩 차이가 나는데, 이를테면 더 집중적이기도 하고 덜 충분하기도 하다는 것이다.[20] 이 글에서 볼 수 있듯이, 냉전 시대의 동유럽관은 동유럽의 소수민족들 중에서도 서방의 기독교를 택한 민족에 관심이 집중되는 것이 상례였다.

그러나 비드로의 연구 이래, 좀더 정확히는 러시아혁명 이후에, 러시아 내지는 동유럽의 소수민족에 대한 연구가 활발해지면서 러시아사의 위치에 대한 해석도 제대로 골격을 꾸며 가게 되었다. 할레키 이외에 바라클라프와 한스 콘Hans Kohn 등의 글을 통해서 유럽사에 있어서의 러시아사의 위치를 살펴보기

19) Rudolf Schlesinger, *Federalism in Central Europe and Eastern Europe*, New York, 1945, p. 386.

20) George Schopflin, "The Political Traditions of Eastern Europe," *Daedalus*, Winter,1990, Vol. 119, no. 1, p. 61.

로 한다.

러시아사가 서유럽사로부터 구별되는 여러 특징이 형성된 것은 표트르 대제 이전의 5세기 동안, 즉 11세기에서 16세기에 이르는 시기였다.[21] 이 같은 러시아의 특징을 이해하기 위해서는 러시아사에서 가장 중요한 요인에 해당하는 종교 분야를 보아야 할 것이다. 10세기 중엽에 러시아가 개종하였을 때, 비잔티움과 서로마의 차이는 종교적 관점에서 보면 대단한 것이 아니었다. 그 차이는 잠복한 상태의 것이었다. 10세기에서 11세기로 교체하던 시기에 러시아와 서유럽과의 연결은 밀접하였다. 드보르닉Dvornik의 연구에서 입증된 바 있듯이[22] 키예프의 나라로 통합된 동슬라브족은 서슬라브족에 이어서 유럽 공동체에 들어왔다. 이는 동서의 교회가 셀루라의 분열Cerularian Schism로 최종적 결별을 하기 이전의 일이었다. 분열의 요인은 로마 교회가 지향한 교황지상주의의 교의와 관습의 발달에 있었다. 동방 교회는 로마 교회의 주장에 반대했고 그 결과가 1054년의 분열로 귀착되었다. 이 분열은 그로부터 지속된 4세기 동안의 영향으로 말미암아 러시아로 하여금 비잔티움 자체보다도 훨씬 강렬하게 라틴적 서방으로 향하게 하였다. 기독교 국가로서 러시아는 자신을 서유럽의 일부라고 느끼고 있었고 실제로 서유럽과 많은 공통의 이익을 가지고 있었다. 그러나 동방의 정통적 전통의 대표로서 러시아는 — 자신의 교회에 의해서 — 다른 유럽 여러 나라의 발전의 노선과는 반대 방향으로 향하게 되었다.[23]

러시아는 11-12세기의 교체기에 서유럽 전체가 겪은 정신적 흥분을 겪지 않았다.[24] 이 시기에 서유럽에서는 교회와 국가 사이에 권력의 배분이 있었다. 이른바 서임권 투쟁기敍任權鬪爭期의 사회혁명으로도 불리는 교권과 속권俗權 간의 구분은 서유럽 사회 전체를 구조적으로 바꾸어 놓았다. 동서의 차이는

21) W. Philipp. *Hist. Zeitschrift*, CLSSVI(1953) S. 590, quoted in G. Barraclough, *History in a Changing World*, 1995, p. 187.

22) F. Dvornik, "The Kiev State and Its Relations with Europe," *Transactions of Royal Historical society*, 29, 1947, pp. 27-46.

23) G. Barraclough, *History*, p. 188.

24) *Ibid.*, pp. 79, 188.

이 무렵부터 적극적으로 전개된 셈이다. 러시아는 이 흥분으로부터 야기된 12세기 르네상스를 경험하지 못했다. 12세기에서 페트라르카의 시대를 거쳐 15세기의 르네상스 시기까지 지속된 정치적 사고와 지적 사색을 에워싼 자극도 러시아는 경험하지 못했다. 16세기의 거창한 혁명적 운동인 종교개혁과 반反종교개혁은 러시아의 서쪽 변경에서 정지했다. 러시아는 동방교회의 가치 체계의 영향 아래 있었다.

정치적 발전에도 러시아는 특수한 과정을 겪었다. 13세기 중엽에 아시아의 타타르인과 몽고인의 최종적 침입의 파도가 러시아를 횡단하게 되면서 2세기에 걸친 오랜 지배가 시작되었다. 이 국면에 대해서는 이따금 시사되듯이 "몽고인의 느슨한 종주권은 공물이 지불되는 한, 러시아인을 방임한 것으로" 알려지고 있다. 이 시기에 서방과의 관계가 멀어졌던 것은 의문의 여지가 없거니와, "러시아적 성격에 지울 수 없는 각인을 남긴"[25] 아시아적 지배가 지속되었던 것이다.

서방과의 관계가 부활한 것은 타타르 세력의 붕괴가 확연해지기 이전부터인데, 이는 15세기 중기의 바실리 2세의 치하에서 비롯되었다. 서유럽과의 관계가 멀어지면서 나타난 결과는 도시의 상업적 중산층의 퇴보였다. 노브고로드를 유일한 예외로 하고 도시는 러시아인의 생활에서 아무런 역할도 하지 못했다. 러시아는 너무나 뒤진 곳으로서, 산업화가 진행됐던 19세기의 90년대까지는 늘 뒤진 상태에 있었다. 러시아와 유럽의 차이에서 강조되어야 할 점은 국가 권력에 대해서 균형을 잡을 수 있는 조직이나 결사의 발전이 없었다는 것이다.[26] 이것에 대해서 동방교회의 기본적 태도에 적잖은 책임이 있다고 보아야 할 것이다. 동방교회는 세속 세계에 무관심했고, 세계를 개혁하든지 개조하는 기독교도의 의무를 강조하지 못했다. 다만 세속 세계의 구속으로부터 자유롭게 되기를 강조했던 것이다.[27]

25) Halecki, 《유럽사》, p. 117.
26) Barraclough, *History*, p. 190.
27) *Ibid.*, p. 190.

최초의 러시아 국가인 키예프가 12세기에 몰락한 후에 백러시아, 우크라이나, 대러시아 등의 삼대 지역으로 분열하였으나 이들은 언제나 국민국가가 아니었고 결코 그렇게 성장하지 못하였다. 러시아의 귀족제도는 법복귀족제法服貴族制였다. 그들은 서유럽의 봉건귀족과 같이 일정하게 후대로 전해지는 권리를 확립한 적이 없었다. 그들은 18세기에도 독립적 신분을 구성하지 못했고 자신의 권리를 국왕으로부터 방어하려는 의식도 결의도 없었다. 그들은 독제정치의 원칙에 반대하는 여하한 헌정적憲政的 방벽도 구축하지 못했다. 독제체제는 자의적 지배가 아니라 신에 대한 책임의 의미를 함축하고 있었다. 결국 러시아에는 이 독재 체제에 대항할 수 있는 것이라고는 아무것도 존재하지 않았다. 서방에서 절대주의에 대한 반발로 생겨난 정치사상이나, 정치행동에서 오는 큰 자극이나, 또는 정치생활을 할 수 있는 여유가 러시아에는 모두 결여되었다. 이러한 결여는 소련 정부에 대한 현대 러시아 시민의 태도를 이해하려면 참고해야 할 점이다.[28]

4. 근대 러시아의 유럽 국가 체제 참여

위에서 살핀 러시아사의 특징들은 러시아의 발전의 실상을 비롯하여, 특히 표트르 대제 이전의 시기까지 서유럽의 발전과 다른 양태의 길을 걸어 온 역사적 요인들을 수합한 것이다. 이러한 요소들은 일시적인 것이 아니라 영속적인 러시아적 정신 상태를 창출했다고 볼 수 있을 것이다. 러시아가 정교기독교 사회에서 주도권을 장악한 것은 나라가 컸다는 것뿐만 아니라, 서양화를 일찍이 시작한 덕분에 정교기독교 사회 본체의 정복자이자 비잔틴 제국의 후계자로 된 오토만 터키에 대해서 우위를 차지했기 때문이었다. 표트르의 치적을, 특히 그의 서양화 시책을 러시아사에서 연속으로 보느냐 또는 본질적으로 전혀 새로

28) *Ibid.*, p. 192.

운 전환으로 보느냐에 따라서 러시아의 위상은 상반된 모습으로 투영된다.

토인비는 1703년에 표트르 대제에 의한 상트페테르부르크의 건설을 러시아가 진정한 서양화의 출발을 알린 상징적 사건으로 보고, 그 중요성을 콘스탄티누스 대제에 의한 콘스탄티노플의 건설에 비유하였다. 이 두 대제의 행동의 동기에는 분명히 유사성이 있다. 그들은 제각기 자기 나라에서 신시대를 고하는 개막식을 올렸다. 서기 333년 로마 황제는 그리스·로마 세계를 기독교로 개종할 것을 지향했고, 그로부터 1370년 후에 러시아의 황제는 러시아를 서양적 세계관으로 개종할 것을 결심하였다. 표트르 이후의 러시아는 그 이전의 러시아인의 예상을 넘는 새로운 나라였다. "서양 문명의 최초의 주입은 하나의 정교기독교 국가에 신선한 에너지를 불어 넣었다. 이 나라는 신식 무기에 의한 무장을 시작했다."[29] 그러나 여기서 간과해서 안 될 것은 이러한 본격적 서양화는 토인비가 보는 바와 같이 표트르 대제 통치기에 이르러 불시에 태동한 것이 아니라, 상당한 역사적 배경을 갖는다는 것이다.

표트르 이후에 러시아는 "결정적으로 유럽의 국가 체제를 형성하는 한 나라"[30]가 되었다. 물론 그것은 갑작스런 참여에 따른 본질적인 변화가 아니라 15세기 말 이반 대제 이후에 지속된 러시아와 서유럽 사이의 교류의 증대를 배경으로 하는 것이다. 이것을 17세기에 반종교개혁에 대항해서 러시아의 지지를 얻으려고 노력했던 신교의 나라들의 동향에서 볼 수 있는데, 특히 스웨덴의 노력을 비롯하여 루이 14세와 결탁한 터키를 포함한 동방열강에 대항하기 위해서 동맹국을 찾았던 합스부르크 왕가의 절박한 요구나, 그리고 최후로 교황 인노켄티우스 11세의 터키에 대한 기독교 공동 전선의 결성을 위한 활동에서 러시아와 서유럽 사이의 정치적 관계의 촉진이 있었음을 확인할 수 있다.[31] 이러한 일들의 전개 과정에서 표트르의 통치는 급작스런 변화를 필요로 하지

29) Cf. Toynbee, *Study*, III, p. 19 및 VI, p. 343, II, p. 158.

30) Halecki, 《유럽사》, p. 124.

31) Cf. G. von Rauch, "Moskau und die europäischen Mächte des 17. Jahrhunderts," *Hist. Zeitschrift* CLXXVIII, 1954, pp. 25–46.

않았다.

오히려 이 시대에 의식의 변화를 겪은 것은 외국인의 경우였고 지극히 구체적인 한 예를 라이프니츠Leibnitz에서 찾을 수 있다.[32] 이 독일의 철학자는 러시아 황제를 만난 다음, 러시아에 대한 자신의 인식을 바꾸었다. 그에게서 "바야흐로 러시아는 이미 유럽의 변경에서 멀리 떨어진, 기묘하고 알 수 없는 위협적인 강국이 아니었다. 라이프니츠는 — 포교나 학교설립이나 그 밖의 분야에서 — 유럽의 프론티어를 캄차카·알류샨 열도·중국의 국경까지 전진시키는 러시아를 상상하였다". 또한 "그는 기독교적 재통합의 계획을 세우고 그 속에서 러시아 교회를 서양의 신구 두 교회를 유화시키는 중재자로 이용할 생각이었다. 따라서 라이프니츠에게서 러시아는 단지 유럽 정치의 한 요소가 아니라 기독교 유럽의 불가결의 일부였다".

때가 지나서 18세기의 예카테리나 여제의 통치 시기에는 라이프니츠 같은 태도는 일반적인 것으로 되었다. 러시아를 배제하고 17세기의 유럽을 상상하는 것은 곤란하지 않을 것이다. 그러나 러시아를 제외하고 18세기의 유럽을 상상하는 것은 불가능하다. 또한 유럽 부재의 러시아를 상상하는 것도 같은 정도로 불가능했다. 1759년 프로이센의 프리드리히 대왕의 패배와, 다음해 러시아군에 의한 벨린 점령으로 확인된 유럽 강국으로서의 러시아의 역할은 러시아의 대외 정책에서 우선적으로 고려하게 되었다. 러시아는 유럽 국가 체제의 구성부분이며, 이 체제를 유지하는 것이 러시아의 의무라는 관념에 집착하게 되었다.[33] 이 문제에 대해서는 러시아와 유럽 사이의 허다한 국제 관계의 밀접한 교류를 일일이 예증할 필요조차 없을 것이다. 중요한 것은 "러시아의 힘을 유럽을 위해서 기여하자는 것이 러시아인의 희망이자 의도였다"[34]는 사실이다. 물론 그것은 러시아가 손해를 입지 않는 정도의 기여를 의미하였다.

이반 4세의 시대 이후 지극히 서서히 진행된 서유럽과의 동화 정책을 표트르

32) E. Benz, *Die Ostkirche und die Russische Christenheit*, 1949, pp. 124–125.
33) Cf. W. Weidlé, *La Russie Absente et Présente* (1949), p. 75, quoted in G. Barraclough, *History*, p. 194.
34) Barraclough, *History*, p. 194.

는 갑작스럽게 적극적으로 추진함으로써 러시아 내부에 긴장을 낳았다. 그것은 1917에 이르기까지 러시아의 특징으로 남게 되었다. 러시아는 르네상스 이후에 진행된 근대적 과정을 경험하지 못한 채, 또한 계몽사상의 가치를 지탱할 만한 사회적 기반을 조성하지 못한 채, 일거에 계몽사상으로 돌입하였다. 표트르는 이러한 러시아의 실정을 잘 알고 있었다. 그에게는 자신의 혁신 정책을 아래에서 지탱해 주는 건전한 중산계급의 발달을 이룩해야 할 근본적인 문제가 뒤처져 있었다. 그러나 그는 장기간에 걸친 스웨덴과의 전쟁으로 그의 계획에 차질을 빚었다. 이로써 뒤에 러시아사에서 여러 차례 볼 수 있었던 바와 같이 외교 정책상의 필수조건으로 생각된 것이 국내 발전의 진정한 요구를 단절하는 결과를 초래했던 것이다.[35]

이 같은 결과가 바로 "러시아 생활의 비극적 이중성"[36]이라고 불리는 실상이었다. 마자리크Masaryk의 유명한 분석에 따르면[37] 이는 서양화한 귀족계급(후에는 서양화한 지식계급)과 원시적 조건하에 있는 농노 사이의 균열이었다. 농노는 이따금 "중세적"이라고 불렸지만, 노예 신분을 구성하고 있었다. 서양화는 온갖 분야에서 반작용을 낳았다.

표트르 대제와 함께 출현하고 18세기에 고조되었던 긴장은 1835년부터 1845년까지의 유명한 10년간에 정점에 도달했는데, 이때 "서양주의자"와 "슬라브주의자"는 두 진영으로 나뉘어져 서로 싸웠다. 이들은 러시아의 과거와 미래를 두고 논쟁하였다. 그러나 우리가 착안해야 할 것은 최대의 서양주의자 헤르첸이 망명 중에 본 서양 사회를 비난한 것이나, 슬라브주의자가 내뱉은 서양 사회에 대한 온갖 비난이나, 결국 이들 양자의 기본적인 논점에는 같은 논리가 깔려 있었다는 것이다. 이들에게서 볼 수 있는 이른바 "유럽에 대한 반역"은 유럽을 거절하는 것이 아니었다. 예컨대 "유럽은 우리의 어머니이다. 우리는 유럽으로부터 얻은 것이 많다. 장차 더 많은 것을 얻어야 할 것이다"라고 말한 것은

35) *Ibid.*, p. 195.
36) B. H. Sumner, "Russia and Europe," *Oxford Slavonic Papers*, II, 1951, pp. 13, 15.
37) T. G. Masaryk, *The Spirit of Russia*, 1919.

다른 사람 아닌 도스토옙스키 자신이었다. 유럽에 대한 이들의 반발은 고대 비잔티움을 거쳐 또한 기독교 교회를 거쳐 전해진 유럽의 유산에 대한 단순한 거부가 아니었다. 그것은 서양의 부르주아 문명의 침윤적 합리주의와 물질주의에 대한 항의였다. 즉 이 항의는 개인숭배, 무제한적 경쟁, 계급투쟁, 사유재산, 기술의 우선, 또한 이런 것들이 미래의 역사적 진보의 필수조건이라고 하는 암묵적 가정에 대한 항의였다.[38] 도스토옙스키가 원했던 러시아는 1815년 이래, 또는 1789년 이래, 서유럽 세계에서 양성된 결함과 부조화를 떨쳐버린 보다 좋은 유럽이었다. 그리고 그가 가진 궁극적 희망과 꿈은 구세주적인 러시아가 유럽의 신입회원이 아닌 본질적 구성 부분으로 서유럽을 갱생시키고 풍요롭게 하는 것이었다.[39]

이러한 꿈은 1453년에 콘스탄티노플이 함락된 후, "제3의 로마이자 〔…〕 최후의 로마"는 모스크바요 "제4의 로마는 상상할 수도 없다"[40]는 환상에서 온 것이었다. 또한 이러한 꿈은 유럽에서 차지하는 러시아의 위상의 확인이요 유럽에 대한 신뢰의 표시였다. 중요한 것은 그 얼굴을 동쪽이 아닌, 서쪽으로 돌린 러시아의 사명을 믿고, 또한 러시아의 미래는 유럽적 미래가 된다고 믿었다는 것이다. 그들은 러시아가 유럽에 공헌하는 것이 있다고 믿었다. 그리고 러시아적 가치 ─ 서양의 가치와는 다를지라도, 그것에 뒤지지 않는 유럽의 유산의 일부라고 생각된 것 ─ 가 현대의 모순과 딜레마로부터 빠져나올 수 있는 문을 여는 열쇠라고 믿고 있었다. 이 같은 러시아인들의 자부심은 도스토옙스키가 1856년 1월 18일에 그의 친구 아폴론 마이코프Apollon Maikov에게 쓴 편지에서 "유럽과 유럽의 사명은 러시아에서 완성될 것이다"[41]라고 장담하고 있는 한마디에서 극명하게 나타나고 있다.

38) D. Obolensky, "Russia's Byzantine Heritage," *Oxford Slavonic Papers*, I, 1950, p. 47.
39) Barraclough, *History*, p. 197.
40) *Ibid.*, and Hans Kohn, *Pan-Slavism, Its History and Ideology*, 1953, pp. 104, 105.
41) H. Kohn, *op. cit.*, p. 167.

5. 근대 러시아 사회의 유럽주의 수용

러시아 그 자체가 유럽의 일부이냐고 의문을 가질 정도로 러시아를 유럽으로부터 준별하려는 시각視角은 무엇보다도 러시아사가 품고 있는 아시아적 요인 때문에 형성된 것임을 간과할 수 없다. 19세기에 러시아가 아시아에 식민지 확대를 추진한 사실은 러시아가 유럽적 생활과 유럽적 문명을 공유하는 사실을 상대적으로 희석시켰다. 러시아가 유럽에 적의를 가지고 있다는 견해도 19세기에 러시아가 인접한 아시아에 대대적인 식민을 감행한 사실에 근거하는 바가 컸다. 더욱이 크림 전쟁 때, 러시아가 유럽에 등을 돌리고 "유라시아"의 강국이 되었다는 것이 러시아에 대한 아시아적 요소를 강조하는 적극적 계기가 되었다.[42)]

슬라브주의적 인식과 서양주의적 인식에 대항해서 등장한 제3의 학파라고 일컬어지는 소위 유라시아학파가 불합리한 해석을 제시하였는데, 이들도 슬라브주의자들 못지않게 서유럽을 외면하였다. 이들의 이념은 마지막 황제의 통치기에 발생하여, 후에 해외로 망명한 극우파들에 의해서 발전됐는데, 그러면서도 동시에 소련이 주장하는 개념에 한층 가깝게 일치하는 데가 있었기 때문에 금세기 중엽에 그들 나름의 이론적 진전을 보았다. 이들의 주장에 따르면 러시아는 그 자체가 세계이며 유럽에도 아시아에도 속하지 않는 아亞 대륙subcontinent — 그것이 두 대륙 간을 연결하는 고리로 간주될 수도 있으나 — 이었다. 그리하여 유럽과의 기본적 차이점이나, "튜란적Turanian" 요소가 갖는 중요성이 특별히 강조되고 있는 반면에, 유럽적 부분과 아시아적 부분 사이의 차이는 이 전체주의 제국에서 완전히 자취를 감추었다. 명백한 결론은 유럽 공동체의 동부 변경은 과거나 현재나 항시 러시아의 서부 변경이라는 것이었다.[43)]

근대 러시아의 기원에 관한 모든 연구에서 서양주의자와 슬라브주의자라고

42) Barraclough, *History*, pp. 199, 200.
43) Halecki, 《유럽사》, p. 111(Cf. See Boris Ishboldin, "The Eurasian Movement," *The Russian Review*, 5, 1946, p. 64f.).

하는 두 개의 주요학파가 견지하는 전통적 구분은 확연하게 나누어지는 것이지만, 역시 외국인 관찰자들이 본 이 두 학파는 공통점을 가지고 있었다.[44] 서양주의자들의 견해에 의하면, 러시아는 기본적으로 러시아 이외의 유럽과 다른 데가 없었다. 다만 러시아와 서양의 교류가 어느 시대에나 큰 변동 없이 긴밀했던 것만은 아니라는 사실을 인정하더라도, 전체 러시아는 항시 역사적 유럽 공동체의 일부였다는 것이 서양주의자들의 기본적인 입장이었다. 19세기 러시아의 "유럽화" 과정을 보더라도 어떤 점에서 그 무렵의 러시아는 예전의 유럽이 겪었던 것 같은 모습의 존재였다.[45] 러시아 사상가들의 다양한 주장을 여기서 낱낱이 가름할 겨를은 없다. 앞에서 살핀바 있는 도스토옙스키의 유럽주의가 의미하듯이 유럽을 비판하고 외면하는 것만큼, 유럽을 의식하고 그 중요성을 인식하는 것으로 보아야 할 것이다. 러시아의 아시아로 향한 팽창이 갖는 역사적 의미의 심각성에도 불구하고 러시아의 "아시아화"나, 정복한 동양민족과의 융합을 주장하는 것은 정곡을 벗어난 생각일 것이다.

러시아의 아시아에 대한 관심의 정도를 볼 때, 러시아의 정책은 예외 없이 유럽적 제도에 따라서 움직이고, 또한 유럽에 정착한 것으로 인식하였음을 주목해야 할 것이다.[46] 1582년에 예르마크Yermak에 의한 시베리아 발견에서 단서를 연 16세기 러시아의 아시아 진출과, 1640년경에 태평양으로 향한 놀라운 전진은 기독교적 유럽이 이룩한 "거창한 변경의 확장"이였다.[47] 정교회는 이러한 팽창 과정 속에서 지도적 역할을 담당하였다.[48] 이것은 한마디로 유럽 문명의 프론티어의 확장이었다. 왜냐하면 러시아는 그러한 확장을 실천해 나아가는 과정에서, 자신을 유럽의 일부로 생각하면서 서유럽에 기원을 갖는 가치·기술·기준·인간적 태도를 확산시켜 나갔기 때문이다.

1917년에 러시아가 마르크스주의를 국가의 통치 이념으로 채택한 이래, 서

44) *Ibid.*, p. 110.
45) *Ibid.*, p. 110. Masaryk는 "러시아는 과거의 유럽이다"라고 말하였다.
46) Barraclough *History*, p. 200.
47) Sumner, *Oxford Slavonic Papers*, II, 1951, pp. 8. 15.
48) Barraclough, *History*, p. 200.

유럽과 동유럽의 관계는 접근과 반발·유인과 대립의 연속이었다. 소비에트 러시아가 택한 마르크스주의는 표트르 대제의 서양화 정책 이래 러시아가 서양으로 향해서 추구해 온 유럽주의의 승리였다. 서양의 계몽사상에서 유래한 마르크스주의는 소련의 공식적 정책에서 종래의 슬라브주의자와 서양주의자의 충돌이 낳은 대립과 갈등에 종지부를 찍었다.[49] 두 학파의 대립은 문자 그대로 변증법적으로 양기되어 러시아의 거대한 마르크스주의의 통치철학 속으로 함몰된 것이다. 마르크스주의의 교설을 원동력으로 삼은 소비에트 공산주의의 가치는 그것이 함축하는 러시아적 요소를 이질적인 것으로 간주하더라도, 그 본질은 어디까지나 서양적 가치이다. 그러나 그것은 서양에서 날로 쇠퇴하는 가치였다.

신생국 소비에트 러시아는 토인비가 지적한 대로[50] "토착의 문화 전통을 갖는 서양도 러시아도 아닌 현존하는 모든 사회에 정신적 충성"을 요구하면서 서양과의 경쟁에 최초로 돌입한 나라였다. 그러나 "러시아는 이것에 만족하지 않고, 대담하게도 전쟁의 터전을 적의 진영〔서유럽〕 속으로 옮기면서 싸웠다". 즉 러시아는 러시아의 신앙을 서양 문명의 본토에서 설교하는 대담성을 발휘하게 된 것이다. 원래 서양 부르주아 사회에 대한 통렬한 비판은 러시아 특유의 역사적 전통에서 유래하는 것이었지만, 이제 러시아는 이것을 서유럽의 한 사람인 카를 마르크스의 이름으로 실천하게 된 것이다. 전래의 정교기독교 신앙보다도 공상주의의 이념을 무기로 삼고 서양 사회의 치부와 결함과 모순을 비판하는 편이 훨씬 설득력을 가지고 있었다. 왜냐하면 그 이념은 과학기술을 믿는 시대의 소산이었고 무엇보다도 서양에서 낳은 서양 사상이었기 때문이다. 이로써 소련이 즐겨 감행한 비판의 위력은 그 내용의 실제 이상으로 효과적일 수 있었다. 1917년 이후의 러시아사도 러시아에서의 유럽 문명의 유효성을 극명하게 입증하였다.

49) *Ibid.*, p. 200.
50) Toynbee, *Study*, VIII p. 134.

6. 사회주의 러시아 사회의 서유럽적 변용變容

토인비는 1934년에 파시스트와 공산주의자가 서양에 대해서 공공연한 공격을 취하기 전에 출간된 자신의 책에서 매우 낙관적인 견해를 피력했다. 그는 레닌을 "서양 문명에 반항하는 모든 러시아인의 영혼의 움직임을 자기 한 몸의 경륜과 개성 속에 집약시킨 신성한 예언자"로 부르면서 다른 한편으로 레닌에 의한 기계화나 공업화는 공산주의자에 의해서 슬라브주의자 이상으로 가혹하게 비방된 서양 문명의 러시아에서의 승리를 보증하는 것으로 믿었다.[51] 그런 의미에서 레닌은 슬라브적 전통과 서양사상을 체득한 위대한 인물이었다. 그러나 10권의 책으로 완결하기까지 장기간의 과정을 필요로 했던 그의《역사의 연구》는 그 어간에 자신의 의견의 변화와 서양지식인들의 러시아관의 추이를 잘 반영했다. 그는 현실적인 문제를 포함해서 자신의 역사관의 성립 배경까지 밝힌 또 하나의 주요 저서에서[52] 소비에트 러시아와 서유럽의 대립적 상황을 다음과 같이 서술하였다. 그는 러시아인이 택한 서양의 세속적 사회철학인 마르크스주의를 "기독교의 이단"이며 "비서양적 이데올로기"로 규정하면서 1945년 이후의 러시아의 정책을 유럽에 대한 유라시아적 "역공逆攻"의 "최초의 움직임"이라고 강조했다. 여기에 인용된 토인비의 구절에서 볼 수 있듯이, 그는 러시아사에서 현대의 문제를 철저하게 대립적 관계로 파악했다. 토인비의 기본적인 러시아관에 무리가 있는 것은 유럽 문명과 러시아 문명을 두 개의 분명히 다른 실체로 인식하는 데서 유래하는 것이다.

소련이 부르주아가 지배하는 서유럽의 사회 형태와 이 사회에서 생겨 난 가치를 적대시한 것은 틀림없는 사실이다. 이러한 사실은 서유럽의 역사가들이 오래전부터 지녀 온 "러시아사에서의 유라시아적 개념"이라고 하는 이론을 증폭시키는 구실을 한 것도 틀림없는 사실이다. 이러한 유라시아적 이론이 슈

51) *Ibid.*, III, pp. 200–202, 364f.
52) Toynbee, *Civilization on Trial*, New York, 1955, p. 221.

펭글러나 토인비의 저작과 같은 사색적 작품에도 침투하고 있을 뿐만 아니라, 한스 콘이나 베르나드스키Vernadsky 같은 학자의 해석에도 영향을 미치고 있다.[53] 러시아사에 대한 일반적 지식밖에 없는 필자의 입장에서 좀더 깊이 있는 논쟁적인 글을 쓸 여력은 없겠으나, 이러한 영향이 러시아사의 이해에 장애요인이 된다는 것을 심각하게 고구해야 할 단계에 있다고 생각하지 않을 수 없다.

1939년에 서양은 영국의 선도로 독일이 품은 유럽 지배와 세계 지배의 야망에 대항했다. 제2차 세계대전이 끝난 지 2년째 되는 1947년에 미국은 러시아가 품은 공산주의적 팽창의 야망에 대항하는 서양 진영의 지도적 위치에 올랐다. 이러한 미국의 위용은 1950년에 북한군의 도발로 시작된 한국 전쟁에서 실천적으로 입증되었다.[54] 한국 전쟁은 미국과 러시아 두 나라 사이의 처절한 이념적 쟁패전이었다. 일찍이 1930년대에 파시스트 지도자는 파시즘이야말로 미래의 길이며 서양은 그 정신적 사회적 취약성 때문에 반듯이 패퇴할 운명에 있다고 외쳤다. 그로부터 20년이 지난 1950년대에 공산주의 지도자들은 20세기는 정신적 사회적으로 붕괴하고 있는 서양에 대한 공산주의의 승리로 끝날 것이라고 확신했었다. 1945년 이후의 이른바 냉전 시대를 토인비가 말한 바와 같이 "〔세계 지배라고 하는〕 동일한 표적을 노리는 미국과 소련과의 싸움"[55]이라고 규정하기는 어렵다. 두 나라의 패권 경향은 그 동기나 방법에 상당한 본질적인 차이가 있는 것을 알 수 있기 때문이다.

러시아에서 1991년 8월에 엄청난 대사건이 발생한 뒤로, 스탈린의 동상銅像을 비롯하여 일부 레닌의 동상까지 해체하는 반혁명의 파도가 소련을 뒤덮은 현실을 목도하면서, 우리는 오늘의 러시아를 어떻게 보아야 하느냐는 문제에 봉착하게 되고, 동시에 전체 러시아사에 대한 새로운 인식의 필요성을 절감하게 된다. 소비에트 러시아의 붕괴의 원인을 넓은 유럽사적 — 내지는 서양사적 — 테두리에서 보느냐 좁은 러시아사적 범위에서 보느냐는 것과, 아울러 이

53) Barraclough, *History*, p. 201.
54) 최영보, 〈미국 외교의 대전환 — 한국 전쟁기 1949-1952〉, 《미국현대외교사》(1998) 수록.
55) Toynbee, *Study*, VIII, p. 111, IX, pp. 544-546.

문제를 해결함에 있어 러시아 문화와 유럽 문화(즉 서유럽 문화)를 끝내 분리된 실체로 이해하는 바탕에서 파악해야 하느냐는 것을 생각하게 되는 것이다. 러시아의 오늘의 위기는 — 토인비가 애써 분리한 — 서양 문명·서양 사회와의 밀접한 관련 속에서 이해될 수 있고 이러한 관련은 오히려 깊은 역사의 뿌리와 배경 속에서 찾아야 할 것이다. 러시아사의 문제는 토인비가《역사의 연구》를 완성했던 20세기 중엽 당시보다 여러 측면에서 선명해지고 있다. 이른바 "철의 장막"이 걷힌, 오늘의 급변하는 러시아의 모습에서 러시아의 역사적 참모습이 드러났기 때문이다. 레닌그라드는 페테르부르크로 복귀함으로써 러시아는 의문의 여지없이 유럽 역사의 진정한 구성원으로 복귀한 셈이다.

동유럽사에 대한 오랜 연구를 통해서 오스카 할레키가 시사하는 바와 같이, 동유럽은 "실재의" 유럽의 구성 부분으로 간주되어야 하고, 또한 그 역사는 두 개의 동등하게 중요한 지역으로 형성되는 것이다. 이들 중의 하나는 실로 동슬라브족들의 역사인데, 이들의 과거의 여러 시기의 역사는 분명히 유럽적인 것이었다. 이 지역을 연구함에 있어서 비유럽적·아시아적 충격은 외래적 요소로서 조심스럽게 고려되어야 하고, 선명히 구별되어야 한다. 그러나 동유럽사는 역시 러시아와 독일 사이에 존재하는 다양한 민족 집단의 이야기도 포함되는 것이다. 이들 여러 민족의 역사는 동유럽의 제2의 — 또는 오히려 제1의 — 지역의 역사로서 유럽사와 유럽 역사 편찬에서 과거나 현재나 흔히 외면되는 존재였다. 이른바 동유럽의 소수민족으로 통칭되는 왕년의 러시아 제국의 위성국들도 역사에서 정당한 평가를 받기 시작하였음을 주목해야 할 것이다.[56]

우리는 서양 문명을 구성하는 제요소가 밖으로 널리 전파되어 동유럽에서 북아메리카에서 — 아니, 전 세계에 걸쳐서 — "유럽적 헬레니즘"의 세계가 창출되었음을 볼 수 있다. 이러한 유럽 문화의 전파 과정에서 "서양 문화"의 희박화稀薄化가 불가피했다고 볼 때, 방위方位의 뜻을 나타내는 "서양 문화"라는 상대적 명칭이 함축하는 모호성이나 애매함은 서양 문화 그 자체의 고유성이나

56) Halecki,《유럽사》, p. 135.

역사성을 적시摘示하는 데 도움이 되지 않을 것 같다. 더욱이 이제 동유럽을 포괄하기 위한 더 큰 전체로서의 서양 문명을 상정想定해야 한다면, "서양 문명"이라는 명칭이 갖는 본래의 서유럽적 한계성 때문에 그 어휘의 쓸모는 타당성을 상실하지 않을 수 없을 것 같다. 토인비의 서양 문명론은 유럽 공동체의 범위와 한계를 설정하는 데 많은 기여를 하였음에도 불구하고, 러시아 역사의 현 단계를 해석하는 데 기본적으로 어려운 문제성을 안고 있는 것으로 사료된다.

I II III **IV** V VI VII VIII IX X

변모하는 세계 속의 유럽사

— 바라클라프와 동·서 유럽 문명의 개념적 연계성

1. 서언

제프리 바라클라프Geoffry Barraclough는 1947년에 "고전 문화"의 연속성 이론에 대한 비판적인 글을 처음 발표한 이래, 현대 유럽사의 성격과 방향을 가늠하는 《현대사서설現代史序說》을 공표하기까지 근 20년 동안 유럽사를 위요한 여러 문제를 단편적 논문으로 꾸준히 발표해 왔다. 이 글들은 그의 학문적 본령인 독일 중세사의 영역을 넘어서 추진된 또 다른 학문 세계라고 말할 수 있다. 이 같은 학문적 편력은 마침내 본말이 전도되는 듯한 결과를 초래한 바 있다. UNESCO가 그에게 위촉하여 1978년에 완성한 《사회 및 인문과학의 주요 연구 동향》(제2부)[1]에서 현대역사학의 동향과 방법론을 전면적으로 명쾌하게 정리함으로써 이제는 현대사의 전문가로 군림하게 된 것이다. 1968년 이후 한때 그는 중세사 관계의 저작을 서너 편 세상에 내놓음으로써 중세사가로서의 본연의 풍모를 보여 준 바 있으나, 그것은 이미 진면목을 일탈한 것 같은 느낌을 주는

1) Geoffrey Barraclough, *Main Trends of Research in the Social and Human Sciences* Part 2, Vol. I, 1978, Chap. III History.

책들이었다. 왜냐하면 전쟁 전에 깊이 있고 밀도 있는 중세사 연구에 헌신하던 그의 모습은 찾기 어려웠고, 더욱이 그동안 현대사 연구에 바친 그의 열도에 비해 분명히 저조하고 평면적인 내용 구성이었으며, 흡사 중세사 연구를 중도 결산하는 것 같은 인상의 개설서를 펴냈기 때문이다.

중세사 연구의 배경과 토대를 가진 현대사가라고 말할 수 있는 바라클라프의 주옥같은 논문들은 유럽사 또는 유럽 문명이라고 하는 보편적인 문제의 이해를 위해 쓰여졌으나, 그 대부분이 특수한 논제에서 출발하여 유럽사의 여러 측면을 분석하고 있는 관계로 일관성보다는 다기성多岐性이나 다양성多樣性 같은 것을 실감케 한다. 더욱이 그로 하여금 유럽사적 전망을 열게 한 계기가 "전환의 시기"에 있었고, 무엇보다도 그러한 시기들의 "현실 관련성"을 규명하는 데 적극적인 목적이 있었기 때문에 전체로서의 그의 유럽 사관을 이해하기에는 수월치 않은 복잡성을 절감하게 된다. 환언하자면 우리에게 익숙한 유럽사의 연속성이나 발전 과정이라고 하는 시각을 극복하려는 것이 그의 일련의 유럽 사관에 함축되고 있기 때문에, 하나의 계속적인 흐름이라는 시각에서 그의 견해를 이해하기에는 힘겨운 데가 있다는 것이다.

이 장에서 일차적으로 의도하는 바는, 바로 이러한 그의 다양한 유럽 사관의 특성에 착안해서 필자 나름의 일관성을 부여하여 전면적으로 종합적으로 정리하는 데 있고, 다음으로 그의 사론에 대한 조촐한 해석을 덧붙여 보는 데 있다. 이러한 정리는 두 방향으로 추진된다. 우선 그가 해석하는 전환기의 성격과 의미를 각 시기별로 나누어 정리하고 나서, 이러한 전환기가 창출한 새로운 시대적 사상事象을 개괄적概括的으로 파악하게 된다. 다시 말하자면, 유럽사에 관한 그의 논의가 20년이란 오랜 세월에 걸쳐 발표된 많은 논문과 저서를 통해서 추진되어 온 것인 만큼, 매우 다양하게 전개되고 있기 때문에, 여기서는 우선 그의 글 자체에 입각한 조술적祖述的 차원의 원만한 압축된 정리를 마친 연후에, 필자 나름의 해석을 시도하게 되는 것임을 밝혀 둔다.

2. 유럽의 태동과 유럽사의 전환기

역사적 현재에 대한 위기의식이 새로운 현재인식을 낳고, 이것이 새로운 역사상歷史像을 추구케 한다고 말할 수 있다면, 제2차 세계대전 후의 제프리 바라클라프만큼 역사의 가치를 자신의 생시에 적극적으로 투여하고 이를 계기로 새로운 유럽 사상史像을 구성한 역사가도 드물 것이다. 왜냐하면 이 착실한 영국의 중세사가中世史家는 유럽의 현재가 겪고 있는 시대적 전환의 의미와 가치를 적극적으로 인식함으로써 자신의 본래의 연구 영역인 중세 독일사를 홀가분히 벗어나서 유럽의 현대사로 연구의 방향과 폭을 확대해 나갔기 때문이다. 직업적 역사가에게서 보기 드문 이러한 연구의 방향 전환은 중세 유럽을 외면하는 각도에서 이루어진 것이 아니라, 오히려 역사적 중세라는 견고한 배경을 토대로 삼고 있다. 그 위에서 근대유럽사의 모습을 구상하고 또한 현대사의 다양한 양상을 분석하고 있다는 점에서 그는 매우 특징적이며 독자적인 연구가이다. 실제로 그는 1945년부터 1956년까지 리버풀대학에서 중세사를 강의하면서, 다른 한편으로 근대유럽사와 현대세계사에 관한 일련의 글들을 발표하는 실적을 쌓아, 마침내 런던대학의 토인비 교수 후임으로 국제 관계사의 교수직을 맡기에 이른 것이다.

바라클라프로 하여금 자신의 연구 주제를 현대사의 영역으로 넓히게 한 결정적 요인은 "외부적 사건"이었다. 그것은 다름 아닌 1945년에 현재화顯在化한 서유럽의 정치적 몰락이었다. 그는 말하기를 "유럽사의 전면적 수정을 피할 수 없게 한 것은 1943년에 있었던 스탈린그라드에서의 러시아의 승리라고 〔…〕 과장하고 싶다"라고 까지 표현하였다. 전쟁에서 군역을 마치고 연구실로 되돌아 온 그는 몰락한 유럽을 목도하면서 무엇보다도 그 자신이 "지금까지 배워 온 역사의 치명적 한계"[2]를 느끼게 된 것이다. 동유럽 제국이 과거에 연출했던 역할보다도 훨씬 큰 역할을 맡게 된 새로운 세계에서 그 자신은 아무런 지식도

2) G. Barraclough, *History in a Changing World*, 1955, pp. 9, 181.〔이하 *HCW*란 약자로 표기함〕

준비도 갖추지 못했기 때문이었다. 바라클라프는 이러한 자신의 체험적이고 내적인 고민 끝에 마침내 유럽사의 전체적인 모습을 새로운 차원에서 고찰하기 시작하였다.

그가 으뜸으로 중요시 한 것은 역사의 전환점이다. "모든 시대가 변화의 시대로 묘사될 수 있다는 의미와는 다른 의미에서 우리는 변동하는 시대에 살고 있다"[3]라는 현재의 인식에서 출발한 그는 유럽사 연구의 실천적 가치를 격동과 변화의 시대에 두었다. 그는 유럽사에서 위기의 시대나 정신적 동요의 시대에 대하여 새로운 현실적 시각을 가지고 탐구하기 시작하였다. 그러면 바라클라프가 말하는 대규모적 전환이 있었던 시기는 어느 때인가? 그가 착안한 바로는 ①유럽의 "태동기胎動期"로서의 고대 말기, ②11-12세기의 교체기交替期, ③종교개혁기, ④프랑스 혁명이 가져온 충격의 시기 등을 지적할 수 있고, ⑤끝으로 자신이 살고 있는 당 시대를 최종적으로 지목할 수 있다고 주장하였다.[4] 이 같은 전환의 시기에 대한 집중적 연구는 1947년에서 1955년까지 15편의 논문으로 발표되어 왔고 다시《변동하는 세계의 역사》라는 단행본으로 묶였는데, 1945년에 전쟁이 종식했던 해를 기필起筆의 해로 삼는다면 책으로 출판되기까지 10년이란 세월이 흐른 것을 알 수 있다. 이 책에 수록된 논문은 유럽의 형성에서 종식에 이르는 유럽사 전반에 걸친 장구한 역사 과정을 바라클라프 나름의 문제의식을 가지고 재조명한 커다란 연구 성과라고 말할 수 있다. 무엇보다도 이 책에서 제기한 문제야말로 유럽사의 전면적 재구성을 위한 훌륭한 제언이라고 말할 수 있을 것이다. 그런데 바라클라프의 전환기에는 하나의 이변이 있었다. 1977년에 출판된《세계사의 전환점》이라는 작은 책자에서 17세기 후반에 시작한 "과학혁명"을 또 하나의 전환기로 지목한 것이다. 이는 앞에서 열거한 다섯 차례의 전환기와는 별도로 "우리들의 시대 이전에 있는 최후의 대전환기"[5]로 설정하였

3) *HCW*, p. 12.

4) *HCW*, pp. 12, 36, 59–60, 78 sqq., 159–163, 203–220 ; cf. Barraclough, *An Introduction to Contemporary History*, 1964, p. 3, 4.〔이하 *ICH*라는 약자로 표기함〕; cf. Barraclough, *Turning points in World History*, 1977, p. 22f.〔이하 *TPWH*라는 약자로 표기함〕

5) *TPWH*, p. 25.

다는 점에서 색다른 이변이었다. 그러나 그가 17세기를 전환기로 지칭한 데에는 유럽사를 "세계적 시각에서 볼 경우 그 중점은 움직여지고 변한다"[6]는 전제조건 아래 새롭게 설정한 것임을 간과해서는 안 될 것이다. 17세기 "과학혁명"은 세계사에서 또 하나의 전환기로서의 의의를 갖는다고 말하고 있다.

1) 유럽의 태동기–고대 말기

유럽의 정치적 몰락을 체험적으로 의식한 바라클라프가 우선적으로 거론한 문제는 유럽의 태동기를 고대 말기로 설정함으로써 고대 문화의 연속설이 갖는 허실을 비판적으로 받아들이는 일이었다. 그는 도슨C. Dawson과 폴리그노C. Foligno의 연속설을 위주로 예시하고 이에 덧붙여 도프슈A. Dopsch의 주장을 언급하면서 연속설이 지니는 모순점을 지적하였다.[7] 지금 여기서 종래의 전통적 연속설을 새삼스럽게 나열할 필요는 없겠거니와, 곧바로 바라클라프의 논의를 살펴보면 다음과 같다.

그는 고대 문화의 비연속적 요인을 크게 두 가지 측면에서 지적하였다. 첫째로 고대 로마로부터 줄곧 중단되는 일 없이 계승된 "서양 문학과 서양 사상의 불변의 기초"라고 일컬어지는 "고전적 전통"의 이념을 생각해 볼 때 허다한 비연속적 요인을 지적하지 않을 수 없다는 것이다. 고대 문명이 쇠퇴하고 붕괴하고 있었던 3세기경부터 이미 고전적 정신이라고 알려진 것이 로마에서 소멸하고 있었으며, 오리엔트나 게르만 세계로부터 흘러든 강한 다른 조류에 의해서 압도되고 있었다고 한다. 이것은 합리적 연구정신이 미신과 밀의신앙密儀信仰에 굴복한 사실이나, 창조적 문학 활동의 두절에서 볼 수 있고, 월뱅크F. W. Walbank의 말대로 건축 양식에 있어서도 "그리스의 비례에 관한 정리定理가 그 의미를 잃었고", 막스 드보르자크Max Dvorák의 결론인 중세미술의 "비고전적非

6) *Ibid.*, p. 26.

7) *HCW*, pp. 34-35.〔Vide, C. Dawson, *The Making of Europe*, 1934 ; C. Foligno, *Latin Thought during the Middle Ages*, 1929 ; A. Dopsch, *The Economic and Social Foundations of European Civilization*, 1937〕 이하 vide로 표시된 〔〕안의 주는 모두 바라클라프에 의하여 직접 인용된 참고사례임 ; Barraclough, *European Unity in Thought and Action* , 1963, p. 9.

古典的" "반고전적反古典的" 성격 등에서도 볼 수 있다고 한다. 무엇보다도 초기 교회의 경우를 보면, 이것이 로마적 또는 서유럽적 기반 위에 서있지 않았을 뿐만 아니라, 오히려 로마적 전통을 반反기독교적인 업적으로 봄으로써 적의敵意까지 품었었다고 한다. 특히 일반 역사가들 사이에는 전통을 전달하는 도구로서, 또한 통일의 유대로서 라틴어의 역할이 중요시되어 왔으나, 트라우베Traube의 연구에서 볼 수 있듯이 고전기의 작품에 관해서 언급한다든지 모방을 한다고 해서 그것이 이해되고 있었다는 증거는 안 된다는 것이다. 유명한 카롤링 르네상스기의 학자 알쿠인Alcuin조차도 그의 전형적 중세적 플라톤 주석註釋에서 플라톤을 거의 이해하지 못했다는 것이 지적되고 있다. 요컨대 연속성을 인정할 수 있는 경우라도 그것은 형식적인 성질을 갖는 데 불과하고 고전적 사고방식의 존속이 아니라 고전에 담겨진 문구文句의 반복이며 마음대로 선택되고 새로운 의미가 붙여진 자기본위의 재해석이었다.[8] 더욱 중요한 것은 이러한 적응 과정이 전통의 유지라기보다도 무엇인가 새로운 것의 창조였다고 하는 견해를 지지하기 위해서 많은 논의가 있어 왔음을 바라클라프는 지적하고 있다. 둘째로 서방의 제국帝國 자체가 라틴적 기독교적 세계와 같은 세계가 아니었다는 것을 명심해야 한다는 것이다. 우선 서방의 제국은 영국, 스칸디나비아, 스페인 등을 포함하지 않았다. 더욱이 중세 제국中世帝國의 "로마적" 성격에 관한 브라이스Bryce와 같은 세대가 가졌던 많은 중세역사가들의 공격을 받게 되면서 그 상당한 주요 부분이 붕괴의 위험에 직면하고 있음을 알아야 한다.[9] 카롤링 왕조에 의한 메로빙 왕조의 억압은 조정朝廷에서 흔들리고 있었던 마지막 로마적 요소의 제거를 의미하였다. 그것은 또한 지중해 연안의 교역로交易路로 둘러싸인 문명〔즉 로마 문명〕을 라인Rhine과 뫼즈Meuse와 모젤Moselle 사이의

8) *HCW*, pp. 36-38.〔Vide, F. W. Walbank, *The Decline of the Roman Empire in the West*, 1946 ; M. Dvorák, *Kunstgeschichte als Geistesgeschichte. Studien zur abendländischen Kunstentwicklung*, 1924 ; Traube, *Einleitung in die lateinische Philologie des Mittelalters (Vorlesungen und Abhandlungen* II, 1911)등은 대표적인 인용 예임〕

9) *HCW*, pp. 39-40. 바라클라프는 K. Heldman, E. Pfeil, A. Brackman, E. E. Stengel, C. Erdmann 등의 저작을 "새로운 해석으로 예시할 수 있는데, 이들에게 오류가 있지만, 기존의 입장을 타파하는 것들"이라고 지칭하고 있다.

오스트라시아 영내에 그 중심축을 가진 육지로 둘러싸인 대륙 문명으로 대체代替한다는 것을 의미하였다.[10] 로마 제국의 전통다운 것을 다소나마 남기고 있는 것은 겨우 로마의 귀족층 정도였으나 이들 귀족의 헛된 주장은 프리드리히 1세의 격멸을 받았으며 더욱이 이들의 주장이 로마시를 벗어나서 울려 퍼졌다는 것을 입증하기는 어렵다.[11] 파일Pfeil의 말대로 프랑크 제국은 단지 로마 제국의 재생이 아니었을 뿐만 아니라 새로운 로마 제국으로 간주되지도 않았다.[12]

이상과 같은 비연속적 요인들이 있음에도 불구하고 "서유럽 문명"과 "고전 문명"을 직접 연결시키려는 종래의 역사 해석이 의도한 노력은 너무나 "비역사적이며 동시에 위험한 생각"이라고 바라클라프는 비판하고 있다. 그리하여 그것은 공통의 중세 문명이라고 하는 신화 속에서 이끌어 낸 하나의 인공적이며 폐쇄적인 체계를 만들어 낼 위험을 초래하게 된다고 한다. 만일 우리가 중세 세계의 어디에서든지 로마 제국의 전통의 적극적 영향을 발견하려고 원한다면, 서유럽보다는 비잔티움에 눈을 돌리지 않으면 안 된다고 그는 주장하였다. 비잔티움은 — 서방 제국과는 달리 — 로마의 직계이며 모리스 포윅Maurice Powicke의 말에 의하면, 800년 동안이나 "세계에서 주요 기독교국"이었다. 그리고 이 사실이야말로 최대의 역사적 의의를 갖는 것이다. 그 이유는 "제2의 로마"인 콘스탄티노플이 1453년에 터키에 의해 함락되었을 때 비잔티움의 제국적帝國的 기독교적 전통을 계승한 것은 러시아였기 때문이다.[13]

그러나 바라클라프는 고전 문명의 비연속적 실상을 강조하면서도, 고전적 전통의 실재와 서유럽 형성에 이 전통이 미친 영향의 실제를 모두 부정하는 것은 아니다. 그로서는 다만 그 실재를 "측정 가능한 범위 안에 보관해 두자"라고 말하고 있는 것이다. 그 이유는 이러한 연속성의 실재가 기괴한 망상의 주름살같이 부풀려져서 끝내 서유럽이 한쪽 부분을 이루고 있는 전체로서의 유럽사

10) Barraclough, *The Crucible of Europe : The Ninth and Tenth Centries in European History*, 1976, pp. 13–14 ; Barraclough, *European Unity*…, p. 8.
11) Barraclough, *The Origins of Modern Germany*, 1946, pp. 170–171.
12) *HCW*, p. 40.〔Vide, E. Pfeil, *Die fränkische und deutsche Romidee des frühen Mittelalters*, 1929〕
13) *HCW*, pp. 40, 134.

〔즉 서유럽과 동유럽을 합친 전체〕에 대한 우리들의 시각을 흐려놓을 뿐만 아니라, 역사적 현재에 대한 우리들의 접근도 애매하게 만들 수 있는 것을 방지하기 위해서이다. 다시 말하자면 특수한 서유럽 문명이 존재한다는 가설을 역사적으로 정당화하기 위해서 서유럽을 역사적 통일체로 보고 더욱이 서유럽만이 로마 제국의 계승자인양 자부함으로써 슬라브적 동방과 구별 또는 분리하는 일반적 견해에 의문을 제기하지 않을 수 없다는 것이다.[14)]

고전 문화의 연속성이 부당하게 강조되어 온 사실을 살핀 바라클라프는 과연 고대문명이야말로 "유럽적"이라고 부를 수 있느냐고 하는 보다 근본적인 문제를 다루고 있다. 그는 어네스트 바커Ernest Barker가 주장하는 것과 같이 고전 문명을 유럽적 문명이라고 볼 수 없다고 한다. 그 요점은 다음과 같이 간추릴 수 있다. 그리스의 역사는 헬레니즘의 단계에서 "그리스와 오리엔트의 융합"이 있었다. 이 문명은 "그리스적 내지는 서방적 문명이 아니라 헬레니즘적·오리엔트적"인 것으로 되었다. 로마 세계는 유럽 세계라기보다는 지중해 세계이며 유럽의 여러 부분과 함께 소아시아 북아프리카를 통합한 세계였다. 이러한 문명을 "유럽적"이라고 지칭할 내재적 이유가 없는 것은 명확하다.[15)] 어떤 특이한 실체라고 하는 의미에서 구성된 유럽적 통일체의 개념은 고대 세계에서 이질적인 존재였다. 로마 제국의 정치적 구조 속에서나, 공통의 그리스 문명 속에서 자리 잡은 통일체는 있었으나 이것이 유럽이라는 통일체는 아니었다.[16)] 그럼에도 불구하고 고대로마로부터 "로마적 통일의 해체"가 있게 된 시기까지 인간의 영혼에 무엇이 일어났는지 일단 멈추어서 묻지 않고, 다만 직선적인 전진을 계속해서 그 연속의 측면만을 강조하는 것은 원만한 해석이 못된다. 기원전 3세기에 "이교문학異教文學은 소멸했다"라고 탄Tarn 박사는 말하고 있다. 그러나 살아남은 하나의 아름다운 라틴어 시 〈페르비기리움 베네리스 Pervigilium Veneris〉에서 볼 수 있듯이, 이미 고대 말기에 고전 정신과는 전적으로

14) *HCW*, pp. 44, 49.
15) *HCW*, p. 160.
16) Barraclough, *European Unity*, p. 5.

명확히 구별되는 정신이 놀라울 정도로 명료하게 나타나고 있는 것을 알 수 있다. 이 시가 상징하듯이 "4세기경 언제인지 알 수 없는 어느 날 어떤 곳에서 새로운 문명이 탄생하였다. 그 이전의 문명과 다른 하나의 문명이, 즉 우리가 처음으로 올바로 유럽적이라고 지명할 수 있는 문명이 탄생한 것이다".[17] 고대 로마 제국이 마지막으로 겪은 가장 큰 위기이자 전환기로서의 고대말기에 바야흐로 본격적인 유럽적 문명의 단서가 열리게 된 것이다.

이렇듯 독자적 개성을 갖고 탄생한 유럽은 1천 년이 넘는 오랜 발전 속에서 세 차례의 전환기를 겪으면서 현대에 이르게 된다.

2) 11-12세기 교체기

유럽이 처음 맞게 되는 11세기 말의 전환기는 바라클라프의 생각으로는 밀접한 역사적 현실 관련성을 갖는다. 더욱이 12세기와 동등할 정도로 활기찬 힘을 가졌던 시기는 유럽사에서 드문 편이다. 그가 보는 이 시기의 특징은 네 가지 내용으로 요약할 수 있다.

첫 번째로 이 시기는 교회와 국가와의 관계에서 위기였다. 우선 교회는 영적인 것과 세속적인 것의 엄격한 분리와 한계의 설정을 요구하고 또한 확보하였다. 보름스 화해(1122) 이후에 전개된 역사적 변화는 할러Haller가 명쾌히 설명하였듯이 교황은 "세속 세계를 종순케 하는 일을 양기하고, 그 대신 모든 노력을 교회를 복종케 하는 일에 집중하도록 합의했다".[18] 다른 한편으로 국가는 "세속화"되고—적어도 원리적으로는—영적 생활에 간섭할 여지를 잃었다. 국왕은 성직자적 성격과 자질을 빼앗기고 도처에서 그 세속적 대권을 넓혀갔다. 교권과 속권俗權이라고 하는 두 권력을 분리하여 국가는 자기의 영역 내에서 최고의 권력으로 군림하였다.[19] 이러한 성속聖俗의 양립은 이른바 서임권 투쟁敍任權鬪爭이라는 격동기가 낳은 결과로서 "국가를 약화시켜 교회에 종속케 하

17) *HCW*, pp. 160-161.
18) Barraclough, *The Medieval Papacy*, 1968, p. 93.〔Vide J. Haller, *Das Papsttum. Idee und Wirklichkeit*, 1965〕
19) *HCW*, pp. 79-80.

려는 생각이 부정되고, 이와 마찬가지로 교회를 약화시켜 국가에 종속케 하려는 생각이 부정됨으로써" 이룩된 것이다.[20]

이른바 서임권 투쟁 — 이는 전통적으로 부적합하게 붙여진 명칭이지만 — 의 두 번째 결과는 사회혁명이라는 사실에 있었다. 그 하나의 국면이 낡은 사회집단의 쇠퇴와 소멸에 있었다면, 더욱 중요한 국면은 새로운 계급으로서의 기사계층의 등장과 그 우월성에 있었다. 이는 유럽사에서 최초의 커다란 계급구성의 변화이다. 유럽 문명이 어느 때나 암흑과 미지의 세계로 향해서 큰 도약을 시도할 때면 — 12세기의 변화이든 종교개혁 이후든 프랑스혁명 이후든 — 그것은 이미 선행先行한 혼란기에 지위를 굳힌 새로운 계급에 의해서 추진되었다. 12세기의 우수한 건설적 활력은 기사계층에 의해서 주입되었다. 군주제가 크게 진척된 것은 기사계층을 동원해서 봉사케 함으로써 가능했다.[21]

세 번째로 1075년 이후의 역사적 격동은 이러한 정치적인 국면보다도 정신적인 국면에서 유럽 문명의 구조 속으로 깊숙이 파고든 것이 특징이다.

즉 영적靈的 성격을 강화하기 위해 독립을 요구했던 교회는 새로운 종교적 가치를 발견했는데, 그것은 급속히 사상과 감정 속으로 스며들었다. 신의 개념 자체가 미묘하게 변하여 신성한 위엄과 존엄과 외경 대신에 현세에서의 예수의 수난과 고뇌, 즉 신성 속의 인간성의 발현이 그 주요 특징으로 되었다. 영적 고뇌, 신과 신비적 결합의 추구, 고뇌와 구제의 드라마 등을 통해서 종교적 경험을 개인화하여 문자를 모르는 대중도 종교에 접근하기 쉽게 만들었다. 한편으로 이 혁명적인 시기에 변증법적 스콜라학이라고 하는 새 학문이 언어와 개념에 밀착된 분석을 시도하면서 탄생했다. 마치 새로운 시대적 감수성이 세속 사회의 발전을 촉진하고 곧바로 시나 문학 속으로 파고 들어갔던 것같이, 새로운 지적 훈련은 이를테면 왕권의 분석이나 그 논리적 기초의 확립에서 속인들에게도 이용되었던 것이다. 그러나 교회는 승려와 속인의 엄격한 구별을 주장, 후자

20) Barraclough, *The Medieval Papacy*, p. 93. 특히 Investiture Contest에 관하여 cf. p. 83ff. ; *The Origins of Modern Germany*, Chap. 5.

21) *HCW*, p. 80.

를 열등한 지위에 두었다. 따라서 속인 문화는 그 출발부터 자기 본래의 길을 걸어서 교회 문화와 다른 문화로 되었고, 때로는 교회 문화에 적의까지 품게 되었다. 12세기를 특징 짓는 "시토" 수도회나 이단파들의 금욕주의와 함께 서유럽에서 처음으로 명확한 속인 문명이 출현하여 현세를 긍정하고 정열을 가지고 현세를 포옹했다.[22] 마침내 12세기의 국어 문학은 속인 문화의 활기와 국민적 분화分化의 발전이라는 두 양상을 동시에 증명하였다.[23] 이와 같이 해서 생긴 "성속 간의 정신적 투쟁의 양극화"는 유럽 정신의 활동성 내지는 탐구 정신의 근원이며 또한 지식에의 변증법적 접근의 근간이었다.[24]

생각건대 유럽의 통일이란 위에서 살핀 대로 잡다한 문화 교류에 기초를 둔 다양성을 가진 통일이었다. 12세기의 혁명적 변화는 성속 간의 영역의 분리를 바탕으로 한 속인 문화의 활기와 사회적 혁명, 국민적 분화의 발전 등을 동시에 증명하고 있는 것이다. 이 시대가 이룩한 가장 영속적인 공헌은 고대 말기의 지루한 연장으로서의 중세라고 하는 단일 체제적 사회 대신, 유럽인들이 자신들의 문화가 담겨진 풍부하고 복잡한 사회를 낳았다는 것이다. 만일 향후 800년 동안 유럽이 정치적 실험, 경제적 발전 그리고 지적 발견의 중심이었다면, 그 지위는 12세기의 혁명의 결과로 처음 얻어진 것이다.[25] 이로써 역사가들 사이에 흔히 사제의 敍任權을 에워싼 왕과 교황과의 지루한 충돌 정도로 이해되었던 11·12세기 교체기의 역사적 성격과 의의가 새로이 확립된 것이다. 텔렌바흐G. Tellenbach의 말대로 이 위기는 "세계사적 일대 혁명"으로서 또한 "가톨릭적 기독교 세계의 최대의 — 정신적 관점으로 보아서는 유일한 — 전환점"으로 볼 수 있는 것이다.[26] 바야흐로 "1122년의 유럽 사회"는, 바라클라프가 "9·10세기의 유럽사"를 총괄적으로 매듭짓는 글귀에서 논단論斷하였듯이 "다른 형상과

22) *HCW*, pp. 80–81.
23) *Ibid.*, p. 82.
24) *TPWH*, p. 23.
25) *HCW*, p. 82.
26) *HCW*, p. 161.〔Vide. G. Tellenbach, *Church, State and Christian Society at the Time of the Investiture Contest*, 1940, pp. V, 111, 164〕

다른 중심과 다른 내용을 담은 사회로서" "새로운 길"을 열게 되는 것이다.[27]

네 번째로 중요한 결과는 "중세적 국제질서"[28]의 변화이다. 그레고리우스 7세나 울바누스 2세 같은 교황들은 제국 권력과의 오랜 투쟁에서 제국을 둘러싼 여러 나라에 원조를 구하였다. 그들은 영국이나 시실리아를 정복한 노르만인이나 이슬람교도에 대항해서 이베리아반도의 재정복에 종사했던 스페인의 기독교 지배자들과 제휴했다. 이들 교황은 프랑스에 피난처를 구하고, 북으로는 덴마크, 동으로는 헝가리나 크로아티아, 다시 멀리 러시아까지 연락을 취했다. 그 결과는 새로운 군주제를 활성화하고 군주들에게 독립의식을 갖게 하고, 무엇보다도 유럽 안에서 군주 간의 세력 균형을 바꾸어 놓았다. 사실 서임권 투쟁의 최종 결과는 유럽 정치 구조의 혁명적 변화에 있었다. 9세기의 무정부 상태를 벗어나서 10세기와 11세기에 중부 유럽의 대제국 블록이 위세를 떨치던 곳에 큰 변화가 온 것이다.[29] 주권국가들로 이루어진 하나의 체제의 정비와 유럽적 세력 균형의 형성이 시작된 것이다.[30] 성속 간의 권력분쟁으로 말미암아 "유럽은 하나의 제국이 아니라, 소국가들의 집합체로서 길이 열린 것이다".[31]

3) 종교개혁기

바라클라프는 종교개혁의 시기를 전환기로 지목하면서 실제로는 다른 일반적 주제나 문맥 속에서 언급하는 정도로 비교적 간략하게 그치고 있다. 그는 종교개혁과 프랑스 혁명을 근세의 양대 혁명이자 양대 위기로 지칭하면서 도처에서 중세 유럽의 양상 내지는 정신적인 문제와의 비교에서 고찰하고 있다. 그의 말대로 "종교개혁의 해방력解放力, 모든 분야에서의 인간 활동을 위해 그것이 연 돌파구 등은 역사의 상식"[32]에 속하므로 이 같은 상식을 반복해서 논의할

27) Barraclough, *The Crucible of Europe*, p. 166.
28) Barraclough, "*The International Order and the Middle Ages*," in *HCW*, p. 97.
29) *HCW*, p. 82.
30) *Ibid.*, pp. 102, 133.
31) *TPWH*, p. 23.
32) *HCW*, p. 79.

필요가 없었을지도 모른다. 그러나 이 시기가 갖는 역사적 의의를 11·12세기 교체기에 비해서 극히 간략하게 그 연장 구도 속에서 다루고 있다. 이는 일반 역사가들의 통설에서 보기 드문 일이다. 그의 해석을 요약하면 다음과 같다.

널리 받아들여진 견해에 따르면 "중세적 통일"에 대한 근대의 다양성은 — 즉 중세의 "보편적 공동체"에 대한 국민주의의 대두로 야기된 국제적 무정부 상태 — 늘 지적되었고, 특히 중세의 안정된 국제질서나 공통의 정신으로 맺어진 문명은 바로 종교개혁기에 와해된 것으로 강조되어 왔다.[33] 또한 중세를 특징 짓는 교회적 사회와 정치적 사회와의 상호 관련은 종교개혁기에 소멸했다고 생각하는 것이 보통이었다.[34] 그러나 바라클라프의 관찰에 의하면 이러한 종래의 해석과는 달리 종교개혁기의 유럽의 분열은 이미 12세기 초부터 시작된 것이었다. 이미 위에서 살폈듯이 그는 중세적 통일 대신에 중세적 "세력 균형의 탄생"을 서임권 투쟁기의 여러 세력의 배치 과정에서 발견한 바 있다. 그리고 중요한 사실로서 지적될 수 있는 것은 그러한 중세의 국제질서가 "오늘날까지 한 번도 중단되는 일 없이 계속해서 국제 관계를 지배하여 왔다"[35]는 것이다. 더욱이 바라클라프는 이 무렵에 철학자 역사가 선동가들이 새로운 국민국가 new national states의 이론적 기초를 다지기 시작하였다는 사실을 밝히고 있다. 중세적 "국민국가"라고 말할 때 우리는 생소한 느낌을 갖지 않을 수 없지만, 실제로 이러한 새 이론을 구성하기 위한 움직임이 영국과 노르망디에서 일어났으며 곧 널리 퍼졌다는 사실을 키나스트W. Kienast의 연구를 통해서 입증하고 있다.[36]

이와 같이 바라클라프의 의견대로 종교개혁의 시기라는 큰 고비를 12세기 초의 전환기가 창출한 제조건의 연속에 다름없다고 논단할 수 있을진대, 이 종교개혁의 시기를 근대 유럽 사회 고유의 다양성의 시발점으로 보아 온 종래의 일반적 통설은 그 해석상에 의미를 상실하게 된다. 그리고 그러한 이유 때문

33) *Ibid.*, pp. 97, 132.
34) *Ibid.*, p. 128.
35) *Ibid.*, p. 102.
36) *Ibid.*, pp. 102, 103, 82.〔Vide. Kienast, *Die Anfänge des europäischen Staatensystems im späteren Mittelalter*, 1936; also in *Hist. Zeitschrift*, CLIII〕

에 종교개혁기가 겪은 변화의 비중도 중세사가인 바라클라프에게서 그 역사적 의미나 성격이 상대적으로 약화되는 것으로 사료된다.[37)]

또 다른 측면에서 종교개혁기에 대한 바라클라프의 평가를 살필 수 있다. 그는 중세라고 하는 종래의 전통적 시대 구분 경향을 비평하는 글 중에서 기본적으로는 3시대 구분론이 말하는 "중세"라는 표현에는 반대하지만 "중세"의 하한선을 다음과 같이 고려할 수 있다고 말하였다. 즉 그는 흔히 통설에서 지적하듯이 종교개혁이나 르네상스가 진정으로 중세와 근대 사이의 결정적 분리를 성립시키느냐, 또는 트뢸치가 말한 대로 "근대적" 세계관은 계몽주의 시대에 이르기까지 형성될 수 없는 것이 아니냐는 양론 중에서 우리는 후자의 입장에 서야 한다고 주장하였다. 그의 매우 특이한 그리고 설득력 있는 "유럽 시대" 구분론은 다음과 같다.

> 즉 로마 몰락 이후의 우리들의 모든 역사는 "근대"라고 이해되어야 할 것이다. 그 이유는 그것이 우리들의 근대문명의 역사이며 또한 그것이 근대문명에 관한 우리들의 이해에 직접 관련하고 있기 때문이다. 만일 이 문명을 우리의 기점으로 삼는다면 나는 합리적 시대 구분으로서 네 개의 주요한 시대를 나누면 어떨까 생각한다. ① 최초는 유럽 민족의 선사 시대이며 그것은 역사 지식이나 씌어진 기록이 희소한 때로서 〔고대 말기 이후로부터〕 AD 800년 내지 900년에 이르는 시대 ② 유럽 사회 형성기로서 900년부터 1300년까지 ③ 다음으로 유럽의 "중세"란 (이 말을 쓰기를 좋아한다면) 1300년부터 1789년까지의 전 기간이라고 생각한다. ④ 최후가 우리들의 근대사로서, 이것은 그리스·로마의 역사에 비하면 아직 짧고 프랑스 혁명과 함께 시작하고 우리를 넘어서 금후 몇 세기인지 알 수 없지만 계속할 것이다.[38)]

이상과 같은 시대 구분론에서 착안할 수 있는 점은 우리의 근대는 프랑스 혁명 이후라는 것, 따라서 종교개혁이 결코 근대의 시발이 아니라는 점이다.

37) 그는 〈유럽의 검시〉(“Inquest on Europe,” 1954, in *HCW*)라는 논문에서 유럽의 전환기를 논의하는 과정에서 종교개혁기를 논외로 삼고 있다.

38) *HCW*, pp. 61–62 ; cf. *HCW*, pp. 59, 81 ; *TPWH*, pp. 16, 17.

4) 18세기 계몽사상기

바라클라프는 18세기 계몽사상의 문제에 대한 일반적 이해를 두 가지 측면에서 해석하고 있다. 그 하나는 이 정신적 변혁이 갖는 긍정적 의미요, 다른 하나는 그것의 치명적 결함에 대한 재인식이다. 이 사상이 갖는 긍정적 단면은 보셰Vaucher나 모네Mornet 같은 프랑스 학자들의 견해에서 찾을 수 있다. 즉 이들은 계몽사상이 남긴 유산으로서 도그마의 추방, 기독교 신학에서와 같은 자연에 군림하지 않고 자연에 내재하는 신의 발견, 우주를 그 자체에 내재하는 법칙에 비추어 합리적 질서로 설명하는 것, 인간이 만물의 척도이며 최대다수의 최대 행복이 최고의 이상이라고 확신하는 신념 등을 이 시기의 정신과 사상의 업적으로 지적하고 있다.[39] 그러나 바라클라프의 비판에 따르면 이러한 사실들이 유럽인의 우주관 전체에 준 혁명적 영향, 다시 말해서 트뢸치가 설명한 바 있는[40] 전면적인 정신적 전망의 변화라든지, 진보에 대한 확고한 신념과 함께 이 용감한 낙천적 휴머니즘이 행한 비판의 참뜻을 이해하지 못하였다고 말한다. 결국은 유럽이 이 무렵부터 갈림길에 들어선 것을 이해하지 못하였다는 것이다. 이를 부연해서 말하자면 다음과 같다. 이때 유럽인은 기독교 윤리 그 자체가 세속화되었다는 것, 또한 이때에 유럽인은 최종적으로 원죄의 도그마를 모두 떨쳐버리고, 이와 동시에 기독교 전체를 지탱하던 은총의 도그마도 던져버리고 말았다는 것, 또한 이때에 유럽인은 우주의 신비와 관계없이, 그리하여 이 신비 앞에서의 겸허한 태도와 관계없이 스스로 행동하겠다고 결심하게 된 것을 이해하지 못하였다는 것이다.[41]

그런데 이러한 새 국면의 전개는, 바라클라프의 분석에 의하면 시대적 진보와 함께 시대의 결함을 수반하는 것이었다. 또한 이 시대가 동시에 잉태한 부정적 불합리의 씨를 수반하는 것이었다. 즉 "휴머니즘과 합리주의는 현실을 무시하고 있으며 이 현실은 이성보다도 강력하고 인간보다도 강했다. 가장 치명적

39) *HCW*, p. 162.〔Vide, Sir Ernest Barker…, ed. *The European Inheritance* Vol. II, p. 294〕
40) *Ibid.*〔Vide. E. Troeltsch, *Gesammelte Schriften* IV, 1925〕
41) *Ibid.*

인 결함은 여가와 돈을 가진 중산계층이 숭배하는 이 계몽사상의 신념을 전 인류에 적용할 수 있는 보편적 진리로 삼고 그리고 민주주의의 진정한 철학을 공급하는 데에는 이 진리를 교육에 의해서 넓게 퍼뜨리는 것을 필요로 할 뿐이라고 자동적으로 가정하는 일이었다". 이 사상의 자신에 찬 전망이 하나의 환상에 불과했다는 것은 1세기도 못 가서 폭로되었다. 정부가 진실로 모든 인민의 것이 되고, 상이한 이해를 조화시키는 존재로 되기에 필요한 조건은 단지 전 시민이 참정권을 얻기만 하면 된다고 하는 낙천적인 신앙이 정녕 낙천적인 것으로 증명되었다. 나폴레옹 1세와 그리고 나폴레옹 3세는 민주주의가 이성의 지배보다도 독재 체제에 이르기 쉽다는 것을 유럽에 보여 주었다. "물物이 인간을 지배하고 억압한다"라고 에머슨은 썼다. 그러나 책임을 져야 하는 것은 19세기의 기계나 기술이 아니었다. 18세기는 물의 숭배를 발견했고, 우주를 하나의 거대한 기구로 — 바꾸어 말하자면, 신은 단지 나사 틀기를 위해서 존재하는 것 같은 커다란 시계로 바뀌었다. 그리고 이 18세기는 유럽인에게 죽음에 이르는 병균을 주입하고 마침내 이 병균은 사람을 괴롭히고 때려 눕혔던 것이다. 이성의 시대의 새로운 우주관이 19세기의 자연과학의 거대한 진보를 위해서 방해물을 제거했던 것은 명백하다. 그러나 이러한 풍요한 열매를 얻기 위해 유럽은 파우스트와 같이 혼을 팔아 버렸던 것이다. 이것이 바로 계몽사상이 유럽에 남긴 또 다른 이중의 유산이다.[42)]

그런데 바라클라프는 "계몽사상의 정신적 결함을 비난하든지", 이 사상의 "이미 알려진 가치에 집착하기는 쉽지만" "현실은 그렇게 단순한 것이 아님"을 강조하면서 "결함과 가치는 공히 사실이고 상호 보충적이며" 또한 "이들은 상호 의존적이어서 양이나 늑대같이 분명히 구별하기는 어렵다"라고 지적하였다.[43)] 그는 이 사상이 지니는 양면적 가치의 현실을 충분히 인식하면서 결국 "프랑스 혁명의 위기가 있었던 뒤에 그 이전에 비교할 만한 총화에 다시 도달하

42) *Ibid.*, p. 163.
43) *Ibid.*, p. 165.

기에는 너무나 약체화한 유럽만이 남을 수밖에 없었던 막대한 에너지의 소모를 지적할 수 있다"라고 술회하였다. 마침내 유럽은 "18세기적 총화 이후 인간 그 자체와 인간의 존재와 활동에 관한 새로운 비전도 갖지 못한 채 너무나 깊이 우거진 휴머니즘의 소로를 따라 힘없이 걸어가게 되면서"[44] 한 시대의 종식을 맞게 되는 것이다. 생각건대 바라클라프에게서 전환기로서의 종교개혁기는 12세기가 창출해 낸 넓은 의미의 유럽적 다양성의 심화가 추진된 시기로 파악되고 있는 데 비해서 18세기의 가치는 많은 세속적 치명적 결함을 잉태한 상태에서 한 시대의 한계를 향한 내리막길의 출발점으로 파악되고 있는 것으로 볼 수 있다.

5) 최종의 전환기 ― 유럽 시대의 종식

바라클라프는 제2차 세계대전을 고비로 선명해진 "유럽 시대의 종식"을 최종의 전환기로 본다. 고대 말기에 탄생한 유럽은 오랜 역사 시대를 살다가 마침내 종언을 고하게 된 것이다. 유럽사의 종식은 곧 에릭 피셔Eric Fischer나 오스카 할레키Oscar Halecki, 토인비 등의 표현대로 "유럽 시대의 소실passing"에 다름없다.[45] 그런데 그가 1950년대에 발표한 글에는 "최종의 전환기"의 시간적 시말이 명시되지 않은 게 특징적이다. 그 이유는 이 전환기가 아직 진행하고 있다고 생각한 데서 연유하는 것이다.

바라클라프가 말하는 "유럽사의 종식"은 "유럽사가 역사적 의의를 잃게 됐다"는 것이다. 이를테면 로마 제국 치하에서도 그리스의 역사, 즉 펠로폰네소스 반도의 역사는 계속되었으나, 마케도니아의 필리포스 5세가 죽은 뒤의 그리스사에 관해서 우리가 아는 것은 거의 없다. 이때의 그리스역사는 "미래를 위해서 아무런 기념비도 남기지 않았고 아무런 공헌도 없이 일하고 죽어간" 그리스 남녀의 역사인 것이다. 이런 의미에서 그리스의 역사는 계속되고 있으나 끝나

44) *Ibid.*, p. 166.
45) *HCW*, p. 206.〔Vide, Eric Fischer, *The Passing of the European Age*, 1943 ; O. Halecki, *The Limits and Divisions of European History*, 1950 ; A. J. Toynbee, *The World and the West*, 1953〕

고 말은 것이다. 우리가 유럽사의 종식을 얘기할 때는 바로 이 같은 의미에서 — 또한 이 의미에 있어서만이 — 가능하다는 것이다.[46)]

바라클라프의 근대사 관계 논문들도 그 태반이 한결같이 현대에 대한 전환기적 인식에서 출발한 것이었다. 그는 특히 유럽을 "벌거숭이의 하나의 시체"로 비유하면서 〈유럽의 검시〉라는 논제하에 종교개혁기만을 제외한 3대 전환기를 분석했고[47)] 〈유럽사의 종식〉[48)]이라는 글에서는 그 원인과 결과를 해명하고 종식 후의 전망도 시도하였다.

바라클라프는 우선 유럽의 지위의 변화에서 유럽사의 종식을 풀이하고 있다. 즉 지난 800-900년 동안 유럽은 세계의 정치적 실험, 경제적 확대, 지적 발견의 주요 중심지였다.[49)] 적어도 1914년까지 유럽 열강들의 상호 간의 관계는 세계의 미래를 결정하는 것같이 보였고 유럽이 밖으로 확대해 나가면, 유럽 국가 간의 기반을 이루고 있던 세력 균형의 원칙은 그대로 다른 대륙으로 확대되는 것으로 생각되었다. 그러나 실제로는 1914년 훨씬 전에 이러한 확대에는 이미 변화가 있었다. 1856년에 오토만 터키 제국이 유럽의 협조 체제에 가입되었을 때, 그리고 조금 뒤에 미국과 일본이 유럽의 6대 강국에 더해서 새로운 "강국"으로 인정되었을 때, 세계의 지도권은 이미 유럽만이 향유하는 특권이 아닌 것으로 밝혀졌다. 더욱이 1939-45년의 전쟁 후에 분명해진 것은 2대 강국만이 살아남는다는 사실이었다. 러시아와 미국은 모두 유럽에 뿌리를 가지고 있는 유럽 기원적인 나라이지만, 현재의 시점에서는 기본적으로 유럽적이 아니다. 또한 유럽과 떨어져 있다는 것만 말한다면 영국 연방도 마찬가지이며 그 힘의 근원은 유럽 밖에 있다. 나머지 유럽의 여러 나라들은 사실상 국지적 지위에 떨어지고 말은 것이다.[50)]

그러면 유럽의 세계적 우월성은 왜 소실되었는가? 바라클라프는 세 가지 측

46) *Ibid.*, pp. 204-205.
47) ie "*Inquest on Europe*"1954, in *HCW*, p. 154.
48) ie "*The End of European History,*" 1955, in *HCW*, p. 203.
49) *HCW*, p. 205.
50) *HCW*, pp. 207-208, 171 ; *ICH*, pp. 103-105.

면에서 유럽의 쇠퇴와 비유럽적 미국 및 러시아의 융성을 비교하고 있다.[51] 첫째로 유럽의 여러 나라들이 지켜 온 역사적 다양성은 그 통일성보다 강한 것으로 증명된 바 있거니와, 이 다양성을 지켜오는 과정에서 유럽의 잠재적 강점은 분열되고 낭비되고 무산되었다. 다양한 민족국가의 존재가 유럽 문화와 유럽 문명의 풍요의 원천이었음은 이론異論의 여지가 없지만, 다양성을 바탕으로 한 유럽 제국의 분열 경향은 유럽이 쇠퇴하는 근원이 된 것이다. 이와는 달리 러시아와 미국은 모두 지극히 넓은 지역에서 통일성을 지향할 수 있는 큰 이점을 가지고 있었다. 이들 두 나라가 유럽을 추월할 수 있었던 여건은 분명히 국가적 통일성에 있었다. 둘째로 막대한 인구가 협소한 지역에 집중되고 있는 유럽에서는 발전에 제한이 가해지고 있는 데 반反해서 미국과 러시아에서는 1939년 이후에, 캘리포니아의 공업화나, 마그니토골스크와 우랄산맥 너머의 새로운 공업 중심지 등에서 볼 수 있듯이 지금도 엄청난 발전의 전망과 무한의 기회를 안고 있다.[52] 한마디로 미국과 소련에는 발전을 위한 공간이 있는데, 유럽은 "포화 상태"에 있는 것이다. 셋째로 이러한 기본적 조건의 차이 속에서 필연적으로 정치·사회 문제에 대한 극단적으로 다른 견해와 다른 태도가 생겼다. 이를테면 광대한 미개발 자원을 가진 "대大프론티어"의 나라와 — 이런 의미에서 러시아와 미국은 모두 프론티어 영토이다 — 제한된 기회 밖에 없는 유럽에서는 고용이나 실업에 대한 모든 태도가 전혀 다르게 나타났다. 더욱이 발생하기 쉬운 — 실제로 발생하였지만 — 사회적 긴장이 미국과 소련의 경우 밖으로 향해지고, 자연을 정복하고 개발하는 투쟁으로 돌려지는 것이 가능했던 데 반해서, 유럽에서는 그것이 안으로 향해짐으로써 사회 그 자체의 내부에서 투쟁과 충돌을 낳고 있다.

그러면 한 시대의 종식을 목도한 바라클라프에게서 과연 어떠한 결론이 도출될 수 있는 것인가? 이를테면 무엇이 생잔하며 무엇이 종식하는 것인가? "유

51) *HCW*, p. 210ff.
52) 특히 미국과 러시아에서 태평양 연안으로의 인구 이동과 발전상은 cf. *ICH*, pp. 79–81 ; *TPWH*, p. 60.

럽 시대"의 종식의 시기는 언제이며, 후속하는 시대로의 이행기는 어떻게 설정되는 것인가?

한마디로 줄여서 "전통적 유럽은 — 우리들의 역사책에 있는 유럽, 루이 14세와 나폴레옹과 비스마르크의 유럽은 — 이미 죽은 것이고 소생할 수 없다"는 것이 바라클라프의 기본적인 입장이다. 그렇다고 "유럽에는 무엇인가 필연적으로 논리적으로 전도를 전망할 만한 미래가 없다"[53]는 것은 아니다. 그가 "유럽의 종식"이라고 말할 때, 유럽이 소아시아나 아프리카와 함께 로마 제국에 포함되었던 고대에 있어서의 유럽사와 같은 존재로 간주되는 것과 같은 의미에서 장차 유럽사라고 하는 것이 없어진다는 것은 아니다. 지난 800-900년이 걸려서 유럽 사회가 만들어 내고, 굳혀 온 가치가 소멸해 버릴 것으로 두려워할 필요는 없다.

두 가지 이유에서 유럽적 가치는 소멸하지 않을 것으로 그는 전망하였다. 그 이유 중의 하나는 유럽적 가치가 인간의 永遠의 문제에서 무시하기에는 너무나 훌륭한 보편적 적응력을 가지고 있고, 이와 함께 이들이 나타내고 있는 해결책으로서 유럽이라고 하는 특수정신이 — 그리고 이 특수한 정신만이 표명할 수 있었던 것이지만 — 일단 표명된 만큼, 인류 전체의 재산이 되었기 때문에 소멸하지 않는다는 것이다.[54] 또 하나의 중요한 이유는 이들 제가치가 러시아 문명과 미국 문명에 정착하고 있다는 사실에 있다. 이 두 나라는 크게 보아서 서양사상에, 특히 양자 모두 18세기 계몽사상에 의거해 생장하여 왔다. 그러나 이 두 나라는 고유한 "프론티어"적 성격 때문에 유럽적 제도와 유럽적 유산을 근본적으로 수정하고 변형해 왔던 것도[55] 틀림없는 사실이다. 러시아와 미국은 어느 편이든 유럽 문명의 유산의 전부가 아니라 유산의 일부분을 받아들였다. 그러나 오늘날 미국과 러시아의 두 문명은 유럽에서 찾아볼 수 없고, 또한 역사적 이유 때문에 찾아볼 가능성이 전혀 없는 많은 특징을 내포하고 있지만

53) *HCW*, p. 217.
54) *HCW*, p. 218.
55) *HCW*, pp. 148, 219.

— 유럽적 요소 없이 생각할 수 없는 것은 엄연한 사실이다. 그리고 이 두 문명을 유럽적 요소 없이 생각할 수 없다는 것은 유럽 그 자체를 고전적 유산 없이 생각할 수 없다는 것과 같은 의미를 갖는다. 유럽은 아무튼 몇 가지의 이념을 인류의 공통적인 재산에 기여해 왔다. 고전고대의 이념이 중세 유럽에서 오해되고, 잘못 적용되었던 것과 똑같이 이들 이념도 부적당한 환경에서는 분명히 변형되고 오해되며 자의적으로 변경되고 그릇 적용될지도 모른다. 그러나 그럼에도 불구하고 이들 이념은 살아갈 것이다. 이는 인간정신을 자극하는 것으로서, 행동의 지침으로서, 또한 아마도 허물어지는 세계에서는 마음의 위안을 위해서, 그리고 인간의 노력을 북돋우는 박차로서 살아갈 것이다.[56] 그리하여 어떠한 형태로든지 "서양의 가치기준은 존속할 것"[57]이라고 하는 것이 바라클라프의 결론이다.

그는 1964년에 이르러 마침내 현대사가 갖는 주요 문제를 집중적으로 연구한 그의 역저, 《현대사서설現代史序說》에서 "근대"와 현대의 경계선을 긋기에 이르렀다. 그는 "현대"와 "근대"라고 하는 두 시대가 동시에 병존하는 과도기로서 "비스마르크가 정계를 은퇴한 1890년부터 케네디가 미국 대통령에 취임한 1961년까지의 시기"를 설정하고 또한 동시에 이 시기는 "두 시대를 나누는 분수령"에 다름없다고 규정하였다.[58] 다시 말해서 이 70년 동안에 한 시기를 마감하는 과정과 새 시대의 개막을 준비하는 과정이 함께 존재하는 것이다.[59]

그가 "현대"라고 말하는 새 시대에 전개되는 "신세계"는 19세기 말에 구세계의 태내胎內에서 조용한 태동을 보이고, 1918년 이후에 독자적 개성과 생명을 갖게 되고, 1945년 이후에 예상 외의 속도로 성숙하여, 이른바 그 후견자라고도 말할 수 있는 구세계의 보호의 손을 떨쳐 버리면서 자신의 운명을 자신이 결정하는 양도할 수 없는 권리를 주장하게 된다. 그런데 정작 그가 생각하는 자립의

56) *Ibid.*, pp. 218–219.
57) *Ibid.*, p. 218.
58) *ICH*, p. 3.
59) *Ibid.*, p. 23.

시기는 1955년경의 일이 된다.[60] 실제로 1955년 이후의 상황을 면밀히 관찰하면 이 해로부터 1960년에 이르는 사이에 세계는 다른 차원의, 또한 독자적 문제를 안은 역사의 새 시대에 들어가고 있는 것이 분명해진다. 즉 이 시기에 이르러 지나간 구세계와 태어난 지 얼마 안 되는 신세계를 올바른 경중輕重의 감각을 가지고 보는 것이 가능해진다는 것이다. 그리하여 19세기 말에 태동한 현대가 하나의 독자적인 새 시대로서 본격적인 개막의 시점을 맞게 되는데, 이는 1960년대 말이나 1961년 초에 시작한다고 말해서 무난할 것이라고 주장하였다.[61] 즉 1960년대 말에 이르러 지난 19세기 말에 개막한 현대의 오랜 과도기도 끝나고 새로운 세계가 본 궤도에 들어서는 것이다.

그러면 현대라고 하는 신시대를 창출하는 데 새로운 추세의 기폭제起爆劑가 된 힘은 무엇인가? 바라클라프는 그 직접적 근인으로서 19세기 말기의 산업혁명〔제2차 산업혁명〕과 사회혁명을 필두로 이들 혁명과 밀접한 관계를 갖는 "신제국주의"[62]를 열거하였다. 이러한 발전의 추세와 함께 유럽 중심적이었던 국제 정치가 전 세계적 규모의 국제 정치로 변해 가고[63] "대중 민주주의"의 발흥, 자유주의적 가치에의 도전[64] 등 많은 변화가 있었다. 그러나 이러한 변화는 그것만으로는 결정적인 것이 못되었다. 그 어느 것이든 단독으로는 옛 시대로부터 새 시대로의 전이轉移를 가져오지 못하였다. 보다 결정적인 것은 이들 변화의 상호작용이었다. 무엇보다도 비스마르크의 전성시대에는 유럽에만 국한되었던 정치 세력의 배치도가 마침내 세계의 다른 지역의 정치 세력과 복잡하게 맞물리게 되었다. 사회적인 운동이나 이데올로기적 운동이 국경을 넘어서 퍼져 가고 민족국가의 시대에는 볼 수 없었던 방법으로 연결되었다. 이러한 정세 속에서 처음으로 인류의 역사상 실로 새로운 시대가 온 것이 명백해졌다.[65]

60) *ICH*, p. 16.
61) *ICH*, pp. 32–33.
62) *Ibid.*, Cf. Chap II.
63) *Ibid.*, Cf. Chap. IV.
64) *Ibid.*, Cf. Chap. V.
65) *ICH*, pp. 17–18.

현대 세계의 특징적 양상을 자세히 살피는 과정에서 명확해지는 것은 유럽을 중심으로 삼고, 유럽 내부에서 추진된 발전의 연속성을 강조하는 연구 방법은 현대사의 특정 국면을 밝혀 주기는 하지만, 현대사의 과도기 전체를 해명하는 데는 열쇠가 되지 못한다는 것이다. 그것은 현대 세계를 형성하는 근본적인 구조상의 변화를 명확히 파악할 수 없는 까닭인 것이다. 말하자면 유럽 시대에 전개된 유럽 제국 간의 대립 항쟁은 분명히 하나의 중요한 요인이긴 하지만, 1945년 이후에 출현한 신세계의 성격을 이해하는 데는 도움이 안 된다. 이와 마찬가지로 1945년 이전의 50년간에 신세계를 서서히 형성한 힘의 기원이나 성장의 과정도 유럽 제국 간의 대립 항쟁의 실상만으로 설명될 수 있는 것은 아니다. 또한 유럽에서 진행된 사건의 경과를 1890년경에 시작하는 전 세계적 규모의 변화의 과정과 단절해서 생각하면, 유럽사 그 자체조차도 이해하기 어렵게 된다. 19세기 말 이래 유럽은 과거로부터 이어받은 문제에 봉착하면서 동시에 새로운 세계정세에 적응하는 과정을 밟게 되었다. 따라서 유럽의 역사는 필연적으로 이 두 개의 측면을 고려해야 할 필요가 있는 것이다.[66] 이 같은 상황을 포괄적으로 바라볼 때에 우리가 도달할 수 있는 결론으로서의 현대사에 관한 가장 특징적 사실의 하나는 그것이 세계사라고 하는 것이며, 현대사를 형성하는 여러 힘은 우리가 세계사적 시각에 입각해서 그것을 보려고 하지 않는 한, 결코 이해할 수 없다고 하는 것이다.[67] 그리하여 세계사는 그 자신의 독특한 출발점과 독자의 방법을 가지고, 다른 유형의 역사가 실현할 수 없는 목적과 대상을 갖는 역사 연구의 독립적인 한 부문을 이루게 된다. 우리가 살고 있는 현금의 세계에 조화를 이루는 역사의 형型은 전 지구적 차원의 세계사에 다름없는 것이다.[68]

66) *ICH*, p. 23, cf. Barraclough, "Europe and the Wider World in the Nineteenth and Twentieth Centuries,"in *Studies in Diplomatic History and Historiography*(Planned and ed. by A. O. Sarkissian, 1951), pp. 364–382, esp. p. 380.

67) *ICH*, p. 2.

68) Barraclough, "Universal History", in *Approaches to History* ed. by H. P. R. Finberg, (1962), p. 88.

3. 유럽사의 보다 넓은 개괄화概括化

유럽사의 각 전환기에 대한 고찰은 바라클라프로 하여금 "유럽사의 전면적인 수정"[69]을 불가피한 것으로 만들었고, 그 주된 방향은 유럽사 개념의 다각적인 재검토의 길로 귀착한다. 여기서 유럽사 개념의 재검토란 그 자신의 말대로 유럽사 해석의 기준이 되는 어떤 "새로운 역사 서술의 공식"을 만들어 내는 일이 아니라,[70] 유럽사를 연구하는 데 도처에서 맞닥뜨리는 "개괄화 generalization"의 문제로서, "우리가 일반적으로 유럽사라고 간주하는 서술의 많은 것들〔즉, 사실들〕을 조립하고 있는 여러 가지 해석"에 대한 재검토를 의미하는 것이다. 이를테면 "유럽의 유산", "유럽 문명의 가치", "유럽의 일체성의 이념" 등과 같은 개념, 혹은 더 간단히 말해서 "유럽사의 한계와 구분"[71]을 새로이 재검토해야 한다는 것이다.

바라클라프에게서 이러한 개괄화의 문제에 대한 재검토는 피할 수 없는 일이었다. 왜냐하면 이미 만들어진 기존의 기본적 개념은 — 이는 역사가가 한층 전문적인 연구를 할 때에 조만간 적응하지 않으면 안 되는, 보다 큰 구조물의 조립을 위해서 매우 중요한 개념이지만 — 그것이 일단 시험된 뒤에 받아들여지든, 또는 거부되든 간에 오늘날 진실로 필요로 하는 유럽사의 "새로운 비전"의 형성을 방해하는 것이기 때문이다.[72] 그런데 한마디로 "새로운 비전"이라고 말할 때, "새로운 지식보다도 오히려 오랜 사실을 딛고 선 새로운 비전이며, 낡은 공식이 새로운 상황에 적합하지 않다는 인식"에 근거하는 비전임을 그는 강조하고 있다.[73]

그가 생각하는 개괄화의 문제는 매우 다각적으로 시도되고 있으나, 크게 묶어서 두 가지 방향으로 추진되고 있는 것에 착안할 수 있다. 그 하나는 유럽사에

69) *HCW*, p. 22.
70) *Ibid.*, pp. 11,136.
71) *Ibid.*, pp. 14, 31 sqq., 46sqq., 55sqq., 127sqq., 157sqq., 165sqq. '개괄화'를 '일반화'로 표현할 수도 있을 것이다.
72) *Ibid.*, p. 14.
73) *Ibid.*, pp. 11, 136.

서 특정 시기의 특정 문제를 중점적으로 다룬 것이요, 다른 하나는 전면적 시각에서유럽사 자체를 관조하고, 다시 이것을 세계사적 연관 속에서 재고찰하고 있는 것이다. 이러한 두 가지 연구 방향이 모두 전장에서 살핀 역사 전환기에 대한 각별한 관심과 집중적 연구로부터 출발하는 것임은 말할 나위도 없지만, 이들 두 방향은 서로 밀접한 연관을 갖는다는 점에서 그 나름의 독특한 역사 연구 방법을 구사하고 있는 것을 간취看取할 수 있다. 바라클라프 스스로도 이 점에 관련해서 다음과 같이 말하고 있다. 그의 논문은 특수한 토픽에 — 즉 "콘스탄티노플의 함락", "황제 프리드리히 바르바롯사의 역사적 업적과 위치의 결정", "러시아의 역사" 등[74] — 관계할 경우에도, 이들 토픽을 그 자체만을 위해서가 아니라 "이들이 유럽 문명의 역사에 투사하고 있는 빛을 찾기 위해서 노력하고 있다"[75]는 것이다. 더욱이 전체로서의 유럽사에 대한 그의 연구시각에 있어서도 매양 이와 유사한 그의 입장을 찾아볼 수 있다. 즉 "유럽 문명의 성격과 특수 국면을 보다 넓게 생각함에 있어서도 유럽 문명은 그것만으로 독립해서 연구할 수 있다는 — 너무나 그런 식으로 연구되어 왔지만 — 견해에 반대해서 방어전을 펴는 것"[76]이 그의 기본적인 입장임을 강조하고 있다. "특수한 토픽"을 유럽적 전체와의 관련에서 관조한다든지 또는 "유럽을 보다 넓은 세계"[77]와의 관련에서 이해하려는 그의 연구 시각이야말로 그의 논문들의 기본적 구조이자 한결같은 기조로 볼 수 있을 것이다.

1) 동 · 서 유럽 — 공통의 역사적 배경

제일 먼저 제기될 수 있는 개괄화의 문제는 유럽의 "태동기"로서의 고대 말기가 제기한 문제이다. 바라클라프는 일찍이 1947년에 발표한 논문에서 고전적 전

74) ie "The Fall of Constantinople"(1953), "Frederick Barbarossa and the Twelfth Century"(1955), "Russia and Europe"(1955), in *HCW*.
75) *Ibid.*, p. 19.
76) *Ibid.*, p. 19.
77) *Ibid.*, p. 134 sqq., "Metropolis and Macrocosm : Europe and the Wider World, 1492–1939"(1954) in *HCW* : *cf.* "Europe and the Wider World in Nineteenth and Twentieth Centuries," in *Studies in Diplomatic History and Historiography* (Planned and ed. by A. O. Sarkissian, 1961)

통의 비연속적 요인을 명쾌하게 규명한 바 있다.[78] 그러한 기본적 입장에서 볼 때에 19세기 이래의 가장 "안 좋은 해석은 동방의 제국帝國에 대한 냉담하고 거의 경멸에 찬 태도이며, 이러한 태도는 제국의 로마적 "전통"이 마치 보스포러스의 "새 제국"에 옮겨가지 않고 시종 서방 측에 묶여 있었던 것 같이 생각하는 것"이라고 지적하고 있다. 그 같은 해석은 "가톨릭교회를 중개로 서유럽을 로마의 후계자로 삼고 있는 데에" 문제가 있는 것이다.[79] 그러나 동방교회도 또한 가톨릭교회와 동등하게 "강한 로마적 전통을 갖고 있으며, 더욱이 로마의 직접 후계자는 서방이 아니라 비잔티움이며, 그곳에서는 로마 문명과 로마의 진정한 국가 구조가 — 물론 변화는 있었으나, 줄곧 파괴되는 일 없이 계승되어 왔던 — 1453년에 콘스탄티노플의 함락이 있기까지 줄곧 계속되었다는 것이다.'"[80] 더 한층 중요한 사실로서 오늘날의 우리가 주목해야 할 일은 콘스탄티노플이 터키에 의해서 함락되었을 때, 비잔티움의 제국적 기독교적 전통을 받아들인 것은 러시아였다는 점이다. 즉 러시아의 지배자는 "새로운 콘스탄티누스", "전 세계를 지배하는 로마 황제이자 차르"의 정당한 후계자로 받아들여졌다. 그리고 모스크바는 "제3의 로마"라고 자랑스럽게 주창되었다.[81]

이로써 서유럽이 로마적 혹은 기독교적 전통의 독점자가 결코 아니라는 것이 명백해진 것이다. 더욱이 카를 대제 시대부터 늘 있어 온 두 개의 제국인, 서방 제국과 동방 제국의 기본적 전통은 동일한 것이었다. 물론 성 암부로시우스, 성 레오, 성 아우구스티누스의 손에 의해서 서방 기독교가 동방의 정교신앙과 다르게 변모한 것은 충분히 알고 있다. 그러나 "로마 문화"로의 "동화"나 혹은 그 문화의 흡수 과정에서 생긴 차이가 결정적 분열을 초래했다고 강조되어질 때에는 바라클라프로서는 — 그리스교회와 라틴교회와의 사이에 그 후 수 세기에 걸쳐 통일이 유지된 것을 고려하고 서방교회 속에 침투한 그리스

78) ie "The Continuity of European Tradition"(1947), in *HCW*.
79) *Ibid.*, p. 35.
80) *Ibid.*, pp. 35, 131.
81) *Ibid.*, pp. 40–41.

사상의 정도를 생각한다면 — 의문을 갖지 않을 수 없는 것이다. 이런 종류의 주장은 문명의 개념에서 그것의 보편적 내용을 떼어 내는 부당한 시도인 까닭에 반대해야 한다는 것이다.[82] 따라서 특수한 서유럽적 문명이 존재한다는 가설을 역사적으로 정당화하기 위해서 서유럽을 역사적 통일체로 보고, 슬라브적 동유럽과 구별하고, 혹은 완전히 구분하기까지도 하는 것에 의문을 갖지 않을 수 없다고 한다.[83] 결국 바라클라프는 동구와 서구가 갖는 공통의 전통적 배경을 찾아야 한다는 문제를 제기하고 있다.

이 같은 동구에 대한 새로운 관심은 1950년에 이르러, 보다 적극적으로 서구와 동구를 한데 묶는 경향으로 발전하였다. 바라클라프는 〈유럽 문명은 존재하는가?〉[84]라는 매우 이채롭게 보이는 논문에서 랑케Leopold von Ranke가 기본적으로 제시한 로마·게르만계 양대 민족의 융합 과정으로서의 유럽사를 재검토하면서 자신의 새로운 견해를 제시하였다. 그는 세 가지 측면에서 랑케를 비판하였다.[85] 첫째로 인종의 혼합은, 유럽 전토를 두고 보면, 랑케가 말하는 것보다 지극히 복잡한 것이며 더욱이 유럽 문명에 참여하는 능력이 실제로 인종에 의해서 좌우되는 것이 아님을 지적하였다. 예컨대 분명히 로마적 요소의 침투를 볼 수 없는 스칸디나비아의 문화적 성장을 생각해 보면 충분히 이해할 수 있다. 둘째로 시간적 요소라고 말할 수 있는 것인데, 여러 민족이 다른 시기에 유럽이라고 하는 "공동의 저수지"에 들어왔다는 점에 착안해야 한다. 오늘날 유럽의 여러 민족 중에서 가장 "문명화"한 스칸디나비아인들의 경우, 그 "출발이 늦었다"라고 해서 반드시 차이가 생기는 것이 아님을 알 수 있다. 늦게 참여한 나라들로는 15세기에서 16세기에 걸쳐 유럽사의 주류에 들어온 독일, 스칸디나비아, 러시아 등을 지적할 수 있다. 더욱이 논란의 여지가 많은 아메리카 문명이 있고, 20세기에 이르러 겨우 유럽 문명에 "참가"한 근대 터키가 있다. 셋째로 가장

82) *Ibid.*, p. 41.
83) *Ibid.*, p. 44.
84) "Is there a European Civilization?," 1950, in *HCW*.
85) *Ibid.*, p. 50ff.

큰 난제인 동유럽 특히 러시아에 관한 문제이다. 이곳에서도 또한 새로운 민족과 융합한 로마 문명의 유산과 기독교를 만나게 된다.[86] 로마의 유산은 비잔티움을 거쳐 전달되었고 러시아에 뿌리를 내린 기독교는 서구의 경우와 같은 아리우스파나 가톨릭이 아닌 "정통"의 기독교이다. 그리고 민족 그 자체가 게르만이나 라틴계가 아니라 슬라브계에 속한다. 그리고 몽고족의 침입으로 러시아 문명의 발달은 수 세기 동안 늦었고 그 방향도 어느 정도 변했다.

이상 지적한 것들을 보아 여러 민족들 사이에는 상당한 차이가 있다는 것을 누구도 부인하지 못할 것이라고 바라클라프는 전제한다. 그렇다고 하더라도 이러한 차이를 모두 합하면 그 질적인 차이가 동유럽 문명 전체 성격에 대한 차이에 맞먹을 만큼 질적인 차이가 있는 것인지 의심스럽다고 한다. 그런데 서구의 여러 지역에 걸친 엄청난 차이, 예컨대 스칸디나비아, 시실리, 삭소니아 지역 사이의 차이를 고려해 볼 때 많은 주저를 하면서도 다음과 같은 결론에 도달하게 된다고 한다. 그의 생각으로는 "유럽 전체에 걸쳐 하나의 문명이 존재한다"는 결론이 가장 안전하다는 것이다. 거듭 말해서 이 문명은 어느 지방을 보아도 동일하다는 것은 아니다. 즉 이 문명의 "구성요소"는 어느 것도 어느 지역에서도 동일한 것은 없다. 또한 아마도 이 문명은 어느 곳이나 동등한 단계에 있는 것은 아니다. 아무튼 일찍 성숙한 나라가 일찍 쇠퇴하는 것이 아닌지, 또는 늦게 성숙한 나라는 (독일과 같이) 다른 나라를 앞지르려고 속력을 높이다가, 이를테면 온실식물과 같이 성숙하기도 전에 시들어 버리는 게 아닌지, 우리는 이런 것들을 생각해 볼 가치가 있다는 것이다. 의심의 여지없이 그곳에는 무수한 단계가 있고 편차가 있다. 때로는 독일과 같은 한 국가의 경계 내에서도, 또한 영국 본토 그 자체 속에서도 그런 차이가 있다. 그러나 바라클라프는 유럽 문명이라고 부르는 하나의 문명이 아니고서는 달리 생각할 수가 없다는 결론에 도달하고 있다.[87]

86) Cf. *Ibid.*, p. 186 ; *Eastern and Western Europe in the Middle Ages*(History of European Civilization Library, General editor : G. Barraclough, 1970).
87) *Ibid.*, pp. 51-52.

이상 살펴 본 바와 같이 1950년에 제시한 "하나의 유럽 문명관"은 짤막한 서론적 내지는 시사적 내용 구성에 그치고 있으나, 이는 또한 자기 나름의 귀결, 즉 유럽 문명은 서구와 동구를 분리해서 생각할 수 없다는 의견을 분명히 천명한 입론이란 점에서 매우 중요한 의미를 지닌다. 그리하여 당연히 남게 되는 문제는 앞으로 구체적 역사 서술을 통해서 이를 보다 충분히 논증할 수 있느냐는 것이겠다.

동구에 대한 본격적인 연구논문이 1955년에 〈러시아와 유럽〉이라는 제목으로 발표되었다. 바라클라프는 이 논문에서 "러시아사가 서유럽사와 구별될 수 있는 특징적 모습을 갖추고 뿌리를 내린 것은 표트르 대제 이전의 5세기간, 즉 11세기로부터 16세기에 이르는 시기였음을"[88] 충분히 분석하고 나서, 다시 이 대제 이후에 동·서 유럽 양자 사이의 역사는 흡인과 반발의 복잡한 과정을 거쳐 서로 밀접한 관계를 유지하여 왔음을 입증하였다. 그는 러시아가 이 대제의 즉위 이후, "결정적으로 유럽 국가 체제의 일부"[89]로 되었다는 사실과 함께 일거에 서구의 계몽사상 속으로 뛰어들면서 맞닥뜨리게 된 사상적 갈등에 이르기까지 불가분의 문화적 교류가 있었음을 다각적으로 분석하고, 다음과 같은 결구에 도달하고 있다. 즉 "러시아사는 러시아에 있어서의 유럽 문명의 유효성을 나타내고 있다"[90]는 것이다. 그리고 양자의 관계를 경제적 교섭이나 정치적 관계와 병행해서 종교 문학 미술에 걸친 관념적 전 영역에 걸친 상호의존의 과정으로 생각하는 것이 중요하다고 제의하고 있다.[91]

본래 중세사가인 바라클라프는 동유럽에 대한 연구와 관심의 결실을 5인의 전문적 중세사가의 논문을 편집한 단행본으로 1970년에 발표하였다. 이 책은 《중세中世의 동·서 유럽》이라는 표제 아래 꾸며졌는데, 그 자신은 〈유럽사의 새로운 개념에 관하여〉라는 제목의 서문[92]을 싣고 있다.

88) *Ibid.*, p. 187.〔Vide, B. H. Summer, "Peter the Great," *History*, XXXII, 1947, p. 43 ; W. Philipp, *Hist. Zeitschrift*, CLXXVI, 1953, S. 590〕
89) *Ibid.*, p. 192.
90) *Ibid.*, p. 200.
91) *Ibid.*, p. 202.

바라클라프는 여기서도 랑케가 1824년에 처음으로 윤곽을 설정한 "유럽사 개념"을 비판하면서 차츰 새로운 개념 구성의 길을 모색하고 있다. 랑케에 따르면, 유럽사는 그 본질적 방향에서 "서방"의 역사라는 것, 서유럽의 "로마적·게르만적 민족"은 "그들 자신의 세계"를 형성하였다는 것, 그리고 그 세계에 동유럽 민족들은 전혀 참가하지 못했고 고작해야 조용한 방관자에 불과했다는 것에서 출발하고 있다. "로마적·게르만적 세계"야말로 랑케의 말에 따르면 "최근에 이르도록 우리들의 여러 조건의 전체 발전 과정이 의지하는" 기초였다. 생각건대 이러한 유럽 사관은 랑케의 범주를 받아들인 토인비에 의해서 영속되었거니와, 토인비는 동유럽의 "기독교 정교 문명"과 구별되는 "서양 문명"을 "이해 가능한 연구 영역"으로 보아야 한다고 주장하였다. 이러한 견해는 특히 미국 대학 교육에서 "서양 문명"의 형성을 가르치는 데 크게 강조되고 있는 사실에서도 찾아볼 수 있다고 바라클라프는 지적하였다. 그는 이와 같은 견해들에 대한 "때늦은 수정을 위해" 중세의 슬라브 민족에 대한 새로운 조명을 투사하고 있는 것이다.[93]

중세 전반을 에워싼 바라클라프의 유럽사 개념을 요약하자면 다음과 같다.[94] 근년에 이르도록 동·서유럽의 역사 또는 관계사는 튜톤족과 슬라브족 사이의 냉혹한 민족적 투쟁과 분쟁의 이야기로 그려졌고, 심지어는 두 문명의 불가피한 충돌로 서술되었다. 게르만족은 동방의 슬라브족 집단들에 대한 유럽 문명의 수호자임을 자처했다. 폴란드족과 체코족은 게르만족의 "동방으로 향한 열망"을 고발하면서, 게르만인이 동쪽 변경 너머에 널려 있는 슬라브족의 영토를 "정복, 종속, 착취"할 목적으로 10세기 동안 "침략적 팽창"을 지속해 왔다고 비난하였다. 이러한 관점은 19세기 후반과 20세기 전반에 걸쳐 국민적 적대 관계를 배경으로 형성된 것이었다. 말하자면, 범슬라브주의와 범게르만

92) Barraclough, "Introduction : Toward a New Conception of European History," in *Eastern and Western Europe in the Middle Ages.*

93) *Ibid.*, pp. 7–8 .

94) *Ibid.*, pp. 8–14.

주의 그리고 "사회적 다윈주의" 등의 영향 아래 형성된 그릇된 역사관의 산물이었다. 그러나 양자 간의 이러한 갈등과 마찰과 충돌의 역사와는 달리 원만하고 복잡한 그리고 서로를 필요로 했던 교섭의 역사가 있어 왔음을 알아야 한다. 그러한 교섭의 역사를 전공학자들의 연구를 통해서 약간 정리해 볼 수 있다.

카를 보슬Karl Bosl에 의하면[95] 동유럽의 슬라브 국가들은 서구의 게르만적 국가들과 조금도 다름없이 유럽 문명의 구성요소라는 것이다. 슬라브도 "중세 유럽의 기독교 사회를 구성하는 충분히 성장한 구성원이 되었던" 사실과 과정을 보여 주고 있는 것이다. 게르만과 슬라브 사이의 끊임없는 분쟁이라고 하는 생각은 역사적 증거에 입각한 객관적 연구에 의해서 생겨난 것이 아니며, 더욱이 "게르만"과 "슬라브"라고 하는 개념 자체도 그라우스Frantisek Graus가 명시하였듯이[96] 학문적으로 조성된 구성체로서 이 지역에서 거주하는 많은 부족과 민족의 다양성을 은폐하고 있다. 실로 분명한 것은 언어적 친화력親和力이 민족적 정치적 동일성同一性으로 유도되는 일이 드물다는 것이다. 슬라브 사람이 게르만 사람과 무난히 벌을 받지 않고 싸웠던 것과 마찬가지로 게르만 부족이 게르만 부족과 싸웠으며, 슬라브 부족도 슬라브 부족과 싸웠다. 이와 유사한 증거로서 슬라브족과 게르만족은 유동적이고 불확실한 변경을 넘나들며 서로 협조했고, 특히 중세의 수 세기에 걸쳐 진행된 중요한 과정은 반목과 불화보다는 문화적 인종적 융화였다. 실제로 초기의 유럽사는 그라우스의 말대로[97] 인종이 뒤섞인 "도가니"와 같은 것으로 그곳으로부터 결과적으로 다른 전통을 갖는 국가들이 생겨났으나, 그 모든 나라는 상호 간의 오랜 접촉과 교섭의 결과로 공동의 유산을 나누어 갖게 된 것이다.

바라클라프가 이 책에서 보이고자 한 것은 정치적 문화적 교류와 상업상의 연결, 그리고 이보다도 더 큰 문제로서 공동의 종교적 경험에의 참여의 결과로 동구와 서구를 함께 포괄하는 (그러한 문제를 위해서 북구와 남구도 공히) 하나의

95) *Ibid.*, p. 81.〔Vide *Ibid.*, "Political Relations between East and West," by Karl Bosl p. 43 sqq.〕
96) *Ibid.*, p. 36.〔Vide, *Ibid.*, "Slaves and Germans," by Frantisek Graus p. 15sqq.〕
97) *Ibid.*, p. 42.

문명이 존립하게 되었다는 것이다. 이 중에서 가장 다루기 힘든 종교는 흔히 동·서 유럽을 갈라놓는 쐐기로 다루어지고 있으나, 칼파티아 산맥 북쪽의 서슬라브계에 미친 로만 가톨릭의 막중한 영향은 이미 논파된 바 있는 사실이다. 즉 기즈토Alexander Gieysztor의 말대로[98] 서방으로부터 오는 영향은 "비잔틴 문명과 그것의 파생적 영향에 비해서 월등히 동적이었음이 입증되었고" 교회야말로 문화적 동화작용에 가장 활동적인 행위자이었다. "기독교 신앙을 받아들였다"라고 하는 것은 보슬의 말대로[99] "슬라브 사람들을 성장하는 유럽 사회의 일부로 만들었고" 또한 동시에 종교는 슬라브적인 여러 국가 형성에 주요한 역할을 담당했다.

결국 복잡한 여러 민족들 사이에는 전쟁과 정복이 줄곧 뒤따랐지만, 그것이 이야기의 근간이 되어서는 안 된다는 것이다. 훨씬 중요한 사실은 농민으로부터 영주나 성직자에 이르도록 지속적으로 거의 매일처럼 추진된 교섭과 상호작용이 초래한 발효 과정이 있었다는 것이다. 이러한 과정을 통해서 민족 간의 근원적 차이는 서서히 균질화均質化되고, 기즈토를 인용하자면 "압력은 통일적인 생활 방식을 지향하게 되고" 또한 "지적 교류의 기회는" "문화적 풍요의 끝없는 근원이" 되었다. 그리하여 그의 포괄적이고도 결론적인 말에 의하면 이곳에서 지배적인 양상은 "문명들의 충돌이" 아니라 공통하는 문명의 형성이었다.[100]

1947년에 바라클라프가 처음 착안한 전환기로서의 고대 말기가 도달한 유럽사의 개괄화〔일반화〕의 문제에서 우리는 다음과 같은 결론을 얻을 수 있을 것이다. 적어도 랑케 이래로 "유럽"을 "서구"와 동일시했던 해석 경향은 지양되어야 하고 동유럽과 서유럽을 합친 전체로서의 "유럽사"또는 "유럽 문명"을 하나의 역사 개념으로 확립할 수 있다는 것이다.

유럽사의 진정한 출발점은 프랑크족이 8세기에 조각보 모으듯이 형성한 제국帝國에 있지 않고, 9세기와 10세기에 칼로링거의 토양에서 솟아난 여러 국가

98) *Ibid.*, p. 184.〔Vide, *Ibid.*, "Cultural Interchanges,"by Alexander Gieysztor, p. 175sqq.〕
99) *Ibid.*, p. 57.
100) *Ibid.*, pp. 198–199.

의 형성에 있다고 주장하는[101] 바라클라프에게서 전환기로서의 11-12세기 교체기는 기성의 유럽이 처음으로 새로운 단계로 진입하는 계기가 된다. 다시 말해서 "유럽 사회는 1122년에 이르러 다른 모습과 다른 중심과 다른 내용을 갖게 되고 이로써 유럽사는 새로운 행로를 향하게 된다".[102]

2) 중세적 세력 균형의 형성 — 동·서 유럽의 분열

그러면 두 번째 전환기에 착안할 수 있는 개괄화의 문제는 무엇인가? 이를 한마디로 줄여서 말한다면 중세적 세력 균형의 탄생과 동구와 서구의 분열에 있다고 말할 수 있을 것이다. 유럽은 9세기에 시작된 무정부 상태로부터 벗어나, 10세기와 11세기에 서서히 부흥하면서 곧바로 주권 국가 체제의 정비와 함께 국가 간의 세력 균형이 형성되기 시작했다. 이러한 여러 국가의 발전은 중부 유럽에 견고한 블록을 형성하고 있던 독일 세력의 우세한 위치에 의해서 일단 제약되었다. 독일의 우위는 오토 1세에 의해서 이끌어졌다. 그러나 여러 국가의 다양한 발전은 전면적인 통일을 이루겠다는 의식에서 솟아난 방해나 제지에 의해서 억제되지 않았다. 얼마 안 가서 독일 황제의 힘이 쇠퇴하자 곧바로 균형을 갖춘 여러 세력의 연결 체제가 형성되었다. 그 체제를 도모하기 위한 첫 번째 자극은 교황 그레고리 7세에 의해서 시도되었다고 생각된다. 즉 교황은 헝가리, 폴란드, 보헤미아, 크로아티아, 덴마크 같은 나라들의 도전을 부추겼는데, 이는 황제 권력에 대항할 수 있다고 생각되는 독립국가군의 포위망을 독일 제국의 국경 주변으로 결집시키기 위해서 시도되었다. 이와 같이 서임권 투쟁이라는 목적 아래 이루어진 여러 세력의 배치는 우리가 잘 아는 유럽의 세력 균형을 탄생시켰다. 여기서 중요한 사실로 지목해야할 것은 오늘날까지 한번도 중단되지 않고 계속해서 국제 관계를 지배해 왔던 서로 연결되고 맞물린 세력 균형의 조직이 12세기 초부터 가동되었다[103]는 사실이다.

101) Barraclough, *The Crucible of Europe*, 1976, p. 15.
102) *Ibid.*, p. 166.
103) *HCW*, pp. 82, 102 ; *TPWH*, pp. 22–23.

서임권 투쟁이라고 불리는 이 동란은 사제의 서임권을 에워 싼 왕과 교황과의 지루한 충돌에 불과한 것같이 보인다. 그런데 단지 이 사건을 개관하는 것만으로는 아무것도 알 수 없고, 보다 깊이 사물을 관찰하는 역사가만이 보다 깊은 의미를 인정하게 된다. 서구 기독교 세계의 역사에서 이 전환점이 제대로 설명되지 않고서는 동구와 서구가 함께 하나의 문명 속의 한쪽 편을 이룬다고 하는 사실에도 불구하고, 다음 단계에 이르러 분열하게 된다는 역사적 사정에 관해서 만족할 만한 설명이 안 되기 마련이다. 여기서 다음 단계란 전환기를 뒤따르는 단계를 지칭하는 것이다. 동·서 유럽의 분열에 관한 한, 부분적인 설명에 그칠지 모르겠으나, 11세기 말까지 소급해 올라가서 탐구할 수 있는 기본적인 정신적 분열의 본질적 단서를 우리는 바로 이 전환기에서 찾을 수 있는 것이다.[104] 동방교회와 로마 교회가 1054년에 결정적으로 분열한 이래, 러시아는 비잔티움 자체보다도 더 크게 더 적극적으로 라틴적 서방에 등을 돌리게 되는데, 이는 기독교 국가로서의 러시아가 스스로 서유럽의 일부라고 감지하여 왔고, 실제로 서유럽과 많은 공통의 이해를 가지고 있었음에도 불구하고, 동방의 정통적正統的 전통의 살아 있는 대표로서 다른 유럽 국가들의 발전의 노선과는 반대의 방향으로 밀려나게 되는 데서 연유하는 것이다. 우선 러시아는 11세기 말에 서유럽 전체에 결정적 영향을 준, 저 거대한 정신적 흥분〔즉 서임권 투쟁기의 흥분〕을 경험하지 않았고, 다음으로 이 흥분으로부터 불타오른 부활 — "12세기의 르네상스"라고 이따금 불리는 것 — 을 경험하지 못했기 때문이다. 다시 서유럽에서 12세기로부터 페트라르카의 시대를 거쳐, 15세기 르네상스까지 계속된 정치적 사고의 — 또한 다른 지적 사색에 대한 — 자극과 충격은 러시아와 전혀 무관한 사실이었던 것이다.[105] 이러한 경로를 보아 알 수 있듯이 러시아와 서구가 서로 다른 길을 걷게 된 첫 갈림길은 다름 아닌 11세기와 12세기의 교체기에 있었음을 알 수 있다는 것이 바라클라프의 또 하나의 중요한 결론이다.

104) *HCW*, pp. 161-162, 188.
105) *Ibid.*, p. 188.

3) "유럽과 보다 넓은 세계"의 관계사

바라클라프의 세 번째 개괄화의 문제는 근대사를 위요한 유럽사 개념에 관한 재고찰이다. 그는 종교개혁기와 프랑스 혁명기를 근대사에서의 양대 전환기로 설정한 바 있거니와, 이제 이 두 시기를 역사의 개괄화의 문제와 여하히 연결을 짓고 있는가를 살펴보아야 할 차례이다. 그는 근대사에 관한 논의에서도 랑케가 일찍이 확립하여 후세에 적극적인 영향을 끼친 전통적 유럽사 개념을 비판적으로 거론하면서 새로운 개괄화의 길을 모색하고 있다.

랑케에게서 유럽사의 기초는 "라틴적 게르만적 민족"의 "통일성"과 상호 연관적 발전에 있었다. 이들의 통일성은 복수의 통일로서 다양성 속에서의 통일이라고 말하는 편이 나을 것이다. "다양한 통일성unity in diversity"이라는 낱말이야말로 랑케가 서구의 역사학에 남긴 유럽사 전체 개념whole conception의 상징적 특징적 표현이다. 유럽의 거대한 잠재력, 그리고 다시 이 잠재력을 발전시키는 자유는 다양성 없이 생각할 수 없고, 말하자면 정치적 대항 상태 속에 있는 자유로운 상호작용과 구성 민족 사이의 경제적 경쟁 없이는 생각할 수 없는 것이다. 이 자유로운 상호작용을 보증하는 실제적 수단이 세력 균형의 체제이다. 이 체제는 유럽 사회의 구조를 지탱하는 중심축이었다.[106)]

그런데 문제는 이 세력 균형 체제를 어떠한 시각에서 보고 이해하느냐에 따라서 랑케로부터 그의 후배 역사가에 이르도록 유럽사의 전면적 윤곽과 내용과 양상에 대한 해석이 달라지는 것이다. 랑케에 의하면 1494년부터 1514년에 이르는 20년 동안에 이탈리아 지배를 에워싼 분쟁이 곧 세력 균형이라는 기구를 탄생시켰다고 한다. 그 이후 유럽의 중심부에 있는 구열강들이 서로 균형을 유지하려는 목적으로 새로운 지역과 새로운 세력을 끌어들이게 되었다. 예컨대 프랑스의 패권을 저지하려는 열강은 표트르 대제의 러시아를 "유럽 협조European Concert"에 끌어 들였고, 18세기의 신대륙에서 영국과 프랑스 사이의 대항 관계가 예증하듯이 세력 균형은 서서히 세계의 체제로 모습을 바꾸어 갔다.[107)]

106) *Ibid.*, pp. 169-170.〔이 책 "제1장 3절. 랑케의 유럽 우월론과 유럽사 개념" 참조〕

그런데 랑케의 후배들 중에서, 1870년에 시작되는 "신제국주의"를 경험한 새 세대에 이르러 이들의 현실적 주변적 상황에 큰 변화가 있는 것을 의식하게 되었다. 유럽적 규모의 전망으로부터 세계적 규모의 전망으로의 변화가 있게 된 것이다. 유럽의 아프리카 분할은 이러한 변화를 분명히 나타내고 있었다. 유럽 국가들이 경쟁적으로 아프리카라고 하는 노획물의 분배를 요구하게 되었는데, 이는 분명히 유럽적 협조 체제에서 자국의 상대적 지위 하락을 두려워했기 때문이었다. 즉 열강은 옛적부터 내려오는 전통적 세력 균형이 앞으로는 단지 유럽이라고 하는 차원뿐만 아니라, 지구적인 차원에서도 기능할 수 있도록 만들기 위해서 아프리카의 분할이 필요하다고 생각하였다.[108] 이러한 현실적 변화를 목도한 랑케의 에피고넨의 생각으로는 "랑케가 유럽사의 흐름 전체를 보증하는 보편적 법칙", 즉 세력 균형의 법칙을 확립한 셈이었다. 다시 말해서 정치적 세력의 착종錯綜한 자기조정 기구가 늘 존재하고 있어서 문명의 전체 구조의 기초인 자유에 대한 어떠한 위협에도 자동적으로 반격하는 작용을 하고 있다고 믿었다. 그리하여 실제로 1914-1918년에 이르는 전쟁과 1939-1945년의 전쟁은 모두 세력 균형을 보전하기 위해서 싸운 전쟁이었다. 양차의 대전은 분명히 세계대전이었으나 전쟁에 불을 붙인 것은 유럽적 세력 균형의 미묘한 문제에서 비롯하였고 또한 세계의 균형은 아직도 유럽의 중심에서 작용하고 있으며 동시에 구대륙의 중심에서 반작용이 있는 것으로 생각되었다.[109] 거듭 말해서 유럽의 세력 균형이 "전 세계를 포괄하는 균형"으로 변모하여, 유럽의 방식이 외부 세계로 투영된 것이라고 생각하였다. 그리고 "최종적인 결정은 유럽에서 이루어진다"는 것을 아무도 의심하지 않았다.[110] 랑케의 "라틴적 게르만적 민족", 이들 민족의 영토와 영향과 행동범위가 지금도 전 지구를 에워싸고 있는 것으로 이해되고 있었다.

107) *HCW*, p. 170 ; *ICH*, p. 91.
108) *ICH*, p. 92.
109) *HCW*, pp. 170-171.
110) *ICH*, p. 92.

이상과 같은 랑케 이래의 전통적 유럽사 해석은 마침내 바라클라프에 의해서 비판되거니와, 이러한 비판적 첫 논문, 〈유럽사의 전망〉이 발표된 것은 1954년이었다.[111] 이 해와 다음 해에 그는 일련의 근대사 논문을 발표하게 되는데, 이로써 근대사가로의 본격적인 발돋움을 하기 시작한 셈이다.

바라클라프는 우선 1939년의 상황부터 조사하기 시작해서, 다음으로 1919년에서 1939년에 이르는 사이의 세력 균형의 기능을 조사하고, 끝으로 근대사 전반의 흐름을 관통하는 세력 균형 체제의 역사적 과정을 분석하였다. 그의 분석과 비판을 다음과 같이 요약할 수 있다. 이미 제1차 세계대전의 결과로 국제 관계에서 유럽의 지위와 역할은 떨어지고 축소되었다. 이러한 결과는 거의 우연이라고 말할 수 있는 일이었지만, 세계의 2대 강국인 러시아와 미국의 부재로 은폐되었다. 즉 러시아는 1917년 국내 혁명의 길로, 미국은 윌슨의 몰락 후 전통적 고립주의의 길로 각기 되돌아감으로써 은폐되었다. 내용적으로는 이미 1918년에 유럽 대륙 안의 열강으로부터 대륙의 주변에 위치한 열강으로 힘의 이동이 있었다. 호엔촐레른의 독일이 전면적 패배를 겪은 것은 미국의 압도적 우세에 의한 것이었다. 히틀러 지배의 독일이 전면적 패배로 끝난 것은 미국과 러시아의 공략에 의한 것이었다. 물론 영연방의 역할을 무시할 수 없는 것이지만, 유럽은 영국을 유럽에 포함시킨다 하더라도 유럽만의 힘으로는 문제를 해결할 수 없었다. 중요한 사실로서 인식해야 할 점은 유럽 문명의 가치에 — 이러한 가치가 존재할 수 있는 것은 다수의 자유로운 여러 나라가 있었던 까닭이지만 — 치명적으로 작용했던 일국에 의한 패권을 막기 위해서 유럽은 유럽 밖에서 오는 힘의 압력을 필요로 했다는 것이다. 나폴레옹의 패배의 주요인으로 흔히 유럽 국민들의 저항, 예컨대 독일의 "해방 전쟁과 이른바 서반아의 궤양潰瘍"을 강조한다. 그러나 나폴레옹은 대륙 내의 여러 국민들의 봉기에 의해서 패했던 것이 아니라, 유럽 밖으로부터 끌어들인 강국의 힘에 의해서, 즉 우랄

111) Barraclough, "Europe in Perspective. New View on European History"(1954) in *HCW*; 이를 현대사적 시각에서 구체화한 논문이 "From the European Balance of Power to the Age of World Politics"(1964) in *ICH*임.

산맥을 넘은 광대한 아시아에 비축된 힘에 의해서 패했던 것이다. 루이 14세를 격파한 것은 늘 바다 너머로부터 힘을 얻은 해군국으로서의 영국과 네덜란드였다. 16세기에 카를 5세가 유럽을 지배하려던 시도는 터키에 의해서 무위로 돌아갔다. 유럽의 "자유"를 구하기 위해서는 오토만 제국에 의한 외부로부터의 압력이 필요했다.[112)]

그런데 여기서 주의해야 할 점이 있다. 비유럽 지역의 자원에서 제각기 스스로의 힘을 얻고 있는 유럽 주변의 강국들은, 특히 해군국의 경우 유럽의 세력 균형의 원리가 아닌 자신의 원리에 따르고 있다는 사실이다. 예컨대 영국과 네덜란드 사이는 양국 간의 통상 및 식민지 쟁탈의 경쟁에서 이미 무력 충돌의 관계가 고조되어 있었음에도 불구하고 유럽 안에서는 프랑스에 대항에서 힘을 합쳤다. 대외 정책은 두 개의 분명히 구별되는 영역, 즉 "전 지구적 영역과 유럽적 영역으로 각각 움직이고 있었는데, 영국이 이 두 영역을 연결하는 고리를 제공하였으나 그 적용 범위는 중첩되지 않았고, 더욱이 융합하는 일도 없이 제가끔 작동했던 것이다".[113)] 4세기간에 걸친 유럽의 세력 균형의 결과는 날로 소단위로 분열되는 것이었고, 그것은 베르사유 조약 후의 동유럽의 창설로 절정에 달했다. 유럽 밖에서 진행한 상황은 시종 더 큰 지배 영역의 형성으로 향하는 것이었다. 유럽에서 진행된 전쟁은 매양 분할의 증대를 초래했으나, 식민지에서의 전쟁은 매양 종합의 증대를 가져왔다. 이는 이미 17, 18세기에 나타났고 19세기에는 더욱 명확해졌다. 유럽 내부에서는 한 나라가 우세해질 두려움이 있으면, 반드시 저항을 받게 되고 일국의 우세는 무위로 귀착했다. 반면에 유럽 밖에서는 강국의 우세라고 하는 원칙이 확립되었던 것이다.[114)]

마침내 바라클라프는 하나의 중요한 결론에 도달하게 된다. 서유럽을 "세계 그 자체"로 보는, 즉 로마 제국의 붕괴 이래 고유의 발전 과정을 추구해 온 밀접히

112) *HCW*, pp. 173–175.

113) *HCW*, p. 175. 영국은 세계적인 이해관계와 유럽적인 이해관계 사이에 적절한 균형을 유지한다는 18세기 이래의 과제의 해결에 부심하였으나, 1890년 이후 이것이 잘 진행되지 않았다. 영국의 쇠퇴는 이러한 사실을 반영하고 있다. Cf. *ICH*, p. 109.

114) *HCW*, p. 176.

관련된 여러 국민들의 복합체로 믿는 낡은 개념은 버려야 한다는 것이다. 그리하여 유럽사를 형성하는 결정적 요인으로 생각하지 않으면 안 되는 것은 "유럽과 보다 넓은 세계와의 관련"이라고 주장하고 있다. 좀더 부연하자면 외부로부터의 충격 없이는 유럽의 발전의 어느 국면도 — 서유럽의 발전이라면 더욱 그렇지만 — 이해할 수 없다는 것이다.[115] 이러한 시각에 입각해서 랑케의 유럽사관을 돌이켜본 바라클라프는 그 오류를 다음과 같이 지적하였다. 나폴레옹 전쟁 후의 평화롭던 시기에 붓을 든 랑케는 영국과 러시아의 힘에 의한 나폴레옹의 패배를 옛적부터 내려오는 유럽 체제를 다시금 확인시켜 주는 사실로 봄으로써 내적으로는 프랑스혁명과 외적으로는 유럽 밖의 열강의 우세가 이 체제의 붕괴의 첫 단계를 나타내는 것임을 간과했다고 말하였다. 이뿐 아니라 1833년에 랑케가 〈강국론強國論〉을 쓸 때, 그가 그 속에 미국을 포함하지 않고 외면했던 것은 얼마나 특징적이었는가를 비판하였다. 또한 동유럽의 여러 국민들에 대해서 마치 유럽의 발전에 아무런 역할이나 공헌도 하지 않았던 것같이 거의 모욕적이라고 할 만큼 따돌렸던 랑케의 태도는 동유럽이 터키의 지배 아래 침전했고, 러시아 오스트리아 프로이센 등 삼국 사이에 분할되었던 일시기의 편견과 선입견을 반영한 것으로 볼 수밖에 없다고 갈파하였다.[116]

"유럽 시대의 종식"을 목도한 바라클라프에게서 가장 중요한 과제는 랑케가 일찍이 확립한 바 있는 "역사의 개념이 얼마나 시대와 환경에 제약되어 있는가를 의식하는 것"이었다. "이 역사 개념은 중세의 유럽에 관해서도 올바르지 못한 것이었고" 무엇보다도 "랑케가 붓을 들었던 그때의 근대유럽에 관해서도 옳지 못하였다". 그것은 단지 어떤 특정의 역사적 상황을 설명하고 있을 뿐이었다. 세계의 여러 사건이 어떤 특수한 배치나 배정을 받고 있었던 관계로 서유럽이 비교적 독립한 상태에 있으면서 스스로의 리듬에 맞추어 발달하고 있다고 느껴졌던 시대가 존재한 것은 의문의 여지가 없다. 이를테면 "유럽 밖의 세계

115) *Ibid.*, p. 177.
116) *HCW*, p. 180.〔Vide, Ludwig Dehio, *Gleichgewicht oder Hegemonie. Betrachtungen über ein Grundproblem der neueren Staatengeschichte*, 1948, Einleitung〕

에 대한 유럽의 압력이 유럽에 대한 유럽 밖의 세계의 압력보다 강했던 시대"가 있었다. 그러나 이러한 시기를 기준으로 삼아서는 안 된다는 것이다.[117)]

이상 살핀 대로 유럽적 정치 체제를 유지하고, 세력 균형 체제에 의하여 보증된 가치를 유지한다는 것은 항시 유럽이 보다 넓은 세계의 일부분 밖에 안 되고 그리하여 유럽의 균형을 유지하는 힘은 언제나 유럽 밖에서 보충할 수 있었다는 사실에 의존해 왔음이 분명해졌다. 이로써 지금까지 서유럽을 잘못 강조하고, 서유럽에만 특별히 빛을 투여함으로써 유럽과 보다 넓은 세계와의 관계를 그릇 해석해 온 오류를 시정해야 하는 지경에 이른 것이 분명해졌다. 이는 최근의 사정뿐만 아니라 중세 초기 이래의 모든 중요한 역사의 길목과 역사의 과정을 개정해야 한다는 것을 의미하는 것이다.

4) 양극화 체제 — 블록화의 세계사

끝으로 바라클라프는 최종의 전환기가 "1960년 말에 과도기"로서의 단락을 짓고 끝났다는 인식과 함께 현대 세계사 전반에 대한 개괄화의 문제를 어떻게 제기하고 있는가를 살펴야 할 차례이다. 전장에서도 지적하였지만, 그는 1964년에 이르러 "현대사"에 대해 보다 광범위하고 다양하고 분석적인 연구업적을 내놓게 되는데[118)] 이는 양적으로도 근대사 일반에 관한 글에 비해 훨씬 많은 것을 볼 수 있다. 우리는 현대사에 대한 그의 연구시각을 크게 두 방향으로 나누어 생각할 수 있다. 하나는 미국과 러시아라는 양대 강국에 의해서 구축된 양극화 체제의 등장 과정이요 다른 하나는 새로이 전개되는 전체로서의 세계사적 구성에 대한 각별한 관심이다.

바라클라프는 유럽 문화가 미국 문명과 러시아 문명에 정착하고 있음을 1954년에 처음 주장한[119)] 이래, 이 양대 강국의 세계 무대로의 등장 과정을 본격적으

117) *HCW*, p. 181. cf. Barraclough, "Europe and the Wider World in the Ninteenth and Twentieth Centuries," in *Studies in Diplomatic History*, pp. 380-382.

118) 현대사 관계논문은 *Introduction to Contemporary History*에 수록된 것 외에 Cf. "Contemporary World History," in *Perspectives on the European Past*, ed. by N. Cantor, 1971, pp. 339 sqq.〔졸역, 이 책 말미에 수록〕

119) Cf. "The End of European History," in *HCW*, p. 219.

로 추적하였다. 그는 대서양 건너 유럽 밖에 위치하는 미국과 유럽 및 아시아에 걸쳐 위치하는 소련이라는 양대 국가에 의한 "전 지구적인 양극화의 방식이 현실로 등장하였다"[120]는 사실에서 출발하여, 양대 진영으로의 권력의 집중은 여러 가지 점에서 유럽의 사태와는 무관하게 진전해 왔음을 입증하였다. 즉 1898년부터 1905년 사이에 극동에서 일어난 여러 사건은 국제 관계에서 하나의 전환점을 기했는데, 중국 분할의 위협, 다시 말해서 중국 본토가 유럽의 지배하에 들어갈 수 있지 않느냐는 의구심은 비유럽 국가들의 행동을 고취시켰다는 것이다. 그 결과로 이 시기에 일본과 미국이 새로 등장하고 여기에 전부터 관심을 품었던 러시아가 그 나름의 작용을 계속함으로써 "세계 정치라고 하는 방식이 생겨나고 이것이 끝내 유럽 중심의 방식을 대치했다".[121] 이로써 유럽 미국 및 아시아의 정치가 서로 밀접한 연관을 갖게 되는데, 이는 지금까지 없었던 새로운 사태였다. 1905년에 세계는 앞으로 전개될 전 지구 시대의 모습을 처음으로 드러내게 된 것이다.

이러한 세기적 전환이 있을 무렵에 러시아와 미국은 오랫동안 지속해 왔던 우호 관계와 상호이해에 종지부를 찍었고, 그 후 두 나라는 태평양에서 경쟁자로서 서로를 의식하게 되었다. 더욱 중요한 사실로서 착안할 수 있는 점은 극동을 국제적 경쟁과 투쟁의 중심 무대로 최종적으로 확정하게 되었다는 것이다. 유럽 제국은 극동에 대해서 부차적 중요성밖에 인정하지 않았으나 유럽 이외의 나라, 특히 미국은 여러 가지 점에서 극동을 유럽 이상으로 중시했다. 이 시기에 유럽의 정세와 세계정세와의 사이에는 항구적인 연결이 있는 것으로 인식되었고, 다시금 세월이 흐르면서 유럽의 정세는 차츰 세계정세에 종속하게 되었다. 이러한 국제 정치의 역사적 변동 속에서 유럽은 1918년을 고비로 그 세력이 쇠퇴하고 미국과 소련이라고 하는 세계적 강국에 종속되었다. 또한 이러한 사실은 유럽에 기원을 가지고 유럽의 우위에 의존해서 적어도 1945년까지는 존속

120) *ICH*, p. 89.
121) *Ibid.*, p. 101.

했던 세력 균형의 체제가 양대 진영으로 나누어지는 세계적 양극화 체제로 변하였음을 입증하게 되었다.[122)]

바라클라프가 1964년에 발표한 현대사 관계 논문이 의도한 주요목표는 20세기 초두의 유럽 중심의 세계적 판도로부터 그 초점이 아시아·아프리카로 변해가면서 마침내 유럽열강의 지배적 지위가 초강대국인 소련과 미국에 의해서 대치된 새로운 세계적 판도로 변하게 된 과정을 설명하는 데 있었다. 이와 함께 유럽의 제국주의적 팽창 과정이라든가 유럽에 대한 아시아·아프리카의 반격에 관한 논의는 유럽의 역사가로서는 드물게 객관적 냉정성을 지키고 있는 점이 특이하다. 특히 아시아·아프리카에서 일어난 반식민주의 운동의 제3세계로의 확대와 그것의 국경을 초월한 인종 전쟁으로의 합류를 언급하면서, 특히 미국의 흑인은, 이른바 아프로 아메리칸은 자기네들이 적의 영내의 전위前衛로서 제3세계의 제민족과 똑같은 투쟁에 종사하고 있다고 생각하고 있음을 지적하고 있다. 더욱이 오늘날의 상황은 소련에 의해서 대표되는 공산주의와 미국으로 대표되는 자본주의의 대립이 아니라, 빈자 대 부자, 비소유자 대 강자의 대립이란 점을 밝히면서 모든 사람에게 풍요를 약속하는 새로운 공업 사회가 영구히 추방했다고 자부하는 계급투쟁이 바야흐로 국내 사회가 아니라 국경을 넘어선 국제 관계에서 다시 천명되고 있다고 간파하고 있다. 전 세계적 규모의 국제적 계급투쟁 과정이 오늘의 상황이며, 그것은 계급투쟁인 동시에 일종의 인종 투쟁이기도 하다는 것이다. 이러한 새 흐름과 함께 역사이해를 위한 전 지구적 시각의 필요성을 강조하는 바라클라프에게서 현대 세계는 제2차 세계대전 후 20년간 계속한 양극화 세계에 대신해서 등장한 "대지역 블록의 세계"[123)] "안정된 거대한 대륙 블록"의 세계의 전개에 다름없다고 한다.

122) *ICH*, pp. 102–103.

123) "이 지역 조직에서 주요한 것은 소련 블록, 북아메리카, 북아프리카와 중동으로 이루어진 아랍 세계, 중국, 서유럽, 남아메리카(멕시코를 포함), 그리고 사하라 이남의 아프리카이다. [···] 일본이나 [···] 오스트레일리아는 본의는 아니겠지만, 캐나다와 함께 북미 세력권 속에 끌려들게 될 것이다. [···] 동남아시아는 [···] 별도의 지역 단위를 형성하든지, 또는 소련 중국 미국의 제국주의적 영향 속에서 분할 상태를 지속할 것인지 [···] 때가 지나면서 정세는 변화할 것이다"(Cf. *TPWH*, p. 69)라고 보고 있다. [이 책, "제10장. 현대의 세계사(바라클라프의 다이얼로그)" 참조]

4. 바라클라프의 유럽 사관의 의미와 위치

바라클라프는 "역사주의의 위기"를 분석한 자신의 글 속에서 소수의 역사가만이 1939년에 이르러 그들이 물려받은 역사주의의 선입견을 용감하게 버릴 마음의 준비가 되어 있었다고 말했다. 이어 그러나 그러한 역사주의적 전제는 제2차 세계대전 이후에도 10년이 지난 1955년까지 대체로 도전을 받지 않았다고 술회하였다.[124] 이러한 역사 연구 경향에 비추어서 바라클라프의 전환기론이나 유럽사론의 위치를 가늠하여 본다면, 우리는 그것이 갖는 선구적이며 획기적인 가치를 인정하지 않을 수 없을 것이다. 왜냐하면 그는 세계대전 이후 10년 동안 "역사주의의 신화의 근본적 결함"[125]을 극복하기 위하여 노력해 왔고, 1955년에 이르러 이미 그러한 노력의 결정체를 세인世人 앞에 공간하였기 때문이다. 이렇듯 그에 의하여 "영국의 역사주의는 붕괴의" 길이 열린 셈이다.[126]

1945년 이후에 그가 "어떤 일관성을 가지고" 집착했던 연구 방향은 실로 역사주의의 극복에 있었다. 그의 유럽 사관을 형성하는 두 개의 주제, 즉 통시적 맥락 속에서 그 위용을 나타내는 전환기론과 특수와 개체의 집적을 승화시킨 문명이라고 하는 포괄적 구조는 모두 역사주의의 모순과 폐단弊端을 극복하기 위한 주요 수단이었다. 유럽사의 "최종의 전환기"가 그 자신의 역사 연구를 위한 동기와 작의를 유발했고, 유럽사의 여러 전환기를 차례로 검증해 내려가는 과정에서 유럽사의 시간적 종적인 선이 그어졌다면, 전환기가 창출한 새로운 역사의 장은 그의 개괄화의 과정을 통하여 유럽사라고 하는 커다란 구조로 이어졌다. 그의 전환기는 과거로부터의 연속성을 한번 결정적으로 끊고, 과거를 부정하면서 좀더 근원적인 "현실 관련성"이 있는 사실史實로써 생생한 과거를 되살리려는 힘든 노력의 산물이었다. 말하자면 역사의 자기부정을 통해서 역사의 자기경신을 성취하는 계기가 되었다는 점에서 그의 유럽사 전환기론이

124) Barraclough, *Main Trends of Research in the Social and Human Sciences*, Part 2, Vol. I, 1978, p. 244.
125) *HCW*, p. 3.
126) Fritz Wagner, *Modern Geschichtsschreibung*, 1960, pp. 43f, 48.

의도한 것은 처음부터 구현적俱現的이요 실천적인 것이었다. 이를테면 전환기로서의 고대 말기는 고전 시대의 자기 부정이었으며, 동시에 새로운 유럽의 태동으로 이어지는 자기 경신의 계기였다. 최종의 전환기는 "유럽 시대의 종식"이라는 자기 부정의 위기이며, 동시에 보다 확대된 지역으로의 유럽 문명의 전위轉位를 통해서 자기 경신을 실천할 수 있는 계기였다.

역사의 격동기를 체험한 바라클라프에게서 전환기는 "위기"요 "변화의 시대"이며 "정신적 동요"의 시대였다. 그러나 동시에 전환기란 우연한 일들의 충격이나 인류사에 있어서의 중대한 전환점을 맞아 과거에 얽매이지 않고 그것을 돌파해 가는 새롭고 동적이며 혁명적인 힘이 지배하는 시기였다. 그러므로 역사주의가 확신해 온 발전과 연속성에 집착한다는 것은 격동의 시대를 살아남은 사람들의 현실적 경험과 모순되며, 무엇보다도 모든 역사적 전망에서 "해로운 평판화平板化"라든지 "그칠 줄 모르는 흐름이라고 하는 환상"[127]만을 낳게 하는 것이었다. 클리오〔역사의 여신〕의 옷은 솔기 없이 만들어진 옷이라는 말은 종래의 역사가들의 기분에 맞는 문구였다. 이 말은 결국 어느 시대도 변화의 시대이며 역사가의 시야에 들어오는 세계는 끊임없는 유전流轉 상태에 있다는 말에 다름없다. "모든 시대는 신에 직결한다"는 레오폴트 폰 랑케의 명구가 의미하는 것은 영원의 모습에서 모든 것이 평등한 의의를 가지고 또한 모든 것이 역사가의 손에 의해서 평등하게 다루어져야 할 가치가 있다는 말이다. 그리하여 역사가는 그것에 보답해야 하는 것이다. 그러나 바라클라프로서는 랑케가 강조해 마지않는 "본래 있었던 일"을 보다 넓은 전망에서 바라볼 때, "어떤 시대에는 변화의 추진력이 그 걸음걸이를 빠르게 바꾸고, 또는 그 템포가 돌연 가속화하던 것을 부정할 수 없다"는 것이다. 그리하여 유럽 사회도 기왕의 평온한 과정에서 새로운 격동의 지평으로 부상했던 시기가 바라클라프에게는 유난히 돋보이고 또한 그에게로 가까이 다가온다는 것이다.[128]

127) *HCW*, p. 5.
128) *HCW*, pp. 1-12.

바라클라프의 개성이 선명하고 강렬하게 반영된 전환기의 역사 인식은 부르크하르트Burckhardt의 위기의식을 거울로 삼을 때 더욱 명료해진다. 중세사가인 바라클라프로서는 부르크하르트가 근대의 시작으로 보았던 르네상스 시대가 중세의 연속에 불과하고, 그런 점에서 부르크하르트는 당연히 비판의 대상이었다.[129] 그러나 이 스위스 출신 독일사가가 강조한 예리한 위기감은 그대로 바라클라프의 역사 이해를 위한 근원적 힘이요 추진력이었다고 볼 수 있을 것이다.[130]

역사학이 자신을 재생하는 데는 커다란 중심 문제에 줄기차게 되돌아감으로써 가능한 것이다. 바라클라프에게서 중심적인 문제는 전환기이며, 그는 줄곧 이 문제에 회귀함으로써 역사에 있어서 새로운 충동과 새로운 전망과 새로운 비전을 얻을 수 있었다. 특히 "유럽 시대의 종식"이라는 전환의 주제는 그의 전체 사상을 변경했고, 중세사로부터 현대사로 자신의 연구 영역을 확대 내지 전환하는 계기를 만들어 주었다.

그는 역사주의의 지도적 대표자인 마이네케Friedrich Meinecke가 만년에 이르러 랑케에게 바쳐 온 충심을 부르크하르트에게로 돌린 사실을 지적하면서, 역사주의는 오늘날과 같이 변동하는 세계에서는 그 타당성을 상실한다고 강조하였다. 역사적 변화와 역사적 과정을 설명해 주는 역사주의의 가르침은 우리의 인식을 풍요롭게 계발하는 반면에, 이와 동등한 만큼 우리의 인식을 불명료하고 혼란스럽게 만들었다고 한다. 따라서 하나의 이론으로서의 역사주의란— 그 자체의 상대주의라고 하는 점으로부터 보아서, 하나의 이론으로서는 시대에 제약된zeitgebunden 것임을 주장하고 있다.[131] 그 의미는 역사주의는 어떤 특수한 시기, 또한 그 시기에만 타당했던 세계관을 나타내고 있으나 현저하게 다른 조건에서 변동하고 있는 세계에 대해서는 이미 타당하지 않았다는 것이다.

129) *HCW*, p. 60.

130) J. Burckhardt, *Weltgeschichtliche Betrachtungen : Über geschichtliche Studium*, in *Gesammelte Werke*, Bd. IV, 1962. 〔국역본 : 이상신, 《세계사적 고찰》〕

131) *HCW*, p. 4.〔Vide, Meinecke, "Ranke und Burckhardt"(1948) in *Zur Geschichte der Geschichtsschreibung*, Bd. VII〕

부르크하르트는 일찍이 19세기 중엽에 시대적 위기를 다음과 같이 술회하였다. "자세히 바라보면 모든 위기는 그곳에서 나타나는 광신狂信을 포함해서, 생生의 진정한 표현이다." "일반적으로 보아서 정신적 발전은 모두 비약적 단속적斷續的으로 일어난다. 이것은 개인에 관해서도 말할 수 있고 무엇인가 어떤 전체에 관해서도 말할 수 있다. 위기는 새로운 발전의 결절점結節点이라고 생각한다."[132] 이러한 위기관이야말로 바라클라프의 혁명적 대혼란기에 대한 인식에서 찾아볼 수 있다. 바라클라프는 위기의 시대가 "사람들로 하여금 세계관, 신, 자연, 인간 동료에 대한 태도를 바꾸게 하였다"[133]고 주장하였다. 이러한 인간의식의 전환과 함께 아마도 "최종의 전환기"의 특이한 상황을 제외한 유럽 시대의 세 번의 전환기는 유럽을 약체화하기보다는 강화했다는 결론에 도달하고 있는 것이다. 쉬더Schieder는 부르크하르트를 가리켜 "위기의 주제는 그의 마음을 점하고 있었던 것으로 보인다"[134]고 말하였는데, 이 말은 곧 바라클라프의 경우에도 합당한 말일 것이다. 두 사람의 경우 똑같이 위기는 역사적 생의 밑바닥에서 잠자고 있는 모든 힘을 뒤흔들어 깨고, 격동 속으로 끌어들이고, 병적일 정도로 현재화顯在化한다. 그것은 역사적 생의 다양한 유형을 나타내며 동시에 역사에 있어서 위대한 것을 낳는다. 평상의 거름으로는 수 세기를 필요로 하는 과정이 수년 동안에 주파走破되는 것이다.

우리는 부르크하르트의 위기의식에서 바라클라프가 풀이하는 위기와 변화와 전환의 의미를 찾아볼 수 있다. 그러나 위기가 창출하는 역사적 변동의 현장에 대한 두 역사가의 해석 방법에는 큰 차이가 있다. 위기를 관찰하는 이 두 사람이 역사를 인과의 연쇄로 보지 않는 데에서는 공통점을 발견할 수 있으나, 좀더 밀착해서 볼 때에, 전자의 관심은 시대의 구조 전체가 아니었던 데 반하여, 후자의 관심은 항시 보다 넓은 전체로서의 구조에 도사리고 있었던 것 같다. 부르크

132) Burckhardt, *op. cit.*, S. 138.
133) *HCW*, p. 78.
134) T. Schieder, "Strukturen und Persönlichkeiten in der Geschichte," in *Hist. Zeitschrift.* Bd 195(1962), Heft 2, S. 17.

하르트가 궁극적으로 추구했던 역사에 대한 관심의 본질은 내면화의 세계에 있었고, 그의 내면화는 원래부터 선택적인 것이었으며 무엇보다도 내면화의 가치는 정신적인 것, 곧 인간과 문화에서만이 구해졌다. 이와는 달리 바라클라프는 보다 전문적인 역사가였고, 그로서는 유럽 역사를 구성하는 요인들을 보다 광범위한 사실에서 아무런 차별 없이 추구하였다. 더욱이 부르크하르트의 위기는 초超역사주의적 기반 위에서의 연속성을 전제한 위기로서 "반복되는 것, 항상적인 것, 유형적인 것"으로 이해되었다면[135] 바라클라프가 관찰한 위기는 제가끔 일정한 사상事象에 즉응卽應할 뿐만 아니라 철저하게 비연속적 기반 위에서 이해되고 있다는 점에서 양자 간에는 근본적인 차이점이 있었다. 따라서 바라클라프의 경우, 각 시대의 위기들은 결코 하나의 철학적 틀 속에서 유형화될 수 없는, 또는 단순화될 수 없는 것으로 보아야 할 것이다.

역사의 전환기에서 출발한 바라클라프가 귀착한 곳은 전환기가 창출한 새로운 사상事象이요, 이에 대한 인식 방법의 정교화에 있었다. 그것은 유럽사 연구에서 매양 마주치는 개괄화의 문제였고, 이는 유럽사 또는 유럽 문명의 진로와 성격에 관한 전체 모습을 확정함에 있어서 중요한 개념들을 재검토하는 일이었다. 앞에서 이미 언급하였지만, 그에게서 필요한 것은 "새로운 지식보다도 오히려 묵은 사실을 딛고 선 새로운 비전이며, 낡은 공식이 새로운 상황에 적합하지 않다"라고 하는 새로운 역사 인식에 있었다.[136] 그가 재검토한 낡은 공식은 모두 역사주의의 황금기에 구성된 것들이었다. 랑케의 서유럽 중심적 유럽사 개념을 필두로 도프슈Dopsch나 도슨Dawson의 고대 문화연속설古代文化連續說, 브라이스 경Lord Bryce의 "보편왕국", 바커Ernst Barker, 조지 클라크 경Sir George Clark, 폴 보셰Paul Vaucher 등이 조명한 "동유럽 문명과 서중유럽 문명"의 유산, 월터 웹Walter Webb의 유럽에 대한 "대변경"으로서의 미국 등이 도마 위에 놓인 "낡은 공식"들이고, 이들은 모두 바라클라프에 의해서 비판 내지는 부정된 개

135) Burckhardt, *Griechichte Kulturgeschichte*, *Gesammelte Werke*, 4Bde. V-VIII, 1962, S. 5,6.
136) *HCW*, p. 11.

념들이다. 그가 다룬 다양한 주제를 여기서 모두 나열할 필요는 없을 것이다. 우리에게 필요한 것은 그가 의도한 개괄화 문제로의 접근 방식이나 또는 그것의 해결 방법이 무엇에 근거하며 무슨 논리에 입각하느냐를 살피는 데 있을 것이다.

바라클라프가 의도하는 역사의 개괄화는 역사의 "의미"의 탐구로부터 그 실마리를 풀어 갈 수 있다. 그는 역사의 "의미"를 "변하기 쉬운 사건이나 사상이나 계기의 맹목적인 특수성의 배후에 있는 문명의 추진력이나 기동력이나 궁극적으로는 그것의 유형의 발견에 있다"라고 믿었다.[137] 사건의 배후에 있는 의미의 탐구란 흔히 일반 역사가의 생각으로는 "경험을 희생하여 무작정 통일과 조화를 구하는 것"[138]으로 외면하기 쉬운 일이다. 그러나 역사의 큰 흐름을 탐구하고 그 의미의 소재를 규명하기를 원했던 바라클라프는 이상적인 모델로서 슈펭글러나 토인비의 비교 문명론을 지목하였다. 그 이유는 "문명의 비교 연구란 보편사나 세계사의 낡은 개념을 새로운 기초 위에 부활시키는 진지한 시도의 증참證參"이었기 때문이다.[139] 그런 의미에서 새로운 세계사의 구성은 현대사가 불가피하게 지향해야 할 궁극적 목표였다.[140] 그러나 그의 문명 비교에는 그 나름의 조건이 붙어 있었다. 그 자신이 말하였듯이 "세밀한 데까지 추리하는 공상가 특유의 성급함을 가지고" 사실을 추려내어 문명의 구조를 축적해 감으로써 문명사가들보다 "더욱 건전한 방법론적 기초 위에서" 자신의 유럽 사관을 확립한다는 것이다.[141] 그리하여 그는 "문명의 틀"을 활용하면서도 그의 문맥은 실제에 있어서 문헌사가들의 엄격한 고증을 거친 사실의 활용에 충실하였다. 그는 문명론을 따르겠다고 공언하면서도, 사실의 일반화로 얻을 수 있는

137) *Ibid*, p. 15.

138) I. Berlin, *Historical Inevitability*, 1954, p. 76.

139) *HCW*, p. 17 ; cf. Barraclough, "Universal History" in *Approaches to History* ed. by Finberg, 1962, p. 97 ; cf. Barraclough, "The Prospects of Western World, in *Toynbee and History* ed. by Asléy Montagu, 1956, p. 121.

140) Cf. E. H. Dance, *History the Betrayer : A Study of Bias*, 1960, pp. 25–26. ; Barraclough, "Universal history," p. 107.

141) *HCW*, pp. 17, 233.

역사의 의미나 유형을 초역사적으로 활용하는 오류를 극력 피했고, 문명의 형태학적 생성과 쇠잔의 논리를 적용하지 않았으며, 그밖에 문명론 특유의 다양한 개념이나 용어들을 별반 사용하지 않았다.

그럼에도 불구하고 비교 문명의 논리가 바라클라프에게 준 영감은 흡사 역사의 구체화와 일반화의 미로에서 길을 잃은 역사가에게 문명이라고 하는 구조에 대한 포괄적인 시야를 일깨워 준 셈이었다. 그가 유럽 문명이라고 하는 종합적 총체적 구조를 확신한 것은 제2차 세계대전 직후의 일이고 이러한 확신을 갖가지 주제의 글로써 구체화하는 데는 10여 년이 경과하였다. 그는 "낡은 공식"으로서 랑케의 유럽사 개념을 거론했고, 이러한 개념에 대체될 수 있는 개념으로서, 일반 역사가들이 기피했던 문명이라는 구성체를 택했다. 랑케적 서구중심주의 사관에 대치된 유럽 문명 ― 서구와 동구를 함께 묶은 ― 이라고 하는 전체를 제의할 때, 그의 개성과 예지는 유난히 빛났다. 폭넓은 유럽적 문명의 윤곽이나 전체로 향해서 투사된 바라클라프의 직관과 그 직관으로부터 촉발된 다양한 추리에서 유럽 문명의 성격이 부각되고 선명해진 것을 우리는 관찰할 수 있다. 그런데 전문적 중세사가로서의 그의 직관을 충족시키기에는 더 많은 전문적 역사가들이 남긴 고증된 자료와 실증적 차원의 제해석이 전제되었다는 이유 때문에, 흔히 문명론이 범하기 쉬운 형이상학적 개념의 모호성을[142] 극복하는 데 성공적이었다고 말할 수 있을 것이다.

여기서 토인비의 문명론이 바라클라프의 유럽 사관 형성에 준 영향의 실제를 좀더 살펴볼 필요가 있을 것 같다. 그는 비교 문명론이 제시한 서구 문명의 기본 구조상의 모순을 극복하고, 그 대신에 동구를 포괄하는 유럽 문명이라는 더 넓은 구조를 "이해 가능한 단위"로 제시하였다. 또한 중요한 사실로서 특기해야 할 것은 문명의 구조를 내용적으로 충전하는 구성요소들은 어디까지나 해묵은 전통적 역사해석의 비판적 평가와 수용을 통해서 새로운 해석과 새로운 비전을 제시하는 특성을 가지고 있다는 점이다. 이로써 그는 문명론이 범했던

142) Mazlish, *The Riddle of History : The Great Speculators from Vico to Freud*, 1966, p. 375.

사실의 어설픈 일반화나 유형화에서 오는 폐단이나 결함을 배제할 수 있었다.

개괄화의 문제와 관련해서 우리는 바라클라프의 의견의 다른 측면을 살펴야 할 차례이다. 그는 1962년에 발표한 글에서 역사학에 있어서의 사회과학적 방법의 요긴함을 주장하면서, 특히 개괄화의 문제를 여러 모로 고찰하였다. 그는 버클Buckle의 말을 인용하면서 말하기를 "개괄화는 물론 과학적 방법의 동의어가 아니다. 그러나 그것은 확실히 과학적 방법의 기초이다. 그리고 우리가 확립해야 하는 것은 바로 이 기초로부터 이루어지는 것이다. 다르게 말하자면, 첫 단계로 개괄화적 역사는 개별화적 역사만큼이나 가치가 있다는 것을 역사가로부터 인정받아야 하고 다음 단계로 이러한 기초 위에 이루어지는 절차의 타당성과 가치를 그들에게 설득해야한다"[143]고 주장하였다. 이러한 그의 입장은 특히 1964년에 수량적 분석에 성공한 현대의 인구 문제에 관한 그의 논문에서 볼 수 있을 것이다. 그는 1890년에서 1940년까지의 반세기 동안에 인구 통계에서의 혁명은 역사의 한 시대로부터 다음 시대로의 추이를 나타내는 근본적인 변혁이었음을 입증했다.[144] 그는 또한 현대의 예술과 문학을 관찰하는 데에도 그것이 인간의 태도에 영향을 미치고 있는 변화의 과정을 크게 세 시기로 나누고 각 시기마다의 성격적 특징을 확집確執하고 있는 것이다.[145] 여기서 우리가 착안해야 할 점은 "근대"와 "현대"가 함께 겹쳐진 이 과도기를 단계별로 일반화하고 있다는 점이다. 그리고 이러한 해석 내용에서 과학적 방법과 상통하는 바라클라프의 입장을 용이하게 이해할 수 있다. 실제로 그는 현대사를 문제별로 관찰한 이 논문집을 발표하기 전에 이미 "역사가의 방법과 과학자의 방법은 기본적으로 다른 것이 아니다"라는 결론에 도달한 바 있었다.[146] 그러나 간과해서 안 될 점은 그가 실제로 현대사의 당면 문제를 풀어 감에 있어서 과학적 방법을 적극적으로 구사하지 않고 있다는 사실이다. 자세히 살펴보면 그의 글에는

143) Barraclough, "Scientific Method and the Work of the Historian" in *Logic Methodology and Philosophy of Science. Proceedings of the 1960 International Congress*, ed. by E. Nagel, P. Suppes & A. Tarski, 1962, p. 593.
144) *ICH*, p. 59.
145) *ICH*, p. 230f.
146) Barraclough, "Scientific Method…," p. 594.

사회과학에서 흔히 사용하는 연구 지침의 개념이나 작업 가설이나 작업 도구를 이용한다든지 또는 명시적으로 과학적 방법을 활용한다는 언급이 없다. 이 점은 그가 "슈펭글러나 토인비와 같은 사람의 특수한 재구성 방법을"[147] 받아들인다고 명언한 것과는 매우 대조적이다.

그럼에도 불구하고, 역사의 개괄화의 문제에 관한 한, 역사가들도 사회과학자들과 같은 입장에 서야한다는 것이 바라클라프의 기본적인 의견이 아닌가 생각된다. 그는 1955년 이후의 역사학의 추세를 설명하는 글에서 양자 간의 관계가 지니는 정확한 성격에 관해서는 아직도 의견이 일치하고 있지 않지만, 오늘날 그 긴밀한 관계를 의심할 역사가는 — 자칭 구세대의 생잔자生殘者가 아니라면 — 사실상 아무도 없다고 말하였다.[148] 그리고 이러한 양자의 관계 형성에 있어서 "아날학파의 중심적 업적"[149]을 설명한 바 있다.

대체로 역사가가 글을 쓰면서 자신은 무슨 학파나 무슨 연구 경향을 따른다고 굳이 천명해야 할 이유가 없겠거니와, 바라클라프의 입장을 좀더 깊이 생각해 볼 때, 적어도 현대사 내지는 근대사를 다룬 논문에 관한 한, 앞에서도 예증했듯이 과학적 방법의 영향이 짙고, 또한 넓은 의미에 있어서 아날학파의 구조의 역사를 따르고 있는 것으로 인지된다. 바라클라프는 아날적인 구조나 국면의 이론적 실상을 살핀 글 가운데서 자신의 시각이 이들의 시각과 기본적으로 같다는 것을 간접적으로 논증하였다. 즉 1882년 이후의 아프리카 분할을 로빈슨Robinson과 갤러거Gallagher 같은 일반 역사가들이 영국의 제국주의적 팽창이라는 맥락에서 보지 못하고 "근시안적인 사건의 역사"로 다루는 데 만족하였음을 비판하면서 자신의 위치를 은연중에 아날의 구조 속에 자리 잡게 하였다.[150] 그는 계속해서 말하기를 "그들이 열거한 사실이 옳은 것인지는 모르지만, 중요한 것은 아니다"[151]고 말하면서, 지나치게 사건 과정과 정치가 및 행정가들의

147) *HCW*, p. 15.
148) Barraclough, *Main Trends*…, p. 271.
149) *Ibid.*
150) *Ibid.*, p. 267f. ; cf. *ICH*, pp. 49–58.〔Vide, Robinson & Gallagher, *Africa and the Victorians*, 1961, and by the same writers, "The Imperialism of Free Trade," in *New Cambridge Modern History*, 1953〕

일상적인 결정에 집착함으로써 그들은 그러한 사건과 결정들을 내포하고 있는 좀더 큰 주기 또는 "국면"을 고려하지 못하였다고 비판하였다. 한편 바라클라프는 자신의 책에서 제국주의적 팽창의 큰 흐름과 넓은 국면을 개괄적으로 파악했던 홉슨Hobson이나 레닌Lenin의 견해가 모두 옳은 것은 아닐지라도 타당성을 갖는다고 술회한 바 있다.[152] 이와 같이 바라클라프가 아날의 구조사학을 논의한 맥락 속에서 한편으로 로빈슨의 입장을 비판하면서 자신의 현대사관의 일단을 피력한 것은 아날과의 공감대를 시사한 것으로 고려된다.

이제 다시금 개괄화의 문제를 좀더 넓게 생각해볼 필요가 있을 것이다. 그는 역사가들도 사회과학자들과 다름없이 선택과 해석의 기초로서 개념과 가설을 사용하고 있으며, 사실상 다른 방법으로는 연구를 진행할 수 없다는 것을 우리는 너무나 잘 알고 있다고 말하였다. 역사가들이 사용하는 구성개념의 전형적인 예들로 제국주의, 자본주의, 봉건제도, 러시아 농민, 르네상스 인문주의, 계몽적 군주 등이 있다.[153] 그러나 실제로 연구 작업을 진행하는 데에는 두 가지의 중요한 차이점이 있다는 것이다. 첫째로 사회과학자의 개념화가 명백하고 체계적인 점에서 법칙이론적法則理論的 nomothetic인 데 반해, 역사가의 개념화는 함축적이고 자의적이며 비 체계적인 점에서 개체기술적個體記述的/idiographic 원리에 더 가깝다. 둘째로 역사가가 활용하는 사료는 그 자체가 대개는 사실들을 연관질 수 있는 어떤 느슨한 서술적 패턴을 그 나름대로 제공하기 때문에 될수록 이론적 문제를 회피하며, 대체로 사회과학자들이 통상 사용하는 자료에 비해 역사적 기록상 훨씬 더 뚜렷이 기술되고 있는 사건과 인물을 선택해서 다루려 하는 경향을 지니고 있다.[154] 호이징하는 "구체적인 것은 추상에 의해서만 구별될 수 있고, 특수한 것은 일반적인 틀 속에서만 구별될 수 있다"[155]고 설파한

151) *Ibid.*〔Vide, Thornton, *Doctrines of Imperialism*, 1965, p. 45〕
152) *ICH*, p. 50.
153) Barraclough, *Main Trends*…, p. 278f. n.〔Vide, *The Social Sciences in Historical Study*, 1954, p. 94〕, cf. Louis Gottschalk, "Categories of Historiographical Generalization," in *Generalization in the Writing of History*, ed. by Louis Gottschalk, p. 113ff.
154) Barraclough, *Main Trends*…, pp. 269, 287.
155) Huizinga, "Historical Conceptualization," in *The Varieties of History*, ed. by Fritz Stern, 1956, p. 297f.

바 있거니와, 사실을 개괄화하는 기법이 사회과학자의 전유물이 아닌 것은 이제 자명한 사실이 된 것 같다. 구체적 사실을 존중하여 온 역사가들도 공통적 요인에 기초한 추상을 외면할 수 없고, 특수에 매달려 온 역사가들도 일반적인 틀 속에서만이 특수의 위치를 파악할 수 있는 것은 잠언을 필요로 하지 않는다. 바라클라프의 위치는 바로 이러한 대척적이면서도 흡사 물리학적 상보성相補性의 원리에 서는 것 같은 "특수와 일반"의 관계를 절충한 상태에서 "일반" 쪽으로 경도된 자리가 아닌가 생각된다.

전통적 역사 서술에서 매우 중요한 역할을 하여 온 개인도 과학적 방법에서는 하나의 "개념"으로 간주된다.[156] 이러한 극단적 일반화의 단계에 이르지 않은 것이 바라클라프의 기본적인 태도임에 틀림없으나, 그가 공산주의의 이데올로기적 틀 속에서 관찰한 레닌을 비롯한 그의 후예들의 성격은 "지각적이기보다는 개념적인 통일체"[157]였다고 생각하고 싶다. 그의 일련의 현대사 논문은 어떤 측면적 관점에서 살펴본다면 커다란 주제의 틀 속으로 수많은 개체들이 대입되는 과정이었다고 말할 수 있을 것 같다. 바라클라프가 1955년에 〈프레데릭 바르바로사Frederick Barbarossa와 12세기〉란 제하의 글을 쓸 때만 하더라도 어디까지나 바르바로사의 개성이 두드러지는 관련 속에서 12세기가 파악되었었다.[158] 그러나 1964년에 이르러 그는 소련 혁명의 지도적 인물들을 순수한 개인이기보다는 "집단의 개념과 마찬가지로 하나의 구성개념으로서, 이들의 일련의 행위를 통해서만이 관찰될"[159] 수 있는 개인으로 이해하고 있는 것이다. 다만 레닌만큼은 현대가 낳은 혁명적 개성으로 묘사하는 것을 게을리 하지 않았다. 그는 "역사상 레닌에 필적할 인물은 거의 없고, 그를 능가할 인물은 한 사람도 없다고 말할 수 있다"[160]고 평가함으로써 역사가로서의 고유의 서술 방법을

156) Barraclough, *Main Trends*…, p. 281.〔Vide, Komarovsky, Introduction, p. 16., in *Common Frontiers of the Social Sciences*, ed. by Komarovsky, Selected essays, 1971〕

157) *Ibid.*

158) *HCW*, p. 73.

159) Barraclough, *Main Trends*…., p. 281.

160) *ICH*, p. 201.

견지하고 있는 것을 엿볼 수 있다.

그는 유럽사의 새로운 구성을 위해 비교 문명론과 구조사학의 논리를 응용하였다. 그러나 이러한 응용은 총괄적 전면적 모방이나 수용이 아니라 매우 제한적이고 기본적인 범위에서 이루어졌다. 종전 후로부터 1955년까지 10년 동안 바라클라프는 역사주의의 극복을 위해 비교 문명론의 교훈에 힘입은 바 컸다. 다시 햇수로 10년 만인 1964년에 이르면 그의 현대사관은 구조사학으로부터의 적극적인 영향과 이것으로의 정착을 겪게 된다. 1945년 이후 20년 동안에 그가 줄곧 싸워 온 대상은 독일적 전통사학으로서의 역사주의였다. 그의 초기의 연구 업적인 독일 법제사 관계 논문집《중세독일 —911-1250》이[161] 독일 정통사학의 진수를 대변하는 독일학자들의 논문을 번역한 것이었음을 고려할 때, 한 개인의 학문적 전향치고는 너무나 큰 선회요 획기적인 전환으로 사료된다. 다시 우리의 시각을 좁혀서 그의 위치를 생각해 볼 때 이러한 학문적 전환의 계기가 전쟁으로부터 얻은 체험에서 연유한 것이었음은 앞서 이 장의 서두에서 명백히 언급한 바 있거니와, 과연 그의 역사 인식 방법상의 구체적인 변화를 어떤 특정의 인접과학에서 찾아야만 적절한 것인가를 논단하기는 어렵다. 가령 우리가 편한 대로 바라클라프의 학문은 사회과학으로부터의 영향이 크다고 말할 때, 그 영향의 폭은 매우 다양하여 특정 분야로부터의 영향을 명백하게 칼로 자르듯이 밝혀내기는 어렵다. 가령 우리는 수학 및 언어학에서부터 인류학 및 사회학에 이르는 거의 모든 학문에 침투한 "구조" 및 "구조주의"와 같은 개념들의 영향을 염두에 두어야 한다. 무엇보다도 경제학, 특히 계량경제학이 가장 광범위한 영향력을 행사하였음을 간과할 수 없을 것이다. 이러한 세부적인 문제를 바라클라프의 입장과 결부시키려면 한이 없을 것이다. 일반적으로 역사가들이 사회과학에 눈을 뜨게 된 요인이 "역사학의 전통적 방법에 대한 불만 때문"이라고 말해도 틀림없을 것이다. 이럴 경우 그 스스로 말하고 있듯이 그와 인연을 맺은 "사회과학적 방법이나 개념의 원산지가 사회학이냐 인류학

161) Barraclough(ed. and tr. with an introduction), *Mediaeval Germany* 911–1250, 1938.

이냐 또는 경제학이냐고 따져야 하는 것"은 부차적인 문제로 미루어 둘 수 있을 것이다.[162)]

그는 항시 특정 문제 중심의 유럽사 논의를 전개해 왔고, 중세사 분야의 그의 저서를 제외한다면, 서술적이고 포괄적인 이야기 나열식 개설서를 쓴 적이 없는 것 같다. 그는 유럽현대사를 서술적인 형태로 전반적으로 조명해 보겠다고 말한 적이 있으나 미완 상태에 있는 것 같다. 이 책이 햇빛을 보게 되면, 비록 현대에 국한되겠으나, 다른 의미의 전반적인 유럽 사관의 실상을 규명하는 데 도움이 될 것으로 기대한다.

162) Barraclough, *Main Trends*…, p. 276.

2부

대서양 시대와 대서양사의 전개

I II III IV **V** VI VII VIII IX X

대서양 공동체와 대서양사

1. 서언

"유럽 시대의 종식"이라는 역사 인식은 20세기 전반前半을 압도한 세계대전의 와중에서 생을 이은 역사가들이 공유했던 심각한 문제의식이었다. 이러한 의식은 전쟁이 끝나던 상징적 해인 1945년을 계기로 역사가들 사이에 팽배했고, 지금도 생존하는 이들에겐 잠재의식같이 살아 있을 것이다. 역사가들은 몰락의 원인을 찾고자 유럽사를 다시 성찰했고, 또한 앞으로 다가올 다음 시대를 관찰하기에 힘을 기울였다. 이 글에서 우선적으로 살피게 될 오스카 할레키Oscar Halecki는 이러한 문제의식에 아마도 가장 투철했던 폴란드 출신의 역사가일 것이다.

영국의 유명한 역사가 크리스토퍼 도슨Christopher Dawson은 할레키의 대표적한 저서를 위해서 쓴 서론에서 "이 책은 유럽이란 무엇이냐는 물음에 답한 유일한 책"이며, "크건 작건, 어떤 관련 요소에도 시각視角을 잃지 않고 문제의 복합성을 공정히 다룬 책"이라는 찬사를 보냈다. 이 책이 다룬 "유럽 시대의 종식"이라는 의식에 내재하는 유럽사의 당면 문제는 당대에 성가聲價를 지닌 역사가들 사이에 많은 참고와 고려의 대상이 되어왔다. 이 글의 목적도, 유럽 시대와 그 뒤를 잇는 다음 시대에 관한 할레키의 해석을 음미해 보는 데 있다. 그리고 그의 해석의 타당성 여부를 세기가 바뀐 오늘날까지 진행된 대서양 시대사의 해석 경향 전반에 비추어 보려는 데 있다.

할레키가 밝힌 유럽 시대를 계승하는 새로운 시대는 "대서양 시대"이다. 유럽 시대의 유산을 대물림 받은 새 시대는 아메리카와 서유럽 사이를 연결하는 대서양을 중심으로 형성된 "대서양 공동체"가 낳은 시대이다. 대서양 공동체라는 역사적 실체는 유럽 시대가 지나기 오래전에 대서양 너머 미주 대륙으로 넓게 전파된 유럽 문화가 대서양의 양안兩岸에 위치한 나라들 사이에 정착하면서 형성된 "문화적 공동체이다" 따라서 대서양은 대서양 공동체의 내해內海이다. 할레키는 이 공동체 형성의 논거로 토인비가 주장하는 "서양 문화가 아메리카에 낳은 분가分家"라는 문명이론을 전제하였다.

우리는 할레키가 정리한 유럽사를 새겨 봄으로써 대서양 공동체는 언제 형성되었으며, 이 공동체의 역사는 어떻게 진전했는지, 그 지역적 범위는 어떠한 넓이를 갖는지, 동유럽이나 동중유럽East-Central Europe의 역사는 이 공동체와 어떤 관련을 갖는지 살펴볼 수 있을 것이다. 이는 할레키의 학문적 반평생을 받쳐 만들어진《유럽사의 경계와 구분》이라는 저작에서 찾아보게 된다. 그리고 그의대서양 시대가 유럽 시대로부터 어떠한 역사적 유산을 받아들였는지 다른 역사가들의 다양한 연구 주제와 연구 경향에 견주어 봄으로써 우리의 생시에 적극적으로 진행된 대서양 시대사의 실상을 확인하게 될 것이다.

2. 할레키의 유럽 시대 구분론 — 대서양 시대의 전사前史

1) 유럽사란 무엇인가

오스카 할레키는 유럽사란 무엇인가라는 시론적試論的 작업에서유럽사는 다른 어떤 공동체와도 명확히 구별되는 공동체의 역사로서 하나의 전체로 간주되는 모든 유럽 민족의 역사라고 규정한다. 그런데 더 나아가서 인정해야 할 것은 유럽 민족이 공동체로 구성되던 순간부터 그 운명이 모든 유럽 외적外的 민족의 운명과 밀접하게 연결되던 시기까지, 유럽은 실제로 세계사에서 독자적 위치, 즉 예외적으로 중요하고 두드러진 위치를 차지했다는 것이다(*Ibid.*, p. 16).[1]

이러한 그의 견해가 실제로 유럽사와 세계사를 동일시했던 과거의 그릇된 개념으로의 복귀를 의미하는 것은 아니다. 20세기의 중반이 넘도록 미국에서조차도 세계사라고 일컬어지는 역사의 일반적 윤곽은 많든 적든 유럽사였다. 여기에 일종의 서론과 같은 항목으로 이집트와 일부 아시아에 관한 약간의 소개를 하고, 결론적인 마무리에 현대 세계 정치의 전모를 덧붙인 것이 상례였다(*Ibid.*, pp. 16–17). 이러한 유럽사의 일반적 구성이 그릇된 구성이었음을 지적하여, 역사학계에서는 흔히 "유럽 중심주의" 내지는 "서유럽 중심주의"의 세계사라고 말해 왔다.[2]

이른바 역사의 예외적 존재인 유럽에 관해서 분석을 가하기 전에 강조되어야 할 것은, 역사적 유럽이란 현재나 오히려 과거에 있어서나 조밀하게 짜인 공동체일 뿐만 아니라, 20세기를 살아온 우리의 생시에 종언에 이른 하나의 시대였다고 하는 것이다. 그리하여 아마도 세계사에서 가장 기본적으로 중요성을 갖는 영역이며, 또한 그 자체로서 "이해 가능한 연구 영역"[3]으로 논의되어 온 유럽에 관한 모든 것은 오직 그러한 "유럽 시대"라고 하는 것에 귀결된다는 것이다. 이 시대가 바야흐로 마감되었다는 사실 자체는 유럽 역사의 해석을 더 용이하게 하고, 더 교훈적이며 또한 전보다 더 긴요한 것으로 만들었다. 이는 역사학적 연구 방법이라는 관점에서 볼 때, 고대사는 완결되었다는 사실에 비유될 수 있다. 고대사의 경우처럼 우리는 유럽사의 전체적 진전 과정을 시작부터 끝까지 관조할 수 있게 되었다는 것이다(*Ibid.*, pp. 18–19).

할레키의 주장에 따르면, 많건 적건 "그리스·로마 문명은 그 유럽적 연속성

1) Oscar Halecki, *The Limits and Divisions of European History*, 1950; 최영보 역,《유럽사의 境界와 區分》〔이하, 2節과 3節에 한해서 편의를 위해, 할레키 저서의 국역본은 각주 아닌 본문 안에서 인용하기로 함〕
2) 이 책의 제1장 4절 참조.
3) Toynbee, *A Study of History* , 이 책의 9장 2절, "역사의 이해가능한 단위" 참조.

에서" 살아남았거니와, 유럽 시대의 정신적 유산이 그 지리적 경계와 구조적 형태에서 본질적 변화를 겪었음에도 불구하고 또다시 보존된다면, 유럽은 그리스·로마 문명의 경우와 똑같은 방법으로 앞으로 다가올 시대에 살아남을 것이라고 한다. 이를테면 널리 알려진 독일 문명사가 슈펭글러의 "서양의 몰락"이 말하는 정도의 몰락까지 갈 이유는 없다고 한다. 그리하여 할레키는 널리 사용되는 "서양 문명"과 "유럽 문명"이라는 두 용어에서, 우리가 착안해야 할 중요한 단서를 제시하고 있다. 즉 흔히 역사가들은 "서양 문명"〔"서구 문명西歐文明"이라고 번역되기도 하는〕의 실제적 경계를 서유럽과 그 주도적 강대국들만으로 한정한다. 비록 어떤 시기에 이런 서방의 강대국들이 특별히 중요한 역할을 수행했던 것은 사실이지만, "이들 강국을 전체 유럽과 동일시同一視하는 것은 거의 유럽사를 세계사와 동일시하는 것과 마찬가지로 오해로 이끄는 일"이라는 것이다. 더욱이 "유럽 문명"이라는 명칭 자체가 포기된다면, 그 문화의 특별한 형태가 지니는 기원과 그 성격을 나타내는 중요한 요소가 간과 내지는 망각될 수 있을 것이라고 한다(*Ibid.*, p. 21). 이런 이유 때문에 할레키는 토인비가 말하는 "이해 가능한 연구 영역"으로서의 "서양 문명"이라는 공동체의 존재를 긍정적으로 받아들이면서도 "서양"이라는 용어는 부적절한 표현으로 보고 부정한다. 왜냐하면 서양이란 명칭은 아무런 설명도 없는 순수한 상대적 호칭에 불과하다는 것이다(*Ibid.*, p. 20). 실제로 서방West은 방위를 나타내는 용어에 불과하다.

이러한 유럽 공동체에 대한 전반적 관찰에서 할레키는 다음과 같이 공동체의 개념을 지적하고 있다. 이는 일찍이 레오폴트 랑케가 말한 대로 "역사적 유럽의 다양성 속에서 존재하는 통일성"에 관련된 문제라고 한다. 이 통일성은 가장 전형적인 유럽 여러 나라의 성격에 반영되고 있는 것으로서, 이를테면 "원형의 유럽Proto-Europe"인 그리스와 "유럽의 심장"인 스위스의 성격에 반영되고 있다(*Ibid.*, p. 33). 유럽이 하나의 역사적 공동체로 존립하게 된 것은 제각기 완전히 다른 수많은 민족들이, 그들의 특수성을 잃지 않고 유럽 시대가 종식하기까지 정치적으로 완전한 통일을 이룬 적 없이, "공동의 문화적 개념과 전통적 원리의 기초 위에서" 협조하는 데 동참했기 때문이다. 그런데 랑케는 자신의 처녀작에서 “이 공동체는 게르만적·로마적 민족에 국한한다”라고 선언하였던 것이다(*Ibid.*, p. 113).

그러나 할레키는 말하기를, 인도나 중국에 비해서 “유럽의 짧은 시간적 경계 안에서 우리가 착안해야 할 것은 유럽의 물질적 인종적 배경에 너무나 충격적으로 작용한 급변하는 여러 시기의 사건들 중에서 유사한 다양성”을 찾아보아야 한다는 것이다. 이것은 확실히 진보의 과정이든 혁명적 격랑의 과정이든 비범하고 역동적인 역사이기 때문이다(*Ibid.*, p. 34).

2) 지중해 시대사의 윤곽

할레키는 유럽사의 기원을 고대 로마 세계의 몰락 과정에서 찾았다. 그의 유럽 공동체는 기원 후 거의 1천 년 동안을 포괄하는 오랜 시기에 걸쳐서 서서히 형성되었다. 이러한 의견은 전통적으로 믿어 왔던 해석과는 다른 접근 방법이다. 전통적 입장에서는 두 개의 커다란 역사 시기인 고대와 중세의 명확한 단절을 나타내는 혁명적 변화가 그와 같은 1천 년 동안의 한중간 어느 곳엔가 있었다. 이러한 오랜 개념이 갖는 여러 취약성 중의 하나는 — 아직도 대부분의 교과서와 역사교육의 실제에 반영되고 있지만 — 예나 지금이나 그와 같은 경계 표시로 쓸 수 있는 사건의 일자를 결정하기에는 불확실한 데가 있다는 것이다.

그럼에도 불구하고, 서기 476년은 고대와 중세 두 시기를 나누는 데 가장 빈번히 선정된 해였다. 이 해는 서방 제국西方帝國이 갑작스런 종언에 이른 정확한 일자로 추정되었다. 동방 제국東方帝國의 종언을 분명히 나타내는 1453년이 중세를 종결짓는 해로 가장 널리 통용되었던 것은 이제 중단되었으나, 이와는 달리 476년은 중세가 시작된 해로서 무엇인가 거의 신비적인 호소력을 지녀왔다. 전문가들이 오늘날 말하기로는 476년의 오도아케르Odoacer의 혁명은 역사에서 전혀 결정적 전환기가 될 수 없고, 보편적인 역사에서조차도 별로 결정적 전환기가 될 수 없다고 한다(*Ibid.*, pp. 36–37).

할레키는 서방 제국의 붕괴를 전공사학자들의 연구 성과를 통해서 다각도로 검토하였다. 그는 비잔틴 연구의 진전으로 항상 스스로를 로마라고 불렀던 동방 제국이 476년 이후에도 하나의 완전한 제국으로 계속 단절 없는 전통을 대표해 왔고, 다른 한편으로 서방 제국은 476년보다 훨씬 전에 이미 붕괴되어 왔다는 것을 우리에게 일깨워 주고 있다(*Ibid.*, 37). 그는 페레로Ferrero와 로스토프체프Rostovtzeff가 3세기의 위기를 추적하여 밝힌 로마의 내부적 취약성 외에도 동방 제국의 존립 자체를 위협했던 게르만족들의 민족대이동Völkerwanderung에 기인하는 것으로 검토하였다. 또한 페르디낭 로Ferdinand Lot의 걸출한 책 제목《고대 세계의 종식과 중세의 기원》[4]이 밝히고 있듯이 이 전환의 과정이 함께 구성하는 것은 그 자체로서 하나의 시대가 되며, 대체로 민족 이동의 수 세기에 일치하는 것이다. 민족 이동이라는 어휘를 창출한 독일 역사 서술에서는 이 시기를 새 시대의 개막이요 로마 전통과의 완전한 결별로 흔히 해석하였다(*Ibid.*, p. 38).

그러나 고고학적 배경과 역사의 문화적 경제적 연구에 몰입했던 독일학자 알폰스 도프슈Alfons Dopsch의 연구에서 밝힌 바로는 시저에서 샤를마뉴에 이르는 전 과정이, 즉 유럽과 그 문명의 발전 과정이, 정지나 파국이 없었다는 것이다(*Ibid.*, pp. 38–39). 따라서 도프슈가 유럽의 문화적 발전의 기초라고 칭한 것은 도슨의《유럽의 형성》과 같이 "고대"와 "중세"라는 두 분야 사이에 어떠한 경계선도—어떤 개별적인 해이든 또는 민족 이동과 같은 시기조차도—없는 연속 과정이라는 것이다. 도프슈는 도슨의 경우처럼 10세기 말엽까지 역사의 연속적 과정을 끌어 내리지는 않았으나, 이 영국학자에 앞서서 전통적인 역사의 시대구분과 결별하였고, 한편으로 유럽의 기원에 관해서는 유사한 관점에서 접근하였다. 그의 해석은, 특히 그의 연구에서 취급한 시간적 한계는 유럽 문명의 기초가 샤를마뉴의 시대에 완성되지 못했는지, 또는 유럽이 그 시대에 이미 "형성"되었는지의 여부를 따지는 데 집중하였다.

할레키는 도프슈에 이어 수년 후(1928)에 등장한 벨기에의 위대한 역사가 앙리 피렌Henri Pirenne의 해석에서 고대의 종식을 찾아내고 있다. 피렌의 관찰에 따르면(*Ibid.*, pp. 39–41),[5] 고대 세계의 종식과 그 전통의 단절은 지중해를 갑자기

4) i. e. F. Lot, *La fin du monde antique et le debut du moyen âge*, 1927.

동, 남, 서에서 밀어닥친 아랍인들의 예기치 못한 팽창으로 말미암아 7세기경에 다가왔다. 그때 서방 기독교 문화의 중심은 동방으로부터 분리되어 북방으로 향해서 이동하였는데, 그곳은 전에 대륙 중심부에 위치한 로마의 변경 지역이었다. 이것이 다음 세기에 프랑크 왕국의 등장으로 이어지고, 다시 샤를마뉴의 즉위로 절정에 도달하였다. 이 사건은 이렇듯 지중해 세계에서 진행된 결정적인 역사 과정의 결과로 나타난 것인데, 이들 아랍인의 팽창은 "세계의 중심축을 이동시켰고" 또한 게르만족의 침입보다 훨씬 더 중요한 것으로 입증되었다. 이러한 한 시대로부터 다른 시대로의 전환은 — 물론 개별적인 일자와 결부되어 있는 것이 아니라, 적어도 100년(650–750)의 과도기를 통해서 이루어진 것인데 — 오래된 개념들에 따르는 지난날의 견해들이 주장하는 연대보다 훨씬 뒤늦게 발생한 것이었으나, 도프슈나 도슨이 제시한 시기보다는 훨씬 앞선 시기에 발생한 것임을 알 수 있다. 그래도 다시 문제가 되는 것은 바로 이 전환기가 진실로 유럽의 형성기였는지 또는 새로운 세계의 형성으로 향한 오직 하나의 단계였는지 — 어쩌면 결정적 단계 — 가 문제된다.

할레키는 일반적으로 말하는 고대 세계 — 이는 상대적이며 거의 무의미한 용어라고 전제하면서 — 를 피렌의 해석을 빌려서 다음과 같이 요약한다. 이슬람의 진출로 파괴되고 말지만, 5세기에서 8세기에 걸쳐 살아남았던 통일체unity는 "지중해 공동체"였다는 것과 또한 일반적으로 말하는 고대 세계는 보다 더 정확하게 "지중해 세계"라고 명명할 수 있다고 한다. 이로써 우리는 유럽 시대에 선행한 — 아니, 오히려 서서히 교체된 — 시대에 관해서 훨씬 정확한 생각에 도달하게 된다고 한다. 전체로서의 "지중해 시대와 지중해 역사"라고 부를 수 있는 것은 기록된 역사에 나타나는 처음이자 가장 이른 "초민족적 공동체supranational community"였다는 것이다. 지중해 지역의 민족들이 원시적 선사 시대로부터 자라나 하나씩 차례로 자립함으로써 형성하게 된 이 지중해 지역의 여

5) Cf. 영역본 *Mohammed and Charlemagne*, 1939. p. 210에서 "mahomet 없는 Charlemagne는 생각할 수 없다"는 도전적인 말을 반복하였다.

러 문화들은 유럽의 민족 문화 같은 공동의 배경과 문화적 전통을 가질 수는 없었다. 그러므로 토인비Toynbee가 지중해 지역의 민족들을 모두 분리된 문명으로 생각하는 것은 옳다고 본다. 왜냐하면 지중해 세계의 각 민족은 유럽 공동체 내지는 특히, 토인비의 전용어라고 말할 수 있는 "서양Western공동체" 내의 여러 민족 문화보다도 규모가 큰 "이해 가능한 연구 영역" 이기 때문이다(*Ibid*., p. 41).

3) 유럽 시대의 기원

할레키에 따르면 유럽사의 관점으로부터 보아서 유럽이라는 명칭은 "지중해 시대의 전반기"에 이미 고안되었다고 한다(*Ibid*., p. 44). 지중해 시대 전반기는 지중해 공동체가 오직 그 동쪽 해안지대에 국한되었던 시기이며, 후반기에 가서 서쪽 해안지대가 포함되고, 이로써 지중해 전역이 정치적 문화적 통일의 방향으로 발전하면서 거대한 역사적 공동채의 자연적 영역이 형성된다. 그때만 하더라도 유럽이란 명칭은 아시아나 아프리카의 다른 부분에 대비해서, 지중해 지역의 특정 부분을 지칭하기 위하여 사용되었다. 폴리비오스가 헤로도토스의 생시(기원전 5세기 중엽)보다 200년이 더 지난 후에 지중해 공동체의 확장을 지적하였는데, 그로서는 새로 등장한 공동체가 "거의 전 세계를 뒤덮은 것으로 보았다". 사실상 다양한 여러 사회의 늘어나는 상호교류의 결과로 형성된 것이 지중해 세계에 불과하다. 이러한 다양한 사회의 개별적인 문명들은 문화적으로는 주로 희랍적인 것이며 정치적으로는 주로 로마 제국의 창건으로 형성된 것으로서 점진적으로 "하나의 그리스 · 로마 문명으로 병합된 것이다"(*Ibid*., p. 45). 그런데 로마 제국의 창건이 지중해 세계를 위해서는 세계적인 사건이었다고 하더라도 "지중해 시대의 종식의 시작"이었다. 이럴 경우 "세계제국"은 어떤 문명 사회이든 늘 붕괴할 때 나타난다고 하는 토인비의 이론이 결정적으로 확신감을 갖게 한다. 레이놀G. de Reynold조차도 로마 제국은 그 자체가 몰락하기 시작하였을 때 겨우 건립되었다고 시인하고 있다(*Ibid*., pp. 20, 46).[6]

할레키의 해석에 따르면, 시저의 유산이 아우구스투스의 치하에서 정식 제국으로 정착되었던 때가 한 시대의 종식의 — 그것은 수 세기에 걸쳐 연장된 "종식"이었지만 — 시작일 뿐만 아니라, 또한 유럽의 "형성"이라고 불려 온 새 시기의 시작으로 연결되며, 또한 새 시대로서의 유럽 시대의 — 그 과정은 더 오래 지속되었지만 — 개막으로 입증된다. 새 공동체는 형성 중에 있었고, 두 공동체는 수 세기에 걸쳐 오랜 전환기에 공존했다(*Ibid*., p. 46).[7]

서양의 역사 서술은 오랫동안 "민족 대이동"의 시기에 로마 제국의 변경지대를 넘어서 제국의 영토에 정착한 야만인들에 대해 각별한 관심을 가져 왔다. 이들 야만인은 우선 "그리스·로마 세계"에 소규모적 집단으로 침투하기 시작하다가 다음으로 대규모로 침공하고 급기야는 이 제국을 적어도 서방에서는 상당수의 작은 신생국으로 대체시켰다. 그러나 이 나라들은 아직 "민족적"인 형태를 갖추지 못했다(*Ibid*., pp. 50–51). 그럼에도 로마 통치하의 구유럽을 정복한 이들 야만인의 영향을 유럽의 형성을 위한 게르만족의 공헌으로 특별히 고려되는 것이 보통이다. 도프슈의 이론에 비추어 볼 때 그러한 변화는 침입자인 게르만족에 의한 고대 문화의 파괴와 단절이 아니라 오히려 고대 문화의 흡수와 연속이었다. 그러나 피렌은 다른 각도에서 이를 관찰하고 있다(*Ibid*., pp. 50–51). 그가 밝힌 사실은 게르만족의 침입이 초래한 정치적 변화에도 불구하고, "지중해 공동체"는 수 세기 동안 지속된 민족 대이동기에 계속 존재했고, 또한 사실상 민족 이동은 어떤 절대적으로 새로운 것을 역사에 도입하지도 못하였다. 따라서 게르만족의 역할이라는 관점에서 보더라도 오히려 중요한 것은 그들이 로마의 영토 안에 국가를 창건했을 뿐만 아니라, 구로마의 국경 밖에 잔류하던 부족들까지도 서서히 역사적 유럽 공동체 안으로 포섭했다는 사실이다. 이것이 지중해 지역을 훨씬 넘는 이 공동체의 또 다른 확장이며, 유럽 형성에 관한 어떤 연구에서도 각별히 주목할 만한 가치가 있는 것이다(*Ibid*., p. 51).

6) de Raynold, *La Formation de l'Europe*, 3 : 52 f. 에서 알렉산더 대왕으로부터 로마 제국의 해체까지를 "제국의 시대"라고 한다. 새 시대는 Augustus의 생시에 시작되었다고 지적하고, 그를 위대한 최초의 유럽인이라고 말했다. quoted in, O. Halechi, The Limits. p. 33.

7) O. Halecki, *The Millennium of Europe*, 1963, pp. 23, 37.

샤를마뉴에 의한 제국의 확장으로 형성된 새로운 나라의 구조, 유럽 형성에서 가장 강력한 힘이었던 기독교의 전진, 그리고 노르만의 바이킹들에 의해서 건립된 국가들 중의 하나가 동유럽에서 가장 큰 나라를 창시하고 이 나라에 러시아라는 이름을 붙였다는 사실 등에서 유럽의 엄청난 확장을 볼 수 있다(*Ibid*., p. 53). 모든 슬라브족들이 유럽 공동체 안에 들어오기까지에는 기독교 천년사의 후반 500년이 걸렸다. 이들 슬라브족의 남방 분파는 6세기에서 7세기에 걸쳐 동로마 제국의 넓은 지역 내에 정착하였고, 그 후에 슬라브화한 불가리아인의 선례를 따라 정복한 영토 안에서 새 국가를 세웠는데(*Ibid*., p. 54) 이것은 게르만 부족이 수백 년 전에 서로마 제국의 영내에서 국가를 이룩한 것과 같은 것이었다. 게르만과 슬라브 침입자들의 기독교화로 마무리되는 두 가닥의 과정은 서로 비슷하며 상호보완적이었다.

남슬라브족으로부터 격리된 서방의 슬라브족 분파는 9세기에 샤를마뉴의 제국과 10세기에 오토의 제국과 관계를 맺게 되었다. 체코인의 경우 이러한 교섭은 기독교회와 제국으로의 흡수로 매듭 지어졌다. 게르만에 인접한 이웃이 된 폴란드 사람들은 966년에 보헤미아인의 중재로 개종되었는데, 보헤미아인과는 달리 완전히 독립된 국가를 창건하는 데 성공하였다. 폴란드의 독립이 그니에즈노Gniezno의 회의에서 황제 오토 3세에 의해서 공인된 서기 1000년의 해는 도슨의 결론대로 유럽 형성의 최종일로 고려될 수 있을 것이다. 왜냐하면 다음 해에 새로 개종된 헝가리가 국가적 상징으로 남게 된 왕관을 교황으로부터 받았고, 이보다 몇 해 전, 988년에 키예프 러시아가 비잔티움으로부터 기독교 신앙을 전수받았으며 비슷한 시기에 스칸디나비아의 3왕국이 기독교에 개종함으로써 유럽 공동체의 완벽한 구성원이 되었기 때문이다(*Ibid*., p. 55). 발트해안의 작은 민족 집단들만이 여전히 유럽 밖에 있었지만, 지리적 유럽의 대부분과 거의 모든 유럽 민족들은 마침내 하나의 문명 사회로 통일되었다. 이 사회의 다양성이야말로 그 활력을 증진시킨 원동력이었다.

지중해 시대는 적어도 400년간의 쇠퇴를 겪고 나서, 8세기가 지나는 과정에서 종식하였다. 기독교 시대가 시작할 무렵부터 준비되고, "지중해 남부 지역의 상실을 동북 유럽의 확보로 보상받은 유럽 공동체는 200년 후에 그 위대한 시대로 진입하였다. 유럽 시대로"(*Ibid.*, p. 57).

4) 유럽 시대의 종식

우리는 위에서 "유럽의 형성"에 관한 연대를 검토하였다. 이와 마찬가지로 "유럽의 종식"이라고 부르는 한 시대 전체의 종식에 관한 유사한 일자나 연대도 찾아야 한다. 할레키가 정리하는 유럽의 쇠퇴를 다음과 같이 요약할 수 있을 것이다. 한 시대의 시작을 연구하든 종식을 연구하든 간에, 그것이 어떤 한 해의 정해진 날짜로 입증되어서는 안 되고, 오히려 수 세기 동안 지속되는 전환기로 입증되어야 할 것이다. 또한 그 전환기에 몰락과 성장이 겹친 두 시대가 공존하는 것으로 생각해야 한다. 지중해 시대와 유럽 시대가 공존했던 과정은 기독교 시대의 첫 번째 천 년 대부분의 기간을 통해서 진행했다. 우리가 이제 살피고자 하는 근대사와 현대사의 과정도 그 빠른 리듬에도 불구하고, 이와 유사한 전환기를 두 번째 천 년의 종식의 과정에서 살펴보게 될 것이다.

할레키는 매우 중요한 자기 나름의 역사적 전환기의 인식 문제를 개진하고 있다. 그는 우리가 이 변화의 과정을 "유럽사의 종식"의 시기로 부른다고 해서, 일찍이 지중해 시대에 전개되었던 역사와 같은 의미에서 장차 유럽의 역사가 존재하지 않을 것이라고 생각할 까닭은 없다고 한다. 그러나 그 변화의 과정은 주로 유럽의 개별 국가의 역사나, 유독 유럽만이 아닌, 보다 넓은 공동체 내에서의 유럽의 어떤 부분의 역사일 것이라고 말한다. 즉 역사적 유럽 시대의 전형인 "유럽 공동체", — 온갖 다양성 속에서 진정한 통일성을 갖춘 곳, 세계의 다른 부분과 명확히 구별되는 통일체, 진실로 세계 전반에 걸쳐서 매우 특이한 위치와 잠시나마 지도적 위치를 차지한 공동체 — 그러한 유럽이라는 공동체는 이제 존립하지 않을 것이라고 한다. 그것은 우리의 눈앞에서 몰락하고 있다는 것이다(*Ibid.*, p. 61).[8]

8) Halecki, *Millennium*, p. 366.

그는 언제 붕괴의 과정이 시작하였느냐는 의문에 답하기 위해, 유럽 공동체의 역할이 최고에 도달했던 때의 성격을 검토하는 것으로부터 시작하고 있다. 서기 1000년을 전후해서 일련의 르네상스로 재생한 "그리스·로마 문화"의 유풍遺風은 지중해 세계 안의 유럽 지역에서 확인되었는데, 이 문화의 유산은 다시금 기독교와 함께 유럽 내의 다른 여러 지역으로 전달되었다. 이로써 "그리스·로마적 기독교적 두 전통"은 유럽이라는 토양에서 친밀하게 융합되었고, 특히 두 요소는 거대한 잠재력을 가진 유럽 정신의 형성을 위해 결합되었다.

유럽 공동체는 실로 문화의 거창한 다양성을 가지고 있었다. 이 다양성은 지리적 조건, 인종적 배경의 차이, 모국어의 엄청난 다양성, 날로 늘어나는 민족의식의 차이에서 온 결과였다. 서기 1000년경 미래에 출현할 다양한 민족국가는 이미 형성 중에 있었거니와, 비록 유럽의 민족주의는 19세기에 와서야 유행하게 된다고 하더라도, 그 근원은 중세까지 소급해 올라가야 한다. 그러나 이러한 유럽 안의 문화적 차이는 로마의 정복이 있기 전이나 또는 로마의 지배나 헬레니즘의 전파 아래 지중해 세계의 다양한 고대문명 사회들을 격리시킨 만큼 심각한 것은 아니었다. 더욱이 기독교적 유럽인과 비기독교적 유럽인들 사이의 문화적 간극과 비교한다면, 유럽 세계 안에서의 문화적 차이는 거의 중요하지 않았다 (*Ibid.*, pp. 63–64).

유럽은 문화, 종교, 인종과의 관련에서 기독교적 우월감을 유지하였다. 이 우월감은 역사를 만든 사람의 행동을 반영한 것이었다. 이러한 우월감은 역사를 쓰는 사람에게 편향된 연구의 경지에 이르게 하여 "유럽사를 세계사와 동일시하는" 결과를 초래하였는데, 유럽사와 세계사를 동일시하는 것은 유럽 시대 초기의 수 세기에는 지상의 대부분의 다른 지역이 실제로 유럽과 격리되었고 알려지지도 않았다는 사실에 의해서 설명될 수 있을 것이다. 그 이후에 "지리상의 발견"이나 "식민지 시대"에는 그 대부분이 편견이나 사견의 문제였다. 유럽 공동체와 다른 문명 사회와의 접촉은 유럽 지역에 대한 아시아인의 침입의 경우를 제외하고, 유럽의 선도로 이루어진 경우가 많았고, 무엇보다도 유럽의 정복과 지배를 초래한 경우가 태반이었다. 유럽 문명과 같은 "여러 민족의 다양성을 대표했던 문명은 없었고", 또한 그만큼 유사한 "종교적 보편성의 개념을 나타낸 문명"도 없었다(*Ibid.*, pp. 64–65).

그런데, 유럽이 그 실제의 위대성에도 불구하고, 세계가 아니었다는 것이 언제 어떻게 명료해졌는가, 그리고 유럽은 그 지도적 위치를 언제 어떻게 상실했는가 하는 주요 문제로 우리를 유도한다(*Ibid.*, p. 65). 유럽의 쇠퇴가 가시적으로 변하기 오래전에, 심지어 카를 마르크스의 세대 이전에 유럽 시대로부터 다른 시대로의 전환기가 시작하였다는 명백한 징조가 있었다. 이러한 징조는 인간의 삶의 가장 높은 차원인 종교적인 것으로부터 연구될 수 있을 것이다. 기독교는 유럽 문명에서 전형적 존재이고, 또한 그 문명에 너무나 밀접히 연관되어 있었기 때문에 유럽 시대의 초기인 소위 중세기에 교회와 문화는 불가분의 관계에 있었다. 13세기에 이르러 — 이러한 관점에서 본다면 13세기는 가장 위대하였다고 고려될 수 있다 — 불멸의 철학Philosophia Perennis은 신앙과 이성 양자 사이뿐만 아니라, 유럽 정신의 두 개의 기본적 구성 요소인 기독교와 인문주의적 전통 사이에 영속적 조화를 확립한 것같이 보였다. 그러나 인문주의적 전통의 연이은 부활에서 르네상스라는 명칭을 특별히 부착한 채로 남게 된 인문주의가 이 두 요소를 서로 대립시켰다. 기독교적 존재를 배제하면서유럽적일 수 있는 문화를 창출하려는 시도가 인문주의자들 중, 신무종교파neopagan wing에 의해서 시작되었고, "계몽주의"라는 표지 아래 재차 시도되었다(*Ibid.*, pp. 66–67). 그리고 "19세기 문화의 세속화 과정에서 이들이 거둔 명백한 승리는 유럽 문명의 현재의 위기의 주요 원인으로 시인되고 있다"(*Ibid.*, p. 67).

우리는 유럽 공동체의 파탄과 대서양 공동체의 출현을 실감할 수 있는 역사 전환기의 양상을 일별한 다음, 대서양 시대의 본론에 접근할 수 있다.

할레키는 유럽 시대의 전모를 쾌도난마 하듯이 몇 마디로 요약하였다. 유럽이 형성되기에는 1천 년이 모두 걸렸다. 다음 1천 년은 유럽을 구성하는 일에 얽매였다. 그러나 지중해 시대 말기의 환상적 "로마의 평화Pax Romana"에 상응하는 "유럽의 평화Pax Europaea"를 잠시나마 실현하는 데는 완전한 실패만이 있었다(*Ibid.*, p. 68)고 요약했다.

헤아릴 수 없이 많은 전쟁들이 — 그중에 어떤 전쟁은 대부분의 유럽 국가들이 포함된 것이었다 — 있어 왔으나, 1914-1918년의 전쟁은 최대 최후의 "유럽 전쟁"으로서 유럽 문명은 분명히 또 다른 전쟁을 견디어 낼 수 없을 것이라는 결론을 가지고 있었다. 그럼에도 불구하고 1939년에 또 다시 그와 같은 전쟁이 발발하자, 그것은 필연적으로 실제의 세계 전쟁으로 되었다. 이 전쟁은 결국 비유럽 세력에 의해서 종결되었을 뿐만 아니라 유럽 전체가 파국으로 끝났다 (*Ibid.*, p. 69).[9]

이번의 "세계 전쟁"은 또한 세계 속에서 유럽이 차지하는 지도력이라는 낡은 관념에 종지부를 찍었다. 유럽 공동체가 지도력을 내세울 수 없게 된 것은 그 내적 통일성이 국제적인 전쟁뿐만 아니라 내전에 의해서도 파괴되었기 때문이었다. 1789년의 프랑스 혁명으로 시작된 유난히 빈번하고 난폭하고 널리 확대된 유럽의 혁명 운동은 시기적으로 20세기의 전체주의 혁명에서 그 절정에 도달했다(*Ibid.*, p. 70).

20세기의 혁명 중에서 적어도 두 차례의 혁명은 기독교와 인문주의의 전통에 대한 전면적 거부라는 점에서 공통하였다. 나치즘은 유럽의 한가운데서 일어나고 또한 거의 전 대륙을 정복하는 데 성공하였기 때문에 그들의 승리는 유럽 문명의 총체적 파괴를 의미하였다. 공산주의는 유럽의 변경 지역과 아시아의 인접 지역에서 이루어졌기 때문에, 유럽의 얼마나 넓은 지역이 유럽 공동체의 문화적 역사적 영향을 받지 않게 되고, 유럽에 대립하는 유라시아 지역의 일부로 흡수되느냐는 문제를 즉각적으로 제기하게 되었다. 그리고 그것이야말로 확실히 우리 시대의 중대한 문제일 뿐만 아니라, 유럽의 마지막 몰락의 조짐인 것이다(*Ibid.*, p. 70).

9) Halecki, *Millennium*. p. 356 f.

3. 할레키의 대서양 공동체 — 대서양 시대의 전개

1) 대서양 공동체의 형성

나치즘과 공산주의의 확산에서 유럽의 몰락의 조짐을 보는 할레키의 유럽 사관에서 우리는 기독교 중심적 역사관을 엿볼 수 있다. 이슬람에게 광대한 영토를 상실하면서 닥쳐 온 고대 지중해 세계의 마지막 붕괴가, 유라시아 대륙에서〔러시아에게〕 영토를 상실한 현대 유럽 공동체의 몰락의 조짐과 유사하다는 그의 주장은 물론 충격적인 비유이다. 그의 말대로 이러한 비유는 또 다른 문제를 제기한다. 유럽 공동체가 20세기에 와서 겪은 유라시아 제국帝國〔러시아 제국〕의 상실은 기존의 문명의 총체적 붕괴나 또는 그 전통과의 완전한 단절이 아니라고 한다. 왜냐하면 오히려 "유럽 중심부의 서반구〔아메리카 대륙〕 이동"으로 유럽이 바다 건너 반대 방향으로 팽창하여 새로운 공동체를 창출함으로써 잃은 것만큼 보충될 수 있다는 해석이다. 할레키는 이러한 문제에 해답하기는 어렵지 않다고 한다. 즉 유럽 시대가 지나기 오래전에 유럽 문화는 대서양 너머 미주 대륙으로 넓게 전파되었고 이 대서양의 양편에 위치한 나라들 사이에는 밀접한 "문화적 공동체가 형성되었다"라고 한다. 토인비는 그 공동체 형성의 논거로 미주에 생긴 서양 문명의 분가分家를 지적하였다. 그는 미주의 분가를 이 문명 사회의 본래의 모체母體와 분리하지 않은 채 단순히 "서양Western" 문명이라는 말로 계속해서 부르고 있다. 또한 월터 리프만Walter Lippmann의 고무적인 토론이나 로스 호프만Ross Hoffman의 "심오한 역사 해석에서 제시되고 또한 주위의 인정을 받은 바로는" 이 새로운 영역에 대한 가장 편리한 명칭은 "대서양 공동체"라고 한다(*Ibid.*, pp. 71, 203).[10]

유럽이 겪은 "형성"과 "종식"이라는 두 차례의 거창한 전환기를 서로 비교함에 있어서 강조되어야 할 것은 흡사 유럽의 형성이 지중해 시대가 종식하기

10) Ross J. S. Hoffman, *The Great Republic*, 1942, p. 162, 여기서 대서양은 "이제 기독교국의 내해內海이다"라고 기술하였다.

오래전에 시작했듯이, 대서양 공동체의 기원도 유럽 시대가 소실되기 전에 일어난 사건들로 거슬러 올라갈 수 있다는 것이다.

이러한 사건들 중에서 단연 으뜸가는 것은 물론 아메리카의 발견이다. 그것은 곧 정복과 식민의 점진적 과정으로 이어졌다. 해외의 다른 어느 지역에서도 그렇듯 많은 유럽의 식민지 개척자들의 무리가 들어온 적은 없었다. 대서양 연안 지역들뿐만 아니라 구세계의 모든 나라들로부터 밀려온 오랜 끊임없는 이민의 흐름은 "구유럽"이 쇠퇴하기 전에 아메리카에서 "신유럽"을 만들어 냈다. 서반구 전체를 "신유럽"이라고 부르는 것은 과장이 아니다. 왜냐하면 "잘 유지된 지중해적 그리스·로마 문명과 여러 갈래의 종파로 나누어진 기독교적 전통 전체를 포함한 유럽 문화의 총체적 유산이" 대서양의 서쪽 맞은편으로 옮겨졌기 때문이다(*Ibid.*, p. 72).

미국의 독립선언과 헌법의 기초, 20여 개에 달하는 라틴 아메리카 공화국의 창건, 캐나다의 자치령으로의 변신은 모두 아메리카의 형성뿐만 아니라 "대서양 공동체"의 형성을 위한 진전이었다. "신유럽"의 모든 나라의 운명은 전시나 평화 시나 그들의 예전의 모국과 떨어질 수 없는 사이로 입증되었다. 또한 대서양 공동체의 참가국은 반드시 대서양 연안에 있는 나라들에 국한되지 않는다는 것이 분명하기 때문에 대서양이라고 하는 존재는 훨씬 더 넓은 지역의 지리적 중심에 다름없다(*Ibid.*, p. 73).

대서양과 태평양을 모두 전장戰場으로 삼았던 스페인 전쟁은 미국의 새로운 국력이 겪은 첫 번째 시험이었다. 이로부터 20년 후에 새로 등장한 이 강국〔미국〕은 유럽에서 벌어진 제1차 세계대전에 무력으로 개입하여 결정적인 역할을 해낼 수 있었고, 또한 필수적인 것으로 입증된 국제적 기구〔국제연맹〕를 발족시킬 수 있었다. 그것은 유럽을 따로 조직하려던 모든 시도가 — 소위 "유럽의 협조"라고 하는 마지막 시도를 포함하여 — 궁극적으로 실패했기 때문에 가능했다. 또한 이 강국의 제2차 세계대전에서 수행한 보다 더 큰 역할이나 유엔에서 차지한 회원국으로서의 위치는 1492년〔콜럼버스의 아메리카 발견〕에 출발하여 결정적 전환기로서의 1776년〔미국 독립선언〕을 — 유럽의 엄청난 혁명적 위기의 발단과 시기적으로 일치한다 — 거친 발전 과정의 절정으로 나타났다(*Ibid.*, p. 74).

미국의 역사가들은 하나의 공통의 문명에서 아메리카적 부분과 유럽적 부분 간에 존재하는 통일성을 올바르게 강조한 바 있다. 카튼 헤이즈Carton Hayes는 "미공화국의 옛 변경이 그 서부로의 행군을 마치고 아메리카 대륙으로부터 사라지는 동안에" 유럽 대륙에 존재하는 공통의 문명의 변경이 현재의 미국의 새 변경으로 등장하였다고 밝혔다. 마팅리Mattingly는 "우리의 역사는 서양의 역사이며, 같은 리듬으로 움직이며, 같은 충동으로 고취되고, 같은 위기 속으로 피할 수 없이 말려들게 되는" 유럽적 역사와 같다고 말했다(*Ibid.*, p. 75).

대서양 시대는 겨우 시작되었을 뿐이라고 하더라도, 이미 분명한 것은 대서양 시대와 유럽 시대는 유럽 시대와 지중해 시대 사이에 가졌던 것 이상으로 많은 공통점을 가지게 된다. 토인비의 용어를 이용하자면, 서로 승계承繼하는 처지의 두 문명 사회의 관련성을 따져 볼 때, 영국의 이 역사가가 말하는 그리스 문명과 서양 문명 사이의 관련성보다도 현재의 경우가 즉, 유럽 시대와 대서양 시대의 관련성이 훨씬 밀접한 연관을 갖는다. 토인비에게는 그것이 관련성 이상의 것이며, 다시 말해서 그것은 서유럽과 아메리카에 걸친 문명의 동질성에 관한 문제이다(*Ibid.*, pp. 75-76).

또한 반드시 지적되어야 할 것으로 종교 분야에서 기독교로 개종된 서반구의 살아남은 원주민들에게도 실제로 그 같은 동질성이 존재한다고 할레키는 강조한다. 이뿐만 아니라 미국에서는 중세적 전통에 대한 관심이 늘어나고 있다고 한다. 더욱이 미국이라는 "도가니" 속에서 평등하고 선량한 아메리카의 시민에 다름없는 다양한 인종 집단들은 그들이 간직한 유럽의 유산에 대해서 자부하고 있으며 또한 그러한 유산은 제가끔 미국의 완전한 발전을 위해 가치 있는 기여를 하고 있다고 한다(*Ibid.*, p. 76).

이 새로운 공동체의 아메리카라는 부분이 — 유럽에서 공산주의 혁명으로 잃은 땅에 대한 보상이지만 — 차지하는 면적은 엄청나게 넓으나 인구는 적은 곳이다. 그곳은 오늘날 단연 부유한 곳이며, 또한 아메리카의 공화국들 중의 한 나라는 제2차 세계대전에서 세계 최강의 나라로 등장했다. 그러나 그러한 변화가 유럽 자체의 역할은 끝났다거나, 유럽에서 궁핍해지고 부분적으로 파괴된 문화적 중심지들이 이전의 위대성을 회복할 수 없게 되었음을 의미하는 것은 아니다. 또한 더 젊지만 급성장하는 대서양 너머 신대륙의 "새 중심지"들이 변형된 문명을 대표하게 된다는 의미도 아니다(*Ibid*., p. 77).

이제 명백히 구성된 대서양 공동체는 적어도 유럽의 민족들이 지녀 온 역사적 결속력과 동등한 결속력을 가지고 있다. 그리고 "대서양—즉 새 시대의 지중해—의 양편에 공동의 기원을 가진 사람들이 오직 공동으로 할 수 있는 것은 물질적 힘이 아니라 그들이 수호한 정신적 가치에 의해서 정당화된 세계적 지도력을 계속해서 행사하는 것이다"(*Ibid*., p. 77). 정확히 말해서 "대서양 공동체의 정신적 특성" 때문에 같은 기원과 같은 문화적 배경을 갖는 소수의 나라들이 그들의 지리적 격리에도 불구하고 강한 결속력을 나누어 가질 수 있다. 이것은 물론 유럽인도 미국인도 아닌 "영국연방 내의 멀리 떨어진 회원국"을 지칭하는 것이다. 이들은 실상 대서양 해안을 끼고 있지만, 미래를 알 수 없는 완전히 소외된 대륙에 의해서 대서양 공동체의 다른 구성원으로부터 격리되어 있는 남아프리카나, 지구의 다른 편에 있는 호주와 뉴질랜드도 해당된다(*Ibid*., p. 77).

그러나 할레키는 여기서 새로운 문제를 제기하면서 에릭 피셔E. Fischer의 해석을 제시하였다. 피셔는 새로운 "문화의 중심지"로 서반구뿐만 아니라 모든 대륙에 태동하는 새로운 중심지를 고려하면서 유럽뿐만 아니라 세계의 미국화를 말하고 있다. 이와 유사하게 토인비의 견해에 따르면, "서유럽과 아메리카에 공통하는 서양 문명"은 그것이 결코 통합된 세계의 유일한 구성요소가 아니며 오히려 알맞은 위치로 서서히 물러서게 될 것이라고 하더라도, 아직은 붕괴하지 않은 유일한 문명 사회이며, 또한 전 세계에 걸친 팽창을 통해서 절정에 이른 "단일한 거대 사회"라는 것이다.[11] 한편 벤델 윌키Wendell Willkie의 책이 유명하게 만든 "하나의 세계"[12] 라는 이념은 전쟁이나 평화에서 모든 나라와 인민

11) A. J. Toynbee, *Civilization on Trial*, 1948, p. 158.
12) W. L. Willkie, *One World*, 1943.

이 전보다 밀접한 관계를 맺음으로써 실현되는 것 같이 보인다고 한다. 따라서 유럽 공동체는 대서양 공동체나 또는 지리적으로 제한된 다른 어떤 공동체에 의해서 대체되는 것이 아니라, 공통적이며 진정으로 보편적인 역사를 갖는 "세계 시대"로 우리를 인도할 수 있는 지구적 통일체에 의해서 대체 중에 있다고 말할 수 있지 않느냐고 반문하고 있다(*Ibid.*, p. 78).

의문의 여지없이 세계의 발전적 통합은 유엔 기구가 입증하듯이 경제 통신 정치 관계의 영역에서 이루어지고 있다. 그러나 그것이 세계가 좀더 중요한 이념과 문화의 분야에서 동등하게 통합되고 있음을 의미하는 것은 아니다. 갖가지 문화의 순수한 물질적 동화同化 — 그것을 우리는 서양화나 미국화라고 부른다 — 에 반해서, 이것에 상응하는 정신적 통일이 없기 때문이다. 그 같은 정신적 통일은 세계에 현존하는 바와 같이, "그리스·로마의 인문주의의 유산을 포함한 기독교국의 공통의 전통을 나누어 가진 사람들에게 한정 된다". 이 사실이야말로 전 세계에 걸쳐 기독교국의 전통에 기초한 민주주의의 개념을 받아들이도록 만드는 것이 어렵고, 또한 지적知的 협력에서 전 인류를 망라할 수 없는 비현실적 보편적 철학에 근거해서는 안 되고, 또한 다른 정치적 이데올로기를 갖는 2 내지 3개의 "세계"뿐만 아니라, 근본적인 문화의 차이로 분리된 더 많은 "세계"들이 인류 발전의 다음 시대에 대서양 공동체와 공존하게 된다는 정확한 이유가 될 것이라고 한다(*Ibid.*, p. 79).

선행한 시대가 유럽 시대였다고 정당하게 지칭할 수 있듯이, 다음 시대를 "대서양 시대"라고 말할 수 있는 것은 "아메리카와 대부분의 유럽으로 구성된 대서양 공동체"가 전에 유럽이 장악했던 세계에서 중심적이자 지도적 위치를 계승한 것으로 생각되기 때문이다. 그러나 미래의 문제를 이 이상 판단하지 말고, 또한 다음 세기에 다가올 수 있는 "보편적 세계 시대"의 가능성이나 희망조차 고려하지 말고, 또한 서양 문화의 외각에서 발전을 계속할 몇 개의 다른 문명 사회를 토인비와 함께 논의하는 것조차 피하면서, 바야흐로 유럽 시대로부터 대서양 시대로의 "이행"에 관한 약간의 문제를 좀더 따져 보기로 한다(*Ibid.*, p. 79).

대서양 공동체는 유럽 공동체가 끝나기 전에 그 형성 과정이 시작되었고, 그래서 지중해 공동체와 유럽 공동체의 경우와 마찬가지로, 이 두 공동체는 역사의 이행기에 함께 공존하였다. 그런데 이번에는 고조된 역사의 리듬 때문에 그 시기가 상당히 단축되었고, 유럽의 형성에 필요했던 천 년에 비유할 만한 천 년이라는 세월이 경과하는 대신에, 소위 "지리적 발견의 시대"에 그 징후를 보인 새로운 이행기移行期는 미국 혁명 전까지는 실제로 시작되지 않았고, 지난 마지막 세계대전과 함께 끝났다고 보아야 할 것이다(*Ibid.*, p. 80).

유럽 문화의 중력 중심重力中心의 결정적 이동이 있었음에도 불구하고 두 공동체 상호 간을 연결하는 연속성에서 더 밀접하게 된 것이 있다. 오직 중단되지도 변하지도 않은 종교적 전통에서 유래하는 것이다. 더욱이 이번의 새 공동체는 옛 공동체가 실제로 소실하기 이전에 현실적으로 형성된 것이었다. 그러나 유럽 공동체의 커다란 부분이 대서양 공동체의 부분으로 살아남는다고 하더라도 유럽 시대의 천 년에 해당하는 의미의 유럽의 역사 ― 10세기 중엽에서 20세기 중엽까지의 ― 는 종식한 것이다(*Ibid.*, p. 80).

2) 대서양 공동체의 범위

대서양 공동체의 역사적 공간적 범위와 지리적 경계는 어떻게 설정할 수 있느냐는 실제적 문제가 남는다. 할레키가 정리한 이 문제를 간략하게 압축해 보면 다음과 같다. 대서양의 섬들은 처음부터 유럽 공동체의 기둥이었고, 또한 대서양상의 전진기지였기 때문에, 이들 도서는 대서양 공동체 안에서도 중요한 지주支柱이자 연결고리의 역할을 하였다. 섬나라인 영국에 관해서 대서양으로의 발전을 이야기할 때 서해안에 위치한 나라들에게도 똑같은 이야기가 적용될 수 있다. 대서양은 서해안의 나라들에게도 팽창의 한계로 입증되지 않았다. 이들은 모두 유럽안의 본국의 영토보다 훨씬 큰 식민 제국帝國을 가졌었고, 어느 정도까지는 2차 세계대전 후에도 해외 영토를 거느리고 있었다(*Ibid.*, p. 88).

유럽을 그보다 더 큰 아프리카의 어떤 부분과 연관 짓기 위하여 "지중해 공동체의 이념"을 부활시켜 연결 짓는다는 것은 과거나 현재나 희망 없는 작업으로 보일 것이다. 유럽의 강국들은 아프리카 대륙에 깊숙이 침입하여 그들끼리 제가끔 영역을 분할할 정도로 성공을 거두었는데, 이것은 "지중해 아닌 다른 해안으로부터 접근하여 이루어진 일이었다". 유럽의 강국들은 아프리카를 유럽 공동체의 일부로 만들기는커녕 — 멀리 떨어진 남부〔남아연방〕만을 제외하고 — 그곳을 전형적 식민지로 개편하여 무자비하게 착취하였다. 아프리카의 역사는 이디오피아같이 오래된 나라의 역사이든, 라이베리아같은 신생국의 역사이든, 유럽의 무력외교의 강한 영향을 받았다고 하지만, 그 어떤 순간이든 유럽사의 일부가 될 수 없고, 더욱이 대서양 공동체의 참가를 위한 준비 단계에 있다고 볼 수도 없다(*Ibid.*, p. 92).

다음은 새로운 대서양 시대에 모든 유럽이 아메리카와 결합하게 될 것이냐는 문제이다. 유럽 반도를 북아시아라는 배경과 연결하는 거대한 지형 안에 있을 유럽의 동쪽 경계를 형성하는 선 — 그것은 유럽 대륙의 북쪽의 바다로부터 남쪽의 바다인 지중해에 이르는 경계선 — 을 검토하지 않고서는 이 심각한 문제에 답할 수 없을 것이다(*Ibid.*, p. 103). 이 문제야말로 아마도 가장 "폴레믹"한 문제일 것이다.

러시아는 동부로 향한 식민지 개척에서 불과 60년 만에 태평양에 도달하였다. 이 나라의 "바다로의 충동"은 빠른 속도로 극동의 목표를 획득했다. 이는 300년 후에 미국이 서부를 개척하여 태평양 해안에 도달한 것과 같은 변경의 전진에나 비유될 수 있다. 그러나 이 두 나라의 변경 문제에는 엄청난 차이가 있다. 미국에서는 대륙의 동부해안에 건립된 연방 체제가 이 대륙의 서부해안까지 확장되었다. 그런데 그 전체 영토가 대서양 편이든 태평양쪽이든 하나의 나라, "아메리카 합중국"으로 통합되었다. 그러나 소위 구세계에서는 유럽의 토양에서 자란 러시아라는 "한 제국"이 아시아의 북부 전체를 연속적으로 점령해 갔으나, 이러한 영토는 식민지적 팽창을 통해서 획득한 것이었다. 이렇게 획득한 식민지는 비록 해외의 영토가 아닌 육속陸續된 인접 지역이었으나, 유럽의 일부로 되지는 못하였다. 심지어 러시아 제국帝國이 "유럽 협조 체제"의 지도적 일원으로 군림하던 시대에도, 비록 행정적 경계선이 두 대륙 사이의 지리적 경계선으로 간주되는 선과 확실히 일치하지 않는다고 하더라도, 유럽적 러시아와 아시아적 러시아 사이에는 분명한 구분이 있기 마련이었다(*Ibid.*, pp. 106–107).

"유럽 공동체의 역사적 개념에 포함되는 지역이 북부 아시아의 평원 속으로 막연히 연장될 수 없다"는 것이 분명하기 때문에, 이 공동체의 동부 변경이 우랄 산맥까지 도달했는지, 또는 그 변경이 우랄의 서쪽에 실제로 머무르지도 못했는지 예민한 문제가 제기된다. 이 문제에 관해서는 러시아사에 관한 여러 학파 간學派間의 서로 다른 논쟁이 충돌하고 있는 실정이다. 근대 러시아의 기원에 관한 모든 유사한 연구에서, 러시아 사상의 "서구주의자"와 "슬라브주의자"라고 하는 두 개의 주요 학파 간에는 전통적으로 다른 것이 확연하지만, 역시 외국의 관찰자들에게는 이 두 학파는 공통점을 가지고 있는 것으로 인식되고 있다. 그러나 오늘날 유라시아학파라고 하는 제3의 학파의 입장이 — 주로 19세기에 관심을 갖는 학자들과 관계가 있지만 — 유사한 중요성을 가지게 되었다(*Ibid.*, pp. 110–113).

3개의 학파들의 다른 의견을 명료하게 검토한 할레키는 크로스S. H. Cross의 의미 있는 몇 마디의 포괄적 결론에 동의하였다. 즉 "러시아적 성격에 지울 수 없는 각인을 남긴"(*Ibid.*, p. 117f.) 아시아적 지배를 비잔티움의 빛나는 기독교적·유럽적 문화의 영향과 대비시킨다든가, 또는 기독교적 문화가 아닌 아시아적 지배에서 러시아를 유럽으로부터 단절하는 강력한 요소를 찾아냈을 때, 크로스의 평가는 옳았다는 것이다. 전체 노브고로드 지역을 제외한 신·구 러시아의 거의 전부는 바야흐로 거대한 유라시아 제국帝國의 일부가 되었는데, 이 제국의 서방의 경계선은 물론 유럽의 동쪽 경계선이었다. 몽고인의 러시아 지배는 오토만인의 발칸 지배보다 기간이 짧았다. 그러나 몽고인의 통치는 러시아인들이 유럽 공동체 내에서 초기적 문화 발전 단계에 있었을 때 러시아인들에게 강요된 것이었다. 그 강요의 정도가 어느 정도인가를 규명하는 일이 만만치 않다는 것은 우리들의 상식이다.

첫 번째 황제 이반 공포왕의 정치철학은 그의 "친영열親英熱"에도 불구하고, 그가 지배하는 러시아를 타타르인이 지배하던 때 못지않게 유럽의 외곽으로 격리시켰다고 한다. 이상하게도 표트르 대제는 이반 공포왕과 많은 공통점을 가진 또 한 사람의 황제였고, 때로는 슬라브주의자들의 비난까지 받았던 러시아의 대표적 "서유럽주의자"로 평가된다. 그는 자기 나라를 폴란드라는 이웃을 매개로 해서 유럽 내지 유럽 문화에 연결했던 17세기적 관념을 거부하고, 그 대신 가장 선진한 서양의 여러 나라를 직접 접했던 까닭에, 우수한 근대 러시아 해설가들에 의해서 칭찬을 받는 통치자이다. 표트르 대제의 성공을 강조하는 데 아널드 토인비만큼 적극적인 사람은 없다. 토인비는 표트르의 개혁 전 러시아를 서양뿐만 아니라 동남유럽의 그리스 정교 문화와도 구별되는 완전히 격리된 문명 사회였다고 간주한다. 반면에, 표트르가 통치하는 시기에는 서양 세계의 대륙적 변경이 "폴란드와 스웨덴의 동쪽 변경으로부터" 유라시아의 초원지대로 진출한 러시아의 "멀리 떨어진 〔동쪽〕 변경까지 단숨에 전진한 것으로" 생각하고 있다. 그래서 그는 "서양 사회의 후견권後見權"이 러시아의 서쪽 이웃나라의 "손으로부터 갑자기 탈취되었다"라고 말하고 있다. 그리고 비록 러시아 자신이 즉시 서양 사회의 "후견인"은 못되었다 하더라도, 몽고의 통치와 그 통치의 결과로 러시아를 유럽의 외곽에 존치시킨 긴 세월이 러시아의 발전을 "완전 정지" 시켰음에도 불구하고, 러시아는 서양 사회에 분명히 참가했고, 더욱이 S. H. 크로스가 설명했듯이, 서양을 "따라잡았다"는 결론이 나올 수 있다고 한다(*Ibid.*, pp. 122–123).

러시아의 모든 "서구주의자들"에게 소중한 그러한 해석에는 이를 찬성하는 진지한 논의가 있다. 러시아사의 과정 전반을 통해서 아시아적 충격에 반발한 가장 강력한 유럽적 요소는 물론 중세적 키예프 공국의 전통까지 소급할 수 있는 러시아 민족의 기독교 신앙이었다. 우크라이나의 조직적 러시아화에 나선 표트르 대제 자신은 발틱 지역의 더 많은 "서방"주들을 병합하였다. 그리고 표트르 대제보다 러시아를 유럽과 훨씬 긴밀하게 연결시켰던 예카테리나 2세와 알렉산드르 1세 치하에서, 대부분의 폴란드와 전에 스웨덴이 영유한 핀란드 같은 보다 넓은 순수한 영토가 러시아 제국에 첨가되었다. 정치적으로 이 제국은 유럽적 국가 체제의 일부인 것이 분명했고, 또한 18세기 이래 유럽사는 러시아의 외교 정책 전반을 포함하지 않고서는 쓸 수 없게 되었다는 점도 확연해졌다. 러시아는 계몽주의로부터 마르크스주의에 이르는 지적인 운동을 어느 때보다도 높은 수준에서 접했고 또한 영향을 받았다(*Ibid.*, pp. 123, 124).

그러나 이러한 논란에 맞서서, 이러한 요소들이 차르〔러시아 황제〕의 러시아를 진정한 유럽으로 만드는 결과를 가져왔느냐고 하는 심각한 의문을 똑같이 제기할 수 있다. 새로 획득한 서양 지역의 순수한 유럽적 특성은 그것이 러시아 본토로 스며들기는커녕, 도리어 새로 획득한 지역의 완전한 러시아화를 추진함으로써 민족주의적 성향의 반발을 자극했다. 엄청나게 거대한 이 초유럽적 러시아제국이 "유럽의 협조 체제"에 정치적으로 참여한다는 것은 폴란드 분할로 전통적 "세력 균형"이 파괴된 후에, 비엔나 회의에서 명확하게 드러난 바와 같이 유럽 공동체에 대한 항구적 위협에 다름없었다. 이제 러시아의 가까운 이웃이 된 독일이 백년 만에 재연해서 입증한 나폴레옹의 경험은, 안보를 두려워해야 할 나라는 러시아가 — 침입하기는 쉬우나 정복하기는 불가능한 — 아닌, 유럽 대륙 내의 훨씬 작은 나라들이라는 것이다. "끝으로 서유럽에서 기원한 다양한 문화적 경향은 그 이념과 그 이념을 실천에 옮기는 방법이 러시아의 토양에서 재再해석되면서 곧바로 모두 심도 있는 수정을 받았는데, 이를테면 마르크스주의가 볼셰비즘을 낳은 것은 바로 그 곳 러시아의 토양이었다는 것이다"(*Ibid.*, pp. 124, 125).

할레키의 러시아 혁명관은 다음과 같이 요약될 수 있다. 즉, 헤겔의 변증법, 공산당 선언, 유물론과 내셔널리즘의 결합 등이 "독일산 제품"이므로 레닌이 결국 표트르 대제의 과업을 완성한 "서구주의자"로 입증될 수 있다고 믿는다면 위험한 환상이다. 표트르 1세에서 니콜라이 2세까지 지속된 러시아 제국이 지니는 약간의 유럽적 성격이 무엇이라고 생각하든지, 1917년 3월에 실제적이기는 했으나 보람 없이 끝난 서구화의 시도〔제1차 러시아혁명〕가 있었던 뒤에, 같은 해 11월에 창건된 "붉은 차르 체제"는 그것이 "반유럽적인 것이 아니라면 비유럽적인 것"이었고, 또한 그렇게 잔존하였다는 것이다(*Ibid.*, pp. 125-126).

1945년에 두 번째의 세계대전이 종결되면서 독일과 그 위성국들은 함께 패배하였으나, 이들 위성국과 함께, 스웨덴 독일 이탈리아 등 세 나라의 동쪽에 위치한 모든 나라들 — 그리스 하나만을 제외하고 영웅적인 연합국을 모두 포함한 — 은 "러시아의 궤도" 속으로 끌려들어 갔고, "대서양 공동체로부터 배제되었다" 전쟁 후의 유럽 국가들의 판세를 유럽 시대 전체의 역사적 배경에 비추어서 고려하자면 심각한 변화의 중요성을 발견하게 된다. "만일 이러한 사실들이 변함없이 유지된다면," 대략 펫사모Petsamo에서 체타테아 알바Cetatea Alba에 이르는 북극해와 흑해 사이의 거대한 동부의 지협地峽 위에 가로놓인 전쟁 전 유럽 공동체의 경계선은 발트 해와 아드리아 해 사이의 지협을 가로지르는 슈체친Szczecin에서 트리에스테Trieste에 이르는 선으로 후퇴하게 될 것이다. 전쟁 직후의 상황에 입각해서 명시적으로 지적할 수 있는 것은 오랜 역사적 유럽의 거대한 부분이 유라시아 쪽으로 떠나게 될 것이고, 엄청나게 축소된 유럽만이 앞으로 다가올 대서양 시대에 아메리카에 합류하게 될 것으로 예견된다. "여기에는 유럽 시대 초기에 지중해 공동체가 겪었던 영토적 손실과 놀랄 만한 유사성이 있을 것이다." 그러나 전쟁 후에 현실로 나타났던 바와 같은 유럽의 퇴각은 유럽 기독교 문화의 발전 과정에 천 년 동안이나 참여한 끝에, 공산주의 독재정치하에 놓이게 된 동유럽의 희생당한 소수민족들이나, 유라시아 지역으로부터 오는 새로운 침입에 대해 최소한의 안보를 보장 받을 수 있는 변경 지역조차 확보하지 못한 신생 "유로아메리카Euro-America 공동체"에게는 모두 더 큰 고통이 아닐 수 없을 것이다(*Ibid.*, p. 128).

두 세계가 제각기 미국과 러시아 초강대국 중, 한 나라의 영향 아래 있게 되었다. 러시아를 "중심축"으로 하는 "전체주의적 유라시아 세계"에 강제로 포섭된 유럽의 커다란 일부 지역에는 자유에 대한 희망이나 미래에 대한 희망은 없다. 반면에 미국은 전후의 재건뿐만 아니라 기독교와 인간의 자유를 바탕으로 한 공동의 "유럽적 미국적 전통"에 기초한 정치적 구성체의 형성을 위해 유럽의 나머지 부분을 지원하고 있다. 이러한 전통은 새로운 보편적 구성체인 국제연합UN의 테두리 안에서 유럽의 나라들과 그들의 문화가 살아남게 되었다(*Ibid*., p. 241). 할레키가 말하는 "유럽 시대의 종식"이란 — 그것은 "유럽 공동체의 우월성의 종식이요, 또는 독립된 단위로 연구할 수 있는 유럽사의 종식이다" — 역사적 유럽의 역할이나 유럽 문화와 전통의 역할이 이미 지나버린 일로 되었음을 반드시 의미할 필요는 없다는 것이다. 그럼에도 불구하고 전대미문의 파국을 겪은 후에 다시 조직되고 통일된 유럽이 미국과 러시아의 중간에 위치하여 양자 간의 긴장을 완화하는 어떤 중간적 기능을 발휘할 수 있는 제3의 세계적 세력을 형성할 수 있을 것이라는 토인비의 훌륭한 제의에 함축된 가능성은 애매한 것으로 보인다. 그보다 더 개연성이 있을 것으로 보이는 것은 새로운 "역사 시대의 대서양 공동체" 내에서의 자유 유럽과 미국 사이의 증대하는 밀접한 협력 관계이다. 역사적 유럽이 얼마나 자유로워질 것인가 그리하여 대서양 공동체에 참여할 수 있을 것인가, 하는 것은 역사가가 답할 수 없는 미래의 문제이지만, 역시 "유럽 역사의 경계와 구분"에 관한 연구야말로 이 당면 문제를 이해하는 데 공헌할 수 있을 것이라고 한다(*Ibid.*, p. 242).

할레키는 1963년에 출간된《유럽 시대 천년사千年史》에서 "유럽의 연합"을 지향하는 서유럽의 움직임을 적극적으로 전망했다. 그의 관측에 의하면, 역사적 "유럽 공동체"는 과거나 현재나 "'석탄 철광 공동체' 이상일 뿐만 아니라, '공동 시장'이나 '공동 방위체' 이상의 존재였다"라고 한다.[13] 특히 "이 공동체가 위대한 위치에 있었을 때 늘 문화적 우월성을" 자랑했음을 알아야 한다고 강조하였다. 공동의 문화유산의 발전을 위한 각별한 노력 없이 경제적 정치적 통합만을 지향한다면 공동체는 견고한 영속적 기반을 가질 수 없다는 것이다.[14]

그는 세계대전 이후의 유럽의 국제 정치적 상황은 불안하기 짝이 없다고 단정하였다. 그는 서베를린의 자유를 지키기에는 평화적 방법으로 보장하기 어렵고, 억압받고 있는 "동중유럽"의 소수민족〔독일과 러시아 사이의 소수민족〕을 해방하기에는 전쟁 없이 해결할 길이 없다고 전망했다. 아마도 확실성 있는 해결책이 있다면 전체 유럽을 포괄한, 아니 세계를 포함할 수도 있는 핵 전쟁까

13) Halecki, *Millennium*, p 371.
14) *Ibid.*, p. 372.

지 상정할 수 있을 것 같다고 말한다. 이는 이들 불행한 소수민족들이 능히 깨닫고 있는 현실이다. 하나의 전체주의 세력의 지배로부터 또 다른 세력으로 넘어가는 실망과 절망의 충격을 겪은 이들 여러 소수민족은 또 다른 전쟁만이 그들의 자유를 마침내 재건할 수 있을 것으로 생각할 것이라고 주장한다. 그들은 새로 벌어질 전쟁을 두려워 할 뿐만 아니라, 막상 서방의 전면적 승리가 확실해질 경우라도 그들에게는 먼저 전면적 파괴만 겪게 될 것으로 생각하고 있다. 전쟁 위험에 대한 그들의 의식은 매우 심각하여, 유럽의 평화가 진정으로 보장되지 않는 한, 유럽 통합을 위한 모든 노력은 불확실한 것으로 인식하고 있다.[15)]

유럽이 20세기에 시작하는 제2의 천 년을 맞아 안전한 미래를 도모하려면, 두 가지 조건을 갖추어야 한다. 첫째 조건은 통합된 유럽과 "대서양 건너편에 세워진 새 유럽new Europe이 지속적으로 근접한 협조 관계를" 유지해야 한다. 유럽과 아메리카뿐만 아니라 모든 인류를 위해서 필요한 두 번째 결정적 조건은 가장 소중한 유럽의 유산인 기독교 정신을 최대한으로 발전시키는 데 있다. 기독교는 이미 인문주의와 대립적 관계를 극복한 상태에 있다. 더욱이 한때 유럽과 실제로 동일시 됐던 기독교국의 전통으로 되돌아가지 않는다면 오늘의 우리 시대의 유럽은 결코 통합되지도 못할 것이며, 세계 속에서 적절한 자리를 찾을 수도 없을 것[16)]이라고 미래를 전망하였다.

4. 대서양 체제의 형성과 대서양사의 전개

1) 대서양 체제의 형성

대서양을 지중해와 같은 내해內海로 생각하고 그곳에 공동체라는 형식의 테두리를 두르게 된 것은 제2차 세계대전 때의 일이다. 오스카 할레키에 앞서 "대서양 공동체"라는 포괄적 개념을 제시한 사람은 저명한 시사 해설가 월터 리프먼

15) *Ibid.*, p. 376.
16) *Ibid.*, p. 377.

Walter Lippmann이었다. 그는 대서양을 "내해"로 보고 공동체를 구성하는 두 개의 기본적 지주支柱로 미국과 영국 대신에 미국과 유럽을 지목하였다. 고무적인 정치토론을 거쳐서 전쟁 중에 간행된 그의 저작은[17] 엄청난 발행 부수를 기록하였다.

리프먼에 앞서서 처칠 영국 수상의 정치적 발언 중에 나타난 "대서양 이념"과 이에 일치하는 루스벨트의 이른바 "테헤란의 거대한 구상"[18]이 있었다. 영국과 미국 국가원수의 구상은 가장 확실한 이념적 실천력을 가지고 있었을 것이다. 스페인의 정치가이며 정치사상가인 마다리아가Madariaga는 "새로운 대서양을 서방의 정치적 보루"라는 개념으로 그 윤곽을 묘사했다. 포르투갈의 수상 살라자르Salazar는 "이번 전쟁에 등장하는 대서양 체제는 모든 선행하는 지리적 개념들을 재정립하고, 미래의 대서양 지역을 지난 과거의 지중해 세계와 동등하게 만들 것"이라고 말했다.[19]

제1차 세계대전 당시의 분위기에서 대서양 체제와 같은 국제적 제한적 지역주의는 윌슨 대통령의 이상주의 때문에 이념적으로 유행할 수 없었다. 그러나 제2차 세계대전이 진행하던 시기에 "명확하게 인정할 수 있는 평화기구"의 설립 문제는 전 지구적全地球的 보편적 차원뿐만 아니라, 기본적으로 지역적 지방적 영역에서도 진행되고 있는 것이 분명했다. 엄밀히 따질 때 대서양이야말로 "서방측 국가 공동체의 중심적 군사 영역"인 것이다. 독일에 의한 1917년의 위협과 1940년에 거듭된 위협의 대상은 서유럽과 영국의 도서들과 대서양을 망라한 것이었다. 이 공동체야말로 서방 세계가 간직해야 할 안전지역인 것이다.[20] 이러한 절실한 인식이 미국 사회에 널리 퍼져 일반화하기까지 지식층에서 적지 않은 논란이 있었다.

17) W. Lippmann, *U. S. Foreign Policy : Shield of Republic*, 1943; *U. S. War Aims*, 1944.

18) 1943년의 테헤란 회담은 동부전선에서 감행될 소련의 역공에 호응해서 대서양을 건너온 미국과 도버해협을 가로지른 영국의 노르망디 상륙작전을 남부 프랑스에 대한 작전과 연계해서 1944년 5월 중에 개시한다는 것을 확인했다. 이른바 제2전선의 결정을 합의한 것이다. Cf. Stuart Hughes. *Contemporary Europe: A History*, 1971, pp. 360-363.

19) Ross Hoffman, "Europe and Atlantic Community," in *Thought*, Vol. 20, 1945, p. 45.

20) *Ibid.*, p. 22.

우리는 제2차 세계대전의 와중에 출간된 섬너 웰스Sumner Welles의 베스트셀러《결행의 시간》에서 유럽과 대서양 체제에 관한 심각한 논의에 주목하게 된다. 윌슨 대통령 휘하에서 외교관이었던 그가 검토한 유럽 대륙에 형성될 수 있는 공동체의 범위는 매우 복잡한 양상을 노정하고 있다. 그 핵심적 부분을 요약해 보자면 다음과 같다.[21]

동편에 소련이 있고, 서편에 "앵글로색슨" 세력과 범 아메리카 세력이 있다. 그런데 누구도 유럽의 경계를 정확하게 밝힐 수 없는 게 현실이다. 유럽이 어디서 끝나고 러시아는 어디서 시작하는지, 러시아는 유럽에 속하는지 또는 안 속하는지, 만일 러시아가 "유럽"이라면 소비에트 연방의 시베리아나 투르키스탄도 다 함께 유럽이라고 말할 수 있는지, 그리고 만일 러시아가 유럽연맹체Europe federation에 가맹한다면 유라시아적 대륙의 나라인 소련의 응집력에 무슨 결과를 주게 될 것인지, 문제가 될 수 있다. 왜냐하면 소련은 모스크바의 공산당 중앙정치국에서 통치하는 나라이기 때문이다. 만일 소비에트 러시아가 유럽연합체United States of Europe에 가맹한다면, 그 결과는 소련에 의한 유럽의 병합이나, 유럽연합에 의한 러시아의 병합이 될 것이라고 예측할 수 있다. 그런데 중요한 사실은 이러한 예측이 1941년 6월 이후에 결정적으로 명확하게 밝혀진 셈이다. 즉 히틀러의 소련 침공이 시작됐고, 그가 희망하던 유럽의 영구적 연합의 문제가 실제로 행동에 옮겨진 것이다. 그가 의도한 통합체는 유럽에 속하는 러시아 영토의 대부분을 떼어 내는 것이었다. 그러는 동안에 소비에트의 유라시아를 "유럽"에 종속하도록 만들 작정이었다. 그가 시작한 전쟁은 기본적으로 동유럽 점령에 관한 냉혹한 지정학적 판단에 따른 것이었다. 물론 대륙의 지배는 승패에서 갈라지는 것이다. 이와 같은 싸움은 16세기에 오토만 제국에 대적한 합스부르크 왕가나 1812년에 러시아 제국과 대결한 나폴레옹이 그러했다. 모두 대륙을 지배하는 데 끝내 실패한 역사를 남겼다.

서유럽에도 러시아와 유사한 문제가 영국에 있다. 영국이 "유럽"과 잠재적

21) Sumner Welles, *The Time for Decision*, 1944, pp. 175–177.

으로 연방 관계를 맺을 만한 사이가 될 수 있느냐는 것이다. 소비에트 연방이 아시아 너머로 뻗어나간 것같이, 영국도 세계적 규모의 크기로 확산된 체제를 갖추고 있다. 영국이 유럽연맹체에 회원으로 참여할 경우, 그 결과는 무엇이겠느냐는 의문이 제기된다. 그 결과는 서방 대륙 국가들의 영국적 세계 체제로의 효과적 흡수가 실현되든지, 또는 섬나라 영국의 대륙 체제로의 흡수나, 아니면 영국 연방 체제의 해체로 이어질 수 있을 것이다. 그 같은 운명을 피하기 위해 영국은 지난 4세기 동안 거듭해서 세계적 전쟁을 치러 왔다.

호프만Hoffman은 유럽통합에 관한 웰스의 예단豫斷에 대해서 지난 유럽 근대사를 실천적 사례로 예시하면서 부정하고 있다. 그는 유럽 통합의 이념은 무정부주의적 정치이념이라고 주장하면서 근대유럽사가 남긴 교훈으로 일련의 통합실패의 역사를 지적하였다. 스페인의 카를로스 5세, 펠리페 2세, 프랑스의 루이 14세, 나폴레옹, 독일의 빌헬름 2세, 히틀러 등이 유럽을 하나의 지배 질서에 연결된 체제로 짜맞춰 보려고 시도하였다. 이 체제의 경계는 지배자들이 정복하고 힘으로 장악할 수 있는 영토적 경계에서 확정될 수 있는 것이다. 이 지배자들의 공략은 영국 러시아 오토만 제국들과 충돌했고 그 당시의 세계적 전쟁으로 촉진되었다. 이렇듯 유럽의 통합 문제는 늘 실패로 끝났다.[22)]

우리는 위에서 살핀 "윌슨 대통령의 정치 계열에 속하는 웰스"의 주장에 대립하는 역사적 현실주의적 계파인 리프먼의 설득력 있는 대서양 공동체 논의를 볼 수 있다. 한창 전쟁이 진행 중이던 1943년과 1944년에 간행된 리프먼의 두 개의 저작의 주요 논점은 다음과 같다. 대서양 공동체는 상상적 구성물이 아니라, 미국이 위기에 처했을 때 무시했고 등한시했던 현실에서 온 실천적 의미를 갖는 구상이다. 미국은 두 번이나 막대한 비용을 들여 전쟁에 참여했다. 이번 "전쟁에서 공동체는 단일의 군사적 병참 체계로 통합된 참모진의 지휘 아래 작전을 감행했다. 통합 사령부는 이 공동체에 책임과 주요 이해관계를 규정하고 행동했다. 중국에게는 공동체의 규정을 연장하지 않았으나, 이들과의 세계

22) Hoffman, *Europe*, p. 29

적 제휴에서 연합군을 구성했다". 그러나, "그들은 대서양을 접하는 국가들이 형성하는 공동체의 구성원은 아니다. 대서양의 국가들은 스스로의 안보와 생존을 위해서 불굴의 의지를 갖추고 결합해야 한다"[23]고 술회하였다.

호프만에 의하면 이 무렵의 미국인들의 일반적인 생각은 전부터 흔히 지녀왔던 대로 "유럽인을 위한 유럽과 아메리카인을 위한 아메리카"라는 양립하는 관계였다. 그리고 이러한 사고방식을 논증한 것이 앞서 언급한 1944년의 웰스의 논픽션 최우수작이었다. 그래서 웰스는 언제나 유럽과 미국을 구세계와 신세계라는 대립적 전제 조건에서 생각했다고 한다. 원래 그는 서반구의 고립주의자로서 근년에 "하나의 세계"라는 보편주의로 전향한 인물이었다. 호프만은 말하기를 그래서 "웰스는 대서양 공동체에는 눈먼 사람이었다. 왜냐하면 그는 국제 사회에서 진정한 힘의 소재를 찾아내려는 의도를 갖지 못했기 때문이다"[24]라고 혹평하고 있다.

미국 사회의 여론에 영향력을 가졌던 리프먼과 웰스 두 사람의 각기 다른 의견도 1949년 7월 21일 미국 상원이 북대서양 조약을 비준하는 데 동의함으로써 하나의 단락을 지은 셈이다. 1955년까지 이탈리아, 그리스, 터키 등 지중해 국가를 포함한 대서양 연안의 15개 국가들로 북대서양 중심의 지역 체제가 성립된 것이다. 이 동맹 조약은 국제연합의 평화 유지 능력에 회의적이었던 미국인들뿐만 아니라, UN을 신뢰한 사람들에게도 모두 폭넓게 환영받았다. 이로써 평화적인 국가가 UN헌장의 엄밀한 테두리 안에서, 그러나 거부권 밖에서 국제 평화와 안전을 지킨다는 "북대서양 조약기구NATO"의 사실상의 출현을 가능케 했다.[25]

23) Lippmann, *U. S. War Aims*, 1944, pp. 67–69.

24) Hoffman, *Europe*, p. 27.

25) James A. Nathan, James K. Oliver, *United States Foreign Policy and World Order*, 3rd. ed., 1985, pp. 90–94. NATO를 중심으로 하는 서방 블록의 분위기를 참고하자면 다음과 같다. "어떤 의미에서 대서양 블록은 그 창립 초기에 붕괴의 씨앗을 잉태했을지도 모른다. 왜냐하면 미국 정책의 활동력의 강화로 말미암아 서방 세계에는 하나 아닌 두 개의 블록이 생긴 것이다. 즉, NATO 주변에는 OECD, IMF 같은 경제적 조직체들이 생겨서 "대서양 블록"을 형성했고, "유럽 블록"에는 유럽의 공동체들이 집단적으로 형성하였기 때문이다. 이 두 개의 서방 블록은 연합주의적 열망을 가지고 — 유럽주의와 대서양주의라는 서로 대립적 맥락의 관계를 지켜 왔고, 제가끔 서유럽을 위해서 경쟁

생각건대 역사가 오스카 할레키의 입장에서 볼 때 "북대서양 조약기구"의 출현은 고무적이며 실천적 의미가 큰 역사적 사건이었을 것이다. "대서양 공동체"가 낳은 "대서양 시대"를 자신의 필생을 건 연구 주제 중의 하나로 삼았던 것이 그의 입장이기 때문이다. 그는 종식을 고한 유럽사를 깊고 넓게 조망하는 가운데 새로이 등장한 "대서양 체제"의 밝은 미래를 찾게 된 것이다. 그는 호프만이 주장한 "대서양 공동체를 가장 편리한 명칭"이라고 지적하면서 "심오한 역사 해석에서 제시되고 또한 주위의 인정을 받고 있다"라고 높이 평가한 바 있다.[26] 우리가 주목해야 할 점은 할레키의 대서양 시대는 북대서양 조약기구의 탄생과 동시성同時性을 갖는다는 것이다.[27]

그러나 할레키의 대서양 공동체가 유럽 시대를 뒤잇는 새 시대의 공동체로 평가되기에는 쉽지 않은 반론도 있었다. 영국의 역사가 제프리 바라클라프의 적극적인 비판이 제기된 것이다. 현대사의 중심적 주제는 대서양 공동체의 형성에 있다고 하는 할레키의 해석은 세 가지 이유 때문에 동의하기 어렵다는 것이다. 첫째로 대서양 공동체는 역사적 개념이라기보다는 정치적 개념이다. 그것은 1941년의 "대서양 헌장을 과거에 투영한 것"으로서, 적어도 제2차 세계대전 이전에 이런 개념을 채용한 역사가는 거의 없었다. 둘째로 "지중해 시대-유럽 시대-대서양 시대"라고 하는 순서는 그것이 대체하려는 "고대-중세-근대"라는 순서와 같이 유럽 중심적 시각을 반영하고 있다. 그러한 이유 때문에 유럽의 지배적 지위의 쇠퇴와 지금까지 유럽에 있었던 중력 중심重力中心의 다른 지역으로의 이동을 현저한 특징으로 보는 새 시대의 명칭으로는 어울

해 왔다. 그럼에도 불구하고, 오랫동안 이 두 개의 응결된 서유럽의 그룹 간에는 놀랍게도 갈등이 없었다. 대서양 블록 쪽은 경제적 관행을 중요시하면서 기본적으로 느슨한 미국의 헤게모니 아래 군사적 방어 문제에 관심이 컸다. 반면에 유럽의 공동체들은 미국인들이 정식으로 포함되기 이전에 확립된 유럽적 경제적 구조에 관심이 컸다". David Calleo, *The Athantic Fantasy : The US., NATO, and Europe*,1970, pp. 46, 47.

26) 할레키, 《유럽사》, p. 71.

27) 서유럽의 안전을 높이기 위하여 미국이 택해야 할 정책에 관해서 국무성 중심으로 의견 교환이 시작된 것이 1948년 3월이다. 특히 미국이 서유럽의 "안전보장 체제"에 참가하는 문제는 캐나다와 영국의 대표와 미 국무성이 이 무렵부터 극비리에 추진했다. Cf. Lawrence Kaplan, *The United States and NATO: The Formative Years*, 1984, Chapters 5, 6.

리지 않는다. 셋째로 대서양의 동서 양편에 위치한 나라들은 "서로 의존하면서" "역사적 대서양 경제"를 형성하고 있다. 이 대서양 경제의 존재를 부정할 수 없으나, 최근에는 이 경제 공동체가 강화되기보다는 오히려 약체화하는 경향이 있다고 말했다.[28)]

우리의 관심을 사회과학 쪽으로 넓혀 볼 때, 북대서양 국가들의 관계를 "국제적 통합international integration"이라는 견지에서 서둘러 연구한 분야는 국제 정치학분야였다. 이를 테면 1950년대 후반에 안보 공동체의 구성 방안을 검토한 카를 도이취Karl Deutsch를 비롯한 7명의 학자들의 연구 논문이나, 정치 공동체의 결속에 관한 조건들을 밝힌 에른스트 하스Ernst B. Haas의 저작에서 볼 수 있다.[29)] 또한 1963년에는 "대서양 공동체 – 발전과 전망"[30)]이라는 큰 주제 아래 15명의 정치학자들이 개별적 논문을 발표하고 있다. 그 대표적 주제를 요약하자면, 미국 및 유럽의 개별 국가와 대서양 공동체의 연관 관계, 대서양 공동체의 정치적 경제적 전망, 군사 전략과 대서양 동맹 등 다양한 문제를 분석하고 있는 것이 두드러진다. 이외에도 유럽 공동체와 대서양 체제의 연계성, 대서양 공동체의 미래 등 적극적인 분석과 전망이 진행되었다. 흔히 현실과 미래에 무게를 더 두는 국제 정치 분야의 목표는 대서양 국가들 사이의 우호 관계가 더 발전할 수 있는지, 과연 발전할 수 있다면 무슨 목표와 무슨 방법으로 추진되어야 하는지가 가장 중심적 문제 거리였다.

역사 분야에서 시기적으로 가장 앞선 점에서 독보적 위치에 있는 마이클 크라우스Michael Kraus의 《18세기 기원의 대서양 문명사》[31)] 가 1949년에 간행되

28) Baraclough, *An Introduction to Contemporary History*, 1964, pp. 13-15. 그는 1949년 이후의 일련의 사건을 근거로 얻을 수 있는 결론으로 세계를 대서양 시대가 아닌, 태평양 시대로의 진입 과정으로 볼 수 있다고 한다. 그 이유로 한국 전쟁, 월남 전쟁, 라오스 문제 등을 유럽에서 일어난 어떤 사건보다도 제3차 세계대전의 발화점으로 발전 할 수 있는 위험을 품은 사태로 보았다. 더욱이 1949년 이래 중국에서 진행되고 있는 놀랄 만한 변화와 대만 문제, 인도네시아의 긴장 상태를 지적하였다.

29) Karl W. Deutsch et al, *Political Community and the North Atlantic Area*, 1957 ; Ernst B. Haas, *The Uniting of Europe*, 1958. Cf. ed. by Klaus Knorr, *NATO and American Security*, 1959.

30) *The Atlantic Community : Progress and Prospects*, ed. by Francis D. Wilcox, Field Haviland Jr., 1963.

31) Michael Kraus, *The Atlantic Civilization-18th Century Origins*, 1966, First published for the American Historical Association, 1949.

었다. 그는 이 책에서 "대서양 공동체의 개념이 우리의 현재에 대한 인식의 문제에서 논증의 대상이 되고 있다. 저널리스트나 역사가들은 그 개념에 대해 날로 늘어나는 관심을 집중해 왔고, 때로는 그 개념에서 놀랄 만한 발견을 해 왔다"라고 말머리를 폈다. 미국 역사학회의 공식 간행물로 드물게 선정된 크라우스의 이 저작은 아널드 토인비와 같은 계통의 비교 문명론이 아니라, 전통적 역사 서술에서 볼 수 있는 문명에 관한 일반적 저작이다. 이 책은 "유럽이 미국에 기여한 역사와, 적으나마 미국이 유럽에 기여한 역사를 이해하는 데 호혜적 도움"을 줄 것으로 강조하고 있다. 그러면서 식민지인 미국이 "대서양 문명이라고 하는 합성체Synthesis에" 기여한 몫을 밝히고, 그것이 비록 근원적으로는 유럽적인 것이지만, 신세계의 영향이 결과적으로 유럽에게 준 변화의 과정을 밝혀 보는 데 큰 목적이 있다고 한다. 이는 경제적 사회적 과학적 심리적 변화를 말하는 것인데, 여기서 변화란 "더욱 민주적인 사회를 지향하고, 그런 목적을 위해 북아메리카가 지대한 공헌을 했음을" 의미한다. 또한 미국은 정치적 종교적 자유와 경제적 기회와 인도주의적 이상과 같은 여러 가지 이념에 많은 공헌과 기여를 했다고 한다. 흔히 유럽 문명이 전파되는 종착점으로 그려지는 미국에 관한 통속적 해석에서 필요로 하는 것은 우리의 시야를 넓혀서 문명이 대서양을 다시 건너 유럽으로 되돌아가는 모습도 찾아봐야 한다는 것이다.[32)]

그는 대서양 문명을 가리켜 "지중해 지역에서 기원한 문명들의 연속성에 귀속하는 구세계와 신세계의 연관 관계에서 다시 형성된 문명으로 보았다". 지중해의 오랜 유산은 대서양 연안 모든 지역의 사람들에 의해서 새로 만들어진 풍요한 유산으로 채워졌다는 것이다.[33)] 대서양 문명은 대부분의 서반구와 유럽의 상당 부분 — 아프리카의 흑인 문화도 포함해서 — 을 포괄한다고 하지만, 가장 적극적으로 그 문명에 참여한 지역은 역시 북아메리카와 서유럽이다. 고대문명에서 볼 수 있는 특징은 오직 배운 사람들만이 지역적 경계를 초월한

32) Michael Kraus, *The Atlantic Civilization–18th Century Origins*, 1949, pp. vii, viii, chap. 1.
33) Kraus, *The Atlantic Civilization*, p. 8. 1.

보편 문화를 소유할 수 있었으나, "대서양 문명에서는 엘리트층이나 대다수의 일반 대중의 구별 없이 서로 유익한 교류를 할 수 있었다. 특히 대중적 정보 교류의 발전으로 유럽의 미국화가 엄청나게 촉진되었고, 대서양 공동체 안에서 중력의 중심이 서유럽의 본래의 근거지로부터 바다 건너 미국으로 옮겨졌다"라고 주장하였다.[34)]

크라우스가 보는 18세기 대서양 문명 기원의 대강을 요약하자면 다음과 같다. 16·17세기의 일련의 혁명 — 정치적 과학적, 종교적, 상업적 — 은 획기적인 정신 문화의 성장과 동시에 사회적 재교육을 달성하였다. 18세기에는 정신적, 사변적 문화 영역에 심도深度를 더하기보다는 그 영역 자체를 넓혔고, 사회적 제도와 관행의 전망을 확실히 변경하였다. 이로써 "민주화의 시대"가 열렸고 이 민주화야말로 대서양 문명의 창조의 근원이었다.[35)] 또한 미국 문화의 중핵이라고 볼 수 있는 "미국 혁명은(물론 프랑스 혁명을 포함해서) 전 세계에 걸쳐서 민족주의적 활력national movements에 강렬한 효과를 파급했다"[36)]

북대서양 조약기구가 출현한 이래 많은 정치학자들의 활발하고 다양한 대서양 공동체 논의와 담론이 지속되었으나, 역사학 분야의 반응은 시간적으로 이들을 뒤따르는 셈이다. 이는 국제 정치학과 역사학의 학문적 속성상 불가피한 현상일 것이다. 역사적 관찰을 하려면 연구의 대상이 되는 사건으로부터 일정한 거리를 두고 봐야할 필요가 있기 때문이다. 앞에서 살핀, 할레키나 마이클 크라우스의 대서양 공동체도 오랜 연구 과정의 소산이었음을 간과해서는 안될 것이다. 전자의 경우는 25년 동안 지속해 온 유럽사의 총체적 이론적 재구성을 위한 연구의 성과였고, 후자는 제2차 세계대전 이전부터 시작하여 10년 넘게 미국과 유럽사이의 교섭사交涉史를 분야별로 깊이 있는 분석과 관찰을 계속해 온 성과였다. 크라우스의 치밀한 관찰은 종교적 관계, 사회적 교류, 그래픽·미술·음악·건축의 교류, 인문주의 정신의 교섭, 과학의 교류, 의학의 교류, 미국

34) Kraus *The North Atlantic Civilization*, 1957, p. 11 ; *The Atlantic Civilization*, p. 314.
35) Kraus, *The Atlantic Civilization*, p. 3.
36) Kraus, *The Atlantic Civilization*, p. 313.

이상주의 이념의 확대, 미국적 내셔널리즘과 보편주의의 확대 등 자신의 대서양 문명사를 구성하기에 충분한 논거와 방대한 사료를 구사하고 있는 것이 돋보인다.

이렇듯 북대서양 동서 양안에 위치한 나라들 사이에 형성된 18세기의 대서양 문명은 새로운 대서양 시대를 연 것이다. 유럽 시대라는 한 시대에서 대서양 시대라는 다른 시대로 교체되는 오랜 과도기가 지난 것이다. 그리하여 "대서양 시대사"는 새로운 연구 영역으로 역사가들의 다양한 빛을 받게 되었다. 다시 말해서 대서양 문명에 대한 새로운 인식은 대서양사의 새로운 해석을 낳게 된 것이다.

2) 대서양사의 전개

대서양의 역사는 늘 있어 왔고 기록되어 왔다. 대서양의 조류와 바람을 타고 바다를 횡단한 사람들은 아메리카라는 미래의 거대국가를 구성하기 시작했다. 18세기 미국의 독립혁명과 독립선언이 있게 되면서 유럽의 정치, 종교, 경제를 지배하던 절대왕정의 권위주의는 위협적인 영향을 받기 시작했다. 그런데 이 같은 미국의 위협의 기반은 17세기 영국혁명의 영향으로부터 형성된 것이었다. 18세기의 미국혁명은 영국의 전통적 권위주의에 대하여 민주주의라고 하는 정치적 의식적 차원에서 저항한 혁명이었다. 미국에 이어 프랑스에서 민주주의 혁명이 성공하게 되자, 대서양의 동서 양안은 더욱 밀접한 관계를 형성하여 경제적 문화적 교류를 촉진하여 왔다. 특히 미국과 영국 간은 동질적 생활권을 형성하였다. 북대서양에 하나의 공동체가 출현한 것이다.

대서양이라는 영역이 공동체나 체제로 또는 새로운 문명으로 전문적 역사가에 의해서 본격적으로 서술되기 시작한 것은 제2차 세계대전 이후의 일이다. 오스카 할레키가 "유럽 시대"를 승계하는 "대서양 시대"의 역사를 개념적으로 확집確執할 무렵부터 "대서양사"는 본격적으로 가꾸어지기 시작했다. 전쟁의 폐허로부터 재기한 유럽이 새로운 자율적 통합을 지향하던 와중에도 "북대서양 체제"는 날로 번성하여 그 체제의 규모를 확장해 갔다. 1989년에 베를린 장벽이 붕괴하는 격랑 속에서도 미국의 지도적 역할과 영국 프랑스의 어려운 협조로 통일된 독일의 NATO 잔류가 가능했던 것은 대서양 문명이라는 역사의 공통적 기반이 있었기에 실현될 수 있었다고 보아야 할 것이다. 정치 경제 문화의 대서양적 갖가지 연계성은 "대서양주의" "대서양 문명적 표준"이라는 이념적 인식 기반도 창출하였다.[37] 대서양 좌우 양안의 연결이 현실적으로 밀접해지면서 대서양사도 그 내용의 다양성이 증폭되었다. 대서양사의 실제적 실천적 구성 요인을 점검해 보기 위해 대서양사의 대표적 서술 사례를 살펴보기로 한다.

우리는 "대서양 시대사"의 서술에서 가장 뛰어나고 아카데믹한 업적으로 로버트 팔머Robert R. Palmer의 《민주주의 혁명의 시대》[38]를 지목할 수 있다. 두 권으로 완성된 이 책은 "그 독특하고 오리지널한 가치에서 어떤 언어로 된 역사 문헌도 필적할 수 없다"는 일반적 평가를 받은 바 있다. 그 이유는 미국 혁명과 프랑스혁명을 하나의 역사적 포괄적 전망 아래 관찰하고 있을 뿐만 아니라, "대서양 문명"의 전체적 영역을 비교사적 시각으로 연구하고 있기 때문이다.[39] 1760년부터 1800년 사이의 서양 문명의 "비교헌정사"를 쓰기란 쉽지 않은 일이다. 단순한 제도나 관행의 분석을 넘어서 모든 관련 국가들의 사회적 지적 흐름을 포괄한다는 것은 대단히 힘겨운 작업이 아닐 수 없을 것이다.[40]

첫 번째 책의 중심 주제는 1760년경에 시작하여 같은 18세기 마지막 10년 동안에 프랑스에서 극한 상황에 도달했던 민주 세력과 귀족 세력 간의 갈등 관계이다. 분쟁의 본질은 귀족제도에 대한 저항이었다. 귀족제도는 사회단체, 의회, 국회, 자치도시의 집회 같은 "합법적 결사체"로 다양하게 구성되어 있었다. 정치적 권위를 자부하는 귀족 단체들은 자기네들의 계급적 영속성을 주장

37) 김명석, 《대서양 문명사 — 팽창 침탈 헤게모니》, 2001, pp. 70, 71, 601f. "제2차 세계대전의 종식과 대서양주의의 부흥" 참조.

38) R. R. Palmer, *The Age of Democratic Revolution: A Political History of Europe and America, 1760-1800*, Vol. I, *The Challenge*, 1959; Vol. II *Struggle*, 1964.

39) Palmer, *Ibid.*, Vol. 1. p. 4. 저자에 따르면, "대서양 문명이라는 어휘는 20세기보다 18세기의 현실에 더 가까운 것 같다"라고 전제하고 있다.

40) Walter L. Dorn, review article, *Political Science Quarterly* Vol. 75, No. 3(Sep 1960) pp. 424-425.

했고, 다른 한편으로 정치 생활에 참여할 수 있는 사회적 기반을 확장하려고 탐색하는 민주 세력 집단들에 대해서 한결같이 그들의 대표권을 거부했다. 귀족의 "합법적 단체"들은 민주 세력의 압력에 못 이겨 ―1768년에 제네바에서 일어났던 사태와 같이 ―1774년까지 권력을 양보하기 시작했다. 또한 사회적 평등을 적극 강조한 계몽군주의 압력에도 양보를 하기 시작했다. 그러나 거의 동시에 "귀족들의 소생蘇生"이라고 팔머가 가장 적극적으로 주목한 사건이 발생하였다. 1790년까지 다섯 나라(영국, 아일랜드, 네덜란드, 제네바, 스위스)에서 상당한 수준의 강력한 민주화 운동이 전개되었는데, 그중에서 네덜란드 사람, 제네바 사람, 벨기에 사람들은 혁명 단계에 진입했었다.[41)]

그러나 프랑스를 제외하고 "헌법 제정권을 갖는 인민"이라는 "미국적 이념"을 가진 나라는 없었다.[42)] 서유럽에서 민주주의를 지향하는 일련의 움직임은 실패하였는데, 네덜란드와 제네바의 경우는 외국군의 개입으로, 영국과 아일랜드는 대중적 저항력의 결여로 실패하였다.

혁명의 이념적 배경은 계몽주의 정신의 폭넓은 영향에서 찾을 수 있다. 팔머는 계몽사상이 제기한 문제나 군주가 시도한 계획들을 검토하고 있다. 또한 그는 미국 독립 전쟁에 대한 유럽의 반향을 추적했고, 1789년에서 1792년 사이에 프랑스에서 발생한 사태들이 곧바로 유럽에 미친 충격을 추적했다. 또한 그는 유럽과 미국에서 일어난 사건들이 어느 정도의 간극間隙을 갖는지 끊임없이 추적했고, 그러는 가운데 미국 혁명에 대한 유럽인들의 이해에 관해서도 깊이 있게 관찰하였다.[43)]

제2권에서는 프랑스 혁명 당시의 유럽과 미국에서 전개된 혁명 세력과 반혁명 세력의 대치 관계와 혁명에 뒤이은 일련의 전쟁 과정을 서술하고 있다. 팔머가 관찰한 혁명의 실재 판도는 스코틀랜드에서 시실리까지, 모스크바에서 대서양 건너 미시시피 강까지 엄청난 영역을 뒤덮고 있다. 그는 사료 분석의 다양

41) Palmer, *Ibid.*, p. 323f. Chap XI.
42) Palmer, *Ibid.*, vol. 2. pp. 489–502, 516–517.
43) Palmer, *Ibid.*, vol. 1. Chap. IX

성에서 주목을 끌었고, 유럽 여러 나라에서 전개된 특수한 혁명적 상황을 관찰의 초점을 옮겨가며 선명히 서술하고 있다.

그가 결론에서 독자에게 바라는 것을 다음 몇 줄로 요약할 수 있을 것이다. "이제 18세기에 일어난 일련의 사건들은 혁명적 성격을 갖는 하나의 집단적 움직임Single Movement"으로 볼 수 있다. 그 이유는 이 움직임이 "민주적"이라는 낱말로 표현하기에 적절하고 "계몽적 성격"을 갖기 때문이다. 그러나 다른 나라에서 다르게 진행된 소요 사태는 모두 특정 엘리트, 이기적 권력 집단, 세습적 특권계급, 또는 더 쓸모없는 특별한 이권이나 차별 형식에 대한 저항이었다. 이러한 저항의 움직임이나, 혼란한 소요사태들은 중앙 집권적인 국가의 보통 시민의식이나 정치적 자유가 보장된 나라의 보통사람들의 의식에 상반되는 봉건제도 귀족제도 또는 특권 같은 어휘로 한데 묶을 수 있다.[44] 그는 "민주주의 혁명"을 "하나의 집단적 움직임"이라고 표현하고 있으나, 그렇다고 단일의 중심부나 통합적 방향을 갖는 움직임으로 보지는 않았다. "파리나 다른 어떤 곳에 국제적 조직이 있어서 서로 협조했을 것"이라는 관측도 부정하고 있다.

1790년대 유럽을 뒤흔든 네덜란드, 스위스, 이탈리아 등 여러 지방의 봉기는 프랑스 군대가 지원한 성공적 사례로 보았다. 반면에 프랑스 군대의 지원을 받지 못한 폴란드나 아일랜드의 저항은 패퇴하고 말았다.[45] 보수적 입장의 역사해석에서 유럽의 이 같은 실제 상황을 가리켜 프랑스 침입자들이 이웃나라를 강제로 혁명화하려던 증거라고 주장했으나, 저자 팔머는 이러한 주장에 설득되지 않았다. 저자는 많은 영향력을 가진 벨기에인, 네덜란드인, 스위스인, 이탈리아인들이 개혁을 바랐고, 혁명을 성취할 목적으로 프랑스의 개입을 간청했다는 확증을 여러 곳에서 정연하게 나열하고 있다.

무려 10여 종의 다른 언어로 기록된 기본 사료를 번역을 통해서 구사하고 있는 이 두 권의 책은 18세기 대서양권에 출현한 양대兩大 "민주주의 혁명"의

44) Palmer, *Ibid.*, Vol. II, p. 572.
45) Palmer, *Ibid.*, Vol. II, p. 51.

동태적 실상을 서술하는 데 성공함으로써 "대서양사" 구성을 위한 또 하나의 중요한 계기를 만들었다. 최근에 마커스 레디커Marcus Rediker는 국제적 미국학 연구의 한 모임에서 팔머의 이 책이야말로 "제2차 대전 후에 간행된 관련저술 중에서 가장 근원적인 위치"[46]를 차지한다고 보았다. 이 두 권의 책은 저자의 설명대로 "서양 문명을 전체라는 차원에서" 관찰하되 "근년에 흔히 부르게 된 대서양 문명이라고 하는 영역"에 집중하고, 또한 "역사적 위기의 순간을" 관찰하되 "20세기보다는 18세기에 전개된 현실에 접근하여" 연구함으로써 대서양사 연구의 기반을 다진 역사책이다. 더욱이 저자는 18세기 후반 40년 동안에 대서양 문명 전체를 휩쓴 "하나의 혁명적 움직임"은 여러 나라에서 다양한 방법과 변화를 겪어가며 그 정체를 드러내는 데 성공했고, 그 모든 움직임은 유사한 목적과 원리를 나타냈다는 결론에 도달하고 있다. 위에서 지적하였듯이 "이 40년간의 움직임은 본질적으로 민주적"이었고, 그러한 까닭에 이런 움직임은 "민주주의 혁명의 시대"를 실현했다. 이로써 "민주적"이라는 어휘는 일반적이며 선명한 의미를 갖게 되었다고 한다.[47]

대서양권을 하나의 문명권으로 상정想定하는 연구 경향은 계속 확산되었다. 정치사나 사회사 연구는 경제사 연구를 촉발했는데, 대서양의 경제적 상황은 정치사의 또 다른 단면이기 때문이다. 유럽의 서해안에 위치한 나라들 — 포르투갈, 스페인, 프랑스, 영국, 네덜란드 — 과 남북 아메리카 식민지 간에 진행된 상거래에 관한 연구에서 가장 주목할 만한 저작으로 랄프 데이비스Ralph Davis의 저서, 《대서양 경제의 성장》을 지적할 수 있다. 저자가 그려 낸 대서양 경제의 큰 구조는 다음과 같이 요약할 수 있다.[48] 유럽 경제 발전의 주 요인은 유럽 각 나라의 "독자적 역량"에 있었으나, 그럼에도 유럽은 "16세기 스페인령 아메리카와 18세기 영국령 아메리카의 강력한 영향"을 받았다. 그가 본 바로는 유럽의

46) Marcus Rediker, "What is Atlantic History?," *Newsletter*, Univ. of Tokyo, Center for Pacific and American Studies, Vol. 2, No. 1, Oct. 2001, p. 3.

47) Palmer, *Ibid.*, Vol. I, p. 4, 5f.

48) Ralph Davis, *The Rise of the Atlantic Economies*, 1973, World Economic History, General editor Charles Wilson. pp. xi, xii, xiii.

발전 과정에서 이들 다섯 나라는 어떤 특별한 통일성을 갖지 않는다. 그러나 서유럽이 갖는 공통의 경제력이나, 대서양을 횡단하는 기업들에 참여하여 얻게 된 영향력은 각국의 특정 자연자원이나 정치적 사회적 구조에 변화를 줌으로써 그 경제 발전 과정의 최종적 결과는 다양하게 나타났다. 결국 "17, 18세기 서유럽의 경제사는 영국 경제의 급속한 성장과 스페인 경제의 파국적 몰락"으로 나타난다.

경제발전의 주요 결과는 반드시 경제적 요인에 의해서 설명되는 것이 아님을 저자는 전제한다. 경제력은 오히려 자원의 힘이나 정치적 사회적 구조의 경직성에 의해서 방해되거나 폭넓게 수정된다. 그리하여 한 시기의 (또는 모든 시기의) 경제사적 주요 양태는 다른 나라에서 진행된 파괴적 변화에 대항하는 "구조의 잠재력"에 의해서 좌우된다고 한다. 더욱이 경제적 관점에서 볼 때, "우발적 힘의 작용"이 경제 상황에 강력한 효과를 줄 수 있는데, 그중에서 전쟁이 가장 중요한 작용을 한다. 다음으로 해마다 변동하는 기상 조건도 경제적 주요 요인에서 가장 높은 위치를 차지하지만, 뒤늦게 역사가들에 의해서 조심스럽게 연구되기 시작하였다고 한다. 인류의 생활양식에 부분적 영향을 준 주요 전염병의 증식이나 쇠퇴의 조건들도 다른 조건 못지않게 사회적 경제적 영향을 끼쳤다. 끝으로 "한 개인의 신대륙 발견"의 과정에서 우연치 않게 거창한 영향을 끼친 경우를 지적하였다. 이를테면 15세기의 역사는 아메리카의 발견을 포르투갈 사람들의 역할에서 기대할 수 있었으나, 실제로 아메리카를 발견한 사람은 1492년에 스페인을 위해서 나선 콜럼버스였다. 만일에 그가 아니었다면, 한 10년 안에 포르투갈인의 발견이 있었을 것이다. 아마도 아메리카는 애당초에 모두 포르투갈인의 영역이 되었을지도 모른다. 그리고 그 후의 유럽의 역사는 달라졌을 것이다.

이 책은 신세계의 발견이 경제적 성과를 드러내기에는 오랜 시간을 거쳐야 했다는 데서 시작한다. 반면에, 영국의 산업혁명이 효과를 드러낸 출발의 과정은 즉각적이며 폭발적이었음을 대비對比하고 있다. 한편 유럽의 헤게모니 경쟁에서 영국과 프랑스에 스페인, 포르투갈, 네덜란드같은 나라들이 훨씬 뒤진 이유는 "오래된 역사의 불가피한 결과가 아니었음"을 입증하는 데도 적극적인 관찰을 하고 있다. "산업혁명의 복합적 원인은 지난 수세기 간의 대서양사의 발전 과정에 깊이 내포된 것이었으나, 그 직접적 원인은 훨씬 가까운 과거에 있고, 경제 활동의 좁은 영역에 관계 된다"라고 말한다.

스페인, 포르투갈, 영국, 프랑스의 통치를 받은 아메리카의 경제발전은 대체로 각기 다른 과정을 밟게 되는데, 그 발전의 요인은 신세계의 다양한 지역에서 볼 수 있는 인구 기후 자원 등의 차이에서 찾을 수 있다. 무엇보다도 "본국의 경제와 정치가 갖는 특정의 성격이 식민지의 발전 형태에 상당한 중요성"을 갖는다. 그러나 멕시코와 페루는 정복자들의 지배 아래서도 알차게 자랐고 이들의 성장은 대규모 은광의 발견으로 크게 발전했다. 원주민의 수가 적고 온화한 기후 조건을 가진 북아메리카는 바다를 건너온 노동력을 가진 이민들의 정착으로 개발할 수 있었다. 열대의 카리브 해와 브라질의 자원조건은 모든 면에서 유럽과 다르기 때문에 여러 형태로 발전할 수 있었다. 자연에 대한 아프리카 노예들의 경험을 확보할 수 있었던 지배 민족은 주인과 노예로 구성된 사회와 경제를 형성하게 된다. 이들 식민지는 모두 본국과 많건 적건 경제적으로 연결되었다. 그리하여 "대서양 경제"가 형성된 것이다. 그러나 "대서양 경제는 대서양 연안 개별국가의 경제적 변화와 증진을 위하여, 그 한 부분을 차지하는 부차적 조건에 불과했다"라고 결론 짓고 있다.

대서양사는 점차 세분화하고 다기화 했다. 우리는 마커스 레디커의《악마와 검푸른 바다 사이에서》라는 소설 제목을 연상케 하는 책에서 밀도 있는 18세기 대서양사의 단면을 엿볼 수 있다. 이 책은 "상선 선원 해양 세계(1700-1750)"[49]라는 부제가 밝히고 있는 대로 대서양권 형성기의 선원생활을 그린 해양사海洋史이다. 매우 흥미롭고 독특한 이야기체 서술 형식을 택한 이 책은 역사의 구성요소를 독자들에게 전할 수 있는 최적의 서술 방법을 입증하는 것 같다. 이른바

49) 마커스 레디커,《악마와 검푸른 바다사이에서》, 박연 옮김, 2001, p. 14.〔영문 원본 : Marcus Rediker, *Between the Devil and the Deep Blue Sea: Merchant, Seamen, Pirates and the Anglo-American Maritime World, 1700-1750*, 1987〕

미시사학이 추구하는 방법으로 대서양사를 구성한 훌륭한 실험적 사례로 평가할 수 있을 것이다.

18세기 원양선원에 대해서는 지금껏 알려진 게 별로 없다는 저자의 말에서 생각해야 할 점은 선원들이 누비고 돌아다닌 여러 항구의 생활모습과 무역거래 같은 사회 경제사적 측면에서 대서양이 하나의 생활권을 형성하기 시작하였다는 사실이겠다. 선원들의 생활상을 통해서 대서양의 동서 양안이 얼마나 빈번히 왕래하고 소통됐는지 실감할 수 있다. 그러나 이 책의 연구 내용은 세밀하고 분석적인 만큼 그 범위는 제한적이다. 저자는 유럽의 다른 해양 국가를 제외하고 잉글랜드와 아메리카의 선원들을 주제로 다루고 있는 것이다. 아마도 우리가 얻을 수 있는 큰 소득의 하나는 18세기 전반기의 선원들은 공식적으로 부리스톨, 포트로열, 그래스코, 보스턴, 런던, 뉴욕, 리버풀, 필라델피아, "어디에 거주하든 동일한 해양 문화와 사회에 속했었다"는 사실이겠다. 저자는 "선원 문화와 선원 공동체"를 여러 면에서 세밀하게 살피고 선원에서 변신하기 일쑤인 해적의 세계도 탐색하였다.[50] 또한 이렇듯 영국과 미국을 연결하는 범위에서 그리고 그 범위를 에워싼 더 넓은 세계와의 관계에서 진행된 역사를 입증하고 있다. 막대한 분량의 각종 기록사료를 치밀하게 분석하여 대서양의 해양생활을 규명한 이 책이야말로 대서양권의 역사 구성에 값진 기초 작업을 수행했다고 평가할 수 있을 것이다. 18세기 후반에 미국과 서유럽에서 전개된 "민주주의 혁명의 시대"도 그 전반기에 어렵게 진척한 대서양의 인적 물적 왕래의 연구 없이는 생각할 수 없을 것이다.

이제 우리는 "대서양 공동체" "대서양 문명"과 같은 역사 개념이 1914년에 발발한 제1차 대전이 아닌, 1939년의 제2차 대전 때에 적극적으로 형성된 이유를 좀더 짚어 봐야 할 것 같다.

대부분의 역사가들은 크게 두 가지 상황을 지적하고 있다. 첫 세계대전이 끝나면서 미국은 "전통적 고립주의"의 길을 택했고, 유럽은 오랜 "세력 균형

50) *Ibid.*, p. 17 p. 235f.

체제"를 유지하는 듯이 보였기 때문이라고 한다. 미국의 참전으로 19세기적 균형 체제가 사실상 무너졌으나, 역사가들은 유럽의 구체제가 되살아나고 "유럽 시대"는 전과 다름없이 발전할 것으로 보았었다는 것이다. 더욱이 잠재적 미래의 강자인 러시아도 국내 사정으로 말미암아 유럽과의 관계를 끊은 상태로 탈바꿈한 사실을 고려하지 못했다. 이른바 "앙시앙 레짐이 되살아난 듯한" 착각을 한 셈이다. 좀더 적극적인 해석을 시도해 본다면, 미국과 유럽은 아직 대서양의 동서를 망라한 공동체적 생활권이나 문화권을 형성하지 못한 사이로 인식했다는 것이다.[51)]

미국의 제2차 세계대전 참전과 전후의 지속적 개입으로 북대서양 양안의 현실적 유대가 강화되면서 비로소 대서양권의 지난 역사도 재조명되기 시작했다. 이를테면 앞에서 이미 여러 모로 살폈듯이 NATO의 출현이나 마셜 계획의 실현 등으로 대서양권에 대한 역사적 인식도 새롭게 변하였다. "역사의 현실적 관련성"이 당 시대의 역사가들에 의해서 새롭게 발현되기 시작한 것이다. 그렇다고 1914년의 세계대전이 초래한 변화나 위기에 무감각했다는 것은 아니다. 역사가라면 누구든 유럽에서 줄지어 발생한 불행을, 민주정치의 패배, 자본주의와 공산주의의 항쟁, 실업과 불황의 충격 등을 의식하고 있었다. 다만 그 당시의 시대의 흐름이 전통적 "유럽 역사의 연속성에 대한 종래의 믿음을 혼란에 떨어뜨릴 만큼 크지 않았다"라고 보아야 할 것이다.[52)] 물론, 우리들은 무엇인가 오직 현재와의 연관성 때문에 과거를 연구하고 있는 것은 아니다. 지난날의 유럽사가 배려하지 못했던 대서양 주변국—특히 미국—의 존재가 전에 없이 중요한 모습으로 가까이 다가와서 우리의 관심과 연구욕을 자극하는 데에 그 이유가 있을 것이다. 20세기 유럽 역사에 관계되는 미국 역사는, 또는 대서양 문명사는 "그 역사가 중요했었다는 사실 못지않게 현실적으로 중요하다(아니, 현실적으로 더 중요하다)"[53)]고 생각하는 데서 출발하고 있는 것이다. 한마디로

51) Cf. G. Barrachough, *History in a Changing World*, 1955. 특히 Chap. 14.〔Hajo Holborn, *The Political Collapse of Europe*, 1957〕

52) *Ibid.*, p. 8.

제2차 세계대전에서 세계 강국으로 유럽에 등장한 미국의 역사나, 미국의 대외 교섭사交涉史나 관계사를 대서양사라는 새로운 역사 개념에 입각해서 보기 시작한 것이다.

우리는 "역사적 대서양 공동체"라는 개념이 다양한 주제로 연구되고, 지역별 연대별로 분화하고 있는 근년의 실정을 일별할 수 있다. 특히 전 세기 말과 금세기 초에 출간된 저작들 중에서 몇 권을 선별하여 역사 연구 경향을 엿보기로 한다. 우선 ①《이주민과 영국 대서양 세계의 기원》, ②《런던 상인과 영국 대서양 공동체의 형성》, ③《스페인제국의 대서양 연대》 같은 국가별 대서양사를 지적할 수 있다. 다음으로 지역 간, 국가 간 교류사로 전공 분야별로 집필된 ④《제국의 시대와 대서양 세계》가 있다. 특출한 지성사 연구서로 ⑤《신세계사를 어떻게 써야 하나－18세기 대서양 세계의 역사, 인식, 정체성》, ⑥《영제국의 지적 기원》 같은 책들이 돋보인다. 흑인 노예사가 세기 전환기에 쏟아져 나오고 있는데 그 경향을 지적하자면, "노예무역"의 실제, "대서양 세계 형성에서 아프리카와 아프리카인"의 위치, "아프리카인과 영국 산업혁명", "미국의 아프리카 노예," "집단 농장의 역사" 등 매우 다채롭다.[54)]

대서양사를 큰 대목별로 좀더 부연 설명해 보자면, 첫째로 가장 활성화된 연구 경향은 노예무역의 역사인 것 같다. 노예를 강제로 압송하던 시기의 아프리카 대륙의 사정이나, 아프리카인들이 아메리카 대륙으로 동반해 온 다양한 사회적 문화적 특성들에 대한 연구가 개발되고 있다. 둘째로 18세기는 대서양사에서 혁명의 연결 고리 같이 각별한 주목을 끌고 있는데, 미국, 프랑스, 아이티의 혁명과 그 뒤의 스페인계 혁명이 연구 대상이다. 셋째로 유럽 근대 초기의

53) *Ibid.*, "역사의 현실 관련성"에 관해서 특히 pp. 20-27 참조.

54) ① Alison Games, *Migration and Origins of the English Atlantic World*(1999).
② David Hancock, *Citizens of the World : London Merchants and the Integration of British Atlantic Community, 1725-1785*, 1995.
③ Ida Altman, *Transatlantic Ties in Spanish Empire : Brihuega, Spain & Puebla, Mexico, 1560-1620*, 2000.
④ Thomas Benjamin, Timothy D. Hall and David E. Rutherford, eds., *The Atlantic World in the Age of Empire*, 2001.
⑤ Jorge Canizares-Esquerra, *How to Write the History of New World : Histories, Epistemologies, Identities*, 2001.
⑥ David Armitage, *The Ideological Origins of the British Empire*, 2000.

기독교 포교 활동에서 시작하여 신세계 국가형성의 문제에 이르기까지 비교사적 관찰과 소지역 간 교류의 역사가 새롭게 진행되고 있다. 넷째로 서유럽의 지역적 국가적 정체성 형성의 문제에서 다른 지역, 특히 아메리카와 아프리카 지역 사이의 조우의 역사 과정에서 꾸준히 검토되고 수정되어 왔음이 밝혀지고 있다. 다섯째로 라틴 아메리카에서 진척된 자유주의와 공화주의에 관한 지성사적 정치사적 연구도 적극적으로 재검토되고 있다. 요즘에는 대서양사의 르네상스를 맞아 여러 차원에서 다양하게 풍요롭게 복합적으로 분화되고 그 자체로서 확대되고 있다.

5. 맺음말

우리는 오스카 할레키가 개진한 대서양 공동체의 역사적 윤곽을 살폈고, 이어서 그 이후의 대서양 중심적 역사해석 일반에 관한 문제를 다양한 차원과 주제를 통해서 정리해 보았다. 그리하여 얻게 된 귀결점을 다음과 같이 요약할 수 있을 것이다.

우선 할레키의 대서양 공동체론이 갖는 의의를 살펴볼 수 있을 것이다. 그는 누구보다도 앞서서 "유럽 시대의 종식"을 고告하고 "대서양 공동체"의 형성 과정을 규명하였다. 이로써 "대서양 시대"가 열린 것이다. 그는 15세기에 시작된 "대서양 공동체"를 "고대 지중해 세계"에 비유하여 이 두 세계에 대한 그 나름의 다양한 해석과 의미를 부여하였다. 그리하여 "고대 지중해 공동체", "유럽 공동체", "대서양 공동체"라는 3개의 지역적 공동체 개념을 시대별로 설정하여 새로운 3시대 구분론을 창출하였다.

그러나 그의 대서양 공동체는 아프리카를 배제하였다는 데에 인식의 한계가 있다고 볼 수밖에 없을 것 같다. 그는 아프리카의 역사와 현실을 가리켜 말하기를 "어떤 순간이던 유럽사의 일부가 될 수 없고" "더욱이 대서양 공동체의 참가를 위한 준비의 단계로 볼 수도 없다"라고 규정하였다. 또 다른 중요한 대목은 대서양 공동체의 동방 한계선을 설정하는 문제이다. 할레키가 자신이 설정한 대서양 공동체에서 용인容認하는 서유럽의 동방 한계선은 그가 집필할 당시(1950년)와 21세기의 첫 10년이 지나는 오늘날의 유럽의 현실을 비교할 때 많은 차이를 볼 수 있다는 사실이다. 대서양 체제에 적극적으로 가맹한 폴란드를 비롯한 동중유럽East-Central Europe의 "소수민족"에게 대서양 공동체는 어떤 관련성을 갖느냐는 문제가 당연히 제기될 수 있을 것이다. 그의 저작에 함축된 견해에 따른다면 항가리족을 포함한 서슬라브족을 대서양 공동체에 편입해야 할 것으로 사료된다. 다만 여기서 우리가 얻을 수 있는 결론은 할레키 이후의 대서양 공동체는 그 동쪽 경계에 변화를 겪어 가면서 새로운 해석을 기다리게 되었다고 잠정적으로 매듭 지을 수 있을 것 같다.

다음으로 살펴봐야 할 문제는 대서양사는 무엇이냐는 것이다. "대서양사"는 북아메리카, 라틴아메리카, 아프리카, 유럽 등이 "지역적 시스템regional system"을 15세기부터 현재까지 형성해 왔다는 개념 내지는 의식에 기초한다고 요약할 수 있겠다. 그리고 이 시스템을 구성하는 ① 소지역Subregion의 비교사, ② 소지역간의 관계사, ③ 대서양사의 탐구 영역의 세계적 전 지구적 규모로의 확대 등으로 대별할 수 있을 것 같다. 이 대서양 지역을 연구하고 서술하는 과정에서 밝혀진 사실들은 앞으로 다른 문화권(태평양권 이슬람 세계 서양 문명 등)과의 비교를 위해 쓰일 수 있을 것이다.

"대서양사"라는 하나의 보편적 명제가 널리 통용되기까지 역사가들 사이에는 대서양에 편재遍在하는 역사를 아우르는 노력이 지속되었다. 그 대표적 사례로 우리는 M. 클라우스의《18세기 기원의 대서양 문명사》와 R. R. 팔머의《민주주의 혁명의 시대》를 그런대로 자세히 살펴보았다. 전자는 대서양 문명의 형성과정을 정리하여 대서양 문명사의 가능성과 타당성을 규모 있게 제시하였다. 후자도 "대서양 문명文明에 선행하는 관념으로" "서양 문명western civilization"을 제시하였다. 그런데 이 점에 관해서 팔머는 주목할 만한 말을 남기고 있다. "대서양 문명이라는 어휘"를 자기의 책 서두에서 적극적으로 활용했으나 "책 뒤로 갈수록 드물게 사용했다"라고 스스로 밝히고 있는 점이다. 그 까닭은 "대서양 문명"이라는 새로운 어휘가 이 책이 갖는 "목적의 핵심 부분도 아닌데 반대의견이나 〔다른〕 문제를" 제기할 수 있는 불필요한 빌미를 만들 수 있지 않을까 생각됐기 때문이라고 한다. 다만 그가 필요했던 것은 "일정한 문화 영역"으로서 "서양 문명"의 존재를 유지하는 일이었다고 한다. 다시 말해서 이 영역은 "특정의 관념이나 공통의 문제를 갖고 상호 간에 교류하고 영향을 주고받는 것"으로 보았다는 것이다. 또한 팔머는 "대서양 문명의 개념은 다른 어떤 시기보다 1775–1825년간에 더 많은 타당성을 갖는다"라고 말한 바 있다.[55] 이러한 그의 말 속에는 "대서양 문명"이라는 개념은 역사가들 사이에 아직 낯선 개념으로 받아들여지고 있다는 함의含意가 깔려 있는 것 같다. 또는 18세기 후반에 대서양 시대의 본격적 출발이 있었음을 재확인하고 있다고 볼 수 있을 것이다.

랄프 데이비스의 《대서양 경제사》는 대서양이라는 둘레를 튼튼한 경제 구조로 정착시킨 본보기가 된다고 보아야 할 것이다. 마커스 레디커의 저작은 사람들의 바다생활이나 경제 활동을 엄청난 사료를 구사하여 치밀하게 재연시켜 새로운 경지의 대서양의 역사를 선보였다.

생각건대, "대서양 공동체" 논의는 지난 세기의 냉전기에 상당한 반응과 진전이 있었다. 특히 "북대서양 조약기구"를 에워싼 정치적 군사적 현실 문제가 부각되면서 사회과학 분야에서는 역사적 대서양 공동체에 대한 연구도 다양하게 추진되었었다. 그러나 "유럽연합EU"의 성공적 결집과 냉전 종식을 맞이하게 되면서 학자들의 관심은 대서양권과 유럽권으로 분산되는 경향을 보이고 있는 것 같다. 금세기 초(2003년 5월)에는 〔이라크 전쟁 문제로〕 미국과 유럽연합의 균열을 예상하는 논평이 유럽언론에 나오기도 하였다. 그러는 와중에 대서양 체제와 EU 체제는 "가치 공동체"로서의 역사적 위상을 강조하는 경향을 보이고 있다. 역사적 대서양권을 에워싼 넓은 "지역 체제"를 여러 가닥으로 아우르는 역사가들의 노력으로 대서양사는 "이해 가능한 연구 영역"으로 크게

55) R. R. Palmer, "Generalizations about Revolution : A Case Study," in *Generalization in the Writing of History*. ed. by Louis Gottschalk, 1967, p. 87.

전개되고 있다.

한마디의 첨언을 남긴다면, 유라시아를 지배하는 러시아의 세력권이 따로 존재하는 한, 대서양 체제와 유럽연합 체제는 인류사 발전의 보편적 가치에 기초한 생활권Lebensraum 형성을 위해 부단히 결속할 것이다. 그리고 "대서양사"는 계속 활성화할 것이다.

I II III IV V **VI** VII VIII IX X

미국의 초기 외교관外交觀
— 이상주의와 현실주의의 갈등

1. 서언

표제에서 볼 수 있는 바와 같이 단순히 "미국의 초기 외교관"이라고 말할 때, 미국인들은 이를 곧 "건국 초기나 혁명기의 외교"로 받아들이겠지만, 통상적 관념으로는 그 시기에 관해서 애매하다는 생각을 할 수도 있을 것 같다. 오히려 넓은 의미의 "건국기의 외교"라고 지칭하는 것이 더 나은 설득력을 가질 수도 있지 않을까 고려된다. 이러한 표현상의 문제를 염두에 두면서도 위와 같은 제명을 제시한 이유는 이 글에서 주로 다루게 되는 제임스 핫슨James Hutson이 이러한 어휘를 사용하고 있을 뿐만 아니라, 그 나름의 타당성을 지니고 있다고 고려되기 때문이다.

펠릭스 길버트Felix Gilbert가 문제의 저서,《고별사告別辭에 이르기까지 — 초기 미국 외교 정책의 이념》[1]을 단행본으로 출판한 것은 1961년이다. 그러나 그 책속에서 가장 오래된 논문은 이미 1944년에 첫 선을 보인 바 있다. 이렇듯 오랜

1) Felix Gilbert, *To the Farewell Address: Ideas of Early American Foreign Policy* ,1961; 改題 재판본, *The Beginnings of American Foreign Policy: to the Farewell Address*, 2nd ed., 1965.

연조를 갖는 그의 책은 외교사학계에서 반드시 절대적 위치에 있었던 것은 아닐지라도, 그 나름대로 착실하게 영향력을 발휘하여 상당수의 후학들을 길러내었다. 더욱이 그의 책은 외교사를 지성사적 시각으로 관조했다는 점에서 늘 학문적 비중을 차지하여 왔다. 그리하여 적어도 지성사적 접근이나 참고를 시도하는 외교사 전공자들에게는 반듯이 거쳐야 할 책으로 정평이 나 있었다.

이러한 훌륭한 저서를 여기서 거론하게 되는 이유는 이 책에 대한 미국 학계의 사소한 비판은 차치하고라도, 전에 없이 엄청난 비판적 논문이 제임스 핫슨에 의해서 발표됨으로써 주위의 이목을 끌어 왔기 때문이다. 길버트를 비판한 핫슨의 글은 너무나 냉혹한 비판과 전면적 부정으로 일관되었다는 점에서 읽는 이로 하여금 어떤 충격이나 감회 없이 읽을 수 없게 한다. 이러한 느낌이 동기가 되어 현대사에 관심을 쏟아왔던 필자도 소개를 겸한 분석적인 글을 써 보기로 한다. 핫슨의 이 한 편의 논문은 미국 의회의 학술지에 첫 모습을 보인 뒤에, 얼마 있다가 미국《외교사학회지外交史學會誌》의 창간호(1977)에 다시 모습을 보였고, 또한 켄트대학에서 편집한〈미국독립 200주년 기념 논문집〉에 발표되는 등 상당한 명성과 인기를 누려 왔다.[2] 바로 이러한 핫슨의 상승하는 학문적 비중이 핫슨과 길버트의 소론所論을 관찰해 보고 싶은 필자의 또 다른 동기가 아닌가 생각된다.

핫슨에 의하여 제기된 두 사람 사이의 상충하는 문제를 일단 공정하게 살피기 위해서, 이 글에서는 두 사람의 논지를 제각기 분리된 상태에서 분석해 보고, 다음 단계에서 두 사람의 학문적 위치를 비교해 보기로 한다. 우리가 두 사람의 입장을 살피는 과정에서 얻을 수 있는 것은 이들의 안목을 통해서 미국의 건국 초기 외교의 실상을 상반된 각도에서 살펴볼 수 있다는 것이겠다. 그러한 상반되는 관계를 압축해서 지적한 것이 이 글의 부제, "이상주의와 현실주의의 갈

2) James Hutson, "Early American Diplomacy: A Reappraisal," in *the quarterly Journal of the Library of Congress*, Vol. 33, No. 3, July ,1976; also, in *The American Revolution and "A Candid World,"* ed. by Lawrence S. Kaplan, Published by Kent State University; 개제 재판논문, "Intellectual Foundations of Early American Diplomacy," in *Diplomatic History*, Vol. 1, No. 1, Winter, 1977. 핫슨의 문제의 논문은 같은 시기에 다른 간행물을 통해서 3차나 거듭 공간되었고 외교사 교재로 널리 채택되고 있다.

등" 관계이다.

"이상주의"라는 표현은 길버트에 의해서 검토된 초기 외교 정책의 이념적 표상表象이요, "현실주의"는 핫슨에 의해서 강조된 초기 외교술의 실상實相이다. 그런데 여기서 "현실주의"라는 어휘는 "이상주의"에 대비되는 의미로 길버트도 이따금 사용하고 있음을 미리 언급해 두어야 편할 것 같다. 길버트가 말하는 "현실주의"는 당시의 외교 정책에서 또 하나의 다른 측면인 "고립주의" 정책을 지칭할 때 쓰이고 있어, 핫슨이 말하는 현실주의와 혼돈할 수 있는 여지가 있다. 그래서 다시 강조하지만, 미국의 초기 외교관을 개념적으로 규정할 때 길버트는 "이상주의를 국제주의로", "현실주의를 고립주의로", 각기 상황에 따라 두 가지로 표현하고 있다는 것을 재삼 일러둔다. 한편 핫슨은 미국의 초기 외교를 모두 "현실주의 외교"로 일괄해서 주장하였는데, 그가 말하는 현실주의는 곧 유럽에서 현실적으로 기능하는 "세력 균형의 원리"를 두고 한 말이다. 과연 이 두 사람의 외교사 학자가 제기한 대립적 역사 개념에서 우리가 찾을 수 있는 것이 무엇인지 살펴보기로 한다.

2. 이상주의와 현실주의의 양립성 — 펠릭스 길버트

생각건대 길버트 이전의 초기 미국 외교사는 이념적인 문제에 소원한 외교사였다. 트레스콧William Henry Trescot이 1852년에 미국 자료에 근거하여 체계적인 외교사를 처음 서술한 이래, 1910년대에 코윈E. S. Corwin이나 필립스P. C. Phillips 등이 유럽의 자료를 함께 소화하면서 본격적으로 역사 해석을 곁들이기 시작한 저작들은 문자 그대로 외교문서 위주의 서술이었다. 1935년에 비미스Samuel Bemis가 유럽 각국의 자료를 폭넓게 활용, 미국 혁명기의 외교사를 포괄적으로 정리하였는데, 이 또한 일반적 외교사의 범위를 벗어나지 못하였다.[3]

3) W. H. Trescot, *The Diplomacy of the Revolution: An Historical Study*, 1852; Edward S. Corwin, *French Policy*

이들 역사가에게 있어서 외교사를 쓴다는 것은 복수의 국가 간에 타협을 위해서 서로 주거니 받거니 — 또는 퉁기거니 — 하여 온 외교적 경과를 서술하는 일이 고작이었다. 다시 말해서 이들은 모두 외교적 경로를 찾아 국가 간의 대립 관계를 정리하는 데서 만족하였다. 물론 외교적인 교섭에 관한 예지에 넘치는 역사 해석이 늘 첨가되었던 것은 말할 나위도 없다. 이를테면 코윈은 "프랑스가 미국 혁명에 개입한 것은 기본적으로 유럽 대륙에서 상실한 프랑스의 우월성을 만회하려는 욕망에서 비롯된 것"[4]이라고 프랑스의 동기론을 폈다. 새뮤얼 비미스는 프랑스 외상 "베르젠Vergennes이 미국 사절들과의 타협에서 몇 주일만 늦추었다면, 생각되는 바로는, 미국의 식민지들은 영 제국 내에서 자치적 통치령으로 잔류하였을 것이다"[5]라고 주장하였다. "미국 독립이 성사된 것은 유럽과의 외교적 교섭과 국제 정치에 힘입은 결과였다"[6]고 혁명외적 요인을 강조한 것이다. 외교사 전공자들은 한결같이 자기 나름의 탁견을 제시했다.

그러나 이러한 일반 외교사 전공자들의 입장과 다른 것이 지금 우리가 살피려는 1940년대 후반부터 시작되는 길버트의 지성사적 연구 방향이다. 그는 초기 미국 외교의 기본적 지침이 된 이념과 그 저변에 깔린 전제조건들을 탐구하여 주위의 이목을 끌었다. 특히 건국 초기 미국 외교의 지적인 성격을 전체사로서의 외교사적 맥락 속에서 자리 메김하고 또한 이를 미국 혁명의 경험적 실제와의 관련 속에서 이론적으로 정립함으로써 미국역사학계에 적지 않은 반응을 일으켰다. 길버트는 실로 처음으로 미국 외교의 지성사적 성격을 규명하였던 것이다.

길버트의 업적은 서언에서 언급한 바 있는《고별사에 이르기까지 — 초기 미국 외교 정책의 이념》[7]에 수록되어 있거니와, 바로 이 책이 우리의 분석과

and the American Alliance of 1778, 1916; P. C. Phillips, *The West in the Diplomacy of American Revolution*, 1913; Samuel Bemis, *The Diplomacy of the American Revolution: the Foundations of American Diplomacy, 1775-1823*, 1935.

4) E. S. Corwin, *French Policy and American Alliance*, pp. v. 22.

5) S. Bemis, *The Diplomacy of the American Revolution*, p. 69.

6) *Ibid.*, p. vii.

7) Felix Gilbert, *To the Farewell Address.* 이 글에서는 초판본 사용.

음미의 대상이 된다. 이 장에서는 그의 논문을 순차로 압축해 나감으로써 우선 그의 논지에 대한 전면적 이해를 도모하고자 한다. 그 이유는 핫슨이 철저하게 부정하고 있는 길버트의 주요 입론이 어떤 배경에서 구성되었는가를 이해하기 위함이다. 길버트의 주장을 한마디로 줄인다면, 초기의 외교 정책에서 나타나는 양면성으로서의 "고립주의와 이상주의적 국제주의"의 타협 내지는 갈등 관계이다. 이러한 두 개의 이념적 흐름의 성립 과정을 우리 나름대로 분석, 음미함으로써 앞으로 전개될 두 이념 간의 의견의 대립과 간극의 실상을 쉽게 이해할 수 있을 것이다.

길버트가 다룬 연구대상이 되는 시기는 외교 정책상의 양면적 관계가 성립하기 훨씬 전인 식민 시대까지 소급한다. 그의 첫 번째 주제는 "식민지와 유럽"의 관계였다. 그가 관찰한 바로는 영국 국민들은 북미 대륙으로 위험한 정벌에 나설 때부터 두 가지 동기에 고취되고 있었다. 그 하나는 유럽과 긴밀한 유대를 맺어 이득을 보겠다는 경제적 동기요, 다른 하나는 유럽과의 관련을 끊고 보다 완벽한 사회질서를 확립하여 보겠다는 이상적 동기였다.[8] 그러자 점차 식민지 안에서의 생활에서도 이들에게는 강렬한 물질적 현실주의로의 집착과 유토피아적 이상주의로의 지향이라는 서로 다른 분위기가 팽배하게 감돌게 되었고 마침내 구세계에 대해 두 가지의 다른 태도를 낳게 되었다. 그 하나는 구세계를 용인하는 입장이요 다른 하나는 비판하는 입장이었다.[9] 이러한 양면적인 갈등과 상반의 역학은 이미 식민 시대에 그 기초가 다져진 것으로 길버트는 착안하였다.

미국 이주자들의 이상적 희망은 기존의 유럽 국가 체제에 온순하게 적응하든지 또는 다른 강국들 같이 스스로 강국으로 변모하는 게 아니었다. 무엇보다도 아메리카에 이주한 사람들이 국가 간의 외교 관계에서 힘의 요인이 갖는 중요성을 이해한다는 것은 어려운 일이었다. 유럽에서 국제 간의 협정은 적대

8) *Ibid.*, p. 4.
9) *Ibid.*, p. 6.

적 강국사이의 충돌로 야기된 상황을 법적으로 규제하는 것이었다. 그러나 북아메리카 대륙에서의 법과 힘은 서로 타협할 수 없을 만큼 예리한 대조를 이루고 있었다. 특허장과 하사금을 들고 온 정착민이 선주민에 대하여 자기권리의 정당성을 주장할 수 있는 경우란 인디언의 권리가 결여된 원시적인 세계를 확보할 때만 가능했다. 사회질서는 사회 형성 이전의 무정부 상태의 혼란이 극복되고 새 권리가 확립되었을 때 비로소 시작되었다. 법의 세계는 힘의 세계가 종식하면서 비롯하였던 것이다. 법과 힘을 동시에 이해할 수 없는 식민 시대의 경험을 안고 출발한 것이 미국이었다.[10]

미국인들은 막상 체제로서의 외교 정책을 확립할 필요에 직면하게 되자, 그들이 배워야 할 모범적 선례로서 먼저 영국을 바라보았다. 이 문제에 관련해서 길버트는 "미국 외교 정책의 영국적 전형"[11]을 두 번째 주제로 다루었다.

미국인의 세계관 내지 외교 정책은 영국의 급진적 휘그Whig적 야당인사들에 의하여 개발된 신념으로부터 배운 것이었다. 18세기에 거듭된 전쟁 때문에 영국에서는 소규모이지만, 야당적 지식인들 사이에서 대륙의 동맹 체제나 세력균형 체제勢力均衡體制에 말려들게 되는 것을 반대하는 여론이 형성되었었다. 이들은 오히려 국가의 이익이 되는 상업의 발달과 식민지 소유의 중요성을 강조하였다. 공개토론의 전통과 제한적이나마 보장된 언론의 자유는 외교 정책과 국가적 이익에 관한 문제를 제기할 수 있었고 이러한 토론 내용은 여러 경로를 통해서 미국에 전달되었다.[12]

미국에서는 벤저민 프랭클린Benjamin Franklin, 존 애덤스John Adams, 토머스 페인Thomas Paine 등이 유럽 사정에 능통했다. 이들 중에서도 페인은 자신의 저작, 《상식론》에서 특히 외교 관계와 관련하여 "이상적 공화국의 실현"을 위한 "구

10) *Ibid.*, pp. 17, 18.

11) *Ibid.*, p. 19. ie. "Insula Fortunata: the English Pattern for American Foreign Policy". 이 논문은 1944년에 다음과 같은 원제로 발표된 바 있다. "The English Background of American Isolationism in the Eighteenth Century," in *the William and Mary Quarterly*, Third Series, Vol. 1, 1944, pp. 138–160.

12) *Ibid.*, pp. 22–43, Cf. William C. Stinchcombe, "John Adams and the Model Treaty" in *the American Revolution and "A Candid World"*, ed. by Lawrence S. Kaplan, 1977, pp. 75, 76.

세계와의 분리"를 강조하였다. 그는 모든 정치적 동맹의 폐기를 주장하면서 아메리카는 모든 나라와의 상업적 거래를 위하여 자유항이 되어야 한다고 역설하였다. 그가 생각한 이러한 두 방향, 즉 유럽으로부터의 격리와 자유로운 상거래의 유지라고 하는 상반된 목표는 신생공화국이 반드시 가야 할 외교 정책의 행로임에 다름없었다. 이 대목에서 길버트가 얻은 결론은 그 후 오랫동안 외교에 관련된 미국인의 모든 발언은 페인의 말에서 출발하고 그의 사상에서 메아리치게 되었다는 것이다.[13]

세 번째로 거론된 문제는 길버트에게서 가장 독창적 연구 주제인 "계몽주의의 이념이 미국 외교"[14]에 미친 영향이다. 이 문제는 그가 자신의 후학들에게 준 영향이 큰 것만큼, 제임스 핫슨의 비판도 지대하여 오늘날 쟁점으로 등장하고 있는 대목이다. 이 논문에서는 미국 외교의 본격적 출발점이 되는〈모범조례〉[15]의 분석과 이를 바탕으로 한, 외교 정책의 실제적 전개 과정을 주로 다루고 있는 것을 볼 수 있다.

길버트는 우선〈모범조례〉의 기초를 맡았던 애덤스의 외교에 관한 기본적 관점이 페인의《상식론》의 영향 아래 있었음이 분명하다고 밝히고 나서, 다시 여기에 프랑스 계몽주의 사상의 영향이 크게 작용하고 있음을 설파하고 있다. 오늘날 페인의 영향에 대해서는 이론의 여지가 없기 때문에 지금 여기서 복잡한 설명을 필요로 하지 않겠거니와, 문제는 프랑스 계몽사상의 영향일 것이다. 길버트의 의견으로는 미국 혁명 당시의 대부분의 미국 사람들이 계몽주의적 낙관론과는 의견을 달리함으로써 유럽의 정치와 사회를 비난하는 데 치중했던 것이 사실이지만, 모두가 페인의 말처럼 유럽을 어둡게 예측했던 것만은 아니

13) *Ibid* , p. 43.

14) *Ibid.*, p. 44. ie. "Novus Ordo Seculorum: Enlightenment Ideas on Diplomacy," 이 논문은 1951년에 다음과 같은 원고로 발표된 바 있다. "The 'New Diplomacy' of the Eighteenth Century," in *World Politics* Vol. IV, 1951, pp. 1-38.

15)〈모범조례〉는 다양하게 표현되고 있다. 즉 "Model Treaty," in F. Gilbert, *To the Farewell Address*, Passim; "plan of 1776" in S. Bemis, *The Diplomacy of American Revolution*, p. 46; "Treaty Plan of 1776," in Gregg L. Lint, "John Adams on the Drafting of the Treaty Plan of 1776," in *Diplomatic History*, Vol. 2, No. 3, Summer 1978, p. 313. 이 조례의 기초 작업 과정을 Lint의 논문에서 볼 수 있다.

었다고 한다. 그 당시의 적지 않은 미국 사람들이 계몽주의적 진보의 신념에 일치하는 생각을 가졌었다는 것이다. 그리하여 미국 혁명을 확신한 이들은 스스로 위대한 실험에 나섰고, 또한 다른 세계가 따라 올 수 있는 하나의 모범을 만들고 있다고 생각하였다는 것이다.

이러한 두 개의 흐름, 즉 페인의 외교관과 계몽주의 정신에 상응하는 신념을 기초로 삼고 만들어진 것이 〈모범조례模範條例〉이고, 따라서 "그 내용은 양면성을 지니고 있었다". 그 일면은 유럽의 부패된 폐습으로부터 격절한, 미국의 독자적 존립을 성취하기 위한 수단이 되는 것이요, 또 다른 일면은 영토적 식민지와 같은 정치 문제를 배제한 상업적 거래상의 약정에 초점을 맞추어 프랑스와 미국 사이의 우호 조약을 다른 나라에도 쉽게 확대할 수 있도록 폭 넓은 기초를 확립, 마침내 〈모범조례〉로써 미래의 외교 조약의 전형으로 삼는 것이었다.[16] 전자를 고립주의적 지향이라고 본다면, 후자를 이상주의적 국제주의의 지향이라고 말할 수 있을 것이다. 이로써 미국인들은 새 시대의 새 외교를 표방하는 대표로서 유럽 무대에 등장한 셈이었다.

길버트가 강조하는 바로는 계몽 사상가들의 외교 정책과 외교술에 관한 이념은 미국인들의 사고에 넓은 빛을 비춰 주었고, 외교 정책에 대한 미국인의 태도에 영속적으로 남게 되는 이상주의적 요인을 심어 주었다.[17] 프랑스 계몽사상가들은 우선 외교 정책을 정치 활동의 중심이나 정점으로 생각한 그 당시의 유럽인들의 일반적 견해에 반대하는 입장을 취했다. 계몽사상의 주된 비판의 대상은 국제적 평화의 가능성과 보장이 오직 국가 간의 세력 균형의 유지에 있다는 그 당시의 국제 정치적 가정에 있었다. 다시 말하자면 "세력 균형 체제는 대항의 체제로서 결과적으로 방해와 충격과 폭발의 체제"[18]가 된다는 것이었다.

16) *To the Farewell Address*, pp. 55, 56, Cf. F. Gilbert, "Bicentennial Reflection," in *Two Hundred Years of American Foreign Policy*, ed. by William Bundy, 1977, pp. 7, 8.

17) *Ibid.*, p. 56.

18) *Ibid.*, p. 60. 길버트가 언급한 계몽주의사상가들은 Turgot, Michel Jean Sedain, D'Argeson, Condorcet, Condillac, Mably, Rousseau, Diderot 등 매우 다양하다, 그러나 유독 Montesquieu만은 문제 삼지 않았다. 이 점에 관해서는 Cf. W. C. Stinchcombe, "John Adams and the Model Treaty," pp. 76. 77; Cf. F. Gilbert, "Bicentennial Reflection," p. 4f.

길버트의 연구에 의하면, 이러한 외교 문제를 에워싼 계몽주의의 이념은, 미국 외교사절들의 현지 활동을 통해서 접촉되고 흡수되어, 미국으로 전달된 것으로 분석되고 있다.[19] 이들은 프랑스 사상가와 직접 대면할 기회가 많았는데, 이들의 외교적 임무는 프랑스 사상가의 외교관이나 외교 정책의 이념이 무엇인가를 알아내기 위해 스스로 관심을 증진시키는 일이었다. 그리고 무엇보다도 미국 외교관의 가장 중요한 관심사는 프랑스와 동맹을 맺는 일이었다.

프랑스 사상가의 이념과 미국 외교 정책과의 밀접한 연결은 미국과 영국이 강화를 체결한 뒤에 발전한 상업 조약의 타결에서 명확하게 나타난다. 미국 의회에서 영국과의 상업거래를 재개하는 문제로 찬반양론이 대두했을 때, 제퍼슨은 1776년의 〈모범조례〉에서 처음으로 천명한 원칙에 입각하여 보고서를 작성, 의회에 제출한 바 있다. 이 보고서에 담겨진 이념을 보면, 모든 나라에 적용할 수 있는 넓은 원칙에 따라, 특혜를 배제하고 "조약에 의한 상업거래상의 일반적 체제의 확립을" 종용하고 있는 것이다. 또한 전시에는 무역거래의 방해를 될수록 억제할 것을 제안하였다. 이 보고서를 토대로 의회는 1784년 5월 7일 미국 외교사절들이 지켜야 할 행동지침을 발표하였다.[20] 바로 제퍼슨의 이러한 의회 활동에서 이상주의적 국면의 실현을 길버트는 지적하고 있다. 이 밖에도 길버트는 제퍼슨이 매디슨Madison에게 보낸 서한에서 "국가 간의 관계를 지배하는 힘과 세력"이 있음에도 불구하고 "인간을 위한 도덕적 규율이 있음을 안다"[21]는 주장과 함께 국제 사회에 대한 낙관적 미래를 피력한 사실을 찾아내고 있다.

길버트는 초기 외교 정책의 양면성을 다음과 같이 포괄적으로 요약하고 있다. 신생공화국의 외교 정책은 보통 고립주의의 정책으로 설명된다. 의문의 여지없이 미국인의 외교 정책 형성에 기여한 영국적 이념의 실제는 고립주의적 요인을 내포한 것이었다. 그러나 초기의 미국 외교 정책을 이끌었던 이념을

19) *Ibid.*, pp. 66, 67.
20) *Ibid.*, pp. 69, 70.
21) *Ibid.*, p. 73.

유럽의 계몽주의 사상가들의 이념과 함께 생각해 보면, 고립주의적 해석은 일면적이고 불완전했던 것이 분명해진다. 미국의 외교 정책은 고립주의적인 것 못지않게 국제주의적인 것이었다. 이러한 두 가지 동기는 서로 연관되어 있었다. 그러한 상태에서 어느 한쪽이 우세하다고 생각할 수는 없다. 이러한 상황은 제퍼슨 외교의 실제에서 뚜렷이 나타나고 있는 것이다. 길버트는 제퍼슨에 대한 관찰에서 양면성을 찾아내고 있다. 즉 외교를 "세계 평화를 위협하는 해충으로 또는 유럽의 온갖 전쟁을 만들어 내는 작업장으로" 간주하면서도 실제로는 1792년에 미국과 지리적으로 가깝거나 상업상의 이익 때문에 주재 외교사절의 파견이 필요하다는 것을 워싱턴 대통령에게 진언하였던 것이다.[22]

길버트의 지론을 좀더 부연하자면, 고립주의와 국제주의는 서로 모순되는 것이었지만, 이러한 모순은 양립할 수 있는 여지를 가진 모순으로 간주될 수 있다고 한다. 양자 사이에는 비록 부정적인 관계에서 대립하면서도 공통적 요소가 있기 때문이다. 고립주의는 때 없는 무시無時의 영역에서 존재했는가 하면, 국제주의는 먼 미래 속에 존재하였다는 것이다. 그러나 모두 현재의 세계에서는 존재하지 않았다. 이렇듯 어린 공화국이 택한 태도는 아직 문제를 — 실천적으로나 이론적으로나 — 만족스럽게 해소할 수 없었다.[23]

네 번째 문제는 "외교 정책의 실제"[24]인데, 위에서 살핀 〈모범조례〉에 담겨진 이상주의가 외교의 현실에서 퇴색되는 것을 주제로 삼고 있다. 그럼에도 불구하고 길버트가 관찰한 바로는 틈만 있으면 이상주의가 고개를 들고 일어서는 것을 볼 수 있다.

1778년에 타결된 프랑스·미국 수교통상 조약은 1776년에 작성된 〈모범조례〉의 원칙에 따른 것이었다. 그러나 애초에 상업적 교섭에 국한했던 1776년의 원안과는 달리 "친선 및 교역의 조약"에 부가해서 "조건부 방위 동맹"의 조항에 합의하고 있다. 이러한 관계의 성립은 이른바 "새 외교"의 체결이 아니라, "옛

22) *Ibid.*, p. 72. Cf. "Bicentennial Reflection," p. 10.
23) *Ibid.*, p. 75.
24) *Ibid.*, p. 76. ie "Ratio Status: Foreign Policy in Practice".

유형의 외교"를 인정하는 순수한 정치적 동맹 관계의 체결에 다름없었다.[25) 당시 미국의 정부 당국이나 여론은 이 조약을 환영했다.

〈모범조례〉의 기초자인 애덤스 자신도 외교 관계의 현실성을 인정하면서 "일반적으로 두 나라가 같은 이해관계를 가지면 자연스런 동맹국이 되고, 상반되는 이해관계를 가지면 자연스런 적이 될 수 있다"라고 말하였다. 그는 국제 관계상의 형평, 즉 "세력 균형"이란 개념의 유용성도 알고 있었다.[26) 마침내 그는 이상주의적 환상을 버리고 외교 정책에서 냉정한 실천의 필요성을 주장하기에 이르렀다.

1781년 초대 외무장관에 취임한 리빙스턴Robert Livingston은 애덤스의 의견에 동조하였다. 실제로 그의 임기 동안에 이상주의적 정책은 부정되고 옛 유형의 외교가 되살아났다. 그러나 리빙스턴과 존 제이John Jay 두 사람의 외교장관 사이에 있었던 공위 시기空位時期에는 대륙회의가 외무행정을 관장하게 되면서 〈모범조례〉의 원리로 복귀하는 기세를 보였었다. 그러나 제이가 조타를 잡게 되자 미국 외교의 흐름은 다시 실제적이고 현실주의적인 방향으로 바뀌었다.[27)

1787년에 이르러 해밀턴Alexander Hamilton의 외교 정책 전반에 관한 성명이 대륙회의에서 공개되면서, 독립 초기에 널리 인정되었던 이상주의적 이념에 찬물을 끼얹는 결과를 초래하였다. 그에게서 무력정치를 피할 길은 없었다. 또한 외교 정책이란 좀더 강대한 나라가 되기 위한 노력에 다름없고, 국가는 국가에 대립하며, 이웃나라는 "자연적 적국"에 다름없었다. 그는 "세력 균형"의 기능에서 특정 국가의 힘에 한계를 설정할 수 있는 장치를 발견하였다. 그러나 미국은 유럽의 세력 균형에 가담할 목적을 추구하지 말고 물러서 있을 것을 종용하였다. 그럼에도 현실적으로는 미국도 무력정치로부터 면제될 수 없고, 힘의 경합은 미국이라는 신세계도 지배할 것으로 보았다. 미국이 유럽 국가들의 적대 관계로부터 떨어져 있으면, 미국의 직접 관련 지역에 힘을 떨칠 수 있게

25) *Ibid.*, pp. 84, 85.
26) *Ibid.*, p. 86. Cf. "Bicentennial Reflection"p. 11.
27) *Ibid.*, pp. 86, 87.

되며, 그곳에서 패권을 누리게 될 것이라고 장담하였다.[28)]

다섯 번째 문제는 워싱턴 대통령의 고별 연설에[29)] 담겨진 그의 외교관에 대한 분석이다. 여기서 길버트는 자신의 연구 주제인 미국의 초기 외교관을 결산하고 있다. 워싱턴은 자신의 재임 중에 프랑스 혁명을 계기로 발발한 유럽 내전에 대해 중립을 선포함으로써 유럽 정치에 초연한 미국의 입장을 실천을 통해서 나타낸 바 있거니와 그는 고별 연설에서도 같은 입장을 견지하였다.

워싱턴의 기본적 관심사는 외교 정책에 대한 미국시민의 태도이며, 특히 외교 정책의 결정 과정에서 당파적 정신을 극복하는 데 있었다. 초당적 정신으로 이룩되어야 할 정책의 기본은 "우리는 어떤 나라의 정치와도 연계를 피해야 한다"는 것이었다. 해밀턴은 이러한 워싱턴의 견해로부터 "일반적 정책의 원리"를 추출해 냈다.[30)] 즉 미국은 비상시에 잠정적 동맹을 체결하도록 강요될 수 있으나, 영속적 동맹은 회피되어야 한다는 것이었다.

워싱턴이 고별 연설에서 천명한 "위대한 원칙"은 한 세기가 넘도록 미국 외교 정책의 기본적 지침과 같은 역할을 하였다. 그러나 길버트의 분석으로는 유럽 국가들이 미국의 가까운 이웃으로 남는 한, 동맹을 피하라는 충고는 실천적 선언이라기보다는 추구해야 할 이상이었다. 그것은 외국 세력의 효과적 지배력이 이 대륙의 북부에 미치지 못하였을 때만이 유용한 정책으로 채택될 수 있는 유지遺志였다. 그리고 이러한 이상은 19세기에 전개된 내셔널리즘과 산업주의라고 하는 유럽적 상황으로 인하여 고립주의의 정책으로 존립할 수 있었다.[31)]

그러나 해밀턴은 고별 연설을 작성하면서 외교 문제를 미국적 상황과 이익의 현실적 평가 위에서 다루었다. 그는 프랑스와의 감상적 접촉이 유도할 수 있는 전쟁으로 미국이 휘말려 드는 것을 반대하였기 때문에 중립과 평화의 필요성을 강조하였다. 한편 이러한 분별과 사료를 바탕으로 삼을 수 있었기 때문

28) *Ibid.*, pp. 113, 114 Cf. "Bicentennial Reflection," pp. 9, 10.
29) *Ibid.*, p. 115. ie. "Washington's Political Testament: The Farewell Address". 연설문 초고는 부록 참조, pp. 137-147.
30) *Ibid.*, p. 123-130.
31) *Ibid.*, p. 135.

에, 그는 고별사에서 외교 정책에 대한 이상주의적 접근의 분위기를 만들어 갖가지 견해와 개념을 반복 내지는 함축해서 말할 수 있었다. 워싱턴의 입장에서 해밀턴이 재구성한 이 고별사는 미국인의 정치적 사고의 다양한 국면을 함축하고 있기 때문에 시간적으로 제한된 특정 시기를 넘어서 확대되었고, 무엇보다도 외교 정책에 대한 미국인의 기본적 입장을 잘 나타내고 있다. 그것은 바로 "이상주의와 현실주의라는 두 개의 국면"인 것이다.[32] 여기에서도 미국인이 갖는 외교의 양면성을 강조하면서 길버트의 주제는 막을 내리게 된다.

길버트가 다섯 가지 측면에서 관찰한 미국 외교 정책의 이념적 배경과 기조에는 항시 두 갈래의 의식의 흐름이 있었다. 식민 시대에 이미 강렬한 물질적 현실주의로의 집착과 유토피아적 이상주의로의 지향이 공존이나 갈등의 관계를 창출하였다. 이러한 의식의 양립성 또는 상반성은 혁명기를 거쳐 건국 이후의 외교 정책의 확립에서 워싱턴 대통령의 이임에 이르도록 지속되었다. 두 의식의 흐름은 현실주의와 이상주의라는 의미에서 두 개의 맥락을 유지하였다. 더욱이 워싱턴 대통령의 고별 연설에 담긴 두 개의 이념의 흐름은 한 세기가 넘도록 존중된 유지遺志였다는 점에서 자못 큰 의의를 지닌다.

이러한 두 갈래의 의식의 흐름은 대체로 공존 관계를 유지하였으나, 한쪽이 득세할 때 다른 한쪽은 약세로 처지는 상대적 갈등 관계를 견지하면서 공존하였다. 길버트의 어휘는 아니지만, 우리는 미국의 초기 외교에서 일종의 변증법적 대립 관계를 볼 수 있다. 대립물의 합일合一이나 전화轉化를 외교 관계에 관한 그의 일반적 설명에서 늘 착안할 수 있기 때문이다.

이러한 대립적 관계를 다시 한번 요약해 보기로 한다. 미국이 독립선언과 함께 유럽 외교계에 첫발을 내딛었을 때 "영국적 전형"을 본받아 구세계와의 정치적 분리가 강조되었던 것은 분명히 현실주의 내지는 고립주의의 기승으로 보인다. 그러나 미국 외교의 본격적 시발점이었던 애덤스의 〈모범조례〉의 탄생에서 이상주의의 강렬한 대두를 볼 수 있다. 더욱이 제퍼슨의 활동에서 이상

32) *Ibid.*, p. 136.

주의적 실천의지를 볼 수 있었다. 이는 자유로운 상업거래에 기초한 프랑스와의 우호 조약을 다른 나라에도 확대하여 마침내 국제적 평화를 실현하려는 의도가 함축되었다는 의미에서 "이상주의적 국제주의"라고 볼 수 있다. 그러나 이는 절대군주가 지배하는 유럽의 폐습으로부터 안전한 현실주의적 격리를 전제한 이상주의였다.

그러나 다음 단계에서 "외교 정책의 실제"는 복잡하게 전개되었다. 〈모범조례〉의 기초자인 애덤스 자신도 외교의 현실성을 인정하였지만, 해밀턴의 등장으로 이상주의적 이념의 퇴조와 냉혹한 특권적 국제 정치관에 입각한 현실주의의 실현을 보게 된다. 끝으로 워싱턴 대통령의 고별사를 볼 때, 그것은 분명히 미국적 상황과 이익의 현실적 평가 위에서 마련된 것이었으나, 그가 남긴 "동맹을 피하라"는 충고는 실천할 수 있는 제언이기보다는 추구해야 할 이상이었다는 데에 의미가 있었다. 여기서도 우리는 현실주의와 이상주의의 양립성을 발견할 수 있다.

이상, 살핀 길버트의 초기 미국 외교관은 마침내 후진학자들 사이에 번연幡然한 반응을 보이게 되었다. 가장 적극적인 반응은 1963년의 바그Paul Varg에게서 찾아볼 수 있다. 그는 초기의 외교 정책을 개관한 책에서 길버트의 논문들을 사실상 단순히 압축하는 정도로 만족하였는데 이는 "외교 정책의 경제적 이념적 실재"를 서술한 부분에서 현저하게 나타났다.[33] 즉 미국의 지도자들은 중상주의의 해독을 폭로한 사상가들의 견해를 받아들였고, 마침내 국가적 경제 체제를 자연의 흐름대로 흘러가도록 자유롭게 방임함으로써 인류를 모두 유복하게 만들 수 있을 것으로 믿었다. 존 애덤스가 유럽의 조정朝廷에서 국가 간의 자유로운 교역 체제를 역설한 것은 바로 이러한 미국인의 생각을 대변한 것이었다. 이 체제는 전쟁을 피할 수 있으므로 국가의 독립을 유지하게 하고 여러 나라들을 인간가족의 일원으로서 결속시킨다고 믿었다.[34]

33) Paul A. Varg, *Foreign policies of the Founding Fathers*, 1963, Chap. 1.
34) *Ibid.*, p. 3.

더욱이 다음 구절은 길버트의 이론의 전체적 구조를 상징적으로 압축하고 있음을 알 수 있다. "혁명기를 지배하던, 현실적 의미보다는 이상적 의미가 강한, 외교 정책의 결정 과정이 워싱턴의 행정에서 그 위치를 크게 상실하였으나, 토머스 제퍼슨의 선출로 그 우위를 다시 장악하였다"[35] 고 종합적인 개관을 하고 있는 것이다.

다음으로 혁명기의 미국 프랑스 관계사를 다룬 스틴치콤브William C. Stinchcombe는 1969년에 출간된 자신의 책에서 부분적인 내용이지만 여러 곳에서 길버트를 인용하였다. 그 대표적 한 예로, 그는 대륙회의가 겪은, 한 유명한 역사적 사건을 해석함에서 길버트의 견해를 문자 그대로 수용한 것을 볼 수 있다. 리처드 리Richard Henry Lee가 1776년 6월 7일 난국 타개를 위한 독립선언을 계획하면서 "당장 〔다른 나라와의〕 동맹 체결을 위한 가장 효과적인 방법을 강구하는 일이 필요하다"라고 역설하였을 때, 미국의 독립은 기본적으로 유럽으로부터의 단절이 아니라 구대륙과의 연결을 확장하기 위한 수단으로서 의도되었던 것이라고 주장하였다.[36] 이어서 스틴치콤브는 미국의 지도자들이 생각한 바로는 프랑스와 상업협정을 맺는다는 것은 틀림없이 미국과 대영 제국을 전쟁으로 몰고 가게 될 것이며, 이것이야말로 미국 외교 정책의 제일 목표였다고 술회하였다. 이밖에도 부분적으로 여러 곳에서 길버트의 입장을 따르고 있으나 계몽주의사상이 미국 외교 정책 수립에 미친 영향에 대해서는 명료한 반응을 보이지 않은 상태에서 멈추었다.

그는 1976년에 이르러 길버트의 입론을 부분적이나마 적극적으로 수용함으로써 명실 공히 에피곤의 입장을 지켰다. 그가 보기에는 길버트가 논의한 프랑스 계몽 사상가들은 독립 당시의 미국에서 별반 논의되거나 전파된 바 없지만, 존 애덤스의 경우만큼은 많은 영향을 받았다고 주장하였다. 즉 애덤스에게서는 "유럽의 사상과 유럽적 경험의 영향을 고려하지 않을 수 없다"라고 전제하면

35) *Ibid.*, p. 4.
36) William C. Stinchcombe, *The American Revolution and the French Alliance*, 1969, p. 7. Cf. F. Gilbert, *To the Farewell Address*, pp. 44, 45, 48.

서 길버트의 말대로 애덤스는 영국과 프랑스 사이에 채결된 위트레흐트 조약이란 전례에서 상업 조약과 정치 조약을 분리시킬 수 있다는 것을 배우게 되었다고 지적하였다.[37] 또한 애덤스는 몽테스키외Montesquieu를 읽었을 뿐만 아니라, 자주 인용하였음을 지적하면서 네덜란드 역사에도 능통했음을 밝히고 있다.[38]

다음은 슈트르츠Gerald Stourzh의 두 권의 저서에서 길버트의 논리가 투영된 사실을 밝힐 수 있다. 그의 첫 번째 저서인 프랭클린에 대한 연구에서 그는 미국과 프랑스와의 동맹 체결에 대한 종래의 일반적인 해석을 부정하고 길버트의 입장을 추종하였다. 의회의 다수파가 "정치적 동맹"을 피하고 오직 "외부 세력과의 관련에서 〔…〕 상업 문제"에 국한하기를 원했던 태도에 대해서, 지금까지는 흔히 단순한 "고립주의"라고 해석하여 왔으나, 이러한 해석은 그 후에 발전된 역사적 상황과 조건에 입각해서 생각한 데에 원인이 있다고 비판하였다. 그는 길버트의 해석을 도입하면서 "무력정치를 배제하고 순수 상업적 기초에서 국가 간의 관계를 설정하려던 식민지인들의 행동은 18세기의 급진적 사상에 일치하는 것이다"라고 전제하면서 "현대적 어휘로 말하자면 그들의 행동을 고취시킨 것은 고립주의 못지않게 국제주의적인 태도였다"라고 해석하였다. 또한 고립주의와 국제주의의 경향은 서로 협력하면서 추진되었는데 "그 이유는 양자가 상업거래에서 결정적 중요성을 차지하기 때문"이라고 술회하였다.[39] 또한 그는 "동맹"이라는 개념에 대한 18세기적 인식을 논의하는 대목에서도 길버트의 의견을 인용하고 추종하였다.[40]

슈트르츠의 두 번째 저작인 해밀턴에 대한 연구에서는 길버트의 이론과 관련되는 사항이 별반 없다. 그러나 매우 중요한 부분에서 이의를 제기하고 있는 것을 확인할 수 있다. 슈트르츠는 존 애덤스가 의도한 자유주의적이고 평화주의적인 외교 정책에 대한 상업적 접근 방법은 버그Burgh나 페인의 급진적 휘그

37) W. C. Stinchcombe, "John Adams and the Model Treaty," pp. 76, 77.
38) *Ibid.*, p. 79.
39) Gerald Stourzh, *Benjamin Franklin and American Foreign Policy*, 1954, pp. 127, 128.
40) *Ibid.*, p. 118.

적Whig 전통에 더해서 몽테스키외Montesquieu의 사상적 침투가 있었던 결과라고 분석하였다.[41] 그런데 유독 몽테스키외만큼은 길버트가 논외의 인물로 삼았음을 볼 때에, 하나의 의문으로 남는다고 슈트르츠는 지적하였다. 슈트르츠가 제기하는 이러한 문제는 길버트의 전체적 기본 구조에 관계없이 지적되는 것이었다. 그러나 여기서 간과할 수 없는 문제는 길버트가 인정하는 허다한 계몽주의 사상가들에 대해서 별다른 반응을 보이지 않고 있다는 것이다.

끝으로 캐플런Lawrence Kaplan은 1972년에 간행된 "식민지로부터 국가로"의 이행 과정을 서술한 책에서 독립을 선언할 무렵의 정책 입안자들은 "사상가들의 세계관에 참여함으로써" 전통적 왕조 중심의 무력정치나 외교술을 비판하였다고 술회하였다. 또한 이 사상가들은 제각기 새로운 세계를 실현하는 방법에서 다른 의사를 가졌었으나, 중농주의자重農主義者들의 한 분파가 믿었던 사상을 따랐다고 지적하였다. 즉 이들은 국가 간에 생긴 인공적 경제의 장벽을 헐어 버림으로써 변화를 가져올 수 있다는 생각에 모두 동의하였다는 것이다. 또한 자유무역이야말로 그들의 표어였다. "유럽 사상가들의 이념적 호소력은 미국인들에게 자연스럽게 받아들여졌다." 그리고 미국의 사절들은 이러한 정신과 함께 파리에서 그들의 외교 활동을 전개해 나갔다.[42] 위에 압축된 내용들은 길버트의 기본적인 구도에 다름없거니와, 이렇듯 캐플런은 길버트의 충실한 에피곤들 중의 한 사람이었다. 그러나 다음 장에서 언급되겠지만, 핫슨의 글이 발표된 뒤로 캐플런은 차츰 미묘한 태도를 보이면서 길버트와의 관계에서 냉담한 입장을 취하게 된다.

이상 살펴본 대로 길버트에 의해서 시작된 초기 외교사의 지성사적 접근은 그의 후학들 사이에 상당한 호응을 보이게 되고, 마침내 미국역사학계에서 상당한 학문적 흐름과 위치를 형성하였다.

41) G. Stourzh, *Alexander Hamilton and the Idea of Republican Government*, 1970, p. 146.
42) Lawrence S. Kaplan, *Colonies into Nation: American Diplomacy 1763–1801*, 1972, p. 93.

3. 현실주의적 유럽 세력 균형론 — 제임스 핫슨

핫슨은 "초기 미국 외교의 재평가"라는 매우 크고 폭넓은 제하의 글에서 건국의 부조들의 외교관을 전면적으로 고찰하여 주위의 이목을 끌었다. 이 글이 미국 국회도서관 발행, 계간 학술지 1976년 7월호에 그 첫 모습을 보일 때, 핫슨은 자신의 글이 어디까지나 "증빙 문헌에 의해서 뒷받침되었음"[43]을 강조하고 있었다. 그는 이와 동일한 글을 약간의 문맥과 표현상의 변화를 주는 정도에서 재차 발표하였는데, 이번에는 미국외교사학회의 학술지,《외교사》창간호(1977)에 "초기 미국 외교의 지적인 기초"[44]라는 격상된 느낌의 제목으로 바꾸어 발표함으로써 다시 한번 주위의 이목을 모았다. 두 번째 발표에서 그의 논조는 매양 자신감에 넘치는 내용으로 바뀌었고, 특히 결론에서 "증빙 문헌의 뒷받침"이라는 어휘도 삭제한 것이 인상적이었다.

핫슨의 글은 오직 펠릭스 길버트의 글을 비판하고 부정할 목적으로 씌어졌다고 말해도 과언이 아닐 것이다. 그는 길버트의 일련의 논문 중에서 가장 중심적 논제라고 말할 수 있는 "고립주의와 이상주의적 국제주의"의 양립 과정으로서의 초기 외교관을 비판의 대상으로 삼았다. 이 두 개의 서로 충돌하는 외교정책의 이념 중에서 핫슨의 분석은 후자인 "이상주의적 국제주의"에 집중되었고 마침내 이를 전면 부정하기에 이르렀다. 즉, 핫슨이 이해하는 바로는 미국의 초기 외교의 성격이란 흔히 현실주의적인 것으로 해석되어 왔고, 그 이상의 아무것도 아닌 것이 통설인데, 길버트가 공연히 확대 재해석하고 있다는 것이다. 핫슨이 말하는 현실주의는 미국이 유럽의 전쟁이나 정치에 말려들지 않고, 적절히 회피하면서, 유럽 각국에 개방된 상거래를 유지하려던 미국 정치 지도자들의 욕망에서 찾을 수 있다고 한다.

핫슨은 우선 미국 혁명기의 지도자들에 대한 프랑스 사상의 영향 여부를 검

43) James Hutson, "Early American Diplomacy : A Reappraisal," p. 195.〔이하 *EAD*로 약칭함〕
44) "Intellectual Foundations of Early American Diplomacy."〔이하 *IFEAD*로 약칭함〕

토하면서 반론을 펴기 시작하였다. 그가 비판을 목적으로 선택한 인물은 그 당시 프랑스와의 외교 관계를 수립하기 위해 실무적 역할을 담당했던 토머스 제퍼슨Thomas Jefferson과 존 애덤스 두 사람이다. 즉 제퍼슨은 1781-1782년 사이에 쓴《버지니아 주에 관한 수기》에서 프랑스 사상가들은 실질적으로 미국에 알려진 바 없고 "우리는 그 나라〔프랑스〕와 비로소 친숙하게 되어가고 있다"[45]고 기술하였다. 애덤스는 1806년 12월 22일 벤저민 러시Benjamin Rush에게 쓴 서한에서 프랑스 사람들의 제도에 관하여 "나는 25년 전에 이해하려고 노력했습니다. 그 제도를 이해한 듯이 행세하는 정치가 철학자 학자들 사이에는 단 한 사람의 신사도 발견하지 못 했습니다. 나는 케니Quanay〔케네Quesnay〕의 저서를 사 보았으나 그 책의 많은 부분을 이해할 수 없었고, 한편 내가 이해할 수 있었던 것의 많은 부분은 내가 믿지 않는 것들이었습니다"[46]고 말하였다. 더욱이 애덤스는 1777년에 한 친구에게 쓴 편지에서 경제학에 관해서 알고 싶으면, 로크Locke, 포스트레드웨이트Postlethwait, 뉴턴Newton을 읽으라고 충고하였다. 이는 애덤스가 프랑스 사상에 관심을 보이고 있으나 프랑스를 이해할 수 없었음을 자긍하는 구절들이다.

핫슨은 조금이라도 길버트의 글에 도움이 될 만한 단서를 찾아보기 위해 국회도서관 편집실에 쌓여 있는《대륙회의대표 서한집, 1774-1789》중에서 1776년도의 서한을 하나도 빼지 않고 검토해 보았다고 한다. 그러나 이들 서한 속에는 프랑스 계몽주의자들에 관해서 아무런 언급도 없었을 뿐만 아니라, 이들 대표들이 생각했던 미국 외교는 길버트가 말하는 바와 같은, 자유무역과 평화와 선의 등의 마력으로 무력외교를 소멸시킬 수 있는 새 시대를 선도하는 외교가 아니었다는 것이다. 따라서〈모범조례〉의 주창자인 애덤스나 프랑스 통으로 지목되었던 제퍼슨을 비롯한 당시의 대륙회의의 지도적 인사들에 의해서 "1776년에 고려된 미국의 외교 정책은 프랑스 사상가들의 영향을 받아 구상된

45) *EAD*, p. 184; *IFEAD*, p. 3.
46) *EAD*, p. 185; *IFEAD*, pp. 3, 4.

이상주의적 국제주의의 틀을 갖는다는 견해는 한낱 전설에 불과하다"는 결론이다.[47]

핫슨의 괄목할 만한 성과는 길버트가 주장하는 계몽사상의 영향을 반박하기 위한 많은 증거를 원사료를 통해서 정리하고 있는 데 있다. 미국인들은 계몽주의자들이 만병통치약으로 확신했던 "자유무역"을 원했던 것이 아니라, 오히려 영국의 중상주의 체제를 자진해서 받아들였고, 그러한 테두리 안에서 살아가는 데 만족하였다고 한다. 이를 뒷받침하는 사실로서 1774년 10월 제1차 대륙회의가 "영국의회의 그와 같은 조약(즉 항해조례)을 시행함에 동의한다"라고 선언한 사실이나, 1775년 7월 제2차 대륙회의가 영국인들에게 충고하는 형식으로 "1763년 이전에 통과된 교역 및 항해에 관한 몇 가지 조령에 따른다는 것을 우리는 재천명한다"[48]고 발표한 사실이 바로 중상주의적 분위기를 받아들이겠다는 독립 당초의 미국의 입장이었다는 것이다. 1776년 여름 존 애덤스가 〈모범조례〉를 기안할 때 이러한 대륙회의의 분위기를 갑자기 이탈하여 오직 자유무역만을 지향할 수 있었겠느냐는 것이 핫슨의 추론이다.

그러나 대륙회의의 분위기 못지않게 더 중요한 것은 〈모범조례〉 자체를 어떻게 받아들여야 하느냐는 문제일 것이다. 〈모범조례〉를 피상적으로 읽는 사람에게는 이것이 자유무역을 위한 특허장으로 보일는지 모르지만, 그것은 상업적 자유보다는 상업적 호혜주의를 제시하고 있다는 것을 핫슨은 강조하였다. 더욱이 길버트가 〈모범조례〉에는 원래 양면성이 있음을 지적하면서 그중의 일면을 계몽 사상가들의 자유무역론에 연결시켰던 것과는 달리, 핫슨은 이 조례가 목적한 바를 "영국의 항해조령"하에서 향유해 왔던 동일 조건을 유지하는 데 있었다고 주장하고 있는 것이다. 그런데 이러한 양자 간의 해석상의 차이를 해결할 만한 열쇠를 핫슨이 제시하고 있거니와 이것은 다름 아닌 핫슨에게 매우 유리한 문서이다. 애덤스는 1783년 5월 — 영국과는 화평만 이룩되고 아직

47) *EAD*, p. 185; *IFEAD*, p. 4.
48) *EAD*, p. 185; *IFEAD*, pp. 4, 5.

상업상의 조약이 체결되지 못한 상태에 있었던 시기에 — 리빙스턴Robert Livingston에게 보낸 문서에서 "전쟁 전에 영국의 법률이 구상한 계획을 바탕으로 무역을 부활시키는 생각이 〔…〕 옳을 것이다"[49]고 말한 바 있다. 이 한 구절이 영국의 항해조령의 부활을 의미하는 것임은 말할 나위도 없을 것이다. 그러나 이 문서의 작성은 〈모범조례〉의 작성일로부터 7년이 지난 뒤임을 일단 확인해 둘 필요가 있을 것이다. 이보다도 1780년대 말 베르사유에 대사로 파견되었던 제퍼슨은 더욱 적극적으로 표현했다. 그는 "각 주로 하여금 〔…〕 영국의 항해조령과 같은 것을 통과시켜 〔…〕 연합회의에 상업상의 많은 권한을 부여하도록 추천하는 1784년 4월 30일부 회의건의문 작성을 도왔다"[50]는 기록을 찾아낸 것이다. 더욱이 이러한 제퍼슨의 의견은 그 후에 매디슨Madison에 의해서 연합회의에서 추진되었다. 이러한 사실들에 미루어 볼 때 미국의 지도자들이 자유무역을 실행하려는 생각을 가졌었다는 견해는 오류라는 것이다.

다음으로 핫슨은 건국 초기 미국인의 사고에서 공화주의와 외국무역 내지는 상업과의 함수 관계를 광범위하게 정리하고 있는 사실에 착안했다. 핫슨에 의하면 미국 혁명의 지도자들이 믿었던 사치의 주모자는 외국과의 상업거래에 있었다. 그 주요 사례를 여기에서 간추려 보자면 다음과 같다. 애덤스는 이 문제에 대한 미국인의 생각을 잘 나타냈는데, "상업은 돈을 낳고, 상업, 돈, 사치 등은 공화주의에 모순된다"[51]고 기술하였다. 또한 사회여론을 주도한 토머스 페인은 그의 《상식론》에서 "상업은 애국심과 군사적 방위정신을 모두 약화시키고 마침내 미국 정신을 파괴할 것이다"[52]라고 주장하였다.

대부분의 미국의 지도자들은 상업이 초래하는 피해를 적극적으로 인식했고, 이로 말미암아 끝내는 해외교역을 조절하도록 주장한 것으로 밝혀지고 있다. 상업을 기피하고자 유럽과의 단절을 주장한 극단적인 표현들을 우리는 핫

49) *EAD*, p. 186 *IFEAD*, p. 5. 특히 〈모범조례〉에 관해서 Cf. James Hutson, *John Adams and the Diplomacy of the American Revolution*, 1980, pp. 26–31, 69, 147–148.
50) *EAD*, p. 186; *IFEAD*, p. 6
51) *EAD*, p. 187; *IFEAD*, p. 6.
52) *EAD*, p. 187; *IFEAD*, p. 6, 7.

슨의 착실한 정리를 통해서 많이 볼 수 있거니와, 이러한 사례들을 여기서 모두 인용할 필요는 없을 것이다. 다만, 이러한 "상업공포증"은 1783년 영국과 평화 협정이 체결된 뒤에, 하나의 움직임으로 등장하여, 마침내 외교관의 파견을 반대하는 사태로까지 발전하였음을 지적하는 것으로 족할 것이다. 실제로 외교관 파견 무용론은 여러 사람들이 거론하였다. 그중에서 대표적 사례를 지적해 보자면, 엘브리지 게리Elbridge Gerry와 제퍼슨이 소속했던 연합회의의 한 위원회는 1783년 말에 "유럽의 궁전에 외교사절을 상주시키는 것은 〔…〕 현재로서는 불편한 일이다"라고 보고한 바 있었다. 이러한 움직임에 대해서 핫슨은 자기 나름의 해석을 덧붙이고 있다. 즉 "미국 혁명의 지도자들의 이상적 계획이란 그들의 외교 정책을 국제 정치의 개혁을 위한 수단으로 이용하는 것이 아니라, 전혀 외교 정책을 갖지 않는 것이었다". 그리하여 "이 나라를 이상주의적 국제주의로 향해서 이끌어 가는 것이 아니라, 그 반대 방향인 고립주의를 넘어선 은둔隱遁의 경지로 이끌어 가는 것이었다".[53] 이렇듯 핫슨은 길버트의 이상주의적 국제주의를 전면 부정하였다.

그러나 곧 이어서 유럽을 기피하려는 움직임과는 다른 현실의 전개가 있었음을 핫슨은 정리하고 있다. 즉 제퍼슨은 고립주의적 계획이 "이론에 불과하다"라고 말하면서 그러므로 "미국의 공복들로서는 추종할 자유가 없는 한낱 이론에 불과하다. 우리 국민은 항해와 상업거래에 확고한 경험을 갖고 있다. 〔…〕 그러므로 공복들은 이에 관한 자료를 고려해 보아야 할 의무가 있다"[54]고 상업의 현실성을 명백히 밝혔다. 애덤스는 "계몽적 의도가 아닐진대 상업을 전면 폐지한다는 생각을 안일하게 갖는 것은" 헛된 일이라고 말하면서 더욱이 미국인들은 "거북이나 바다의 새들같이 수생 성향水生性向을" 갖기 때문에 "상업을 사랑한다는 것은 그들의 성향과 마찬가지로 변경할 수 없는 습성"이라고 말하였다.[55] 이렇듯 신생공화국의 지도자들은 미국이야말로 세계에 참여해야

53) *EAD*, p. 188; *IFEAD*, p. 8.
54) *EAD*, p. 188; *IFEAD*, P. 8.
55) *EAD*, p. 188; *IFEAD*, P. 8, 9.

하고 그 세계의 여러 조건과 만나야 한다고 생각하였다. 핫슨은 이러한 미국인의 잠재적 국제적 성향을 시인하면서도, 이와는 달리 그 당시의 복잡한 책모와 술수의 전투장이던 유럽의 국제 정치를 잘 알고 있던 미국인들로서는 유럽 정치에는 개선과 회복의 여지가 없다고 생각하였다는 해석을 덧붙이고 있다.

다음으로 핫슨은 당시의 미국인들이 미국의 국력을 어떻게 생각하였느냐는 문제를 검토하였다. 이 문제에서도 그는 길버트를 맹렬하게 비판하였다. 즉 길버트가 식민 시대의 미국인들이 정치 관계에서 "힘의 요인의 중요성을 이해한다는 것은 어려운 일이었다"[56]라고 주장한 대목을 비판하였다. 그는 반대 토론의 근거로 다음과 같은 예언적 미래를 제시하였다. 미국에 처음 이주한 청교도들은 "플리머스의 바위"에 새겨 놓은 "동방의 나라들은 가라앉고, 그들의 영광은 멎는다. 그리고 해지는 곳에서 제국이 융성한다"[57]라고 미국의 장래를 희망적으로 전망하였다. 또한 프랭클린은 1751년의 그의 저서,《인류증가에 관한 관찰》에서 미국의 인구가 20년마다 배증하여 온갖 유리한 자연조건과 더불어 미국은 끝내 강국이 될 것이라고 과학적으로 예견하였다.[58] 애덤스도 프랭클린의 책에서 감명을 받고 많은 예언적 담론을 남겼는데, 그 대부분이 자신감에 넘치는 미국 흥기론興起論이었다. 한 예로서 "유럽의 모든 나라가 합친 힘으로도 우리를 굴복시키지 못할 것이다"[59]라고 호언장담하고 있는 것을 볼 수 있다.

그러나 핫슨도 차츰 현실적인 미국 강국론으로 옮겨 가고 있다. 실상 이 대목이야말로 핫슨의 논지에서 결론으로 이르는 첫 관문인 셈이다. 우선 우리는 미국의 힘을 현실적 상거래에서 찾고 있는 당시의 미국인을 볼 수 있다. 상업을 극력 기피하려던 사람들이 이제는 상업을 통한 부국을 강조하게 된다. 핫슨이 정리한 사료에 따르면 재정적 부가 국력이요, 상업이 부와 힘의 원천이라는 중상주의적인 도그마에 대부분의 미국인들이 찬동하였다는 것이다. 이들의

56) F. Gilbert, *To the Farewell Address*, p. 17.
57) *EAD*, p. 189; *IFEAD*, p. 10. Cf. J. Hutson. *John Adams and the Diplomacy*, p. 5.
58) *EAD*, p. 189; *IFEAD*, p. 10. Cf. J. Hutson. *John Adams and the Diplomacy*, p. 5, 6.
59) *EAD*, p. 190; *IFEAD*, p. 11. Cf. J. Hutson. *John Adams and the Diplomacy*, p. 7f.

중상주의적 타산적 성향은 1776년 이전까지 영국 본국과 식민지와의 관계에서 상업적 이해관계를 관찰하는 데 주력하였다. 예컨대 1776년 3월 3일 비밀통신위원회(뒤에 외무위원회로 개칭)는 "영국이 식민지로부터 향유할 수 있었던 상업적 이익은 그 나라의 최근의 부와 그 중요성에 크게 기여한 바 있다"[60]고 선언하였다. 핫슨은 이와 유사한 내용의 기록이나 문헌을 수없이 인용하고 있는데, 프랭클린을 필두로 존 디킨슨John Dickinson, 조지 위드George Wythe, 존 애덤스, 로버트 모리스Robert Morris, 리처드 리Richard Henry Lee 등 허다한 식민지의 인사들이 유럽 내의 힘의 균형에 대한 미국의 결정적 역할을 강조하였음을 밝히고 있다.[61] 이러한 사실들을 근거로 유럽적 세력 균형에 대한 미국의 위치를 당시의 미국인들이 어떻게 인식하였는가를 핫슨은 다음과 같이 해석하고 있다. 즉 식민지와 본국이 연결되는 한, 유럽의 세력 균형은 영국의 패권으로 귀착하게 되므로 이 균형은 끝내 근절되고 말 것으로 생각했다고 한다. 다시 말해서 식민지와 연합된 영 제국이 프랑스나 네덜란드를 격파할 수 있다는 주장은 당연한 것으로 인식되었고, 애덤스나 미국의 지도자들은 논란의 여지없이 식민지의 힘은 유럽 세력 균형의 결정적 조정자가 될 수 있다고 생각하였다는 것이다. 이로써 미국은 유럽으로부터 대서양 너머 멀리 떨어진 측면적 위치에서 강력한 영향력을 투사하는 새로운 강국으로 등장하게 된 셈이다.

독립을 선언한 후에도 미국의 힘에 대한 자신감은 날로 강력하게 늘어났다. 애덤스는 패트릭 헨리Patrick Henry에게 쓴 1778년 7월 9일자 편지에서 "미국과의 연결이 해양에서의 유럽의 세력 균형을 장차 결정할 것이다"[62]라고 단언하였다. 또한 대륙회의에서도 대외 정책을 논의하는데, 유럽의 세력 균형이라는 어휘를 사용하고 있는 점을 지적할 수 있다. 애덤스는 그의 서한에서 "1775년에서 1776년 사이의 회의에서 프랑스와의 조약이 처음 고려되었을 때만큼" "양국

60) *EAD*, p. 190; *IFEAD*, p. 11

61) 특히 세력 균형 문제에 관하여 Cf. J. Hutson, *John Adams and the Diplomacy*, pp. 1–3, 8–12, 15–18, 27–32, 34, 142–55.

62) *EAD*, p. 190; *IFEAD*, p. 12.

간의 유대의 성격을 잘 이해하였을 때도" 드물 것이라고 말하면서, "이때 유럽에는 세력 균형이란 체제가 있다는 것이 거론 되었다"라고 밝히고 있다. 그리고 이 균형의 실제적 기능은 잘 파악되고 있었으며, 이따금 균형은 깨어지지만, 계속적인 노력으로 복구되고 있음을 지적하였다. 독립선언 무렵에 미국의 지도자들이 특히 국제정세에 민감하였던 것은 당연한 일이었다.[63)]

이렇듯 충분히 현실적이고도 억센 관측을 혁명의 지도자들은 어디에서 얻을 수 있었는가? 핫슨이 밝힌 바로는 영국의 야당적 저술가들로부터 이에 관한 지식을 얻을 수 있었다. 여기에서 그는 앨저넌 시드니Algernon Sidney와 볼링블로크Bolingbroke 두 사람을 지적하였다. 이밖에 다른 야당 지도자들은 대체로 대외 문제에는 조용했다. 무엇보다도 미국인들은 특정한 자료를 쉽게 확인할 수 없었기 때문에 영 제국 내에서 통용되는 일반적 신념을 반영한 여론을 받아들이기 일쑤였다. 이 무렵의 여론은 유럽에서 세력 균형을 유지하는 것이 바로 영국을 위해서 이익이라는 것이었다.[64)]

핫슨은 마침내 세력 균형이라는 국제 정치의 현실과 경제적인 조건을 결부시켰다. 즉 미국인들은 자신의 이익을 도모하기 위해 〈모범조례〉를 가지고 유럽의 세력 균형을 조정하는 도구로 삼았다고 풀이하기에 이른 것이다. 말하자면 미국의 무역을 영국의 독점으로부터 벗어나게 하고 프랑스로 하여금 미국에 접근하도록 만드는 것이 애덤스와 그의 동료들이 계산했던 내용이었다. 그리하여 결국 루이 14세로 하여금 그들을 지지하게끔 만들 수 있다고 생각했다는 것이다. 그들은 미국의 무역이 영국으로부터 해방됨으로써 영국의 방자한 힘을 억제할 수 있다고 생각하였다는 것이다.

핫슨은 결코〈모범조례〉의 조문 그 자체의 해석에 큰 비중을 두지 않았다고 필자는 보고 싶다. 그는 다만 그 무렵의 미국의 지도자들이 얼마나 국제 정세와 상거래에 밝았고 민감하였는지를 관찰하였다. 그 예로서 애덤스는 한 서한에

63) *EAD*, p. 191; *IFEAD*, p. 13 Cf. James Hutson, "The Partition Treaty and the Declaration of American Independence," in the *Journal of American History*, Vol. LVIII, No. 4, March, 1972, pp. 886f.
64) *EAD*, p. 192; *IFEAD*, p. 14.

서 "프랑스나 스페인은 연합된 영 제국英帝國〔즉, 영국과 아메리카 식민지〕을 두려워 할 것이다"라고 지적하면서 프랑스에 대한 경계를 늦추지 말도록 촉구했다. 미국의 지도자들은 프랑스를 단순한 동맹 관계로만 보지 않고 늘 의혹과 두려움의 대상으로 보고 있었다. 이뿐 아니라 영국에 대해서도 지극히 냉정하게 생각하고 있었는데, 애덤스는 영·미 간의 전쟁을 "치유될 수 없는 적대 관계로 끝날 것이다. 〔…〕 그들은 국왕으로부터 천민에 이르도록 우리를 증오한다. 힘만 있으면 우리를 절멸시킬 것이다"[65]라고 생각하였다. 해밀턴Hamilton은 국가 간의 관계를 일반화하여 말하기를 "일종의 정치적 공리로서 상황의 근접성은 국가 간을 자연스럽게 적으로 만들 것"[66]이라고 단정 지었다. 그는 미국인들이 생래적으로 바다에서 상업에 종사할 것이므로 "전쟁은 언젠가는 우리의 운명이 될 것"이라고 관망하였다.[67]

핫슨이 관찰한 바로는 프랑스나 영국이나 모두 잠재적인 적대 관계로 인식되었다는 점에서 〈모범조례〉란 어디까지나 세력 균형을 조종하는 도구였다는 주장이다. 다시 말해서 혁명기의 지도자들은 두 강국 — 즉 서로 화해하기 어려운 적대적 영국, 프랑스 강국 — 사이에 세력 균형을 창출함으로써 이들 두 나라가 제가끔 미국에 대하여 침공을 못하도록 만들 목적으로 미국의 주요자원인 상업을 이용하였다는 것이다. 그리하여 영국을 상당히 이해하고 손상받지 않도록 배려하고 도와야 한다고 의식하면서도, 〈모범조례〉의 기초자는 프랑스에게 미합중국과 교역할 수 있는 자유를 줌으로써 프랑스의 "항해와 교역을 확장하고, 그 나라의 해군력을 위한 지원을 늘리고 그 나라를 영국과 대등한 지위에 설 수 있도록 하였다"는[68] 것이다. 이렇듯 강화된 프랑스는 영국의 미국에 대한 계략을 약화시킬 수 있었다고 핫슨은 보고 있다.

그러나 세력 균형을 조정하는 것만이 미국을 방어하는 전부가 아니었음을

65) *EAD*, p. 192; *IFEAD*, P. 14.
66) *EAD*, p. 192; *IFEAD*, P. 15. Cf. Stourzh, *Hamilton and Republican Government*, p. 153.
67) *EAD*, p. 194; *IFEAD*, p. 18.
68) *EAD*, p. 194; *IFEAD*, p. 16.

핫슨은 부언하고 있다. 그 무렵의 지도자들은 오늘날 말하는 억제의 원리를 충실하게 믿고 있었다고 한다. 옛적부터 전해 오는 금언, "평화를 원하거든 전쟁을 준비하라si velis pacem, para bellum"는 말을 믿었다. 1808년에 바로 〈모범조례〉의 작성자인 애덤스는 이 말을 역설했고 평생토록 그러한 입장을 취했다.[69] 전쟁을 염려하는 분위기는 워싱턴을 비롯하여 프랭클린, 존 제이John Jay, 제퍼슨, 리처드 리 같은 인사들에 의해서 한결같이 논의되었다. 그러나 핫슨에 의하면 1790년대에 해밀턴이 군사적 야망에 사로 잡혀 날뛸 때까지 미국의 지도자들은 힘에 굶주린 상태에 있지 않았다고 변호하고 있다. 왜냐하면 과도한 군사력을 갖는다는 것은 공화주의 정부에게는 숙명적으로 위협이 된다고 두려워했기 때문이다.

핫슨은 마침내 자기 논문의 결론에 도달하게 되는데, 우선 1776년의 미국 혁명의 지도자들 사이에는 외교 문제를 에워싼 국정에 관해서 의견의 일치가 있었고 이것이 헌법의 채택이 있기까지 지속된 것으로 본다고 전제하고 나서 다음과 같이 주장하였다.[70] 즉 그들은 유럽의 세력 균형이야말로 ―18세기의 마술적인 언어의 하나로서 ― "자연적인 것"이며, 더욱이 국가적 이익을 위하여 세력 균형을 조종할 의무가 있다고 믿었다. 또한 군사력을 갖는다는 것은 평화유지를 위하여 정당하고도 필요한 것으로 믿었고, 이를 외면한다는 것은 있을 수 없는 일이었다. 이러한 원칙에 대하여 의견의 일치를 보았던 건국의 부조들에게서 초기의 외교 정책이 계몽주의 사상에 배경을 둔 "개혁적이며 국제주의적인 이상주의의 동기"로 고취되었을 리는 만무하다고 주장하였다.

이어 핫슨은 다음과 같은 지극히 중요한 결론을 남기면서 글을 맺었다. 외교 정책에 대한 건국의 선조들의 일치된 의견은 제네Genet라는 시민이 1793년에 프랑스 혁명의 열정을 미국에 알리자 흔들리기 시작하였다. 이념적인 당파성이 강하게 부각되고 세력 균형의 외교 정책을 조정하는 데 요긴했던 냉정한

69) *EAD*, p. 196; *IFEAD*, pp. 17. 18.
70) *EAD*, p. 195; *IFEAD*, p. 18

기질이 압도당했다. 그러한 분위기 속에서 해밀턴은 1790년대에 영국과의 공공연한 동맹에 찬성하였고, 제퍼슨Jefferson은 반대로 영국을 자극하는 말을 거침없이 내뱉어 오다가 1807년에는 "영국 타도"를 선언하였다. 그러나 머지않아 두 사람 모두 조용한 상태에서 미국의 이익은 유럽의 세력 균형의 보존에 있다고 인정하였다.

1815년 이후 한 세기 동안 미국의 정치인들은 유럽의 세력 균형에 대한 관여에서 인연을 끊었다. 핫슨은 그의 글의 대미에서 제2차 세계대전 이후에 미국이 추구한 외교 정책의 실제와 건국 시기 미국의 세력 균형 정책의 실상을 비교하면서 그 유사성을 지적하면서 글을 맺고 있다.

4. 길버트와 핫슨의 위치 — 혁신주의 사관과 합의 사학의 갈등

일찍이 1944년에 길버트가 초기 미국 외교 정책의 이념에 관한 첫 논문을 발표한 이래, 핫슨의 경우만큼 길버트의 이론을 철저히 비판 내지는 부정한 글은 없었다. 호스먼Reginald Horsman은 최근에 미국 초기 외교사에 관한 교과서적인 정리를 마친 자신의 책에서, 1776년의 〈모범조례〉에 대한 가장 대립적이고도 대표적인 해석 사례로서 이들 두 사람을 소개하였다. 즉, 전자는 이 사례를 "자유무역을 통하여 국제적 평화에 도달하려는 이상주의적 노력"의 산물로 보았고, 후자는 "유럽적 내지는 대서양적 세력 균형 권에서 상업을 정치무기로 이용하려던 실천적 노력"의 결과로 보았다고 요약하였다.[71)]

두 사람의 입장을 비교하기 전에 언급해 두고 싶은 것은 전자의 경우 1961년에 5편의 논문을 함께 묶어 단행본으로 완결, 한 시기의 미국 외교의 지성사적 성격을 포괄적으로 파악하기까지 17년이 필요했고, 이것이 후자에 의해서 총체적으로 부정되기까지에는 또 다른 15년이 지났다는 사실이다. 우리는 이러한 세월의 흐름 속에서 인문학, 특히 역사학의 학문적 연면성連綿性을 실감할 수 있다.

71) Reginald Horsman, *The Diplomacy of the New Republic, 1776–1815*, 1985, p. 11.

생각건대 두 사람의 논지를 비교할 때, 본래부터 상반되는 관계에 있기 때문에 그 유사성보다는 상이성에 착안하여 논의의 실마리를 풀어가야 할 것 같다. 먼저 길버트의 입장을 보자면, 그는 미국의 초기 외교를 미국의 혁명 과정이라는 국면에서 관찰하고 있는 것으로 짐작할 수 있다. 그것은 다름 아닌 금세기의 20년대와 30년대에 발전한 하나의 패러다임인 미국 혁명기의 혁신주의적 해석을 적용하고 있기 때문이다. 주지하듯이 찰스 비어드Charles Beard 이래의 혁신주의적 역사가들의 해석에 따르면,[72] 미국의 독립은 보수적 식민지 엘리트들을 물리친 자유주의적이고 심지어 급진주의적인 지도자들에 의해서 성취되었었다. 그런데 다음 단계에 와서 이 자유주의적 이상주의자들은 보수적 반혁명 세력에 의해서 제거되고 만다. 이 반혁명이 곧 미국헌법을 낳았고 또한 그것이 1790년대에 지배적 연방파로 구체화되었다. 그러나 다시 1801년에 자유주의적인 제퍼슨의 선출로 혁명의 본래의 목표와 정신은 옹호되고 재건되었다는 것이다.

이러한 혁신주의적 역사해석의 틀에 알맞게 맞추어 구성된 것이 길버트의 일련의 지성사적 외교 관계 논문들이다. 1776년의 〈모범조례〉로 구체화된 이상주의적 국제주의의 외교 정책이 1789년의 완강하고 보수적인 해밀턴의 현실주의에 의해서 대치되고 만다는 것인데, 바로 이러한 구성이 길버트의 혁신주의적 해석의 요체가 되는 것이다. 길버트는 워싱턴 대통령의 퇴임식에서 모든 논의를 일단 멈추었으나, 다시 젊은 제퍼슨의 정치 활동에서 이상주의적, 도덕주의적 경향성을 충분히 부각시킴으로써 혁신주의적 시각을 활용하였다.

다음으로 핫슨의 논지는 미국의 초기 외교관을 정책상의 변화나 갈등이 없는 정치지도자들의 합의된 의견이었음을 입증하는 데 있었다. 그에 의하면 "1776년에 미국 혁명의 지도자들 사이에는 외교 정책에 관한 합의된 여론이 있었고, 이것이 연방헌법의 채택이 있을 때까지 지속되었다"[73] 고 한다. 그리고

72) Cf. Robert A Skotheim, *American Intellectual Histories and Historians*, 1966, p. 91f. ; Cushing Strout, *The Pragmatic Revolt in American History, Carl Becker and Charles Beard*, 1959.

73) James Hutson, *EAD*, p. 195.

합의된 외교 정책의 실질적 기능은 "자연스런 — 18세기의 마력적 어휘인 — 세력 균형의 원리"에 따라, 미국의 이익을 위해서 외교 문제를 조종해 간다는 것이다. 이러한 "세력 균형의 원리"에 따르는 지도자들의 여론은 길버트가 주장하는 바와 같은 "개혁적이며 국제주의적인 이상주의에 의해서 고취된" 외교 정책을 허용할 가능성이 전혀 없었다는 주장이다.[74] 〈모범조례〉 자체를 "세력 균형의 조종을 위한 도구"로 풀이한 핫슨에게서 이상주의적 외교의 실마리를 찾아보기란 처음부터 고려의 여지조차 없는 것이다.

문제의 소재所在는 원천적으로 두 사람의 상극적인 역사의 관점에 도사리고 있다고 보아야 할 것이다. 이는 합의사학合意史學이 "반혁신주의 사관反革新主義史觀의 범주 안에" 위치한다는[75] 근본적인 대립 관계에 입각해서 보아야 비로소 이해가 가능한 것이다. 로버트 달Robert A Dahl이 미국인의 이념적 기질에 관해서 "이들은 놀라울 정도로 모두 같은 이념에 동의하였다"[76]라고 설파하였고, 루이스 하츠Louis Hartz가 "우리는 오직 미국적 생활 방식만을 가지고 있다"[77]라고 동의하였듯이 미국 사회의 동질성을 확인해 온 합의사학의 시각을 가지고 건국의 선조들의 대외 정책을 추적한다면 그 결과는 가히 예상할 만한 것이 아닌가 생각되는 것이다.

핫슨은 상충하는 의식의 흐름이나 여론의 소용돌이를 현실주의라는 편리한 이념으로 용해하는 문재文才를 가지고 있는 것 같다. 이를테면 유럽과의 상거래를 사치와 부패의 근원으로 믿고 열렬히 배격하는 여론과, 이에 반하여 상업거래의 불가피한 현실성 때문에 오히려 상업과 아울러 항해 문제를 최상의 과제로 삼아야 한다는 의견에 공명하는 정치지도자들의 "갈팡질팡하는" — 이는 핫슨이 길버트의 견해를 비판하는 과정에서 사용한 어휘이지만 — 이중적 사고방식이라든가, 더 나아가서 외교관 무용론에서 외교관 파견론으로 의견의 전

74) *Ibid.*
75) Gene Wise, *American Historical Explanations:A Strategy for Grounded Inquiry*, 1973, pp. 84-85, 90.
76) Robert A Dahl, *Pluralist Democracy in the United States: Conflict and Consent*, 1967, p. 357.
77) Louse Hartz, *The Liberal Tradition in America: An Interpretation of American Political Thought since the Revolution*, 1955, p. 11.

환을 일삼는 지도자들의 판단기준을 국제적 상황에 대처하는 현실주의적 외교 정책이라는 이름 아래 합의된 외교 정책으로 적절히 수렴해 가고 있는 것이다. 그는 이렇듯 당대의 지도자들의 다양한 의견의 변화를 합의된 내용으로 양기揚棄해 갔다. 생각건대 이러한 작업은 어떤 사물이나 사리에 대한 인식의 격차나 대립을 하나의 합리적인 목적을 위해서 연역적으로 적절히 해석하는 과정에서 가능한 일이라고 생각된다.

길버트가 최근에 발표한 글에서 "해밀턴의 선명하고 단호한 태도에 비해서 다른 지도자들이 보인 다양한 목적이나 방법상의 동요는 불확실하고 취약한 인상을 남기고 있다"[78]고 지적하였듯이 건국의 지도자들이 나타낸 가변적인 태도나 불투명한 상황 인식을 보면, 초기 외교의 지적인 풍토를 합의적 전체로 단순화하기 어려운 데가 있는 것으로 볼 수도 있다. 이와 관련해서 길버트의 견해를 좀더 부연하자면, 애덤스 개인의 경우는 "이상주의(국제주의)적 관념으로부터 현실주의(고립주의)적 관념으로 발전한 것"이라고 볼 수 있다는 것이다. 이러한 변화는 그의 인품에서 "젊은 급진주의자가 만년에 보수주의자로 되는" 경우와 흡사한 모습을 볼 수 있다고 한다.[79] 제퍼슨은 "전쟁, 무력 정치, 구식 외교 등을 종결 짓도록 맡은바 사명을 완수해야 한다"[80]고 마음속에 굳혔던 이상주의적 이물이었다. 해밀턴은 평생을 두고 "흔들리거나 주저한 일없이 외교 정책에 대한 소명적召命的 접근을 깔보았던"[81] 냉혹하고 철저하고 현실주의에 충실한 인물이었다. 이렇듯 길버트는 정치지도자들의 다양한 편모나 인품을 토대로 외교 정책의 실상을 추적하였다.

그러나 핫슨의 글에서 우리가 읽을 수 있는 것은 매양 일치된 여론 형성을 지향하는 정치지도자들의 잡다한 의식의 나열이라고 보아서 무방할 것 같다. 이를테면 핫슨은 상업 문제를 에워싼 대립적인 의견들을 현실주의나 중상주의

78) F. Gilbert, "Bicentennial Reflections," p. 11.
79) *Ibid.*, pp. 9, 10.
80) *Ibid.*, p. 10.
81) *Ibid.*, p. 11.

라고 하는 이념적인 틀 속에서 합의적合意的인 의미로 용해하고 있는 것이다. 반면에 길버트는 상업에 대한 이상과 현실의 이중적 상황 인식은 물론이거니와 이민의 동기부터 시작하여, 식민 사회의 양면적 의식 구조를 토대로 깔고 나서, 이러한 특수 사회가 독립에 임하면서 어떠한 외교 정책을 입안하기에 이르렀는가를 구명한 것이다. 길버트의 이 같은 폭넓은 조망에서 발견되는 것은 매양 "양면적 의식 구조" 속에서 갈등하던 식민지 지도층의 실상이었다. 이는 다름 아닌 "고립주의와 이상주의적 국제주의"로 집약되는 양면적兩面的 의식의 흐름이었다. 바로 이러한 지도자들의 의식의 이중성에 혁신주의 사관의 핵심이 도사리고 있는 것이다.[82] 또한 바로 이러한 이중적 사회관이나 국가관이야말로 본래 합의사학에 의해서 혁신주의 사관의 결함으로 지적되고 있는 핵심 구조이기도 한 것이다.[83]

우리는 여기서 길버트가 살펴본 식민지 사회에 관련해서 핫슨이 제기한 매우 적극적인 비판 사례를 관찰해야 할 것 같다. 길버트는 식민지 사회의 특성을 유럽 사회와 비교한 내용에서 미국은 외교 관계에서 "힘의 요인이 갖는 중요성을 이해하기 어려웠다"라고 지적한 바 있다. 이러한 논점에 대해서 핫슨이 제기한 반론은 그 내용의 복잡성과 잡박성雜駁性 때문에 비판의 방향을 파악하기 힘든 상태에 이르고 있다고 한다. 힘에 대한 미국인의 인식을 밝힌 핫슨의 수많은 원사료들은 그것들이 함축하는 희망적 미래관이나 현실적 자기만족감이 모두 길버트가 말하는 식민 사회의 생래적 조건이나 상황 설명과는 무관한 내용들이라고 보아야 할 것 같다. 길버트는 "전前 사회적 무정부 상태의 혼란"이 낳은 결과로서 법과 힘을 동시에 이해할 수 없었던 식민지 사회의 특성과 "국제적 합의가 상황을 합법화시키는" 유럽 사회의 특성을 대비시키면서 그 차이점

82) 혁신주의 사관의 "양면적 의식 구조의 갈등"과 합의사학의 "동질적 연속적 의식"의 문제에 관해서는 Cf. John Higham, "Cult of the American Consensus," in *Commentary,* Vol. 27. No. 2, Feb. 1959, p. 94f; Daniel J. Singal, "Beyond Consensus: Richard Hofstadter and American Historiography" in *American Historical Review,* Vol. 89, No. 4, Oct. 1984, pp. 977, 978; Bernard Sternsher, *Consensus, Conflict, and American Historians*, 1975.

83) J. Higham, "The Cult of the American Consensus," p. 95.

을 지적하였다. 실로 미국이란 특수한 사회에서는 "힘이 종식한 연후에 법의 세계가 열렸다"는 점에서 유럽 사회와 현격한 차이가 있었다는 것이다.[84)]

핫슨이 정리한 미국인의 "힘"에 대한 인식은 매우 다양한 내용으로 구성되어 있거니와, 이러한 내용들이 하나의 합목적적 방향으로 유도될 때, 합의사학의 가능성은 높아지는 것이다. 실로 그는 "플리머스"항 입항을 기념하여 돌에 새긴 신세계 예찬의 비명부터 시작하여 유럽적, 대서양적 세력 균형권 안에서 신생강국으로 등장하게 된 미국의 위상에 이르는 온갖 희망적 전망과 실천적 역량을 모두 나열하였다. 그러나 세력 균형의 실재에 대한 미국인의 인식은 유럽의 경우와 같은 역사적 실제적 체험을 통해서 확립된 것이 아니라, 미국적 자부심에 근거한 비판의식의 발현이었다.[85)] 핫슨의 종합적 결론인 미국 외교 정책의 현실주의적 세력 균형론에 이르는 길은 식민지인들의 힘에 대한 강렬한 의지와 자부심과 때로는 미래에 대한 희망적 예언 등이 한데 뭉쳐져서 구성된 것으로 볼 수 있다. 그러한 까닭에 그 내용 구성에서 추상성을 면할 수 없다.

다음으로 두 사람의 최대의 쟁점인 〈모범조례〉를 에워싼 미국 외교 정책의 개념적 이념적 해석의 차이를 살피기로 한다. 일찍이 길버트는 미국의 초기 외교 정책이 영국의 야당인 휘그당의 계몽적 신념을 받아들여 성립된 것으로 보았다. 바로 이러한 그의 견해는 핫슨도 추종하는 버나드 베일린Bernard Bailyn의 견해와 유사하므로[86)] 별다른 차이가 없는 문제외적 대상이 되겠거니와, 다만 곤란한 문제는 길버트가 주장하는 〈모범조례〉에 미친 대륙사상大陸思想의 영향에 관한 부분이다. 그가 말하는 대부분의 18세기 대륙 철학자들은 프랑스인들이라는 사실에 있다. 왜냐하면 길버트에 의해서 거론된 프랑스 사상가들은 그 당시의 미국에서 논의의 대상이 되지 않았다는 것이 일반적으로 설득력을 갖기 때문이다.[87)] 그러나 1976년에 핫슨에 의해서 사실상 철저하게 부정된

84) Cf. F. Gilbert, *To the Farewell Address*, pp. 16-18.
85) Cf. James Huston, *John Adams and the Democracy*, Chap. 1.
86) Bernard Bailyn, "Political Experience and Enlightenment Ideas in Eighteenth Century American," in *American Historical Review* Vol. LXVII, No. 1, January. 1962, p. 344.
87) William Stinchcombe, "John Adams and the Model Treaty," p. 76.

프랑스의 영향은 바로 그다음 해에 스틴치콤브William Stinchcombe의 적극적인 분석으로 구대륙 내지는 프랑스적 요인의 재확인이 가능해졌다.

스틴치콤브는 초기의 미국 외교는 유럽의 사상과 유럽의 경험이 준 영향을 고려하지 않을 수 없다고 전제하고 나서, 특히 존 애덤스의 경우는 각별히 고려되지 않을 수 없다고 강조하였다. 그는 말하기를, 길버트에 의해서 언급된 바와 같이 "애덤스는 상업 조약과 정치 조약의 분리에 관한 〔외교 정책상의〕 이념을 영국과 프랑스 간에 체결된 위트레흐트Utrecht 조약에서 얻었다"[88]고 한다. 계속해서 그는 구대륙의 영향을 다음과 같이 분석하였다. 물론 애덤스는 1782년의 평화협상이 있기까지 위트레흐트 조약에 관해서 언급한 바 없으나, 그럼에도 불구하고 대부분의 18세기의 조약들이 위트레흐트 조약의 변형인 것은 틀림없는 사실이며, 프랑스와 영국은 상업 조약에 관한 최종합의 이전에 정치적 휴전에 동의했다고 밝혔다. 한편 상업 조약과 정치 조약을 분리하는 것은 17세기 네덜란드 외교의 통상적 사례였고, 네덜란드와 영국 간의 협약에서 흔히 볼 수 있는 일이었다. 그리고 〈모범조례〉의 다른 조항들은 위트레흐트 조약 이전의 각종 조약들에서도 나타나는 것을 볼 수 있다고 지적하였다.

이러한 외교적 이념의 교류 속에서 17세기와 18세기 전반에 걸쳐 분명해지는 것은 영국, 미국, 네덜란드 등 3개국의 상인계급 사이에 널리 퍼졌던 유사한 사고와 이념의 경향성이다. 이들 상인은 신교도들로서 타 종파에 대해 관용을 아는 사회에 살았고, 정치권력에 대하여 반권위주의적인 태도를 취하는 공화주의자共和主義者들로서 국제적인 전망을 할 수 있었다. 한편 네덜란드의 상업적 외교적 경륜을 인지했던 대륙의 철학자로서 미국의 존 애덤스나 대륙회의의 대표자들에게 막중한 영향을 미친 이가 바로 몽테스키외Baron de Montesquieu였다. 미국의 지식인에 미친 몽테스키외의 영향은 일찍이 슈트르츠Gerald Stourzh도 여러 모로 분석한 바 있다.[89] 그의 유명한《법의 정신》은 미국에서 널리 읽혔

88) *Ibid.*, p. 77.
89) Gerald Stourzh, *Alexander Hamilton and the Idea of Republican Government*, 1970, pp. 145, 146.

을 뿐만 아니라, 미국인의 영국과의 투쟁에서 선명하게 인용되었다. 몽테스키외를 인용한 미국인은 첫째로 자유의 개념을 둘째로 상업의 이념을 강조했다. 특히 명기되어야 할 일은 존 애덤스는 몽테스키외를 읽었을 뿐만 아니라, 자주 인용했다는 사실이다. 또한 그는 네덜란드 역사에 능통했고 네덜란드와 미국의 이해관계의 유사성에 관해서 여러 모로 탐구했다. 더욱이 중요한 사실로서 그는 자유로운 상업거래를 다른 자유들과, 즉 자율적 정치권리, 지방적 자치, 종교의 자유등과 동일한 범주로 간주하였다. 스틴치콤브는 몽테스키외 이외에도 자크 드 세리온Jacques de Serionne과 장 멜롱Jean Melon 등의 자유무역 논의를 언급하면서 애덤스의 〈모범조례〉의 이념적 전거를 "유럽의 역사와 저작물에서" 구했다.[90]

이상과 같은 스틴치콤브의 논의로써 핫슨에 의하여 거부된 길버트의 프랑스 계몽사상가들이 모두 되살아나는 것은 아닐 것이다. 왜냐하면 전장에서도 살폈듯이 길버트는 유독 몽테스키외만은 논외로 삼았던 데 반하여 스틴치콤브는 몽테스키외만을 집중적으로 강조하고 있는 까닭이다. 그러나 스틴치콤브의 다각적인 연구를 통해서 분명해지는 것은 구대륙의 영향력이 재확인됨으로써 득의에 찬 핫슨의 영국 편향적 해석에 제동이 걸린 셈이다. 이로써 길버트에 의하여 열린 계몽주의적 사상성이 담겨 진 〈모범조례〉의 가치의 재확인이 가능하다는 점에서 의의를 찾을 수 있을 것이다.

그런데 핫슨의 〈모범조례〉에 관한 반대 논의에서 가장 중요한 초점은 프랑스 사상의 영향을 배제하는 것이었다. 생각건대 스틴치콤브의 적극적인 토론에도 불구하고, 핫슨이 프랑스 계몽사상과 무관한 미국의 초기 외교 정책의 실상을 구성하기 위해서 인용한, 미국 정치 지도자들의 무수한 서간, 일기, 공문, 각종 기록 등 수많은 사료와 저작으로 채워진 그의 논거는 그 양에서 놀랍고 그 질에서 설득력을 갖는 것임을 누구도 부인하기 어려울 것이다. 바로 그 점이 핫슨의 논문의 가치를 높이는 이유가 될 것이다. 특히 "60년대와 70년대의

90) W. C. Stinchcombe, "John Adams and the Model Treaty," pp. 78-79.

역사학이 요구하던 엄밀성 정교성 특수성[91]에 적합하고 적격한 성과라고 볼 수 있을 것이다.

핫슨에게 실제로 이론적 골격을 제공한 것은 베일린을 비롯한 베일린의 후학인 우드Gordon Wood와 그 밖에 포칵Pocock 등을 손꼽을 수 있을 것이다. 말하자면 핫슨은 자신이 수집한 사료들을 이들 세 사람의 비교사적 연구에 결부시킴으로써 하나의 완성체로서의 결실을 맺은 것이다. 존 하이엄John Higham은 이들 3인을 60년대 후반의 비교사 연구의 3인의 걸출傑出로 지목한 바 있다.[92] 이들이 핫슨에게 제시한 것은 영국적 비교의 시각이었다. 이들 중에서 가장 큰 영향력을 가진 베일린은 "미국 혁명기 지도자들의 정신은 근본적으로 영국의 야당 논객들에 의해서 형성되었다"[93]는 기본적 정향을 제시하였다. 포칵은 해외로의 상거래가 도덕적 타락의 원인이 된다고 믿었던 영국 야당 인사와 미국 인사들 사이의 일치된 견해의 소재를 규명하였다.[94] 우드는 좀더 다양한 내용으로 베일린의 의견을 넓혔는데, 특히 국제 정치에서 힘의 요인에 관한 정확한 인식의 필요성을 밝혔다.[95]

핫슨의 인식은 이들 3인이 제시한 비교사적 구조와 굴릭Edward Gulick이 제시한 바와 같은 유럽 세력 균형 체제[96]의 구조 속으로 흡수됨으로써 그가 천착한 생기 넘치는 미국적 관념들은 당 시대의 유럽적 현실적 균형 체제 속에 안주하는 것으로 정착되었다. 그리하여 미국이 보유하는 잠재력 발견에 전념해 온

91) John Higham, *History: Professional Scholarship in America*, 1965, p. 233.

92) *Ibid.*, p. 251. 1950년대의 합의사학에서도 비교사적 연구는 상당히 추진되었다. 그러나 이 무렵의 "신토크빌파Neo-Tocquevilleans"가 이룩한 학문적 맥락이나 수평의 폭은 매우 제한적인 것이었다. 이를테면 Louis Harts, Daniel Boorstin이 미국사에서 안정되고 연속적인 국가적 성격을 유럽사와 비교를 통해서 규명하려고 노력한 바 있었다. 그러나 본격적인 비교나 호혜의 시각이 결여된 것이었다. Cf. Higham, *History*, pp. 233, 249f.

93) *EAD*, p. 184; Bernard Bailyn, *The Ideological Origins of the American Revolution*, 1967.〔국역본 : 배영수 옮김, 《미국혁명의 지적 기원》〕

94) J. G. A. Pocock, "Virtue and Commerce in the Eighteenth Century," *Journal of Interdisciplinary History*, Vol. 1, 1972, pp. 119-134.

95) Gordon Wood, *Creation of the American Republic, 1776-1787*, 1972.

96) Edward Vose Gulick, *Europe's Classical Balance of Power: A Case History of the Theory and Practice of the Great Concepts of European Statecraft*, 1867.

핫슨의 연구에서 부각된 것은 유럽과 대서양을 포괄하는 세력 균형권에서 현실적으로 실존할 수 있었을 것으로 고려된 미국의 힘이었다. 이럴 경우 미국의 힘이란 미국인의 의지에 근거한 힘이지 실천과 체험에 기초한 물질적인 힘은 아니었다. 마침내 핫슨은 유럽 정치의 해묵은 분쟁의 근원이자 동시에 현실적 해결책이기도 한 세력 균형 체제의 새로운 조종자로 신생 공화국을 지목하기에 이른 것이다.

하이엄의 설명에 따르면, 이들 3인의 연구 경향은 분리된 사회를 나란히 배열해 놓고 어떻게 작용하는지를 따지는 엄격한 의미의 비교가 아니라 어떤 특정 이념이나 사건의 기원을 밝히기 위해서 채택된 비교였다.[97] 두 사회의 분리된 조건에 충실하면서 엄격한 의미의 비교를 추구한 것은 오히려 길버트의 입장이었다. 이러한 비교사적 관찰의 문제에서 길버트의 관점이 갖는 문제성을 고려하자면, 프랑스 계몽사상의 가르침인 이상주의적 국제주의와 애덤스가 〈모범조례〉에서 품었던 동질적 이상주의적 사상을 연결하는 고리에 고증상의 미흡성이 있었다고 지적할 수 있을 것이다. 좀더 구체적인 사상의 전달 과정을 제시하지 못한 데서 길버트의 허점이 발견되는 것이다. 이는 미국의 외교관들이 외교의 현장에서 계몽주의 사상가들과 친분을 교환하는 기회를 가졌던 사실만으로는 사상적 교류나 영향을 인정받기 어려운 것이 그의 역사해석이 당면한 문제가 아닌가 생각된다. 이를 반증하는 것이, 다름 아닌 스틴치콤브나 슈트르츠의 연구에서 볼 수 있는 대로, 길버트가 거론한 많은 계몽 사상가들이 조용히 외면되고 있는 사실이겠다.

필자의 과문의 소치인지, 길버트와 핫슨 두 사람의 상대적, 아니 대립적 위치를 분석적으로 평가한 글을 아직 접하지 못하였다. 다만 우리는 두 사람을 동시에 거론한 캐플런Lawrence Kaplan의 잘 정리된 글속에서 두 사람이 처한 현재의 위치를 규지窺知할 수 있다. 그는 1972년에 길버트의 견해를, 적어도 프랑스 사상의 영향에 관한 한, 전폭적으로 수용했던 충실한 에피곤이었다. 그런 그가

97) Higham, *History*, p. 251.

1778년에 체결된 프랑스·미국 동맹 200주년을 기념하여 "미국 국회역사학회"가 편집한 《외교와 혁명》이라는 책자에서 두 사람의 상충하는 의견을 있는 그대로 나란히 소개하면서 직접적인 비평은 회피한 글을 볼 수 있다. 그는 하나의 탈출구라도 찾은 듯이 자신의 글귀를 갑자기 토머스 페인Thomas Paine의 《상식론》으로 돌렸다. 미국의 고립주의를 이 책만큼 정확히 풀이한 책은 없을 것이라고 전제하면서, 그가 남긴 구절을 인용하고 있다. 즉 페인은 "그 당시의 많은 철학자들이 원했던 바와 같은 세력 균형 체제를 변경할 수 있는 〔다른〕 정책을 요구했던 것은 아니다"라고 기록하고 있다.[98] 이 말 속에는 〔길버트의 입장인〕 이상주의적 국제주의의 정책을 철학자들이 요구하지 않았다는 의미가 함축되어 있을 뿐만 아니라, 고립주의적 정책에 기울고 있는 페인의 입장으로 캐플런 자신도 기울고 있다는 것을 감지할 수 있다. 이러한 간접적인 표현을 통해서 두 사람의 위치를 가늠할 수밖에 없는 것이 현재의 미국학계의 실정이요 흐름이라고 사료된다.

최근에 이르러 조너선 덜Jonathan R. Dull은 외교관으로서의 프랭클린의 행적과 경륜을 총괄적으로 정리한 글에서, 프랭클린을 길버트와 핫슨 양인의 상충하는 해석의 틀에 대입시켜 견주어 봄으로써 어느 편이 이론적 타당성을 갖는지 검토하였다. 매우 흥미로운 이 논의에서 덜은 "외교 정책에 임하는 미국인의 태도에서 기본적인 문제"로 길버트가 제시한 "이상주의와 현실주의〔즉 고립주의〕의 갈등"[99]이라는 해석의 틀이 "유용한 분석의 도구"로 활용 될 수 있다[100]는 결론에 도달하고 있다. 덜이 추적하고 분석한 바로는, 프랭클린을 따라 프랑스에 동행한 외교관들 사이에서 외교 정책의 크나큰 갈등과 의견의 이중성이 발견된다고 한다. 이로써 미국 외교 정책에는 기본적으로 균열이 있었음을 인정

98) Lawrence S. Kaplan, "The Treaties of Paris and Washington: 1778 and 1949; Reflections on Entangling Alliances," in *Diplomacy and Revolution: The France American Alliance of 1778*, Ed. by Ronald Hoffman and Peter J. Albert, 1981, p. 153.

99) *To the Farewell Address*, p. 136.

100) Jonathan R. Dull, "Benjamin Franklin and the Nature of American Diplomacy," in *The International History Review*, Vol. v, No. 3, 1983, p. 347.

해야 한다는 것이다. 다시 말해서 합의 아닌 갈등과 대립을 인정해야 한다는 것이 이 학자의 생각이다.

이제 두 사람에 대한 비교를 마무리 지어야 할 것 같다. 이들의 대척하는 위치는 기본적으로 미국의 초기 외교에 대한 전체적 역사관의 차이에서 연유하는 것으로 보아야 할 것이다. 길버트는 식민지 사회의 정치인을 비롯한 지도층의 외교관을 혁신주의 사관의 대립적 갈등의 관계로 보았다면, 핫슨은 합의된 여론을 공유하는 동질적 관계로 보는 합의사학의 입장이라고 단정할 수 있을 것이다. 따라서 이 두 사람이 각각 정리한 미국의 초기 대외 정책에서 서로 이해와 타협이 가능한 소지보다는 오직 대립하는 평행선만이 발견될 뿐이다. 식민 사회를 양면적 분열의 사회로 보아야 옳은지, 합의적 사회나 구조로 보아야 옳은지, 단정할 수 없는 것이 현 단계라고 본다면, 이러한 대립의 관계로 양인의 위치를 설정하는 게 옳다고 생각된다.

I II III IV V VI **VII** VIII IX X

냉전 기원의 탈수정주의적 해석
— "미 제국", 그 관념과 개선된 개념

미국 외교사가 함축하는 제문제 중에서 냉전 기원의 문제만큼 심각한 논쟁을 야기한 경우도 드물 것이다. 논쟁의 소용돌이는 냉전의 정통적 해석에 대한 수정주의의 도전에서 비롯하였거니와, 양자 간의 갈등은 1960년대 초반까지 냉전사 서술을 지배해 온 전통적 합의사관에 심각한 타격을 입혔다. 1960년대 중엽에 본격화한 양측의 논쟁이 날로 증폭되면서 수정주의는 그 나름의 확고한 지반을 굳혀 갔는데, 수정주의가 가장 크게 주목을 끌었던 시기는 1960년대 말엽에서 1970년대 초반이었다. 냉전에 관한 정통주의 대 수정주의의 양론兩論은 한때 백중하게 격돌하는 세를 견지했고, 이 무렵부터 지속된 수정주의의 전개는 외교사를 고쳐 쓰는 데 크게 기여했다. 그러나 1980년대 초반부터 수정주의 지향의 연구는 현저하게 저하하였다.

그런데 그러한 와중에서 1970년대 초반부터 새로운 연구 경향이 단서를 열기 시작하였다. 지금까지 적대적 대립 관계를 견지해 온 정통 대 수정주의라는 상반된 관점을 종합하려는 연구가 학문적 흐름을 형성하기 시작한 것이다. 이러한 새로운 연구 경향은 워커J. Samuel Walker가 1981년에 "역사가와 냉전의 기원—새로운 합의"[1)]라는 인상적인 제목 아래 정리함으로써 그 윤곽과 모습이 확실해졌다.

그 이후로 이러한 새로운 연구 경향에 대해서 역사가들 사이에는 "신정통주의neoorthodox", "신현실주의neorealist", "절충주의eclecticism", "탈수정주의postrevisionism"라는 다양한 명칭이 붙여지게 되면서, 냉전 연구는 제3단계에 진입한 셈이었다.[2] 다시 말해서 미국 외교사 서술에서 정통주의와 수정주의를 넘어선 탈수정주의의 단계에 들어선 것이다. 워커는 이 탈수정주의를 가리켜, 냉전 초기에 대한 보다 균형 잡힌 해석을 위해 "전통주의와 수정주의의 두 해석"에서 이끌어 낸 "새로운 합의"의 단계라고 규정하고, 이어서 그는 존 루이스 게디스John Lewis Gaddis를 필두로 이른바 탈수정주의적 경향의 대표적 저작들을 개별적으로 평가하면서 전통과 수정의 두 관점이 절충되는 양상을 밝힘으로써 결국 "절충주의가 탈수정주의의 기본적 성격"이라는 결론에 이르렀다.[3]

그러나 탈수정주의가 수정주의의 차원만큼 확실하게 그리고 널리 인정된 것은 아니었다. 제럴드 콤스Jerald A. Combs는 자신의 정평 있는 저서《미국 외교사—2세기간의 해석》(1983)에서 탈수정주의자로 자처하는 게디스를 "현실주의자Realist"로 지칭하면서, 그는 초기의 현실주의자들인 조지 케넌George Kennan과 월터 리프먼Walter Lippmann의 "전면적 시각을 바꾸지 못했고," 다만 좀더 "치밀한 역사적 맥락에서" 파악하고 있다고 평가하였다.[4] 게디스를 두고 전통적 해석과 맥을 같이한다고 주장한 콤스의 의견을 보아 알 수 있듯이, 1980년대 초반의 탈수정주의는 학계에서 널리 통용되는 단계에 들어가지 못했다.

1) Walker, Samuel, "Historians and Cold War Origins: The New Consensus" in Haines, Gerald K. and Walker, Samuel, eds., *American Foreign Relations: A Historiographical Review*, Westport, Connecticut, 1981, pp. 207-236.
2) John Lewis Gaddis에 의하면, 제3단계의 새로운 학파를 가리켜 "neoorthodoxy", "eclecticism", "post-revisionism" 등 다양한 명칭이 붙여지고 있으나, 이 중 마지막 명칭이 적절하다고 말하고 있다. Gaddis "The Emerging Post-Revisionist Synthesis on the Origins of the Cold War" in *Diplomatic History*, 7, Summer, 1983, p. 712. Melvyn Leffler에 의하면, 1970년대 초에 정통과 수정주의의 양대 연구 경향이 post-revisionist, neo-realist, corporatist, world systems 등 다양한 연구 경향을 맞게 된다고 지적하고 있다. Painter, David S. and Leffler, Melvyn P., "Introduction: The International System and the Origins of Cold War," in Leffler, Melvyn and Painter, David S., eds., *Origins of the Cold War: An International History*, London, 1994, p. 2.
3) Walker, Samuel, "Historians and Cold War Origins," pp. 215, 217, 227. Post-revisionism이라는 어휘는 Walker에 의한 조어造語임.
4) Combs, Jerald, *American Diplomatic History: Two Centuries of Changing Interpretations*, Berkely, 1983, p. 346.

워커와 콤스의 상반되는 견해에 대해서 당사자인 게디스 자신이 설정한 자신의 위치는 "탈수정주의적 종합"을 지향하는 것이었다. 즉 그는 1983년에 자신의 저서를 비롯한 "새로운 종합" 내지는 "새로운 합의"를 창출하려는 탈수정주의자들의 저작을 망라해서 분석한 〈냉전 기원과 탈수정주의적 종합의 출현〉[5]이라는 묵직한 글을 발표한 것이다. 캐플런Lawrence Kaplan은 이 글에 대한 촌평에서 게디스의 공헌을 치하하면서 "탈수정주의의 아버지"[6]로 자처할 만하다고 말하였다. 이로써 탈수정주의는 10여 년 전에 그 나름의 지반을 마련한 셈이다.

그러나 이렇듯 "탈수정주의적 종합"이 1980년대 초에 게디스에 의해 선언된 이래, 냉전 기원에 관한 연구는 결코 순탄한 공감대를 형성할 수 있었던 것은 아니다. 이 문제는 하워드 존스Howard Jones와 우즈Randall B. Woods가 1993년에 공동 명의로 발표한 글 가운데서 매우 적절한 상황 설명을 하고 있다. 즉, 이 두 사람의 말대로 "게디스의 〔탈수정주의〕 선언에 대한 복합적 반응"으로 생겨난 냉전 기원 관계의 많은 저술들은 "아직 개념적 종합을 확립하지 못한"[7] 상태에 있는 것이다.

탈수정주의적 냉전 기원론의 실상은 무엇이며, 그것의 현재적 위치는 어떤 것인지를 살펴야 할 목적을 갖는 이 글은 두 가지의 큰 대목으로 구성된다. 우선 탈수정주의 그 자체에 대한 이해를 위해 게디스와 워커의 이른바 "종합적" 시각에 맞추어서 그 실제적 양상을 살펴보고, 그 다음에 이들의 관점이나 논지에 대한 비판적 반론적 의견을 정리해 보기로 한다. 이로써 탈수정주의적 냉전 기원론의 현 단계의 위상을 이해할 수 있을 것이다. 다만 이럴 경우 이 두 사람의 탈수정주의론도 10년 전의 이들의 기본적 시각에서 벗어나지 않는 것이라면 될수록 새로운 저작들에 준거해서 살펴보기로 한다.

5) Gaddis, "The Emerging Post-Revisionist Synthesis."
6) *Ibid.*, p. 194.
7) Jones, Howard and Woods, Randall B., "The Origins of the Cold War: A Symposium," in *Diplomatic History* 17, Spring, 1993, pp. 254, 276.

* * *

탈수정주의의 냉전 기원론은 이른바 신좌파로 불리는 수정주의의 냉전 기원론과 어떤 점이 다른가를 살피는 데서 출발할 수 있을 것이다. 양자의 상이성을 찾기 위해 먼저 수정주의가 갖는 문제성에 착안할 필요가 있다. 수정주의 냉전사 연구가 제기해 온 냉전 기원에 관한 논의는 다음 네 가지 문제로 묶어 볼 수 있다. 즉, ① 냉전 초기의 미국의 경제팽창주의, ② 안전보장에 관한 문제, ③ 미국 제국론, ④ 미국 국민의 의사와 다른 냉전 정책의 추진 등의 논제를 통해서 이해할 수 있을 것이다.

위에 적시한 네 가지 논제는 게디스의 제의에 따른 것인데,[8] 그 전개 과정에서 내용적으로 상호연관 내지는 작용하는 부분이 있지만, 문제의 소재를 파악하는 데 유용한 구분이 될 것 같아서 그대로 택하였다. 그의 제의에 따라서 간단히 부연하자면 다음과 같다.

첫째로, 부의 재분배를 원치 않고 또한 이를 실현하기도 어려운 미국의 국내적 조건은, 이른바 "문호개방 정책"이라는 개념이 상징하는 대로 해외시장의 끊임없는 개척과 투자기회의 확대를 시도해 왔는데, 이러한 팽창 없이 미국의 자본주의 체제는 존립하기 어려울 것이다. 전후의 이러한 미국 대외 정책은 "고전적 레닌주의적 제국주의의 유형"에 흡사하다.

둘째로, 이러한 국내적 자본주의적 동기에서 비롯한 "세계 제국"의 실현을 위해서 세워진 미국의 대외 정책 때문에 소련은 정당한 안전보장조치를 취할 만한 여유를 갖지 못했고, 이로써 전시 중에 유지되었던 미·소 간의 협조를 파탄으로 이끌었다.

셋째로 미국은 상대국을 군사 동맹에 끌어들인다든가, 경제적으로 종속되는 위치에 머물도록 강요한다든가, 또는 반대 세력에 대하여 "뇌물 공갈 은밀한 개입" 같은 나쁜 수단을 이용하여 제국의 권위를 유지하는 등 제국으로서의

8) Gaddis, "Emerging Post-Revisionist Synthesis," p. 172.

영향력을 행사하였다.

넷째로, 위에 제기된 정책들은 미국 국민의 의사와는 다르게 추진되었는데, 이것은 국제 공산주의의 단일 체제monolith가 미국민의 생존을 위협한다는 신화를 선전하여, 국민들로 하여금 미국의 "제국주의적 정책"을 지지하도록 속임수를 쓴 지도자들에 의해서 추진된 것이었다.[9)]

이상과 같은 수정주의자들의 주장에서 이끌어 낼 수 있는 두 가지의 결론은 "러시아가 아닌, 미국이 냉전에 대해서 기본적으로 책임이 있다"는 것과, 그리고 미국의 대소 정책은 세계 제국의 실현을 위한 "제국주의적 정책"의 일환으로 볼 수 있다는 것으로 요약될 수 있다.

첫째 문제에 대한 탈수정주의의 반론은 다음과 같다. 우선 정책 입안자들의 증언을 따른다면, 위정자들이 자본주의의 위기를 의식한 증거가 없다. 전후에 불황을 염려했던 것은 사실이지만, 이러한 염려는 국가안보라고 부르게 된 보다 일반적 전제조건 아래서 고려된 것에 불과했다. 대니얼 예긴Daniel Yergin이 지적한 바로는, 소련이 적대국으로 부상하기 이전부터, 제2차 세계대전의 처절했던 전쟁 경험이 미국의 지도자들로 하여금 외부적 위협에 민감하게 대처하도록 만들었다.[10)] 자본주의의 발전이 그 당시의 미국의 지도자들에게

9) 가장 대표적 수정주의 저작들로는, Williams, William Appleman, *The Tragedy of American Diplomacy*, 2nd ed., New York, 1962; Alperovitz, Gar, *Atomic Diplomacy: Hiroshima and Potsdam*, New York, 1965; Lafeber, Walter, *America, Russia, and the Cold War*, New York, 1967; Kolko, Gabriel, *The Politics of War: The World and United States Foreign Policy, 1943-1945*, New York, 1968; Gardner, Lloyd C., *Architects of Illusion: Men and Ideas in American Foreign Policy, 1941-1949*, Chicago, 1970; Bernstein, Barton J., "American Foreign Policy and the Origins of the Cold War,"in Bernstein, Barton J., ed., *Politics and Policies of the Truman Administration*, Chicago, 1970, pp. 15-77; Theoharis, Athan, *Seeds of Repression: Harry S. Truman and the Origins of McCarthyism*, Chicago, 1971; Kolko, Joyce and Kolko, Gabriel, *The Limits of Power: The World and United States Foreign Policy, 1945-1954*, New York, 1972. 이들 저작에 대한 평가서로는 Tucker, Robert W., *The Radical Left and American Foreign Policy*, Baltimore, 1971; Richardson, J. L., "Cold War Revisionism: A Critique," *World Politics*, 24 , 1972, pp. 579-617; Melanson, Richard A., "Revisionism Subdued? Robert James Maddox and the Origins of the Cold War,"*Political Science Reviewer*, 7, 1977, pp. 229-271. 이상은 Gaddis의 정리에 따른 것임. 이들 이외에도 첨가할 수 있는 대표적 저작들로는 Fleming, D. F., *The Cold War and Its Origins, 1917-1960* 2 Vols., Garden City, 1961; Horowitz, David, *The Free World Colossus: A Critique of American Foreign Policy in the Cold War*. rev. ed., New York, 1971; McCormick, Thomas J., *America's Half-Century: United States Foreign Policy in the Cold War*, Baltimore, 1989.

10) Yergin, Daniel, *Shattered Peace: The Origins of the Cold War and the National Security State*, Boston, 1977, pp. 196-201.

으뜸가는 고려의 대상이었다고 하더라도, 실제로 추구했던 정책은 자본주의적 성장에만 치중된 것은 아니었다. 전후의 경제가 당면했던 "다변주의적 개념"은 곧바로 봉쇄 정책의 뒷전에 자리 잡을 수밖에 없었다. 그런데 이 봉쇄 정책은 지역적 경제 정책을 파괴하기보다는, 상당한 규모로 포괄하고 유지하는 정책이었던 것이 사실이다.[11)]

그러나 물론 미국이 자신의 경제력을 사용하는 데 주저했다는 것은 아니다. 미국의 "물자 대여", 독일의 "전쟁 배상과 물자 송출" 문제, 전후의 "금융 대여", 정치 목적을 위한 "마셜 계획" 등을 이용했다는 수정주의자들의 논란을 탈수정주의자들은 받아들였다.[12)] 그러나 이러한 경제적 수단들은 정치적 목적을 위해서 사용되었다는 범위에 한정해서 고려되어야 하며, 이와는 달리 수정주의자들의 주장과 같이 "레닌의 제국주의론의 모델"을 함축한 수단으로 해석할 수는 없다. 미국의 경제적 힘은 정치 및 군사적 세력 균형을 시정하는 데 도움이 되는 잠재적 무기로 이용될 수 있었고, 실제로 냉전 초기에는 경제력을 기본적 무기로 썼던 것이 사실이다. 다시 말해서 미국은 무역자유화를 추진함으로써 안보를 유지할 수 있다고 생각했다. 이로부터 결과적으로 올 수 있는 국제적 번영과 정치적 조화는 전쟁의 기회를 필연적으로 감축할 수 있을 것으로 정책 수립자들은 믿었다.

곰리James L. Gomly와 폴러드Pollard의 주장에 의하면, 서방 세계의 경제적 상호 의존은 "브레튼 우즈"의 재정적 합의, 마셜 계획, 전후의 재무장 노력 등 의도된 노력의 결과였다. 그러나 미국의 봉쇄 정책은 전 세계에 걸쳐 사회주의를 자본주의로 대체하는 데 있는 것이 아니라, 지역적 경제조직을 보존하는 데 있었다.[13)] 그러나 그러한 지적이 미국의 정치적 군사적 힘을 어떤 자본주의적 질서

11) Eckes Jr., Alfred E. *A Search for Solvency: Bretton Woods and the International Monetary System, 1941–1971*, pp. 211–219.
12) Lundestad, *American Non-Policy Towards Eastern Europe*, Oslo, 1978, pp. 180–182, 223.
13) Pollard, Robert A., *Economic Security*, New York, 1985, pp. ix–x, 3–4, 9, 247–249, 253; *idem*, "Economic Security and the Origins of the Cold War: Bretton Woods, the Marshall Plan, and American Rearmament, 1944–50," *Diplomatic History*, 9, Summer, 1985), pp. 271–289; Gomly, James L., *The Collapse of the Grand Alliance, 1945–1948*, Baton Rouge, 1987, pp. 8–9, 155.

의 불가피한 몰락을 피할 목적으로 이용했다는 말과는 전혀 다른 의미를 갖는 것이다.[14)] 결국 미국의 경제 정책은 안보 문제에 비중을 두고 보아야 하며, 제국주의적 경제적 팽창 정책으로 보아서는 안 된다는 것이다.

두 번째로 소련의 안보와 관련되는 논제를 보면, 좌익 수정주의자들의 논의는 신념에 근거하는 것이지 연구에 근거하는 것이 아니라는 것이다. 그리고 이들에게는 한 사람의 소련 전문가도 없고, 러시아어를 하는 사람도 소수에 불과하다. 더욱이 그들은 단순히 미국의 비타협적 입장만 강조하고 오히려 스탈린의 러시아가 타협하려는 의도를 가지고 있었다고 한다.[15)]

게디스와 폴러드는 러시아 전문가인 마스트니Vojtech Mastny가 제시한, 러시아의 냉전관을 수용하면서 다음과 같이 주장하였다. 미국 정부는 전후 수개월 동안 소련의 동유럽 세력권을 처음부터 부정하려는 의도를 갖지 않았었다. 미국의 관리들은 러시아인들에게 다른 나라의 노골적인 지배는 불필요하고 비효과적인 것임을 "가르치려고 애썼다". 그러나 소련의 정책은 비타협적·배타적이었고, 특히 스탈린은 자신의 영향권의 한계가 어디인지 분명히 밝히지 않은 채, 동유럽 여러 나라를 예속적인 나라로 만들려는 의도를 가지고 있었다. 그러한 소련의 태도가 미·소 대립의 중요한 요인이 되었다.[16)]

한편 미국은 소련의 동유럽 지배라는 팽창에 맞서서 저항하기보다는, 오히려 이를 촉진시킨 셈이었다.[17)] 무엇보다도 서방의 실패는 러시아에 대한 수동적 태도에 있었다. 마스트니의 결론에 의하면 냉전의 으뜸가는 원인이 스탈린의 분명치 않은 야망에 있었고, 그러한 야망은 국제적 대화의 쟁투장에서 다른 사람의 몫을 거의 인정치 않는 방식으로 안전보장을 추구하던 그의 태도에 도사리고 있었다. 그 다음으로 그의 태도를 저지하는 데 신속하게 대처하지 못한 서방측에서 실패의 요인을 찾을 수 있을 것이다.[18)] 냉전 초기의 스탈린의 개인

14) Gaddis, "Emerging Post-Revisionist Synthesis," p. 175.

15) *Ibid.*

16) Gaddis, *The Long Peace: Inquiries into the History of the Cold War*, Oxford, 1987, p. 535; Pollard, Robert A., *Economic Security*, pp. 34, 58.

17) Lundestad, *American Non-Policy Toward Eastern Europe*, p. 42.

적 "행태"에 관한 새로운 연구에서 확인할 수 있는 것은 "전체주의"나 "이데올로기적" 해석보다는 "제국주의적" 팽창을 추구해 온 독재자로 보는 것이 옳다.

세 번째의 논점인 미국 제국론에서 게디스는 이 문제 역시, 수정주의는 연구보다 통찰력에 의해서 유도된 것임을 주창했다. 그럼에도 불구하고 그는 "신좌파와 탈수정주의 사이의 가장 중요한 연속성"[19]으로서 미국 제국론帝國論을 거론하면서 사실상 양자 간의 유사성을 인정할 수 있는 가장 큰 대목이라고 강조하였다. 그러나 그는 전후에 "미국 제국"이라는 것이 존재하였음을 인정하면서도, 어디까지나 상대국으로부터 "초청된 제국"이라는 점에서 이 제국의 성립 배경에 관해서 수정주의와 판이한 동기를 부여하였다. 미국이 전후에 품었던 목표는 미국의 패권을 유럽 안에서 확립하는 데 있지 않았고, 소련에 대항할 수 있는 "독립적 권력의 중심"을 유럽 안에 다시 창출하는 데 있었다. 그러나 일찌감치 워싱턴은 실패하였다.[20] 그 이유는 거의 틀림없이, 유럽 사람들은 유럽에서 그러한 "제3의 힘"의 창출을 원치 않았기 때문이었다. 그러나 마침내 동쪽에서 오는 사악한 도전에 직면하게 된 유럽인들은, 서쪽에서 오는 대항 세력으로서의 선의의 미국을 초치하였던 것이다. 이로써 미국은 주저하면서 유럽에 참가했다는 결론이다.[21]

제국론과 관련해서 룬데슈타트Geir Lundestad와 쿠니홀름Bruce R. Kuniholm의 훌륭한 지역 연구[22]가 입증하는 바로는 스칸디나비아와 근동에 관한 한, 이 지

18) Mastney, Vojtech, *Russia's Road to the Cold War: Diplomacy, Warfare, and the Politics of Communism, 1941–1945*, New York, 1979, pp. 305, 311; Taubman, William, *Stalin's American Policy: From Entente to Detente to Cold War*, New York, 1982, pp. 8–9, 74, 78, 94, 129.

19) Gaddis, "Emerging Post–Revisionist Synthesis," pp. 176, 177.

20) Gaddis, *The Long Peace*, p. 43.

21) Lundestad, Geir, "Empire by Invitation? The United States and Western Europe, 1945–1952," *SHAFR Newsletter*, September, 1984, pp. 1–21 also published under the same title *Journal of Peace Research*, 23, August, 1986, pp. 263–276; Gaddis, *The Long Peace*, pp. 59, 65; Pollard, *Economic Security and Origins of Cold War*, pp. 59–60.

22) Lundestad, Geir, *America, Scandinavia, and Cold War*, pp. 329–358; Kuniholm, Bruce Robellet, *The Origins of the Cold War in the Near East: Great Power Conflict and Diplomacy in Iran, Turkey, and Greece*, Princeton, 1980; Jones, Howard, *"A New Kind of War": America's Global Strategy and The Truman Doctrine in Greece*, New York, 1989; McCormick, Thomas, *America's Half–Century: United States Foreign Policy in the Cold War*, Baltimore, 1989, pp. 236–243.

역에 미국의 영향권이 형성된 것은 미국이 스스로의 영향력을 "투여한" 것 못지 않게, 유럽 자체에 의하여 "초청된" 결과였다. 그리스, 터키, 이란 등의 나라에 관해서 쿠니홀름이 정리한 바로는, 이들 근동의 나라들은 전후에 러시아에 대한 대항 세력으로서 미국의 영향력을 환영했다. 이란의 예를 보자면, 이란은 영국도 러시아도 믿지 않았고, 오직 미국이 이 나라를 구원하는 데 결정적인 역할을 할 것으로 생각했다. 이들 3국의 내정에 미국이 개입했던 것은 틀림없는 사실이다. 그러나 그가 제시하는 바로는, 이들 3국의 지도자들이 생각했던 것은 국내의 좌익에 대항해서 미국이 개입하는 편이 좌익에게 도움을 주는 소련의 개입보다 낫다는 것이었다. 이와 유사하게 노르웨이 덴마크가 NATO와 협조하게 된 것도, 이들 두 나라의 내부적 지지 없이는 가능한 일이 아니었다. 이와 유사한 사례를 영국과의 관계에서도 볼 수 있는데, 런던 측이 염려했던 것은 미국이 유럽에 대해서 공세 아닌 수세적 태도를 취했던 사실에 있으며, 또한 두려웠던 것은 미국의 팽창주의가 아니라 전통적 고립주의였다.[23)]

이러한 탈수정주의적 논의가 나타내는 바는, 제2차 세계대전 후에 미국만이 소련을 위협적 존재로 인식했던 것이 아니라는 것이다. 유럽이나 근동의 나라들도 소련에 대해 안 좋은 인상을 공유했던 까닭에 미국을 끌어들여 힘의 균형을 고쳐 보려고 시도했다. 탈수정주의는 이와 유사한 유형의 시각이 아직 상세히 연구되지 못한 다른 지역에도 적용될 가능성이 있는지는 문제로 남는다고 보고 있다. "초청된 제국"에 관한 논의는 미국과 그 상대국 간의 이해의 접근이 전제된다. 미국이 민주적 사회주의를 지향하는 유럽의 나라들과 협력하게 된 배경에는 소련 봉쇄라는 이익의 공통성이 깔려 있었기 때문이다. 그러나 "초청된 제국론"의 문제에서 아직도 남아 있는 공백은 상대국의 누가 초청하느냐, 이를테면 특정 통치 엘리트냐, 정치 그룹이냐, 또는 원치도 않은 국민들을 선동하는 매판 계급의 초청이냐는 문제는 당연히 제기될 수 있는 문제로 남는다.

23) Hathaway, Robert M., *Ambiguous Partnership: Britain and America 1944–1947*, New York, 1981, pp. 50–53, 305.

네 번째의 논점은 냉전 초기에 미국인들의 의사와는 다르게, 미국의 봉쇄 정책이 발전되었다는 문제이다. 게디스의 말에 따르면, 탈수정주의자들 사이에는 국내적 여론 형성과 외교 정책과의 상호 관계를 깊이 있게 다룬 사례는 없다. 그러나 외교 정책의 강화를 위해 정부는 일반여론을 조작해야 할 필요성을 알고 있었다는 수정주의자들의 비판에 대하여, 탈수정주의자들 간에는 지지하는 경우도 있다고 한다.[24] 행정부의 대중 여론조작에 관해서는 두 가지 문제를 지적할 수 있는데, 그 하나는 "군산복합체military-industrial complex"가 냉전 초기의 외교 정책 창출에 적극적으로 작용했다는 것이고, 또 하나는 매카시즘의 등장에서 국내적 조건과 외교 정책 사이의 관련성을 강조한 부분이다.

우선 "군산 복합체" 문제를 보면, 초기 냉전기에 군사 분야에서 연구비의 상당한 증액과 연구의 발전이 지적된 바 있으나,[25] 군비 전반에 걸친 지출 증가는 NSC 68("안전보장을 위한 미국의 목적과 계획"이라는 제목의 보고서)의 결론을 거쳐 한국 전쟁 발발 때까지 없었던 것으로 지적되고 있다. 더욱이 그 무렵에 합동참모본부의 장성들은 정치 지도자들의 과도한 요구에 실망했고, 특히 중대 결정사안을 두고 국무성의 문민 관리들보다 열세에 있었던 것이 지적되고 있다.[26] 결국 그러한 복합체의 기능을 인정할 수 없다는 것이 게디스의 입장이다. 또 하나의 문제인 매카시즘의 등장에서 트루먼과 그의 측근 관료들은 직접적인 책임이 없다는 해석이 유력하다는 것을 그는 지적하고 있다.[27]

이상과 같이 살핀, 탈수정주의자들의 일련의 견해에서 핵심적 착안점을 요약해 보면 다음과 같다. ① 전후 미국의 대외경제 정책은 수정주의자들이 말하는 바와 같은 제국주의적 팽창 정책이 아니라, 국가안보가 우선적으로 고려된 경제적 수단의 이용에 다름없었다. ② 소련의 팽창 정책은 기회주의적 독재자 스탈린이 주도한 제국주의적 팽창 정책이었다. ③ 미국이 제국으로 군림한 사

24) Gaddis, "Emerging Post-Revisionist Synthesis," p. 178.
25) Yergin, *Shattered Peace*, pp. 360-362.
26) Gaddis, "Emerging Post-Revisionist Synthesis," p. 179.
27) *Ibid.*

실을 인정한 점에서 수정주의의 연속성을 인정할 수 있으나, 유럽과 근동에서 단행한 미국의 개입은 미국 스스로의 의도 못지않게 상대국으로부터 "초청된" 것이었다. ④ 미국의 봉쇄 정책은 국민의 의사와 다르게, 정부가 여론을 조작하여 이룩한 것이라는 수정주의자들의 주장에 관해서 아직 깊이 있는 연구가 없으나, 부분적이나마 긍정적으로 평가한다.

* * *

그러면 이른바 정통주의의 해석과 1980년대의 탈수정주의의 해석 사이의 차이는 어떠한 것인가? 우리는 먼저 정통주의 쪽의 주장을 간추려 보고, 그것이 탈수정주의와 어떤 관련을 갖는지 살필 수 있을 것이다.

1950년대와 1960년대 초의 냉전 관계 논자들은 소련의 공세와 팽창을 전후의 긴장 요인으로 보는 데 일반적 합의를 이루고 있다. 그러나 이른바 "전통주의의 틀"안에 머물렀던 학자들 간에 소련의 위협이나 이에 대한 미국의 대응에 관해서 다양한 견해가 제시되어 왔고, 결코 단일의 정설이 성립된 적은 없었다. 이들은 대체로 3개의 그룹으로 나누어졌는데, 이를테면 학계에서 별로 공감을 얻지 못한 "보수주의적 입장," 미국의 냉전 정책을 옹호하고 칭찬했던 "자유주의적 학파liberal school", 미국의 정책에 상당히 비판적인 시각을 견지했던 "현실론자realist"들로 대별할 수 있다.[28] 이들 3개 그룹의 차이점을 여기서 상세히 언급할 겨를은 없으나, 우리는 오히려 이들이 공유하는 문제점에 착안해서 정통주의의 주장을 간추려 볼 필요가 있을 것이다.

우리는 전통주의자들의 냉전 기원론을 네 가지로 대별해서 생각할 수 있다. 즉, 그들의 주장에 의하면, 미국의 관리들은 봉쇄 정책을 구상함에 있어서 자본주의의 운명에 대한 고려보다는 소련이라는 나라에 대해서 더 생각했고, 소련의 팽창주의가 냉전의 주요 요인이라고 주장했고, 미국 정부는 국민 여론에

28) Walker, S., "Historians and Cold War Origins," pp. 207-209.

대처하고 또한 이를 조작한다는 비난이 있었고, 미국의 맹방들은 소련의 팽창에 대응할 수 있는 미국의 영향권의 확대를 환영했다는 것이다.

그런데 여기서 위의 네 가지 문제를 검토함에 있어서, 한 가지 간과할 수 없는 대목은, 소련의 팽창주의를 공산주의 혁명 이데올로기에 고취된 것으로 믿었던 초기 냉전기의 지적 풍토를 논외로 삼을 수 있느냐는 것이겠다. 소련 공산주의의 위협에 대한 위구심은 보수주의자들이나 자유주의자들이나 공유하는 문제였다. 그러나 현실론자들의 경우 공산주의 이념을 소련팽창의 근원으로 보는 데서 탈피한 예가 많았다.[29] 이들이 착안한 스탈린의 대외 정책은 세계혁명을 달성하기 위한 시도이기보다는 전통적 러시아가 오래 두고 간직해 온 목적을 수행하기 위한 현실적인 노력에 다름없었다. 스탈린은 제한적인 팽창을 의도했고, 그가 택한 도전은 마르크스주의 이데올로기에 근거하는 것이 아니라, 러시아 제국주의의 성장의 결과로 나타난 것이었다.

물론 잘 알려진 바와 같이 대표적 현실론자인 케넌Geroge F. Kennan은 이와 같은 견해에 대해서 부분적으로 이견을 제시한 바 있는데, 그는 한편으로 이데올로기를 서방 세계에 대한 소련의 위협의 기본적 근거로 강조하면서, “유럽과 아시아에 대한 소련의 지배적 영향력의 완전한 행사야말로 전후의 스탈린이 품은 최대의 희망이었다”라고 주장함으로써 이데올로기가 갖는 중요성을 지적한 바 있다. 그러나 그가 또 다른 측면에서 논의한 바로는 미국의 국가 이익을 위협하는 소련의 대외 정책은 오히려 현실적으로는 유연성과 힘에서 우러나오는 것이지, 이데올로기에서 나오는 것이 아님을 주장한 바 있다.[30] 필자의 입장에서는 케넌의 예리한 관찰을 충분히 참고 삼는 터이지만, 소련의 이데올로기 문제는 현실론자들의 일반적 견해에 따라, 여기서는 일단 접어 두기로 한다.

정통주의자들과 탈수정주의자들과의 비교에서 게디스의 주목할 만한 지적

29) Morgenthau, *In Defense of the National Interest: A Critical Examination of American Foreign Policy*, New York, 1952, pp. 75-81, 97-99; Halle, Louis J., *The Cold War as History*, New York, 1967, pp. 10-12, 86; Kennan, George, *Realities of American Foreign Policy*, Princeton, 1954, pp. 69-76.

30) Kennan, *Realities of American Foreign Policy*.

에 따르면, 전자는 정치적 확신이나 개인적 경험에 근거해서 말하고 있는 반면에, 탈수정주의자들은 문헌 연구를 통해서 말하고 있다는 데에 근본적 차이가 있는 것을 볼 수 있다. 또한 그는 탈수정주의가 단순한 정통주의 더하기 문헌 연구가 아니라는 점을 강조하였는데, 오히려 몇 가지 중요한 관점에서 수정주의가 탈수정주의에 충격을 주고 있음을 주장하고 있다. 더욱이 이러한 수정주의의 영향은 해묵은 논란으로의 단순한 복귀가 아니라, 새로운 내용의 전개에 있다는 점을 강조하였다.[31] 그러면 정통주의와의 차이점은 무엇이며, 수정주의의 충격적 영향은 무엇이냐는 문제에서 탈수정주의의 입장을 게디스가 말하는 "탈수정주의적 종합"이라는 글을 따라 추수追隨해 보기로 한다.

첫째로 대부분의 탈수정주의자들이 평가하는 바로는 미국은 정치적 목적에 도달하고자 경제적 수단을 이용하고 있다고 본다. 반면에 정통주의자들은 미국 외교에서 경제를 언급한다는 것은 워싱턴 당국의 무해 무탈하고 순수한 분위기에 이의를 제기하는 것으로 보면서 지극히 간단히 처리해 버렸다. 이와는 판이하게 탈수정주의자들이 밝힌 바에 따르면 미국이 경제적 힘을 이용할 때에는 결코 순진하지도 무탈하지도 않았다는 것이다. 폴러드가 밝혔듯이, 트루먼이 한때 말했던 세계의 "경제적 거인"인 미국은 특정한 정치적 목적을 증진시키고자, 이 특유의 힘을 충분히 이용했던 것이고, 대부분의 탈수정주의자들은 이러한 사실을 받아들이고 있는 것이다.[32]

두 번째로 탈수정주의자들은 스탈린의 흉중에는 세계혁명을 지향한 어떤 이데올로기적 청사진도 없었던 것으로 평가하는 경향이 강하다. 바로 이 점에서 수정주의와 탈수정주의의 사이가 정통주의(특히 보수주의 내지는 자유주의 그룹의 정통파) 쪽보다 서로 가깝다는 것으로 볼 수 있다. 스탈린은 소련의 영향력을 확대하고자 약삭빠른 시도로 이득을 취함으로써 이제 속을 털어놓지 않은 불안정한 기회주의자로 비춰지고 있다.[33]

31) Gaddis, "Emerging Post-Revisionist Synthesis," p. 180.
32) Pollard, *Economic Security*, Introduction, pp. 3-4, 8-9, 253; cf. Peterson, Thomas G., *Soviet-American Confrontation: Postwar Reconstruction and Origins of the Cold War*, Baltimore, 1973, pp. 8-14.

셋째로 정부가 이따금 어떤 국내적 목적을 달성하기 위해서 외부로부터 오는 위험을 과장한다는 수정주의자들의 주장에 대하여 다른 분석을 한 것이 탈수정주의자들의 입장이었다. 후자의 지적에 의하면, 여론과 의회의 의견을 조종하려는 시도가 있었다는 것은 그 모두를 수정주의자들만이 만들어 낸 것이 아니었다는 것이다.[34] 언론 조작이라는 대목에서는 내용과 정도의 차이가 있지만, 3개의 다른 학파가 응분의 자기 몫을 차지하는 것이다.

넷째로 탈수정주의자들이 가장 유용한 이론으로 확인한 신좌익 역사 서술의 한 대목은 다름 아닌 "미 제국론美帝國論"이다. 위에서 살핀 몇 가지의 다른 문제들은 결국 직접, 간접으로 미 제국이라는 거대한 실체의 존재 여부와 연관성을 갖는 것임을 짐작할 수 있거니와, 탈수정주의 주창자인 게디스도 "제국"이라는 주제야말로 "수정주의와 탈수정주의의 연구" 간에 "가장 중요한 연속성"[35]을 나타내고 있을 뿐만 아니라 향후의 연구를 위해서도 가장 주목할 만한 주제라고 강조하였다.

끝으로 게디스가 정리한 "미 제국"관을 다시 한 번 간추려 보면 다음과 같다.[36] 냉전에 대한 신좌익 수정주의의 이론에서 한 가지 특이한 면은 미 제국의 존재를 확정하면서, 이 제국을 다른 시기의 다른 제국들과 비교하려는 노력을 하지 않는다는 것이다. 그러나 게디스에 의하면 워싱턴 당국이 자신의 이익과 힘을 세계적 규모에서 활용해 온 사실은, 역사상 다른 대 제국이 겪었던 사실과 결정적 유사성을 지니고 있다. 이를테면 지도자들의 "방어적 상황 인식" 때문

33) 최근에 스탈린에 대한 연구는 많은 진전이 있었다. see Resis, Albert, *Stalin, the Politburo, and the Onset of the Cold War, 1945–1946*, Pittsburgh, 1988; Nadeau, Remi, *Stalin, Churchill, and Roosevelt Divide Europe*, New York, 1990, pp. xii, 209–215; Gaddis, *Russia, the Soviet Union, and the United States: An Interpretive History*, 2nd ed., New York, 1990 and *idem* "Intelligence, Espionage, and Cold War Origins," *Diplomatic History*, 13, Spring. 1989, 208–209; 스탈린 개인이 냉전에 미친 영향력에 관해서는 상당히 세련된 연구가 진척되었는데, 이는 Jones, Howard and Woods, Randall B., "The Origins of the Cold War: A. Symposium," *Dipolmatic History*, 17, Spring. 1993, p. 259, n.n. 17,18, p. 260,n. 19 참조.

34) Kuniholm, *Origins of the Cold War in the Near East*, pp. 415–17 f. 트루먼과 루스벨트 행정부의 차이점도 잘 지적하고 있다; Gaddis, *Strategies of Containment: A Critical Appraisal of Postwar American National Security Policy*, New York, 1982, pp. 107–109.

35) Gaddis, "Emerging Post–Revisionist Synthesis," p. 181.

36) Gaddis, *Ibid.*, pp. 181–182.

에 제국이 발생할 수 있다는 것을 신좌파新左派들은 이해하지 못하고 있는 것 같다고 지적하고 있다. 수정주의자들의 주장으로는 제국주의의 배후에는 악의의 세력이 있어 왔는데, 이것은 다름 아닌 경제 세력들로서 다른 어떤 세력보다 늘 더 사악하게 보였다. 그리고 정책 입안자들은 경제 세력들의 실재를 인정하기를 거부했고, 또는 의식하려 들지도 않았다는 것이다.[37)]

그런데 다른 제국들의 역사는 때로는 내적 불안과 외적 불안에 대한 인식으로부터 제국이 발생할 수 있다는 것을 보여 주고 있다. 말하자면 "방어적 이유" 때문에 공세적 행동을 취할 수 있는 것이 강대국이 갖는 성격의 일면이다. 제국은 제국을 거부하는 나라에 제국을 부여imposition하는 것과 마찬가지로, 안전을 찾는 나라의 초청invitation으로 발생할 수 있다. 제국은 교묘한 술수나 원대한 계획과 함께 예견되지 않은 환경에 대한 돌발적 응전에서 발전할 수도 있다. 제국은 그 통치의 영역 내에서 다양성을 관용하는 범위나 정도에 따라 다른 제국과 상당히 다를 수 있다.[38)]

탈수정주의자들이 보여 주는 미 제국은 공세적 팽창 유형보다는 수세적 팽창유형에, 부여 유형보다는 초청 유형에, 계산된 유형보다는 즉흥적 유형에 더 적합하다. 미 제국은 소련이라는 상대국보다 신속하고 폭넓게 확장하였다. 그러나 룬데슈타트가 지적하였듯이, 미국의 세력 확장은 한계가 있는 팽창이었고, 또한 적어도 처음에는 방어적인 선을 따라서, 어떤 의미로는 억제하면서 작용한 것이었다.[39)] 제국의 성격을 이해하기 위해서 이 억제의 논리를 어떻게

37) 수정주의자들 중에서 가장 강경한 입장은, Kolko, Gabriel, *Politics of War*, pp. 8–9.

38) 본문 VII장 n. 662 참조. Postrevisionist의 입장에서 기본적으로 참고가 되는 제국주의론을 지적하자면, Langer, William L., *The Diplomacy of Imperialism, 1890–1902*, 2nd ed., New York, 1965; Robinson, Ronald and Gallagher, John, *Africa and Victorians: The Climax of Imperialism*, New York, 1961; Fieldhouse, D. K., *The Theory of Capitalist Imperialism*, London, 1967; *Idem. Economics and Empire, 1830–1914*, Ithaca, 1973; Thornton, A. P., *Imperialism in the Twentieth Century*, Minneapolis, 1977; Liska, George, *Career of Empire: America and Imperial Expansion Over Land and Sea*, Baltimore, 1978; Smith, Tony, *The Pattern of Imperialism: The United States, Great Britain, and the Late-Industrializing World Since 1815*, Cambridge, MA, 1981; Hunt, Michael, "Resistance and Collaboration in the American Empire, 1898–1903: An Overview," *Pacific Historical Review* 48,1979, pp. 467–472. 이상, 더 자세한 것은 Cf. Gaddis, "Emerging Post-Revisionist Synthesis," p. 182, n. 32 참조.

39) Lundestad, *America, Scandinavia, and the Cold War*, pp. 329–958.

논의할 수 있는지를, 게디스는 향후의 연구과제로 돌리면서 현 단계에서 단정하고 있는 것은 "미 제국은 있었고, 더욱이 세상의 놀랄 만한 수의 정부가 미 제국과 협력 관계를 원했다"는 것이다.[40)]

탈수정주의적 제국관帝國觀을 좀더 부언하자면 — 제국이라는 분석의 틀은 워싱턴 당국의 냉전 정책의 실상을 설명하는 데 장차 유용한 수단으로 입증될 것이다. 역사상 존재했던 다른 제국의 경우와 같이, 중심부와 주변부의 이해관계나, 위협적 내지는 비위협적 적대국들 사이의 관계에서, 어떤 구별이 소실되기 시작했고, 그 결과로 과도한 개입이라든지, 또는 취약한 군소 국가들의 노출이 있었다. 마침내 주변지역의 저항이 야기됐고, 이에는 불균형하고 무기력한 대응이 뒤따랐고, 이런 상황은 본국의 인내를 고갈시켰다. 이러한 양상은 오래전부터 있었던 오랜 이야기들이다. 우리는 투키디데스가 밝힌 고대 그리스의 역사에서 선례를 볼 수 있다. "당신들의 제국은 이제 폭군 체제에 다름없다", "그러한 체제를 택한다는 것은 옳지 않고, 또한 그 체제가 가는 대로 버려둔다는 것은 확실히 위험하다"[41)]라고 말한 기원전 430년의 페리클레스의 가르침은 오늘날에도 살아 있는 고사이다. 그것은 냉전기에 미국이 겪은 제국적帝國的 경험에 대한 평가에서 놓쳐 왔던 유사한 그 옛날의 경험에 대한 정확한 각성으로 받아들일 수 있을 것이다.

이러한 "제국"이라는 개념의 유추에서 오는 또 하나의 이점利點이 있다는 것을 탈수정주의는 주장한다. 그것은 소련의 정책에 대해서 보다 나은 이해와 비교를 가능케 하고 어느 정도까지는 앞선 예견을 가능케 한다. 모스크바의 대외 정책은 유사한 제국적 경향을 나타내고 있는데, 그것이 냉전의 상당 기간 동안에 미국의 세계 진출에 영향을 미쳤다는 것을 부정할 사람은 드물 것이다. 크레인 브린턴Crane Brinton은 오래전에 혁명은 그 발전에서 일정한 예고적 단계를 거친다고 제의하였다.[42)] 제국주의를 뿌리 내린 나라의 이데올로기적 양태

40) Gaddis, "Emerging Post-Revisionist Synthesis," p. 182.
41) Thucydides, *Peloponnesian War*, trans. Warner, Rex, New York, 1975, p. 161, quoted in Gaddis, "Emerging Post-Revisionist Synthesis," p. 183.

가 어떤 것이든, 그 제국주의가 성장, 성숙, 몰락의 유사한 단계를 거친다면 — 여기서 우리는 제국주의를 자본주의의 특정 단계로 보는 레닌주의적 관점으로부터 이탈해야지만 얘기가 된다 — 제국주의의 연구는 냉전기 소련의 대외 정책에 대한 유용한 통찰력을 낳을 수 있을 뿐만 아니라, 그것은 또한 "현재의 위험"에 대한 관변官邊의 의견을 덜 위기적인 것으로 만들 수 있는 근거를 제공할 수 있을 것이다. 왜냐하면 미국의 경험과 과거의 다른 제국주의의 경험이 어떤 지침이 된다면, 레닌의 이론으로 새롱거리는 것은 다른 나라의 안전을 개의치 않고 그 영향력을 확대하려고 시도하는 모스크바에 아무런 이득도 권리도 안전도 주지 못한다는 관측이 가능하기 때문이다.

이상과 같은 게디스의 제국론은 다음과 같이 결론을 맺고 있다. 그는 말하기를 우리는 냉전을 "제국이라는 조건에서 사고하도록 강요한 신좌파에게 상당한 빚을 지고 있다"라고 한다. 부적합한 레닌주의적 제국주의론에 의존하는 수정주의를 극복하고, 또한 이에 관련해서 미국적 경험만을 관찰하는 편견으로부터 벗어날 수 있는 차원에서, 우리는 정통주의와 수정주의의 오랜 바람직한 종합으로 이룩될 새로운 관점을 구성할 수 있는 기반을 찾아 접근해 갈 수 있다는 것이다.[43] 이상 살핀 바와 같은 게디스가 주장하는 제국론은 외견상 탈수정주의의 이론적인 백미로 간취할 수 있겠으나, 그가 말하는 분석의 틀은 앞으로 다시 논의될 수 있을 것이다.

***

탈수정주의가 효과적으로 연구할 수 있는 방향이나 범위는 어떤 것인가? 위에서 살펴본 3단계의 포괄적 해석 — 즉 전통주의·수정주의·탈수정주의 — 사이의 상이성이나 유사성 내지는 연속성 등을 고려하면서 다음과 같이 정리할 수 있을 것이다. 여기서는 게디스가 제기한 다양한 문제의 틀을 참고하면서,

42) Brinton, Crane, *The Anatomy of Revolution*, rev. ed., New York, 1952.
43) Gaddis, "Emerging Post-Revisionist Synthesis," p. 183.

또한 그가 설정한 범위에 입각해서, 그러나 될수록 최근의 새로운 저작들을 통해서 필자 나름의 재정리를 하겠다.

첫째로 모스크바의 국제공산주의를 단일적 체계로 보는 문제에 대한 재고찰의 필요성을 꼽을 수 있다. 실제로 미국의 관리들은 공산 세력을 모스크바가 지휘하는 통합된 세력으로 간주하지 않았다. 트루먼이나 아이젠하워 행정부는 공산 진영 내부에 존재하는 차별성에서 이득을 취하려고 애썼다. 이들 두 행정부가 국제공산주의를 실제하는 것보다도 더 통합된 것으로 과장해서 국민에게 알려야 했던 이유가 무엇인지를 밝혀야 한다.[44]

둘째로 초기 냉전 시기의 세력 균형에 대한 미국의 인식을 다시 살펴야 한다. 수정주의가 내세우는 하나의 가장 기본적인 논거는 미국이 소련보다 국력에서 훨씬 앞섰기 때문에 냉전의 전개 과정에서 월등히 많은 책임을 져야 한다는 것이었다.[45] 그러나 그러한 판단은 사후의 회고적 판단이며, 당시의 정책 입안자들이 생각한 것 자체는 아니었다. 최근의 연구에 의하면 미국 관리들은 미국의 힘이 1940년대 말에 소련을 능가한다고 보지 않았다는 것을 강력히 제기하고 있다. 이 시기에 소련의 재래식 군사력은 서방보다 우위에 있었고, 무엇보다도 냉전 전개 이후 5년 동안 미국의 원자병기는 소형인데다 제한적 효용성밖에 없었음을 데이비드 로젠버그David Rosenberg는 확인하고 있다.[46]

셋째로 미국의 관료기구와 그 기구 속에서 일하는 관리들의 역할에 대한 좀 더 세련된 연구가 필요하다. 1970년대 초반에 통용된 견해는 점점 부적합한 것으로 되었다.[47] 정부기관마다 예산 편성에 의견의 차이가 컸다. 이를테면 냉

44) Cf. *Ibid.*, p. 184, n. 38, Jones, Howard and Woods, Randall B., "The Origins of the Cold War: Symposium," *Diplomatic History*, 17, Spring, 1993, p. 256; Rabel, Roberto G., *Between East and West: Trieste, the United States, and the Cold War, 1941-1954*, Durham, 1988.

45) Kolko, Joyce and Kolko, Gabriel, *The Limites of Power: The World and the United States Foreign Policy, 1945-1954*, New York, 1972, pp. 6-7; Gardner, Lloyd, *Architects of Illusion: Men and Ideas in American Foreign Policy, 1941-1949*, Chicago, 1970, pp. x-xi, 317; Williams, William Appleman, *The Tragedy of American Diplomacy*, New York, 1962, pp. 206-208.〔국역본: 박인숙 역,《미국 외교의 비극》참조〕

46) Rosenberg, David A., "American Atomic Strategy and the Hydrogen Bomb Decision," *Journal of American History*, 66, 1979, pp. 62-87; *idem*, "Origins of Overkill: Nuclear Weapons and American Strategy, 1945-1960," *International Security*, 7, 1983, pp. 3-71.

47) Allison, Graham T., *Essence of Decision: Explaining the Cuban Missile Crisis*, Boston, 1971, pp. 176, 180-81.

전 초기에 무력 사용 문제에서 문관들은 일반적으로 군인들보다 더 적극적인 의향을 가지고 있었다. 다만 해군의 작전참모들은 제외된다. 좀더 선명한 정부 기구별 기록과 역사와 그 종사자들에 대한 연구가 필요하다.[48)]

넷째로 외교 정책의 내적 결정요인들에 관한 더 많은 작업이 필요하다. 이 문제는 워낙 넓고 다양한 문제이므로 복잡한 내용이 잠재하는데, 이를테면 외교 문제와 관련된 국내 정치의 전분야가 좁은 선입견 때문에 무시되어 왔다든가, 대외 문제에서 이 시기의 의회의 역할이 피상적으로 다루어졌다든가, 또한 국내의 이익 집단의 역할도 학계, 경제계, 인종 및 종교 분야에 걸쳐 제대로 연구되지 못한 상태이다.[49)]

특히 최근에 널리 인정되는 "코포러티즘Corporatism" 체제에 관한 연구는 1920년대와 1940년대 말엽을 이해하는 데 어느 정도까지는 도움이 된 것이 사실이지만, 그럼에도 불구하고 고립주의로의 복귀를 강요한 상황이라든가, 또는 유럽과 아시아에서 현실화한 세력 균형의 붕괴에서 얻은 경종이 모두 중요한 영향을 미침으로써 이 체계에 대한 회의적인 시각도 적지 않다.[50)] 그러나 코포러티즘은 미국 외교사학계에서 중요한 현안으로 논의되고 있거니와,[51)] 이 밖에 문화와 외교의 관련성도 밝혀져야 할 문제이다. 요컨대 탈수정주의는 외교 정책의 국내적 조건을 다루는 데 이제 제몫을 차지해야 할 단계에 와 있다.

다섯째로 비교사의 필요성이 강조되어야 한다. 냉전사를 주도해 온 정통주의와 수정주의의 두 흐름은 너무 오랫동안 미국적 예외주의exceptionalism라는 허망한 교의를 추종해 왔다. 이는 쉽게 말해서 냉전기의 미국적 경험은 다른 시기의 다른 곳에서 일어났던 것과 전혀 유사성이 없다는 믿음에 근거하는 것

48) Gaddis, "Emerging Post-Revisionist Synthesis," pp. 184, 185.

49) *Ibid.*

50) Gaddis, "New Conceptual Approaches to the Study of American Foreign Relations: Interdisciplinary Perspectives," in *Diplomatic History*, 14, Summer, 1990, p. 408; *idem.*"Emerging Post-Revisionist Synthesis," p. 185, n. 47참조.

51) McCormick, Thomas J., "Drift or Mastery? A Corporatist Synthesis for American Diplomatic History," *Reviews in American History*, 10, December, 1982, pp. 318-330; Gaddis, John Lewis, "Corporatist Synthesis: A Skeptical View," *Diplomatic History*, 10, Fall, 1986, pp. 354-362; Hogan, Michael J., "Corporatist: A Positive Appraisal," *ibid.*, 10, Fall, 1986, pp. 363-372; *idem*, "Corporatism,"*Journal of American History*, 77, June, 1990.

이다. 탈수정주의는 그러한 미국적 지역주의parochialism와 쿠니홀름이나 룬데슈타트의 경우와 같은 지역 간 비교 연구 사이의 상이성相異性에 착안함으로써 출발하게 되었는데, 결국 탈수정주의자들은 미 제국의 성격에 관해서 어떤 결론에 도달하기 전에 더 많은 연구를 필요로 하게 될 것이다.[52] 비교사적 연구는 시간적 간극을 건너뛰어서 이루어질 수 있다. 또한 비교사적 시각을 인물 연구에도 광범위하게 이용할 수 있다.

여섯째로 외국 사회에 미국의 정책이 준 충격에 관해서도 생각할 필요가 있다. 미 제국은 역사상의 다른 제국같이 미국과 접촉을 가진 다른 나라들에 심대한 변화를 주었다. 미국의 "총독"이 점령지인 독일과 일본에서 시행한 정책은 가장 명백한 사례이다. 미국이 이방의 현장에 가서 어떤 현상에 변화를 주려는 시도를 하였던 것은, 이란·인도·인도네시아·이탈리아·아이슬란드(물론 한국을 포함해서) 등 여러 곳이다. 미국이 행한 일이 선했는지 악했는지를 검토해 봐야 한다. 이것은 영국이나 로마에 이르도록 다른 제국들의 경우가 어떠했는지 지금까지 살펴 온 것과 다름없이 이루어져야 한다. 지역 연구는 특히 근년에 다양하게 추진되었는데,[53] 아직 많은 지역이 남겨진 채 있다. 독일과 일본에서 시행된 점령 정책의 특별 국면에 대한 세부적 연구가 있음에도 불구하고, 아직껏 이러한 지역 정책과 전후의 대외 정책 전반이라는 두 맥락 사이의 포괄적 평가가 이루어지지 못하고 있는 형편이다.[54] 아직도 전후 미국의 프랑스·이탈리아·스페인·아프리카·라틴 아메리카 등지와의 관련을, 기본 사료의 연구를 통해서 충분히 검토하지 못하고 있는 형편이다.[55] 또한 "종속이론"에 관한 논

52) Cf. Gaddis, "Emerging Post-Revisionist Synthesis," p. 186. 최근에 지역별 비교 연구가 크게 진전했는데, 특히 유럽과 근동에 대한 연구 경향을 정리한 글로는, Jones, Howard and Woods, Randall B., "The Origins of the Cold War: A Symposium," *Diplomatic History*, 17, Spring, 1993, pp. 260-262, 265.

53) Lundestad, *America, Scandinavia, and the Cold War*, Kuniholm, *Origins of the Cold War in the Near East*; McMahon, Robert, *Colonialism and the Cold War: The United States and the Struggle for Indonesian Independence, 1945-49*, Ithaca, 1981; Cumings, Bruce, *The Origins of the Korean War: Liberation and the Emergence of Separate Regimes, 1945-1947*, Princeton, 1981; Stueck Jr., William Whitney, *The Road to Confrontation: American Policy Toward China and Korea, 1947-1950*, Chapel Hill, 1981; Daffs, Charles M., *The Unwanted Symbol: American Foreign Policy, the Cold War, and Korea, 1945-1959*, Kent, OH, 1981.

54) Cf. Gaddis, "Emerging Post-Revisionist Synthesis," pp. 187, 188.

55) Cf. *Ibid.*

의를 거의 전적으로 무시하고 있는 탈수정주의 역사가들의 입장을 알아야 한다. 이 이론은 제3세계 지역 연구 전문가들 사이에서 오래전부터 다루어지고 있다.

일곱째로 국제 체제의 성격에 관한 연구가 늘고 있다. 국제 관계에서 안정과 불안정을 형성하는 요소가 무엇인가? 힘의 구성요소는 무엇인가? 이러한 원론적인 문제가 정치학자들에게는 오래된 문제이지만 냉전사가 들에게는 비교적 최근의 일이다.[56] 제2차 세계대전 후의 국제질서는 그보다 훨씬 조심스럽게 구축된 제1차 세계대전 전후의 국제질서보다 견실하게 유지되었는데, 그 이유는 무엇인가? 대다수의 기대와는 달리 분단된 독일의 현실이 통일된 독일의 과거보다 유럽 정치에 덜 분열적인 힘으로 존재하는 이유는 무엇인가?[57] 냉전이 한편으로는 전무한 긴장의 시기라면, 다른 한편으로는 이상하게도 질서와 안정의 시기로 나타난 이유는 무엇인가? 이러한 문제들을 관찰의 대상으로 삼고 있다는 점에서 "국제 체제"는 본질적으로 "정치 체제"이며, 그것은 국가의 지정학적 이익의 극대화를 목표로 하는 국민국가와 그 연합으로 이루어지는 국가 간의 체제를 기본적 바탕으로 삼고 있는 것이 특징이다.

"국제 체제"에 대한 연구에 병행해서 토머스 매코믹Thomas McCormick의 "세계 체제world system"론이 최근에 냉전사 연구에 적지 않은 기여를 한 바 있다. 이 두 체제의 이론적 접근법에서 볼 수 있는 최대의 상이점은, 정치와 경제를 다루는 방법에 있다. 전자에게서 경제력은 국가의지의 도구로서 중요하고, 경제적 이익의 증진은 국가의 목표로서 중요하다. 반면에 후자에게서 세계 체제의 분석대상으로서의 국제 체제는 본질적으로 세계경제 체제이며, 이를테면 다국적기업, 국제은행, 국제경제기구 — 세계은행, IMF, GATT(WTO를 당연히 포함해서) — 국제무역업자 등이 제품의 생산과 교환을 위해 정교한 세계적 조

56) Iriye, Akira, *The Cold War in Asia: A Historical Introduction*, Englewood Cliffs, N. J., 1974; Jervis, Robert, "System Theories and Diplomatic History," in Lauren, Paul Gordon, ed., *Diplomacy: New Approaches in History, Theory, and Policy*, New York, 1979, pp. 212–244.

57) Knight, Jonathan, "The Great Power Peace: The United States and the Soviet Union Since 1945," *Diplomatic History*, 6, Spring, 1982, pp. 169–185.

직망을 조종 관리하는 체제로서의 세계 체제이다.[58] 이러한 근본적 차이에도 불구하고 양자 간에는 서로 배우고 돕는 관계에 있는 것도 사실이다.

이상과 같이 살핀 대로 어떤 의미에서 탈수정주의는 1970년대 이후에 등장한 새로운 냉전논의를 "종합"이라는 명분 아래 거의 전반적으로 다루는 듯한 감이 없지 않다. 이렇듯 허다한 문제들이 탈수정주의라는 개념으로 묶일 수 있는지는 다음 장에서 좀더 살피기로 한다.

***

전통주의자 로렌스 캐플런Lawrence Kaplan은 게디스가 제시한 탈수정주의의 지침에는 냉전에 대한 "대강을 이해하는 지혜와 성숙"[59]이 담겨져 있고, 또한 그의 논의에는 신뢰가 간다고 평가하였다. 특히 게디스에게 주어진 "성숙"이라는 표현에는 그동안 냉전 관계의 글에서 또는 토론장에서 정통주의와 수정주의 두 유파 사이의 심각했던 대결의 양상을 중화시킨 중재자로서의 역할이 인정된다는 칭찬의 의미가 담겨 있는 것을 짐작할 수 있다.

그러나 탈수정주의에 대한 비판은 수정주의자들로부터 나왔다. 1980년대 초에 수정주의와 전통주의 사이의 균열에 "가교" 역할을 하겠다고 공언하면서 등장한 탈수정주의는, 양자 간의 대립적인 논리를 흡사 변증법적 전화轉化를 통해서 새로운 차원으로 통합하는 것같이 보였다. 그러나 매코믹의 말에 따르면 탈수정주의는 "힘차고 건설적인 변증법"을 지향하면서 등장하였으나, "탈수정주의의 다리〔교량〕는 〔…〕 수정주의와 전통주의 사이의 무거운 지적 교류를 지탱할 수 없는 밧줄로 된 다리"[60]에 불과하였다. 주로 냉전 초기의 문제를

58) McCormick, Thomas J., *America's Half-Century: United States Foreign Policy in the Cold War*, Baltimore, 1989. Fernand Braudel과 그의 영향을 받은 Immanuel Wallerstein의 연구업적을 토대로 하고, 그 밖에 18세기 식민지 시대 및 혁명기의 미국에 관한 여러 연구업적을 토대로 삼고, 현재적 자본주의 세계체제론을 외교사가의 입장에서 논의한 명저이다.

59) Kaplan, Lawrence S., "Responses to John Lewis Gaddis"*Diplomatic History*, 7, Summer, 1983, p. 194.

60) McCormick, Thomas J., "Drift or Mastery?: A Corporatist Synthesis for American Diplomatic History," *Reviews in American History*, 10 , December, 1982, p. 318.

다루던 탈수정주의자들은, 이를테면 국내 경제의 가변성의 문제나, 소련의 위협에 잠재하는 성격이나 범위 같은 부분적인 것들을 종합하는 데 그들 나름의 역할을 하였으나, 수정주의가 제기해 온 기본적인 제문제는 부정하는 데서 멈추었다.

워렌 킴벌Warren Kimball은 탈수정주의를 가리켜 "정통주의 더하기 문헌"에 다름없다고 혹평했다. 또한 게디스에 대하여 평하기를, 그 어조를 봐서 수정주의를 옹호하는 것 같지만, "수정주의를 부정하고 정통주의 내지는 현실주의를 확립하고 있다"[61]라고 말했다.

10년이 지난 1993년에 "탈수정주의의 수정"이라는 인상적인 제목 아래 브루스 커밍스Bruce Cumings가 주목할 만한 글을 발표하였다. 그는 킴벌의 말을 인용, 탈수정주의가 킴벌의 말대로, "정통주의 더하기 문헌"에 불과하다면, 그것은 또한 "수정주의 빼기 문헌"이라고 비판하면서, 게디스를 가리켜 탈수정주의자가 아니라 반수정주의자antirevisionist[62]라고 논단하였다. 이러한 커밍스의 논평은 게디스의 지난 20년 동안의 냉전 기원 관계 저작을 한데 묶어 공박한 것이라는 데에 문제성이 있고, 적어도 그와 유사한 성격의 탈수정주의자들에 대한 포괄적 비판이 될 수 있다는 점에서 의미가 있을 것이다.

탈수정주의에 대한 수정주의자들의 반응은 다양하게 나왔다. 우선 수정주의는 레닌주의적 제국주의론이 함축되었다는 탈수정주의의 비판에 대한 대응부터 살필 수 있을 것이다. 가드너Gardner는 말하기를 "미국의 제국주의는 자본주의 국가들의 행동노선을 설파한 레닌주의적 유형類型 안에 포괄될 수 없다"는 것을 수정주의자들이라면 대부분이 다 아는 사실이라고 전제하면서, 그러나 흔히 통용되는 모겐소Morgenthau류의 "현실주의적" 제국주의 비판에는 더 큰 결함이 있는 것도 잘 알고 있다고 반박하였다.[63] 가드너는 레닌의 제국주의

61) Kimball, Warren F., "Responses to John Lewis Gaddis," *Diplomatic History*, 7, Summer, 1983, pp. 198, 199.

62) Cumings, Bruce, "Revising Postrevisionism, or The Poverty of Theory in Diplomatic History," *Diplomatic History*, 17, Fall, 1993, p. 556.

63) Gardner, Lloyd C., "Responses to John Lewis Gaddis," *Ibid.*, p. 191.

론을 받아들이지 않고, 그것의 이론적 한계성이나 협의성을 지적하는 데서 멈추었으나, 모겐소로 대표되는 현실론자들의 미국 자본주의론은 적극적으로 부정하였다. 킴벌은 같은 문제에 대해서, 즉 레닌주의와의 관련성에 대해서 이해할 수 없다는 정도의 반응을 보였고, 반면에 수정주의자들이 경제를 "악의적인 것"으로 본다는 게디스의 비판에 대해서 오히려 어딘가 "즐거움을 느낀다"[64]는 냉소적 반응을 보였다.

수정주의자들이 레닌의 제국주의론을 직접 인용한 사례는 필자가 아는 한, 극히 드물지만, 묵시적으로 함축한 사례는 있을 것으로 보고 싶다. 다시 말해서 이들은 제국주의의 발달의 역사를 관찰함에서 그 이론이 주는 편의성 내지는 객관적 타당성을 묵시적으로 시인하는 것으로 찰지察知된다는 것이다. 또한 여기서 짚고 넘어가야 할 문제는, 가드너와 같은 수정주의의 주장에는 레닌의 제국주의론에 대한 비판의 강도보다는 모겐소류의 해석에 대한 부정의 강도가 높다는 것이다. 우리는 기본적으로 이러한 인식의 기반 속에 자리 잡은 수정주의의 입장을 이해하는 것이 요긴할 것이다.

초기 냉전기에 미국의 경제적 관심은, 탈수정주의자들의 말에 의하면, "국가안보"에 종속되는 것이었고, 적어도 으뜸가는 관심사는 아니었다. 이에 관한 논평에서 가드너Gardner는 다음과 같이 말하고 있다. "'국가안보'라는 불투명한 "추상체abstraction"와 같은 것, 엘리엇T. S. Eliot의 말을 빌리자면 "형태形態 없는 형상形象이자, 색조色調 없는 음영陰影"과 같은 것을 우리 앞에 내세워 놓고, 그 이름 아래서 지난 40년간 얼마나 많은 일들이 추진되었던가를 외교사가들은 밝힐 때가 왔다는 것이다.[65]

경제적 팽창을 전제하는 미 제국론이냐, 또는 이른바 "방어적 제국"으로서의 미국을 논하는 것이냐는 문제에 이르러서 우리는 수정주의와 탈수정주의와의 의견이 크게 상치되었다는 것을 파악할 수 있을 것이다. 수정주의 역사가들

64) Kimball, "Responses to John Lewis Gaddis," p. 198.
65) Gardner, "Responses to John Lewis Gaddis."

은 미국 외교를 규정하는 요인으로서 경제적 이윤추구의 동기나 자본주의의 구조적 요인을 중요시한 데 반해서, 게디스나 폴러드 같은 탈수정주의자들은 미국의 경제력이 전후의 정치적 목표를 달성하기 위한 수단으로서 유효했다는 것을 인정하면서, 기본적으로 미국은 경제적 수단을 행사하여 미국의 안전과 번영을 확보하려고 노력했다고 보았다. 한마디로 말해서 미국은 "경제적 안전보장"[66]을 추구했다는 것이다.

가드너는 역설적인 방법으로, 의미 있는 가상적 상황을 게디스에게 제시한 바 있다.[67] 즉 미국의 정책 입안자들이 소련의 동유럽 점령에 신속히 적응하고, 또한 소련 제국의 한가운데서 돌발한 혁명이나 무정부 상태에 대해서 걱정을 해 줄 정도로 호의적인 대처를 했다면, 동유럽의 러시아 군대들은 마셜 계획이나 NATO에 협조하는 문제에서 도움이 되는 영향력을 행사했을 것이라는 가능성 있는 추론을 제시하였다. 이러한 그의 풀이는 미국의 봉쇄 정책의 내용적 수정이 전제되는 것으로서 역시 탈수정주의와의 간극을 극복할 수 있는 제의는 못되었다.

탈수정주의는 "미 제국"의 존재를 확인한다는 이유만으로 수정주의의 연속성을 강조했고, 이로써 스스로 승계의 위치에 선다고 공언했다. 그러나 생각건대 제국이라는 개념의 너울을 미국이라는 거대한 초강국에 들씌우는 것만으로, 그 내부의 복잡한 구조적 실제 기능에 대한 해석에서 문제가 해결되는 것은 아니었다. 더욱이 그동안 외면되어 온 국내의 정치·경제적 결정요인과 외교정책의 실제를 연계시키는 문제에서 그 해석의 복잡성이 크게 늘어나게 되면서 탈수정주의는 스스로의 시각이나 판단에 한계를 드러내게 되었다.

킴벌에 의하면, 게디스가 시도한 바와 같은 새로운 주제主題나 종합을 이룩하려면 새로운 철학적 내용을 필요로 하는데, 탈수정주의에는 그러한 내용구성이 없다는 것이다. 따라서 탈수정주의가 말하는 "방어적 제국"에 관한 관념은

66) Pollard, *Economic Security*, pp. 2–3.
67) Gardner, "Responses to John Lewis Gaddis."

내용적 결합을 갖는 것이다. 이를테면 미국이라는 제국이 이미 유럽의 절반 이상을 포괄하였다는 사실을 시인하지 않고서, NATO, 포인트포 계획Point Four, 마셜계획 등을, "방어적인 것"으로만 본다면 곤란한 해석이 되지 않겠느냐는 것이다. 또한 영·미 간에 벌어졌던 전후의 경쟁을 방어적 제국이라는 이론적 구도 속의 어느 모퉁이에 배치할 수 있겠느냐는 것이다. 생각건대 탈수정주의가 새로운 단편적인 증거를 지속적으로 수합한다면, 아마도 그 나름의 "방어적 제국"이라는 그림을 그려내고, 마침내 그 나름의 새로운 "종합"을 창출할지도 모를 일이다. 마르크스의 말로는 일련의 양적 변화는 질적 변화를 이룰 수 있다지만, 킴벌로서는 끝내 명확한 "철학적 기반"을 내보이라는 주장이다.[68]

이러한 시각에 따라서 냉전 기원 연구에서 제기될 수 있는 문제를 두 가지로 요약할 수 있다. 탈수정주의에는 첫째로 내셔널리즘에 대한 고려가 없다는 것이다. 미국 중심적 관점에서 머물지 말고, 세계 전반에 걸쳐 내셔널리즘이라는 프리즘을 통해서 관찰해야 한다는 것이다. 베트남에서 배운 것이 있다면 다름 아닌 내셔널리즘의 위력이거니와, 중유럽이나 발칸이나 중동에서도 미·소 간의 분쟁 요인에만 집착하지 말고 내셔널리즘이라는 개념을 토대로 이 지역들을 관찰해야 하는 것이다. 두 번째로 미국의 내부적 상황에 대한 인식의 문제이다. 전후에 경제의 중요성이나 자본주의의 장래에 관한 염려가 상대적으로 적었고, 반면에 국가안보에 관한 논의나 배려가 월등히 많았다고 하더라고, 문제는 미국 정책의 기저基底에 깔려 있는 철학적 경제적 전제가 무엇이었느냐에 대한 인식이나 이해가 중요하다는 것이다. 예컨대 윈스턴 처칠은 워싱턴 당국자들에게 충격을 줄 만한 문제와 화술을 가지고 있었다. 그는 1941년 12월 루스벨트에게 지원을 호소한 유명한 글 가운데서, 핵심적인 내용을 다음과 같이 밝히고 있다. 즉, 그는 영국의 재정적 위기를 간략히 설명하고 나서, 고전적 자본주의의 논리로 경고를 발發하기를, "만일 〔…〕 영국이 팔 수 있는 상품assets을 모두 파손당한다면, 전쟁이 끝난 뒤에 우리가 수출할 수 있는 물량 이상의 것을

68) Kimball, "Responses to John Lewis Gaddis," p. 199.

미국으로부터 수입해 사들일 수 없게 될 것이다. (…) 결국 미국 내에 널리 퍼진 실업 상태는 미국의 수출력의 감축을 뒤따르게 할 것이다"라고 말했다. 이 한 구절이야말로 처칠이 확신했던 영·미 간의 경제적 현안의 알맹이였다. 생각건대 한 주제를 위해 받쳐진 어휘(예컨대 "국가안보"와 같은 어휘)의 수량으로 그 중요성을 판가름한다는 것은, 학생들이 숙제로 제출한 리포트를 매수로 평가하는 것과 다름없을 것이다. 미국의 대외 정책의 경제적 기반을 논의할 때, 우리는 그 전제조건에 관해서 논의해야 하는 것이지, 경제의 어떤 부분적 실제 상황을 탐문하는 데 만족해서는 안 될 것이다. 다시 말해서 경제적 전제조건들이 정치적 행위를 어떻게 얼마만큼 규제하느냐를 살펴야 할 필요가 있는 것이다.[69] 이러한 분석을 경제외적 제조건이나 제행위에 관해서 다각도로 추진해 갈 때 이른바 "방어적 제국"의 개념도 잡혀질 것이다. 그러나 결국 탈수정주의에 동조하는 쿠니홀름이 지적하였듯이,[70] 지금으로서는 아마도 제국이 의미하는 것과 그것으로써 밝히려는 것을 깊이 생각하는 단계에 머무를 수밖에 없을 것이다.

그러나 이상 살핀 바와 같이 탈수정주의가 비판의 대상만은 아니었다. 강경파 수정주의자 커밍스는 헌트Hunt와 레플러와 매코믹McCormick과 같은 역사가들의 새로운 해석에서 탈수정주의의 참모습을 찾고 있다. 이들에 대한 커밍스의 평가를 참고함으로써 탈수정주의가 지향하는 또는 지향해야 하는 다른 측면을 엿볼 수 있는 것이다. 이를테면 헌트는 장기적 미국 외교의 드라마 속에서 케넌Kennan(Orthodox)과 윌리엄스Williams(revisionist)를 재평가하고 다국적 문헌multiarchival을 토대로 개발한 "지역 연구"의 도움으로 비국가 중심적nonstate-centric 국제사를 구성하고, 그러한 환경 속에서 "미 제국이라는 관념"의 보다 "개선된 개념화"의 길이 열릴 것이라고 강조하였다.[71]

69) *Ibid.*, pp. 199–200.

70) Kuniholm, "Responses to John Lewis Gaddis," p. 203.

71) Cumings, Bruce, "Revising Postrevisionism," pp. 556–561, cf. Hunt, Michael, *Ideology and U. S. Foreign Policy*, New Haven, 1955, p. 28; *idem*, *The Making of a Special Relationship: The United States and China To 1914*, New York, 1983.

커밍스가 특히 탈수정주의의 성공작으로 꼽은 레플러[72]의 논점에서 받아들일 수 있는 내용을 단편적으로 언급하자면 다음과 같다. 봉쇄 정책은 케넌 이전에 왔고 관료들은 이 정책을 재빨리 지구적 차원으로 확대했다. 미국은 유럽의 식민주의 정책의 붕괴보다는 그 개선책을 찾았는데, 그것은 전혀 다른 혁명적 민족주의로 곡해되었다. 미국은 믿을 만한 반공산주의자라면 어떤 부류의 파시스트 동조자나 반동이나 가리지 않고 관용하였다. 더욱이 한국과 월남으로 향한 길은 일본경제와 그 아시아적 주변 지역 사이의 관계를 소생시키려는 나쁜 저의로 닦아진 것이었다. 트루먼 대통령 휘하의 정책 입안자들이 추구한 미국의 "힘 우위론은 각종 자원, 산업의 하부 구조, 해외기지 등의 장악"[73]을 위한 국력 배양과 관련된 지리 군사적geostrategic 개념에 의하여 조종된 것인데, 이러한 개념은 전후의 세계가 초래한 두려움과 불확실성의 와중에서 형성되었던 것이다. 그가 말한 냉전의 논리에서 열쇠가 되는 한 구절을 인용하자면, 미국의 "경제적 관심은 이따금 지리 군사적 불가피성이나 이념적 편견에 의해서 강화된" 바 있으나, 역시 "미국 경제의 안녕"에 관한 우려는 이를 "훨씬 초월한 힘의 상관성에 관한 관심"[74]에 종속하는 것이었다.

끝으로 이보다 더 우수한 탈수정주의적 사례로 커밍스는 매코믹의 세계 체제론을 지적하고 있다. 그는 매코믹을 결코 탈수정주의자로 지칭하지 않았으나, 탈수정주의자로 지칭할 수 있는 레플러와 대등한 테두리 안에서 매코믹을 평가하고 있는 것이 매우 특징적이다. 그의 세계 체제론에서 볼 수 있는 냉전 문제는 어떤 것인가? 봉쇄 정책은 세계에서나 국내〔미국〕에서나 불안정한 것이었다. 1947-1950년이라는 시기는 "위기의 새 질서"를 결정하는 시기였다. 세계대전 후에 지상의 도처에서 식민지 해체라는 소란이 있었고, 중심지역의 산업은 기본 원자재를 필요로 했고, 이러한 와중에서 소련과 미국의 경쟁이 낳은

72) Cumings, "Revising Postrevisionism," pp. 561-566.

73) Leffler, Melvyn P., *A Preponderance of Power: National Security, the Truman Administration and the Cold War*, Stanford, 1992, p. 12.

74) *Ibid.*, pp. 14-15.

"봉쇄와 대항이 빚어 낸 수동과 능동의 변증법"은 제3세계로 뻗어 나갈 수밖에 없었다. 실제로 NSC-68과 한국 전쟁은 새로운 전략과 동·서 위기로 재해석된 제1차-제3세계 전쟁First-Third World Struggle을 예증하였다. 이로써 발생한 것이 국가안보 상황, 국내의 군산복합체, 광범위하게 해외로 뻗은 제국 등이었다.[75)]

냉전 기원에 관한 최근의 많은 논란은, 이 글의 서문에서도 언급한 바와 같이, 《외교사》지誌(1993년 봄호)가 주관한 한 세미나에서 발표자가 지적한 대로, "탈수정주의적 종합의 출현을 알린 게디스의 선언에 대한 복합적 반응에서 자라난 것"이 많았다. 그러나 그는 "정통주의와 수정주의를 초월하여" 양측으로부터 최선의 내용을 택해서 합치려고 했으나 "새로운 종합을 만족스럽게 엮어 내지 못했다"[76)]는 것이 발표자의 결론이다.

* * *

1970년대 중엽까지 냉전 기원 관계 문헌은 양대 흐름을 구성하고 있었다. "정통주의" 또는 "전통주의"로 불리는 한편과 "수정주의" 또는 "신좌익"으로 불리는 다른 한편으로 대립하고 있었는데, 이들이 집중했던 가장 큰 문제는 "초강대국의 어느 편이 이 대서사시적 분쟁에 책임을 지느냐"는 것이었다. 이 두 학파의 "폐부로부터 우러나오는 격렬한 논쟁"의 여파는 최근에 와서 역사가들로 하여금 "가치를 담은 판단"을 피하게 했고, "무엇이 왜 일어났느냐"는 것을 파악하는 데 자신들의 노력을 쏟게 하였다. 역사가들은 점차로 냉전을 독점자본주의 세력과 공산주의적 전체주의 세력 간의 투쟁으로 보기보다는, 오히려 이 시기의 핵심적인 문제들에 초점을 맞추게 되었고, 뒤늦게나마 마련할 수 있는 지혜를 여러 모로 활용하기 시작했고, 또한 역사의 복합성을 단순화하는 축소 지향적 해석에 대한 리처드 호프스태터Richard Hofstadter의 교훈에 주의를 기울여 가면서 세심한 비판적 관찰을 시도하게 되었다.[77)]

75) McCormick, Thomas, *America's Half-Century*, pp. 72-98.
76) Jones, Howard and Woods, Randall B., "The Origins of the Cold War," p. 254, see above, p. 299.

이러한 새로운 관심이나 새로운 연구는, 물론 역사가들의 의욕이나 의식만으로 추진될 수 있는 일이 아니다. 무엇보다도 놀랄 정도로 많은 공문서가 공개되면서 오리지널한 연구가 젊은 학자들 사이에 활기를 띄게 되자, 새로운 단계의 연구의 문이 열렸던 것이다.

게디스가 냉전사 해석의 양대 흐름에 내재하는 한계를 극복하고자 제시했던 "냉전 기원의 탈수정주의적 종합"이라는 주제야말로, 1970년대 중엽 이후의 새로운 연구 경향을 알리는 제일성이었다. 또한 그러한 경향성을 토대로 게디스 나름의 "개념적 종합"을 이룩하여 새로운 흐름의 내용을 밝히는 데 나름대로의 역할을 한 셈이다. 그러한 "종합"을 위해 게디스가 가장 무거운 비중을 두고 주장한 "미국 제국론"은 미국의 경제적 팽창 정책에 대한 깊은 분석을 통해서 제시된 것이었으나, 수정주의자들의 맹렬한 공박을 받았고, 반면에 정통주의자들로부터는 찬사와 함께 전통적 "현실론자"들과 맥을 같이 한다는 평가를 받았다.

그러나 게디스의 제국론은 코포러티즘과 세계 체제론에 맞닥뜨리면서 "개념적 종합"에 적극적인 타격을 받게 되었다. 이들의 새로운 이론에 의하면, 미국을 거대한 제국으로 보는 문제는 외형적 팽창의 규모만 보아서 해결되는 것이 아니다. 다시 말해서 대외 관계에 영향을 주는 "국내 세력들에 대한 분석에서 시작하여, 다음으로 국제적인 세력 관계로" 옮겨야 한다고 논박한 마이클 호건 Michael Hogan이나, 이보다 앞서 1982년에 "미국의 제국주의는 부분적으로 코포러티즘 체제의 계급 관계가 조종하는 사회적 제국주의"라고 주장한 매코믹 Thomas McCormick의 "코포러티즘"은 같은 시기에 등장한 또 다른 "개념적 종합"이었다.[78] 코포러티즘에 대한 게디스의 어설픈 반박은 그 자신의 말대로 "당

77) Jones, Howard and Woods, Randall B., "The Origins of the Cold War: A Symposium,"pp. 252–253; see, Hofstadter, Richard, *The Progressive Historians: Turner, Beard, Parrington*, New York, 1968, pp. 442–443.

78) Hogan, Michael, "Corporatism," *Journal of American History*, 77, June, 1990, pp. 153–155; *idem*, "The Search for a 'creative peace': The United States, European Unity, and the Origins of the Marshall Plan," *Diplomatic History*, 6, Summer, 1982, pp. 267–268; McCormick, Thomas J., "Drift or Mastery? A Corporatist Synthesis for American Diplomatic History," *Reviews in American History*, 10, December, 1982, pp. 327, 318–330.

혹"스러운 반박에 불과했다.[79] 또 하나의 새로운 "종합"은 앞에서도 언급한 매코믹의 세계 체제론이 되겠는데, 외교사학계에 많은 설득력을 가지고 최근에 새롭게 등장한 것이 이 이론이다. 세계 체제론에 의하면, 이를테면 〔사회주의적〕 혁명정부의 계획경제가 세계자본주의의 적의敵意와 소지역 시장을 상대하는 소규모적 생산력이 갖는 비효율성을 극복할 수 없는 것은 너무나 당연한 일이었다. 즉, 한마디로 줄여서 일국 사회주의는 불가능한 것임을 논증하고 있는 것이다.[80] 세계 체제론은 탈냉전기의 학문적 시의에 적합한 이론임을 알 수 있다.

게디스가 두 번째로 강조한 "국가안보"라는 문제도 만만치 않은 의견의 "분열"이 있었다. 존스H. Jones와 우즈R. B. Woods 두 사람이 냉전 기원 관계 저작을 광범위하게 검토한 바에 따르면, 역사가들 사이에는 "아직 개념적 종합"을 이루지 못한 것이 분명하나, 다만 "그러한 목표를 향한 잠재적 가능성은 국가안보〔문제〕에 보편적 관심"을 가지고 있는 사실에서 엿보인다고 한다.[81] 국가안보에 관한 염려와 관심이 경제 문제에 우선했다는 것은 역사가들 사이에 많은 설득력을 갖지만, 안보의식의 성립 배경에 대한 해석에는 의견의 분열이 크다. 가장 대표적인 사례로 레플러의 경우, 미국 관리들은 국가안보에 관해서 명확한 기준이 있었는데, 그것은 제2차 세계대전의 교훈이 낳은 것이었고, 또한 소련과의 불가피한 군사적 이해관계에서 오는 고유한 갈등이었다. 소련의 의도와 능력에 대한 미국 측의 평가를 연구한 레플러가 밝힌 바에 의하면, 냉전의 요인은 크렘린의 행동에 있었던 것이 아니라, 사회경제적 붕괴, 혁명적 민족주의, 영국의 약체화, 유럽과 아시아에서의 힘의 공백 등으로부터 야기된 미국 측의 두려움에 있었고, 바로 이 같은 두려움은 미국의 안보개념에 적합한 국제적인 체제를 구성하기 위한 미국의 선도력先導力을 촉발시켰던 것이다. 따라서 그가

79) Gaddis, "The Corporatist Synthesis: A Skeptical View," and Hogan, Michael J., "Corporatism: A Positive Appraisal," *Diplomatic History*, 10, Fall, 1986, pp. 357–372. cf, also Cumings, Bruce, "Revising Postrevisionism," p. 553.

80) McCormick, *America's Half-Century*, pp. 1–17.

81) Jones, H. and Woods, R. B., "The Origins of Cold War," p. 276.

제시한 냉전의 문제는 적국의 안보적 이해관계에 대하여 자국의 안보적 대응을 단계적으로 제고해야 하는 안보의 딜레마를 밝히는 일이었다.[82] 레플러의 논문은 게디스와 쿠니홀름 같은 탈수정주의자들로부터 맹렬한 반박을 받았고,[83] 한편 수정주의자들도 그의 해석에 모두 동의했던 것은 아니다. 그러나 수정주의자 커밍스는 1992년에 완성된 레플러의 저서[84]를 가리켜, 수정주의의 이론을 무시하면서 수정주의 편에서 개발한 자료를 이용한 점에 취약성이 있으나, 훌륭하고 적합한 "탈수정주의의 교과서"라고 호평하였다.[85] 레플러의 저서는 압도적 분량의 기본 사료를 통해서 논증하였다는 점에서 존스와 우즈가 제시한 최근의 경향, 즉 냉전 기원을 위요한 "국가안보론"적 해석 경향을 대표한다고 말할 수 있을 것이다.

레플러 자신은 탈수정주의자임을 자처하지 않았으나, 커밍스의 말대로 그를 탈수정주의자로 본다면 레플러를 논박한 탈수정주의자들의 입장을 고려할 때, 우리는 "탈수정주의의 해석"에서 "합의"보다는 "분열"의 양상을 볼 수 있게 된 셈이다. 커밍스의 말대로 게디스가 미국 외교사학회의 회장취임 연설에서 수정주의 계열의 태두 윌리엄스William Appleman Williams에게 보인 이해할 수 없는 망발에 가까운 발언을 참고한다면, 게디스는 "탈수정주의자가 아닌 반수정주의자"로 지적할 수도 있겠으나, 그의 위상은 많건 적건 "탈수정주의" 내지는 "현실주의"〔Combs의 지적〕의 어느 한쪽에 속한다고 보아야 할 것이다. 레플러는 전통주의와 수정주의라는 두 개의 대립적 관점이 "1970년대 초반 이래 희미하게 번지기 시작하였다"라고 말하면서, 이것은 "탈수정주의, 신현실주의neo- realist, 코포러티즘, 세계 체제론"과 같은 새로운 이론의 등장에 기인하는 것임을 지적하였거니와,[86] 여기서 한 가지 분명해지는 사실은 게디스가 의도했

82) Leffler, Melvyn P., "National Security and U. S. Foreign Policy," in *Origins of the Cold War: An International History* ed. by Leffer, Melvyn P., and Painter, David S., London, New York, 1994, pp. 15, 16, 38, 39.

83) Leffler, "The American Conception of National Security and the Beginnings of the Cold War, 1945–48," *American Historical Review*, 89, April, 1984, pp. 346–381, also the comments by John L. Gaddis and Bruce R. Kuniholm, pp. 382–390.

84) Leffler, *A Preponderance of Power.*

85) Cumings, "Revising Postrevisionism," p. 561.

던 "탈수정주의의 종합"이 냉전 기원을 위요한 기성의 양대 흐름의 모순과 종합을 극복하기 위한 유일의 길이 아니라는 것이다.

수정주의의 연속성을 자처하다가, 오히려 수정주의의 맹렬한 공박을 받은 탈수정주의의 냉전 기원론이 차지할 수 있는 위치는 무엇일까? 새로운 자료 발굴과 그 소화에 공이 큰 탈수정주의는 아직도 잠재적으로 떨쳐 버리지 못한 냉전책임의 "가치 이분법적" 접근 방법 때문에, 정통주의적 의식의 단계를 벗어나지 못한 생태에 있는 것으로 보아야 할 것 같다. 냉전의 책임을 초강국의 어느 한 나라만이 전담해야 한다는 강박관념에서 벗어날 때, 탈수정주의적 연구가 지향할 수 있는 특수한 제문제〔즉, 위에서 나열한 일곱 가지 문제들〕도 그 실마리가 풀릴 수 있을 것이다. 게디스는 냉전의 종식이 수정주의가 간직해 온 윌리엄스 이래의 "통속적 지혜의 포기"를 요구하게 되었다고 말하지만,[87] 수정주의의 이론적 발전의 양태에 다름없는 코포러티즘이나 세계 체제론은 그로서도 외면할 수 없는 대상임을 좀더 적극적으로 자각할 때가 있을 것이다. 탈수정주의는 수정주의의 본질과 가치를 이해하지 못하는 한, 그 명칭에 걸맞은 새로운 경지를 개척하기 힘들 것 같다.

86) Leffer, "Origins of the Cold War," p. 2.〔'수정주의의 태두' W. A. 윌리엄스에 대한 종합적 연구서로 박인숙, 〈윌리엄 A. 윌리엄스의 미 제국론 연구〉, 고려대학교 박사학위논문, 1996 참조〕

87) Gaddis, "Presidential Address. The Tragedy of Cold War History," *Diplomatic History*, 17, Winter, 1993, p. 2.

3부

토인비의 비교문명론 관견管見

I II III IV V VI VII **VIII** IX X

토인비의 문명 구조

1. 서언

아널드 조지프 토인비의 문명 구조文明構造는 그의 주저主著《역사의 연구》(전 12권, 1961년 완간)에서 찾을 수 있다. 이 책은 1929년에 집필하여 1934년에 제3권까지, 1939년에 제4권에서 제6권까지, 그리고 1954년에 제11권까지 여러 단계로 장구한 세월에 걸쳐 간행된 대작이다. 이 중 제11권은 지도와 지명 등의 색인을 담았다. 제12권은 7년 뒤인 1961년에 자신의 역사관을 자기비판하는 입장에서 재정리하여 "재고찰再考察"이라는 부제副題 아래 따로 간행한 것이다.

방대한 그의 저작은 그동안 많은 상찬賞讚의 소리와 함께 냉혹冷酷한 비판의 소리도 들어왔다. 1940년대 말부터 차츰 학계의 비판이 나오면서 1954년에 제10권까지 완간되자 토인비 비판은 한층 고조되어 헤아릴 수 없이 많은 비평논문이 쏟아져 나왔다. 1940년대 후반의 찬사는 너무나 과대한 것이어서 다소 빈축을 살 정도였으나 그럼에도 불구하고 호의적인 비평을 보낸 예는 소수였다.

토인비가 세계적인 학자로 빛을 보게 된 큰 계기로서 1946년에 서머벨D. C. Somervell이 역사의 연구 제1권부터 제6권까지의 내용을 한 권의 책으로 압축한 축쇄본縮刷本을 간행하여 일반에게 널리 읽히게 한 것을 지적하지 않을 수 없다.

이 축쇄본은 10년 동안에 30만 부 이상의 출판실적을 올렸다고 알려지고 있다. 또다시 서머벨에 의하여 만들어진 제7권부터 제10권까지의 제2의 축쇄본은 1957년에 발행되어 이것도 널리 보급된 바 있다. 이 두 권의 책에 대하여 토인비 자신도 원저原著의 내용을 잘 살리고 있음을 인정하고 있지만, 10권 전질을 완독하지 않고서도 토인비의 역사 체계를 이해할 수 있다. 이 글을 통해서 토인비의 문명론의 주요 구조를 정리해 역사를 하는 입장에서 도움을 얻고자 한다.

2. 문명 — 역사의 "이해 가능한" 단위

토인비의 선구로서 슈펭글러를 손꼽게 되지만 토인비는 슈펭글러를 알기 이전에 문명 연구의 가능성을 스스로 터득하여 문명의 탄생과 죽음에 관해서 그리고 각 문명의 병행성竝行性이나 동시대성同時代性에 관해서 충분히 인식하고 있었다.

그러나 슈펭글러의 《서양의 몰락》을 읽고 많은 영향을 받았음을 자긍自肯하고 있는 토인비에게서 슈펭글러의 두 가지의 기본적 원리를 받아들이고 있음을 알 수 있다. 그 하나는 역사 연구를 위한 "이해 가능한 단위"로서 "문명"이라고 하는 사회이다. 이 "이해 가능한 단위"야말로 문명론 형성의 기초적 근간이 되는 것으로서 토인비나 슈펭글러의 경우뿐만 아니라 모든 문명 연구자들에게 공통의 의미를 갖는다.

그 까닭은 문명이라고 하는 것이 실체를 가진 사회, 즉 문화적 통일체가 아니라면 문명론은 확실한 고유의 대상을 갖지 않게 되기 때문이다. 또 하나의 원리는 각 문명이 병행하고 있으며 동시대적이라고 하는 것이다. 이는 토인비나 슈펭글러나 이에 앞선 러시아의 니콜라이 다닐렙스키N. Danilevsky에 이르도록 공통되는 이론이며 다른 문명론자로서 예컨대 피트림 소로킨Pitrim Sorokin, 알프레트 베버Alfred Weber에게는 많은 의의疑義가 있는 이론이다.

문명을 하나의 문화적 통일체인 사회라고 말하는 것은 특정 지역에 생겨난

"사회체社會體"가 공통의 문화를 향유하면서 천 년 이상이나 지속한다고 보는 것에 근거한다. 이러한 문화적 통일체 속에서 수많은 국가나 민족이 명멸明滅한다. 개별 국가나 민족은 통일체의 한 부분이고 이러한 부분들의 총합이 하나의 문명인 것이다. 가령 국가를 가리켜 하나의 거대한 사회체 속의 정치적 구분에 불과하다고 이해하려면 정치사의 차원을 떠나서 보다 넓은 사회사나 보다 깊은 문화사를 함께 묶어 파악해야 한다. 문명론은 국가 단위로 역사를 구분하지 않는 대신 문명 단위로 세계사를 고찰한다. 결국 문명이라고 하는 것에 착안하려면 국가 단위의 역사에 집착하지 않고 특정 문화의 분포와 그 문화의 지속적 상황에 착안함으로써 성립되는 것이다.

문명은 유사 이래 지구상에 여러 가지 형태로 생겨났고, 제가끔 다른 문명과 구별되는 독자의 개성을 지닌다. 이들은 구체적으로 존재하는 실체이므로 고유한 명칭을 갖게 되며 특정한 지역을 차지한다. 예컨대 아테네, 스파르타 같은 도시국가는 그리스·로마 문명의 일부로서 그리스 문화를 공유하고 그리스 사회체에 속하고 있었다. 그리스·로마 문명은 로마 제국에 이르도록 한 번도 정치적 통합을 보지 못했으나 그럼에도 불구하고 이 문명은 문화적 통일체로서 이미 10세기 이상이나 존속하였다. 그리스의 문명은 이집트, 크레타, 바빌로니아 등의 문명과는 판이하다.

요컨대 문명론의 제1차적 전제는 문명이 국가나 민족을 포용하는 사회체이며 이 사회체는 또한 공통의 문화를 지니고 있다고 하는 이중의 통일체, 다시 말해서 사회적이며 동시에 문화적인 통일체라고 하는 것이다. 토인비는 현존하는 문명을 6개로 헤아리고 있으나 17개의 문명은 사멸한 것으로 보았다. 이들 23개 문명을 비교 연구하는 것이 그의 문명론의 기본이다.

3. 문명의 동시대성

앞서 언급한 바 있는 대로 두 번째의 원리는 모든 문명은 "병행竝行"하고 있으며

"동시대적同時代的"이라고 하는 것이다.

그는 모교인 옥스퍼드대학 베리올칼리지의 고전학과 학생을 위해서 투키디데스를 강의하는 가운데서 문명의 동시대성을 발견하게 된다. 토인비는 "우리(서양)가 우리(서양)의 세계에서 지금 경험하고 있는 것은 이미 투키디데스가 그들(그리스)의 세계에서 경험한 것이었다"라고 보고 그리하여 "연대기가 어찌되었던 투키디데스의 세계와 나의 세계와는 철학적으로 동시대라고 하는 것이 판명되었다"라고 말하고 있다.

2천 년이란 오랜 역사가 흐른 그 옛날, 그리스라고 하는 사회체에서 일어났던 일이 서양의 20세기에 일어나고 있는 일과 같다고 보는 것이다. 그렇다고 무엇이든 매사가 한결같이 동일하다는 것은 있을 수 없다. 동일한 것이란 사회체의 위기가 같다고 하는 것이다.

"좌절挫折"이란 사회체가 상·하로 또한 내·외로 나누어지면서 상·하와 내·외와의 투쟁이 격화하여 거의 조정하기 어려운 상태에 이른 것을 말한다. 이 "좌절"이라고 하는 위기는 투키디데스의 시대나 토인비의 시대나 "동시대적"이라는 것이다. 토인비가 차츰 의식하게 된 금일의 상황, 금일의 위기는 2천 년 이전의 투키디데스에 의하여 명확하게 해명되고 있었다. 이렇게 상정想定할 때에 투키디데스는 현대를 이미 간파하고 있었다고도 말할 수 있다. "좌절"이라고 하는 위기에 관한 한, 투키디데스의 현재와 토인비의 현재는 동일한 것이었다. 그리스 문명과 서양 문명 사이의 이러한 병행성이야말로 토인비의 생각에 있어서의 가장 기본적인 것이요, 문명론을 확립하는 데 두 번째로 주요한 출발점이 된다.

그리스 문명의 위기를 비교하는 가운데서 도출되는 것은 문명이라고 하는 것이 3단계의 과정을 갖게 되고, 이러한 각 단계가 역시 동시대적이라고 의식하게 되면서 문명은 "이질異質"의 것이지만, 각 단계가 병행하고 있다는 것을 발견하게 되었다. 토인비에게는 그리스의 말기가 근대의 후기와 동일하게 보였다. 그리스와 근대의 후기 사이에는 2천 수백 년이 가로 놓여 있으나 그 거리가 무시될 수 있었다.

그리스 역사의 선례에서 자신이 사는 시대를 읽을 수 있었던 토인비는 모든 문명에도 이러한 단계가 개재하고 있는지를 검토하였고, 끝내는 모든 지상의 문명은 탄생Genesis하여 사거하는 동안에 동일한 단계를 경과한다고 확신하기에 이르렀다. 즉 탄생하여 성장한 문명은 좌절Break-down하게 되고 마침내 "해체解體/Disintegration"한다. 해체된 문명은 "사멸死滅/Dissolution"하는 것이다.

4. 문명의 생사관

문명이란 실체를 확인하고 이러한 실체가 동시대적이라고 간취看取함으로써 문명론의 토대가 되는 기본적인 원리가 확립된다. 이 두 가지의 원리는 모두 슈펭글러로부터 이어받은 기본 원리이다.

이와 같은 기본 원리는 문명의 "단계段階"의 비교와 문명의 "조우遭遇"의 비교로 발전한다. 이 단계론은 거의 전폭적으로 슈펭글러의 영향을 받고 있다. 토인비 나름의 이론 전개가 없는 것은 아니지만 본래는 슈펭글러의 지론이다. 그런데 문명의 조우는 비교적 토인비의 독자적 힘으로 이루어진 것임을 볼 수 있다.

문명은 탄생하면서 "저지沮止/arrested"되고 "유산流産/abortive"되는 일 없이 순탄하게 성장하면 결국은 "좌절"되고 급기야는 "해체"되고 마지막에는 "사멸"한다. 탄생한 문명이 3단계를 거쳐 죽음에 이르는 과정을 23개의 문명에 관해서 비교 연구하는 것을 단계론段階論이라고 할 때에 23개의 문명이 모두 3단계를 거쳐서 사거한 것은 아니다. 토인비가 주장하는 바에 의하면 23개의 문명 중 현재 살아 있는 문명은 6개의 문명, 즉 서양, 이슬람, 러시아, 힌두, 중국, 일본 등이다. 그런데 서양과 회교를 제외한 4개의 문명은 해체기의 말기에 다다르고 있다. 나머지 17개의 문명은 모두 3단계를 거쳐 사멸하였다.

이 문명의 단계는 결국 탄생, 성장, 좌절, 해체, 소멸하는 5단계를 거치는 것이다. 문명이 "성장"하기에는 "창조적 소수인Creative minorities"이 창조적으로 활동하여 허다한 난제를 해결함으로써 이루어진다. 창조적 활동을 지속하는 가운데 다수인으로서의 사람들은 소수인의 창조의 매력에 매혹되어 그 창조를 "모방"한다. 문명 내부는 아무런 갈등이나 투쟁 없이 원만한 성장이 지속된다. 주변의 만족蠻族도 문명의 혜택을 보려고 순종한다.

그러나 창조적 소수인의 창조력에는 한계가 있어 창조는 마침내 정지한다. 이것이 바로 "좌절"이다. 창조적 소수인의 지도력은 감퇴되고 대중의 모방은 멈추고 만다. 여기서 지도자는 힘의 강제로 대중을 다스리려고 시도함으로써 "지배적 소수인Dominant minorities"으로 변질한다. 강제 지배에 대한 일련의 반항이 일어나고 마침내 "동란기動亂期"가 온다. 문명의 내부에는 "내적內的 프롤레타리아트〔로마 시대의 기독교도〕"가 그 주변에는 "외적外的 프롤레타리아트〔민족 이동기의 게르만 민족들〕"가 생겨 지배적 소수인과 적대적 관계를 갖는다.

문명의 좌절로 생겨난 "동란기"는 어느 문명이든 400년간 계속된다. 그리스 문명의 예에서 보면 기원전 431년의 펠로폰네소스 전쟁으로부터 기원전 31년 로마 제국에 의한 "전국 통일"에 이르는 400년간이 이에 해당된다. "동란기"는 문명의 중기에 일어나는데 그 이전은 "성장기"에 해당한다. "동란기"가 종식하게 될 무렵 "전국 통일"이 있게 된다. 한 제국漢帝國과 로마 제국 같은 나라가 출현하는 것이다.

동란기란 여러 나라가 상극하는 전국 시대戰國時代이다. 이 동란기는 강국이 패권을 잡아 문명을 통합하였을 때 종식한다. 그리하여 "세계 국가Universal state"가 등장하는 것이다.

세계국가는 문명의 완성을 뜻하는 것이 아니라 그것이 이룩되기까지에는 군국주의軍國主義가 최고조에 달해야 하므로 "군국주의의 자살성自殺性"을 확신하고 있는 토인비의 경우 세계국가란 문명의 해체를 뜻하는 것이다. 그 이유는 문명의 해체란 하나의 문명이 총화를 이루지 못하고 "지배적 소수인"의 세계국가와 "내적 프롤레타리아트"의 "고등 종교Higher religion" 와 "외적 프롤레타리아트"의 "전투 단체戰鬪團體" 등, 셋으로 크게 나누어진다. 이러한 삼자의 정립 상태鼎立狀態가 바로 문명의 "해체"인 것이다.

서양 문명의 경우 고등 종교란 기독교를 뜻하며 전투 단체란 호전적 게르만족의 집단을 말한다. 해체기의 이들 삼자는 정신적으로 융합하지 않는다.

세계국가는 외관상 위풍을 과시하지만 정신적으로는 허약하고 고작 독재자 숭배를 강요한다. 정신적 안정을 찾아 고등 종교에 매혹되고 종교의 규모는 날로 확대되어 마침내 지배적 소수인에게도 영향을 미친다. 세계국가의 국교國教로 채택되기까지 성장한 고등 종교는 "세계 종교Universal religion"로 된 것이다. 세계국가를 최종 단계로 문명은 멸망한다. 외적 프롤레타리아트는 민족이동民族移動을 일으켜 제국의 시체를 뜯어먹는다. 세계국가는 사거하였으나 세계교회와 야만족들은 생잔生殘하여 차기의 문명의 담당자로서 역할을 하게 된다.

5. 문명의 조우

문명과 문명과의 조우遭遇에는 두 가지 종류가 있다. 하나는 "공간적 차원에서의 조우"이고 다른 하나는 "시간적 차원에서의 조우"이다.

토인비의 모든 문명 해석에서 하나의 전형으로 다루어지는 근세의 서양 문명은 그리스 문명이 낳은 자子문명으로서 양 문명은 서로 "부자 관계"를 갖는다. 부父문명 사후에 야만족은 함께 살아남은 "세계 종교"에 매혹되어 서서히 개종된다. 야만족의 개종이야말로 새로운 문명의 탄생으로 이어진다. 만족들은 사멸한 문명의 유산을 종교적 개종을 통해서 섭취하면서 스스로 문명으로 향하여 비약한다. "세계 교회"가 존속할 수 있었던 것은 문명을 초월한 높은 차원을 창조할 수 있었기 때문이다. 세계 국가는 새로운 문명의 탄생을 위해 "고등 종교高等宗教"라는 씨알을 남긴다.

문명 부재不在의 공위 시기age of interregnum에 유일한 정신적 등불로 살아남은 고등 종교는 만족을 개종케 함으로써 옛 문명과 새 문명 사이의 교량적 역할을 한다. 다시 말해서 고등 종교를 매개로 부문명과 자문명은 시간적인 차원의 연속성과 접촉을 갖는 것이다. 이러한 문명의 상속 관계야말로 토인비가 발견한 독창적 이론이다. 서양 문명이 그리스 문명을 승계하고 그리스 문명은 크레타 문명을 승계한 것을 보면 이 이론 체계가 입증된다. 문명의 부자 관계는 두 가지 사실을 나타낸다. 그 하나는 문명의 "세대" 관계요, 또 하나는 문명의 "르네상스"이다.

23개의 문명 중에서 "이집트"와 "안데스" 문명을 제외하고 문명은 거의 모두 "부자 관계"를 갖는다. 현존하는 문명은 모두 제3대의 문명으로 손자뻘이 된다. ① "힌두 문명"의 선행 문명은 "고대인도 문명이고 인도의 부문명은 "인더스" 문명이다. ② 일본의 부문명은 중국 문명(周代로부터 漢代)이고 다시 그것의 선행 문명은 은殷 문명이다. ③ 히타이트와 바빌로니아의 선행 문명은 수메르 문명이다. ④ 미노아(크레타) 문명은 두 개의 문명을 낳았는데, 즉 그리스 문명과 서양 문명 이외에도 시리아를 낳았고 시리아는 이란과 아라비아를 각각 낳았다. ⑤ 마야는 멕시코와 유카탄을 각각 낳았다.

23개의 문명 중 21개의 문명은 다섯 체계로 나누어지고 이집트와 안데스의 두 문명만이 후속 문명 없이 종식한다. 문명의 3세대 구분을 보면 서양사학의 전통적 3시대 구분론과는 완전히 다른 구조를 볼 수 있다. 인류의 문명을 총괄하고 있는 점에서 문명이론의 시대 구분 방식은 거시적일 뿐 아니라 사리事理에도 맞는 것임을 쉽사리 알 수 있다. 이로써 고대문명을 소홀히 다루고 있는 역사학의 모순을 발견할 수도 있다.

문명의 부자 관계와 함께 르네상스에 대한 해석에서도 토인비 이론의 독창성을 엿볼 수 있다. 르네상스란 위기에 처한 자문명이 마침내 부문명의 도움을 구하고 그 가르침에 따르려고 노력하여 부문명의 어떤 부분을 재생시키는 것이다.

이탈리아 문예부흥을 연구한 부르크하르트가 설정한 르네상스 개념에서 고대문예 및 미술의 부흥을 강조하고 있는 것과는 달리 정치, 법률, 종교 같은 측면에서 부문명의 재생이 인정되고 있다. 또한 르네상스 문화는 이탈리아나 네덜란드의 경우 이외에도 수없이 발견되는 것이다. 로마 제국을 재현하려던 신성로마 제국의 정치이념이나 제3의 로마를 자처한 모스크바의 정치이상은 모두 정치적 이념의 르네상스를 나타내는 것이다. 라틴어나 한문 같은 부문명이 남긴 사어死語를 가지고 문장을 구성하는 것도 언어를 통한 르네상스인 것이다. 르네상스는 제3대의 문명 속에서 여러 면에서 여러 형태로 나타난다. 르네상스는 부문명의 모방이기 때문에 흔히 메마르고 유해有害하다. 현실에서 초연할 수 있는 분야, 예컨대 종교나 예술양식 등에서는 생산적인 것도 발견되지만 현실적인 문제에 이르러선 역시 해로운 결과를 낳게 된다. 따라서 모방행위에 불과한 르네상스는 극복되어야만 한다는 것이다.

서양은 17세기 후반의 "고대·근대 논쟁"에서 그리스 문명의 망령亡靈을 뿌리침으로써 그런대로 문화면에서 르네상스를 극복하였다. 자문명은 부문명의 그늘에서 속히 벗어나 자립 자존하여야만 독창적 문명으로서 생명력을 지니게 된다. 부자 관계를 가진 문명이라고 하지만 부문명과 자문명은 어디까지나 다른 문명이기 때문에 부父문명에게 합당한 것이 자子문명에게 합당치 않을 수 있다.

부문명은 사거한 문명이기 때문에 공간적 차원에서는 만날 수 없고, 시간적 차원에서 지난 일을 회고하는 가운데 만날 수 있다. 사자의 망령은 초혼자招魂者의 주술에 의하여 되살아 올 수 있다. 그러나 그것은 어디까지나 망령에 불과한 것이다. 르네상스란 망령의 초혼에 다름없다.

다음으로 "공간적 차원에서의 조우"는 한 문명이 자기 영역을 넘어 다른 문명의 영역으로 밀어닥쳐 이를 정복한 경우를 일컫는다. 마케도니아의 알렉산더대왕에 의한 시리아, 이집트, 인도의 정복이나 서양 문명의 전 지구적全地球的 확대 등이 역사상 대규모의 문명의 조우이다. 이럴 경우 침략한 문명이 정복당한 문명으로 유입해 들어가는 것이다.

우세한 문명은 정치적 저항을 분쇄하고 거침없이 흘러들어 간다. 외래의 문명이 이모저모로 해로운 작용을 하게 되는 것은 당연하며 정복된 문명은 종래의 통일성에 차질을 가져오게 된다. 우세한 외래 문화의 유입을 막을 길은 없다. 일부분의 유입에 그치지 않고 다른 부분을 점차로 침범하여 합리적인 유입을 보게 된다. 오늘날의 세계의 "서양화" 과정을 살펴보면 그 위력을 짐작할 수 있다. 그러나 우세한 문명의 작용이 무한정한 것은 아니다. 그리스 문명과 시리아 문명과의 조우를 살피면 처음 압도적으로 우세한 그리스·로마 문명이 정신적으로 차츰 쇠퇴해지면서 시리아 문명의 고뇌의 산물인 기독교에 의하여 정신적으로 압도되어 버리는 역작용을 겪게 된다. 그리스·로마 문명과 시리아 문명 사이의 조우가 10세기간에 걸쳐 계속되었던 역사적 사실에 미루어 생각해 볼 때에 현금의 "서양화" 과정이란 시작한 지 3세기 정도의 짧은 과정을 겪은 데 불과하고, 서양화의 물결이 앞으로 어떤 역작용을 받고 결정적인 단계로 발전하게 될 수도 있을 것이다.

문명의 조우에서 가장 중요한 소산은 고등 종교의 탄생이다. 고등 종교를 낳게 하는 계기는 거의 원정과 정복에 의한 조우에서 이루어진다. 그런데 승자 쪽의 문명은 정신적인 창조력을 발휘하지 못하고 패한 쪽이 깊은 고뇌 끝에 마침내 고등 종교를 창조해 낸다. 시리아 문명의 고뇌는 정치적, 경제적 내용에서 끝나는 것이 아니라 이질적인 헬레니즘 문화와의 갈등 속에서 이루어진 것이다. 두 문명의 차원에서는 극복도 조정도 불가능한 문명의 상극 관계를 초월한 차원에서 해결한 것이 바로 고등 종교라고 말할 수 있다.

6. 문명 구조의 수정

토인비는 제12권 "재고찰再考察"에서 미국인 학자 필립 배그비Philip Bagby의 이론을 받아들여 자신의 문명 구조에 큰 변동을 가져왔다. 토인비는 배그비의 "주변 문명" 이론을 받아들여 "위성 문명"이라고 명명하고 한편 문명의 "세대世代" 관계에서도 큰 수정을 가했다. 문명의 세대 관계는 배그비의 이론과는 관계없다.

토인비의 문명 구조에서 "저지된 문명arrested civilization"과 "유산한 문명aborted civilization"을 제외한 "충분히 개화한 문명full blown civilization"은 21개 내지는 23개이었으며 모두 동등 동격의 것이었다. 그런데 수정된 문명표에 의하면 문명 자체를 두 종류로 구분하여 "독립 문명Independent civilization"과 이 문명에 의존하는 "위성 문명Satellite civilization"으로 대별하여 전자를 13개로 후자를 15개로 설정하였다. 위성 문명 15개 중에서 12개는 새로이 편입된 것으로 종전까지는 독립 문명의 일부였던지 또는 문명으로서 확정되지 않았던 것들이다,

위성 문명이란 항시 혹성의 둘레를 맴돌고 혹성의 영향권을 벗어나지 못하는 의존 문명을 가리켜 말한 것이다. 위성 문명은 독립 문명의 움직임에 의존하고 있는 것이다. 따라서 위성 문명은 독립 문명으로부터 많은 것을 받아들이는 처지이고 문명의 창조성에 있어서도 매우 열등한 문명이다. 토인비가 새로 확정한 문명은 다음과 같이 요약할 수 있다.

• 독립 문명

(1) 타 문명과 무관한 문명Unrelated to Others : 중미 문명, 안데스 문명.

(2) 제1대의 문명Unaffiliated to Others : 수메르 아카드 문명, 이집트 문명, 에게 문명 인더스 문명, 중국 문명.

(3) 제2대의 문명Affiliated to Others(first batch) : 시리아 문명〔부父문명은 수메르 아카드, 이집트, 에게, 히타이트 등 4문명〕, 그리스 문명〔부문명은 에게 문명〕, 인도 문명〔부문명은 인더스 문명〕.

(4) 제3대의 문명Affiliated to Others(second batch) : 정교기독교 문명, 서양 문명, 회교 문명〔3문명 모두, 부문명은 그리스, 시리아 2문명〕.

• 위성 문명

(1) 히타이트 문명, 에람 문명, 우랄토 문명(아르메니아)〔수메르 아카드 문명의 위성 문명〕.

(2) 이란 문명〔처음에 수메르 아카드 문명의, 다음에 시리아 문명의 위성 문명〕.

(3) 한국 문명, 일본 문명, 베트남 문명〔중국 문명의 위성 문명〕.

(4) 동남아시아 문명〔처음에 인도 문명의, 다음에 인도네시아. 말라야는 이슬람 문명의 위성 문명〕.

(5) 티베트 문명〔인도 문명의 위성 문명〕.

(6) 러시아 문명〔처음에 정교기독교 문명의, 다음에 서양 문명의 위성 문명〕.

(7) 이탈리아 문명〔그리스 문명의 위성 문명〕.

(8) 미시시피 문명, 서남 문명〔중미 문명의 위성 문명〕.

(9) 북부 안데스 문명, 남부 안데스 문명〔안데스 문명의 위성 문명〕.

새로 수정된 문명 열람표를 보면, 중국, 인더스를 제외한 인도, 메소포타미아, 마야 등 여러 문명이 가진다고 정해졌던 2세대 관계 내지는 3세대 관계 문명이 수정되고 있다. 즉 후속하는 차세대 문명은 다른 모든 문명에서도 발견할 수 있는 하나의 전형이라고 생각해 왔던 착오를 정정하기에 이른 것이다. 중국이나 인도 문명은 중도에 격변의 시기를 경험하기는 했으나 그리스·로마 문명에서 서양 문명으로 문명의 세대가 바뀐 것과 같은 큰 변동은 없었다. 은殷 문명은 그 성격이 계속 동일하였음을 인정하지 않을 수 없다는 결론이다. 은나라의 문화는 사실상 "손문孫文의 혁명"이 있기까지 그 연속성을 유지했다고 보아야 할 것이다. 이것은 이집트나 메소포타미아 문명이 수천 년 동안 그 성격을 바꾸지 않았던 것과 마찬가지다. 토인비는 중국과 인도의 문명에서 그리스 문명의 유형에 따른 2세대 논의를 철회하였다.

한국 문명의 경우, 새로운 토인비 나름의 해석을 통해서 "독립 문명"인 중국 문명의 영향을 받은 "위성 문명"으로 정해진 것이 돋보인다. 일본과 월남이 동등한 위성 문명으로 정해진 것도 볼 수 있다.

I II III IV V VI VII VIII **IX** X

토인비의 비교문명사적 한국관韓國觀

— 양대 초강국(미국 · 소련)의 동아시아 조우

금세기를 살아온 구미의 학자들 중에서 1975년 86세를 일기로 장서長逝한 아널드 조지프 토인비만큼 우리나라 일반 독자에게 널리 알려진 이도 많지 않을 것이다. 그의 명성은 일반 지면을 통해서 기회 있을 때마다 보도되었고, 대신문의 창간 기념호나 신년 특집에서 그의 특별 기고를 실은 경우도 수월찮게 있었다.

이렇듯 지면 깊은 서양학자의 서거에 즈음하여 구태여 그의 한국 문명관을 운위云謂하려는 이유는 그가 생전에 한국 독자들에게 보여 주었던 한국에의 깊은 관심도와는 달리, 한국 문명 자체에 대해서는 거의 외면하다시피 했던 사실이 있음을 지적하려는 데 있다.

토인비가 세계적 명성을 얻게 된 가장 큰 이유는 지상에 현존 또는 사거死去한 모든 문명의 성장, 좌절, 해체의 과정을 동등한 가치관에 입각하여 연구하였다는 업적에 있다. 특히 그의 세계 문명사관은 서구의 전통적 "유럽 중심주의적" 세계사관을 극복하였다는 점에서 역사학계에서도 다분히 긍정적으로 평가된 바 있다. 그러나 우리의 관심사인 한국 문명에 대한 그의 안목은 지극히 편협한 것이었고 더욱이 일본 문명에 대한 그의 편향적이며 편중된 서술 내용을 보면 우리로 하여금 실소를 금할 수 없게 한다.

1. 한국인 인상기와 임란승전보壬亂勝戰譜

청년 시절 토인비의 한국에 대한 첫 인상으로부터 출발하여 차츰 그의 한국 문명관에 접근해 보기로 한다.

"키 작은 남녀 모두가 흰 옷차림이었다. 흰옷은 이 나라의 무드에 알맞다. 왜냐하면 동양에서 흰색이란 흔히 애도의 색깔이기 때문이다. 다른 나라에서 농부들은 자연과의 싸움을 위해 허리띠를 맨다. 그러나 여기선 아무도 그 폭넓은 예복 같은 흰옷에 허리띠를 두른 사람이 없었다. 매일같이 묻게 될 진흙을 씻어 내는 데 여인네들은 얼마나 많은 시간을 허비했을까." 시골 기차역에 구경 나온 일군의 한국인은 "그 가련한 얼굴 표정에서 조금도 숨김없는 복종심을 나타낼 뿐이었다", "내 느낌에 〔…〕 한국인은 일본의 벵골인이었다. 나는 갑자기 벌레 같은 소를 지배하는 개미나라의 식민지가 머리에 떠올라 무례하게 터져 나오는 폭소를 억누를 수 없었다", "한국의 지난날의 국민적 만가輓歌는 아직도 울리고 있었다". 상당한 분량의 한국 인상기印象記에서 여기엔 몇 구절만 인용해 보았는데, 이것은 토인비가 1929년 11월 15일 부산에서 서울로 오르는 상행 열차의 차창에서 받은 인상이었다. 그는 뒤에 《중국기행中國紀行》(1931)이라는 책자에서 한국인의 모습을 이같이 가련하게 소개한 바 있다. 아마도 이 인상 때문에 한국사를 소홀히 생각하게 되었는지도 모를 일이다.

그러나 토인비는 이로부터 23년이 지난 1952년에 발표한 방대한 책, 《역사의 연구》에서 한국 여행 당시의 자신의 생각은 잘못된 것이었음을 강조하였다. 그는 "한국 농민의 표정에서 너무도 가련한 복종심밖에는 아무것도 발견할 수 없었던 〔…〕 자신의 그릇된 평가"를 뉘우치면서 "이들의 불굴의 조상들은 1592–98년에 있었던 한·일 전쟁〔임진왜란〕에서 일본인들의 침략에 맞서 싸워 이겼던 것이다". 이러한 역사적 사실이 있음에도 불구하고 "나는 이 한국사의 경고적 실증을 무시한 셈이다"라고 술회하였다. 또한 그는 "일본이 지배한 한국인의 운명적 비극의 본질 속으로 파고드는 데 실패했던" 자신의 좁은 소견을 거듭해서 밝혔다.

그런데 토인비가 한국의 농민상農民相을 거론한 의도는 어느 나라에서든지 "농민이란 인구는 무난히 군사력화軍事力化할 수 있다"는 자신의 지론을 실증하려는 대목에서 하나의 체험담으로 인용한 것에 불과함을 간과해서는 안 될 것이다. 기실 그가 혐오했던 농민의 군대화에 관한 문제는 "서구 문명의 전망"을 다룬 장章에서, 특히 6·25의 한국 전쟁을 위요한 서양의 미·소 양대 강국 간의 역학 관계를 살피면서 언급된 것이다. 토인비는 세계사적 규모의 시각에서 이 두 강대국의 무기를 매개로 하는 무력적 한반도 조우遭遇의 양상을 지적하고 있다. 한반도의 전쟁을 미·소 간의 갈등 관계로 관찰하려는 함축된 의도를 규지窺知할 수 있다. 다시 말하자면, 서양 문명과 러시아 문명(처음에 기독교 정교 문명, 다음에 서양 문명의 위성 문명)이 한반도에서 처음을 맞부딪친 사실이 토인비에 의해서 완곡하게 표현된 셈이다.

그는 "북한인이나 대륙의 중국인이나 공산주의 월남농민군은 소련의 '공산주의 조병창造兵廠'으로부터 무장을 갖추었고, 반면에 남한인이나 대만의 중국인이나 반공산주의 월남농민군은 미국의 '민주주의 조병창'으로부터 무장을 갖추었다"는 사실을 지적하면서 양대 강국의 대립적 양상을 역사적 배경과 함께 살피고 있는 것이다. 생각건대 한국에 대한 그의 관심은 결국 서구 근대문명의 세계성의 실제와 한계를 가늠하기 위해서 검토된 것이었고, 따라서 어디까지나 "서구 문명의 전망"이라는 범주 안에서 고찰된 것이었다. 그렇다고 해서 그의 견해가 현금의 중국, 한국, 일본 같은 곳에 퍼진 "극동 문명"이 "서구 문명이나 러시아 문명에 동화되어 버릴 운명에 놓여 있다고 추단推斷하는 것이 아님은" 말할 나위도 없다.

2. 한국 문명의 기본적 이해 부족

실제로 토인비가 한국사나 한국 문명 자체에 쏟은 관심은 극히 미미한 것이었다. 1939년까지 출판된 전 6권으로 일단 완결을 보았던 《역사의 연구》에서는 단지 제3권에서 "한글 자모子母"의 성립 배경을 두 가지로 요약해서 지적한 것이 전부였다. 그것도 고작 각주 부분에서 언급된 바 있거니와 한국에서 몽고의 침입을 계기로 몽고의 자모를 보고 한글 창제의 의욕을 갖게 되었을 가능성이 있다는 것이다. 또 하나의 요인으로 인도의 불경 원전을 받아들였던 한국인들은 새로 만든 한글 문자의 형을 인도의 필기문자로부터 차용한 것같이 보인다고 한다. 이밖에 한국에 관해서는 6권 전편에 걸쳐 아무런 언급이 없다.

그런데 6권으로 이루어진 토인비의 역사 사상을 한권의 책으로 줄여 널리 전파하는 데 결정적 역할을 했던 D. C. 서머벨의 축쇄본縮刷本에 정리된 문명 일람표를 참고로 보면 이해하기 곤란한 장면이 발견된다. 즉 동아시아 지역의 경우 은 문명殷文明과 중국 문명〔주周·한대漢代에 해당〕, 그리고 그 자문명子文明인 극동 문명〔수隨·당대唐代 이후에 해당〕과 일본 문명만을 기록하고 있다. 이 책은 원저자의 면밀한 내용 검토와 동의에 의해서 출간된 책이기도 하다.

1954년에는《역사의 연구》가 다시 제7권에서 제11권까지 속간되어 새로운 화제를 낳았다. 우리나라에서 토인비가 널리 알려지게 된 것도 학계를 제외하고는 대체로 이 뒤의 일이었다. 제11권은 역사지도와 색인 등으로 엮인 책이고 이를 뺀 4권 중에는 의외로 한국 관계 항목이 다섯이나 발견된다. 그러나 그것도 이미 서두에서 언급한 바 있는 한국 농민의 외양적外樣的 종순성從順性을 지적한 부분과, 이 밖에 한국 전쟁에 관한 사항을 비교적 크게 다룬 것이 그 모두이다. 다만 한 곳, 제7권에 첨부된 도표〈원시 사회, 문명, 고등 종교 일람표〉에서 "한국에서의 극동 문명Far Eastern Civilization in Korea"이라는 표시를 "일본에서의 극동 문명"이라는 표시와 나란히 기입하고 있는 것이 우리의 비상한 주목을 끌게 한다. 이것은 어떤 문맥 중에서 가볍게 언급된 것이 아니라 모든 문명을 망라하여 정리해 놓은 일람표에 기록되었다는 점에서 매우 중요한 시사와 의의를 갖는 것이다.

이 같은 표시를 처음 보게 된 필자는 일종의 당혹감마저 갖지 않을 수 없었다. 그러나 이것만으로는 그가 한국 문명의 존재 가치를 근본적으로 시인했다고 볼 수 없다는 것이 분명하다. 왜냐하면 10권에 달하는 방대한 책 속에서 한국 문명 자체에 대한 직접적이며 기초적인 연구와 검토가 없었다는 것이 분명하기 때문이다. 다시 말해서 그의 기준에 따라 하나의 문명이 인정되려면 그 기초적 조건으로 이를테면 창조적 소수인creative minorities의 활동, 보편국가universal state의 출현, 내적內的, 외적外的 프롤레타리아트의 등장, 공위 시대age of interregnum의 도래, 고등 종교의 역할 등 토인비 특유의 문명 해석 원리에 입각한 관찰이 있어야만 하는데, 한국 문명에 대해서는 아무런 검토도 시도하지 않았던 것이다. 이 점에 관해서는 영국역사가 도슨C. Dawson을 비롯하여 많은 역사가들에게서 동아시아 지역의 문명으로는 토인비가 두 개의 극동 문명, 즉 중국과 일본의 문명을 인정하고 있는 것으로 이해되고 있는 것 같다.

한편 토인비에 의해서 한국 문명이 제외된 사실에 대해서 구미의 역사가들이 별다른 이론異論없이 지내왔던 것도 사실이다.

물론 토인비의 연구 시각이 주로 희랍 문명과 그 자문명子文明으로서의 서구 문명에 집중되었고 또한 이들 부자 문명父子文明을 연결시켜 준 고등 종교로서의 기독교에 수렴되었던 것은 주지의 사실이거니와 이밖에 동양 문명에 대해서는 다만 이슬람 문명에 대한 농도 짙은 연구가 있었을 뿐, 이슬람으로부터 동방으로 이동하면서 그의 시각은 차츰 흐려져 중국 문명이나 일본 문명의 전면적 윤곽구성에서 소루疏漏한 데가 적지 않은 것을 간취看取할 수 있다.

그가 중국 문명을 서구 문명의 유형類型으로 이해함으로써 중국 문명으로서의 진한秦漢을 보편국가(로마 제국과 같은 유형의 국가)로, 한 제국漢帝國 몰락에서 북위北魏의 출현까지를 공위 시대(서양 중세 시대에 해당)로, 극동 문명으로서의 수당隨唐(서양 르네상스기에 해당) 이후를 자문명으로 설정했다가, 후일에 이 같은 세대론적世代論的 해석을 철회하고 중국 문명의 연속성을 시인한 사실도 다름 아닌 중국 역사에 대한 그의 식견 부족에서 야기되었던 문제이다. 이것은 서양출생의 세계사가로서 피할 수 없는 여러 가지 제약 때문이겠지만, 일본 문명을 하나의 독립된 문명으로 설정한 그가 한국 문명의 가치를 도외시한 것은 도저히 이해할 수 없는 일이다.

3. 중국은 독립 문명, 한국은 위성 문명

토인비가 한국 문명의 존재 가치를 사실상 외면한 점에 대해서 서양의 역사학계에서는 별다른 반론이 없었다. 그러나 마침내 1958년에는 문화인류학을 전공한 미국학자 필립 배그비philip Bagby가 토인비의 세계 문명 체계 전반에 대한 비판을 시도하게 되었다. 그는 40여 세에 불의不意의 죽음으로 끝내 자신의 구상을 구체화시키지 못하였으나, 그의 저서《 문화와 역사》에서 토인비로 하여금 자설自說의 수정을 불가피하게 한 소중한 성과를 거둔 바 있다.

배그비는 문명을 대문명Major Civilization과 주변문명Peripherical Civilization으로 크게 나누고 중국 문명에 대한 주변문명으로 한국과 일본의 두 문명을 설정하였다.

그에 따르면 주변문명이란 예술양식이나 기술, 기초적 제도나 관념이나 가치 가운데서 무엇이든지 대문명으로부터 차용하여 자기 것으로 소화함으로써 하나의 문명으로 성립한 경우이다. 그럼에도 불구하고 토착적 본래적 관념이나 제도나 가치를 상실하지 않고 스스로 보존하고 있기 때문에 대문명에 흡수되거나 병합되지 않고 독자의 개성 있는 문명으로 존립할 수 있다는 것이다. 주변문명은 독창성이 결여되었고 기초적 제도의 발전에서 추진력이 약하며 또한 수명도 대문명에 비해서 짧다.

이러한 배그비의 문명 구조는 토인비에게 자성의 기회를 갖게 하였다. 결국 토인비는 "재고찰再考察"이라는 부제를 첨가한《역사의 연구》제12권에서 종래의 자설自說을 수정하기에 이른 것이다. 즉, 대문명에 해당하는 독립 문명獨立文明과 주변문명에 해당하는 위성 문명衛星文明을 자기 나름대로 안출案出하여 그 문명의 수도 전자를 13개, 후자를 15개로 정하였다. 15개의 위성 문명 중 12개는 전혀 새로이 책정된 것으로서 이것들은 지금까지 독립 문명에 속했던지, 그렇지 않으면 소속 불명 내지 미지未知의 상태로 있었다고 찰지察知된다. 여기서 우리의 관심사인 동아시아의 경우만 언급하자면, 그는 중국을 독립 문명으로 한국, 일본, 월남을 각기 중국에 의존하는 위성 문명으로 설정하였음을 알 수 있다.

토인비의 15개의 위성 문명은 그 수에 있어서도 배그비의 30개에 달하는 주변문명 자체에 대한 왕성한 연구에 비할 바가 못 되는 것이 지적할 만한 결함이 아닐 수 없을 것 같다. 또한 그는 위성 문명에 대해 엄밀한 규정이나 식별 기준을 개념화하지 못하였다.

그가 일본 문명을 격하시켜 한국 문명과 대등한 위성 문명으로 평가한 것은 상찬할 만한 일이지만, 위성 문명이란 어휘는 여러 곳에서 여러 맥락 중에서 산견散見될 뿐, 명쾌한 정의 풀이가 부족한 것이 흠이다. 특히 한국 문명에 대해서 토인비는 자기본연의 문명사적 문명 이론적 해석을 내리지 못하고 있는 것이 크게 아쉽다.

여기서 부언附言하고 싶은 것은 배그비가 주장한 주변문명은 본래의 의존적 속성을 버리고 독립 문명으로 성장할 수 있는 자체 발전의 논리를 갖는 데 대해서, 토인비는 이를 염두에도 두지 않고 있으며, 반면에 독립 문명으로 출발한 것이 유력한 다른 문명의 방사放射에 조우하여 마침내 그 영향 아래 들어갔을 때 오히려 위성 문명으로 격하된다는 것을 강조하고 있는 것이 특징적이다.

이것은 이를테면 타 문명의 "희랍화"라든지 오늘날의 세계적 서구화 현상에서 나타나는 토착 문화의 대규모적 문화 변용文化變容을 주장하고 폭넓게 이론화한 것에서 찾아볼 수 있다.

4. 비교 문명론의 선구자

토인비의 높은 성가에는 늘 비판과 반론이 뒤따랐다. 그의 웅대한 세계 문명 구조가 갖는 시간과 공간의 차원을 뛰어넘은 형이상학적形而上學的 추단推斷과 구도構圖, 현격하게 시간적으로 거리가 떨어진 역사적 사실과 그 가치의 엄청난 유추, 각 문명의 유형적 파악과 정리 등은 실증적 학문의 바탕을 존중해야 하는 전통적 역사학계에서 손쉽게 받아들일 문제가 못되었기 때문이다.

그럼에도 그에 의해서 본격적으로 체계화된 비교 문명론은 꾸준히 발전하였고, 이미 그의 생시에 그를 승계한 학자가 속출하여 하나의 뚜렷한 학문분야를 구성하여 왔다. 이를 실증하는 것이 1961년에 독일 잘츠부르크에서 있었던 국제비교 문명학회의 탄생이다.

여기서 비교 문명론의 현 단계와 장래를 종합할 겨를은 없으나 토인비가 구축해 놓은 문명 이론의 아성은 영원히 존립할 것으로 믿어진다. 왜냐하면 문명론을 연구하게 될 사람이라면 토인비를 부정하게 되던 긍정하게 되던 간에, 그가 정립한 문명론에 대한 조술적祖述的 연구 없이는 아무런 학문적 비약도 기도할 수 없기 때문이다.

한국 문명에 관한 한, 아깝게도 그는 미봉적 처리로 매듭 지었으나, 생각건대 이는 한국사에 대한 의식적 외면보다는 한국사 자체에 대한 기초 지식의 결여에 그 원인이 있었을 것 같다. 비근한 예로 일본 문명에 관한 그의 역사 지식도 기실은 널리 알려진 산솜이나 라이샤워 같은 소수의 구미역사가의 논저를 통해서 얻은 것이었다. 토인비는 일본사에 대한 자신의 결함을 메우고자 그의 말년에 가진 일본 여행에서 일본 학자들과 많은 문답을 나눈 것으로 알려지고 있다. 이와 같은 사실에 미루어 우리의 입장을 생각해 볼 때 구미로 향한, 아니 세계로 향한 보다 많은 한국사의 소개가 있어야지만 날로 심화되고 확대되어 가는 비교 문명 논의에 뒷받침이 될 수 있을 것 같다.

현대의 세계사(바라클라프의 다이얼로그)
— 담론의 배경 : 유럽 시대와 유럽 중심주의 사관의 종식

현대사와 세계사는 새로운 이념은 아니다. 현대사는 적어도 투키디데스만큼 오래된 것이다. 중세의 승려들은 특히 그들 자신의 시대사를 쓰기 일쑤였다. 19세기의 정치평론가들은 흔히 매우 기묘한 결론과 함께 현대사 서술에 열중하였다. 세계사는 헬레니즘 시대나 로마 시대로 소급할 수 있다. 세계사는 특히 4세기부터 크리스트교 저술가들에 의해서 장려되었는데, 그들은 크리스트가 모든 인류를 위해서 죽었다는 이유 때문에 크리스트교의 교리는 역사에 대해서 보편적 접근을 해야 할 필요가 있다고 인식하였다. 19세기 초에 독일 철학자 헤겔은 역사철학을 보편적 규모에서 제시했고, 그와 마찬가지로 20세기 영국의 역사철학자 아널드 토인비도 보편적으로 제시하였다.

이러한 모든 선례가 있음에도 불구하고 현대의 세계사를 쓰는 일은 — 그것은 인류의 역사를 보편적으로 쓰는 것이며 편협한 유럽적 관점에서 쓰는 것은 아니지만 — 비교적 새로운 일인 것이다. 역사가들이 지난 30년 내지 40년 동안의 실제적인 세계의 흐름을 이해하기 위해서 다루고 있는 역사철학, 경험적 탐구, 그리고 과학적 분석 등은 결국 커다란 격차格差가 있는 것이다. 그런데 현대 세계사에 관한 이념은 이데올로기적 언질言質을 내포하고 있다. 현대의 세계사는 유럽 시대가 1945년에 종식하였다는 것을 전제하고 있으며, 더욱이 그 이후로는 — 세력 균형勢力均衡의 변동, 러시아·미국·중국의 우월성, 아프리카 및 아시아인들의 해방, 라틴 아메리카 제국의 새로운 등장, 1950년대와 1960년대의 통신 및 통신수단의 혁명으로 인한 세계의 수축 등으로 말미암아 — 지난날의 유럽 중심적 역사는 이미 아무런 의의가 없든지 또는 지적인 의미의 정확성도 없어진 것이다. 어느 모로 보나 현대의 세계사를 서술한다는 것은 이따금 "제3세계"라고 불리는 영역의 성공이나 전망에 대한 아마도 지나친 찬사와 함께 반反제국주의적 언질이나 감정이입을 전제하는 것이다.

현대의 세계사를 서술한다는 것은 이렇듯 이데올로기적 관여를 완전히 배제할 수 없을 뿐만 아니라 — 비록 그것이 19세기의 크리스트교적·이데올로기적 관여가 아닐지라도 — 더욱이 역사가는 다른 분야에 있어서도 그렇지만, 이 세계사 분야에서 완전한 독립을 생각할 수 없는 것이다. 현대의 세계사를 쓴다는 것이 뜻있고 중요한 것이라면 오히려 하나의 관점이 강력한 관여를 내포하지 않을 수 없을 것이다. 반면에 이러한 일을 어떤 가치 있는 방법으로 실행하기에는 20세기의 방대한 지식을 필요로 할 뿐 아니라, 20세기의 발전상에 대하여 어떤 전망과 의미를 부여하기 위하여 선행한 다양한 여러 문명의 역사에 대한 관찰도 아울러 필요한 것이다.

제프리 바라클라프는 이러한 일을 맡는 데 적격일 뿐 아니라, 이 사람이야말로 자기 세대에서 세계사를 기술하는 데 필요한 관점은 물론 폭넓은 학식을 가지고 있다. 바라클라프는 1908년에 영국에서 출생하였고, 유럽의 지도적 중세 전공 학자들 중의 한 사람으로서 훌륭하고 상찬할 만한 성가를 얻었다. 1945년에서 1956년까지 그는 리버풀대학의 중세사 교수였고, 다음에 그는 런던대학에서 토인비의 국제 관계사 강좌를 계승하였다. 또한 그 뒤로 수년 동안 그는 미국의 여러 대학에서 가르쳤고, 현재는 옥스퍼드대학에서 치첼 역사강좌를 계승하고 있다. 바라클라프는 그의 폭넓은 관심과 그의 게르만적인 완강한 성격과 분석적인 학문 태도와 그의 역사 서술에 있어서의 새로운 이념과 방법에 대한 줄기찬 연구 때문에 같은 세대의 영국역사가들 가운데서 발군의 위치에 있다. 실제로 그는 유네스코가 제기한 역사 및 사회과학에 있어서의 근년의 저작들에 대한 분석 작업을 맡은 바 있다.

바라클라프는 항상 영국학계의 기존 업적이 지니는 일반적 통념으로부터 초연하였다. 1930년대와 1940년대에 영국의 역사 서술이 국민적으로 도서적島嶼的인 위치에 잔류殘留하였을 때 바라클라프는 유럽적인 조망을 가지고 있었다. 영국의 역사 서술이 제2차 세계대전 후에 유럽적 넓이로 발전하긴 했으나 아직도 전위적 위치에 있던 바라클라프는 스스로 세계적인 관점을 채택한 것이다. 그는 아시아·아프리카·라틴 아메리카와 같은 자라나는 나라들에 대해서 지극히 동정적이다. 그들의 당면 문제나 그들 사회의 단합에 이르도록 결코 무관심하지 않은 그는, 그의 훌륭한 저서《현대사 서설》에서 아시아·아프리카·라틴 아메리카의 사람들을 문명생활의 발전에서 중요한 실험의 초점이 되는 것으로 파악하고 있다. 엄격한 관념적 급진주의자가 아니면서도 바라클라프는 영국의 어떤 지도적 역사가보다도 모택동주의적 입장에 대해서 극히 동정적이다. 바라클라프는 저조한 징후나 노년의 기색이 보이지 않는 엄청난 정력가이다. 그는 줄기차게 자신을 새롭게 다지고 또한 자신을 고무하며, 그리하여 새 세대의 새로운 문화와 기대와 희망을 이해하는 데 지속적으로 활기찬 역량을 과시하고 있다.〔이상 대담자 캔터Norman F. Cantor의 소개의 말〕

캔터 : 현대사를 서술하는 것이 그 이전 시대의 역사를 쓰는 것과 어떻게 다른가? 현대의 역사가가 반드시 알아야 하고 또한 자신의 역사 서술에서 참작해야 할 현대 사회의 변화는 무엇인가?

바라클라프 : 현대사에서 하나의 결정적인 국면은 그 내용의 확대에 있으며, 바로 이 사실이 그 자체에 있어서 새로운 원리와 구상과 방법을 불가피하게 만든다. 오늘날 우리는 순수한 각종 문서로 말미암아 압도당하고 있으며, 혼자서 제2차 세계대전에 관한 자료를 모두 통관通觀하려고 바라는 사람은 없을 것이다. 전통적으로 근대사라고 알려진 시대(즉 15세기 말에서 19세기 말까지)에 역사가들이 하는 일이란 기록된 자료를 해석하고 이야기를 엮어 내는 일이었다.

오늘날 기본 사료에 대한 역사가들의 접근 방법은 다를 수밖에 없고, 옛적부터 내려오는 선을 따라 연구를 계속하기란 불가능하므로, 입수가 가능한 연구 자료의 방대한 집적集積을 정복할 수 있는 사람은 없을 것이다. 1914년에 이르기까지 우리는 한 문명이나 한 지역을 다룰 수 있을 것이다. 1919년 이래, 이보다도 1945년 이래 가장 기본적인 사실은 많건 적건 독립된 지역 사이의 상호작용과 상호영향을 다룰 수 있다는 것이다. 이것이야말로 현대 사회에서 볼 수 있는 최초의 구조적 변화이며, 역사가가 그의 연구에서 개척해야 할 일이다.

두 번째 변화는 — 확실히 첫 번째 변화와 가까이 연결되고 있지만 — 한때 역사의 대상이었던 사람들이 이젠 역사의 주체가 되었다는 것이다. 19세기 유럽의 아프리카 개입의 역사는 아프리카인에게는 "우연히 일어난" 일로 기술될 수 있을 것이다. 그럼에도 현대사는 아프리카인의 관점을 반드시 포함해야 한다. 아프리카인들은 그들 자신이 역사 과정에서 행위자가 된 것이며, 바로 이 사실이야말로 내가 말하고자 하는 역사 내용의 확대가 의미하는 것이다. 아프리카의 역사는 바야흐로 과거에 있었던 바와 같은 단일의 관점, 즉 런던이나 파리의 관점에서 기술될 수는 없다.

이것이 나를 제3의 문제로 이끈다. 즉, 유럽을 전체 모습의 중심에 자리 잡게 하는 것이 이미 무의미하다는 것이다. 물론, 나는 유럽의 중요성을 축소시키려는 것은 아니며, 다만 세계에서 유럽의 위치가 변했다는 사실에 대한 가식 없는 진술을 한 셈이다. 예컨대, 1960년대의 역사로서 미국과 러시아와 중국을 선두에 거론하지 않은 것은 초점을 잃은 역사일 것이다. 어쨌든 1945년 이후의 모든 큰 사건은 — 한국 전쟁, 수에즈 전쟁, 콩고 위기, 쿠바, 라오스, 베트남 등 — 실제로 유럽 밖에서 일어났던 것이다.

이러한 모든 이유 때문에 현대사 내지는 이따금 "근대 후기"라고 일컬어지는 시기의 역사는 그에 앞선 시대의 역사와 크게 다른 것이다.

캔터 : 19세기 말엽의 역사적 전환점들은 무엇인가? 어떤 범위에서 양차의 세계대전은 이러한 전통에서 결정적인 계기였는가?

바라클라프 : 모두가 인정하듯이 역사의 시대 구분은 늘 문젯거리였다. 그 이유는 시대라는 것이 인위적인 것이기 때문이다. 시대란 우리가 과거를 바라볼 때 식별할 수 있는 무엇인가를 우리가 생각해 낸 것이다. 이러한 시대란 결코 존립한 적이 없고, 따라서 결코 명확한 구별도 없으며, 그리하여 항상 변화의 과정에 대한 인식을 흐려 놓은 보수적이며 복고적인 힘의 작용만이 있는 것이다. 예컨대, 제1차 세계대전 후에 이른바 정상적인 상태로 되돌아가기 위한 굉장한 노력이 기울여졌었다. 그것은 성공을 거두지 못했는데, 왜냐하면 일단 휘저어 놓은 계란은 되살릴 수 없기 때문이다. 오히려 그것은 당시의 상황에 대한 우리의 관찰을 복잡하게 하였다.

둘째로, 시대 구분이란 변화의 정도에 따라서 좌우되는 것이다. 정치적 사건이나 또는 나폴레옹이나 히틀러 같은 두드러지는 사람을 "전환"의 축도인양 다루는 것이 가장 손쉽고, 따라서 아마도 가장 평범할 것이다. 그러나 만일 같은 상황을 경제사가나 문화사가의 관점에서 본다면 시대 구분은 완전히 달라질 수 있을 것이다. 정치·경제 및 문화의 변화는 반드시 함께 추진되는 것이 아니다.

내 생각에 양차의 세계대전의 중요성을 과장하기는 용이할 것이다. 첫째로, 지적인 풍토에서의 큰 변화가 대체로 제1차 세계대전이 있기 전인 1895년에서 1905년의 10년 동안에 일어났던 것이 분명하다. 이 시기에 자유주의에 대한 최초의 강력한 반동이 일어났고, 혁명 세력의 현저한 부활이 있었고, 또한 전통적 예술양식에 대한 반발이 있었다. 이러한 지적 분위기의 변화는 그 자체로서 고려의 가치가 있다. 전쟁 전의 프랑스 좌익 세력의 호전성을 생각해 보자. 터키·중국·러시아 같은 비유럽 세계에서 벌어진 동요를 생각해 보자. 나는 이러한 전환점을 설명하려는 것이 아니고 그 전환점에는 확실한 근거가 있다고 생각한다는 것이다. 아마도 알레비Halevy가 제1차 세계대전을 새로 등장하는 혁명적인 요인에 대한 반작용으로 설명하려던 것이 그다지 큰 과오는 아니었을 것이다. 이러한 이론은 만일 전쟁이 없었다면 상당한 수의 혁명이 있었을 것이라는 함축된 의미를 갖는다.

세계대전은 실로 점잖게 이야기하기 어려운 주제이다. 우선 "세계"의 전쟁이란 우리에게 무엇을 의미하는 것인가? 확실히 제1차 세계대전은 1917년까지만 해도 본질적으로 유럽적인 것이었다. 제2차 세계대전은 1937년에 극동에서 시작했고 1939년에야 유럽에서 시작되었다. 제2차 세계대전은 1941년까지는 세계적 전쟁이라고 간주할 수 없다고 나는 생각한다. 그리고 그때만 하더라도 근본적으로 러시아와 독일 간에 있는 유럽에서의 전쟁과, 미국과 일본 간에 있었던 극동에서의 분쟁 사이에는 별반 많은 관련이 없었다. 제1차 세계대전은 러시아를 제외하고 전면적인 정치적 변화가 없었다. 그리고 제1차 세계대전이 식민지의 여러 나라와 중동지방과 그와 같은 곳에서 크나큰 각성의 요인이었다는 견해는 쉽사리 과장될 수 있을 것이다. 내가 보기에는 이러한 견해는 민족주의 운동의 막연한 근원을 찾는 역사가들에 의해서 형성되었는데, 민족주의 운동은 상당히 뒤에 의의를 갖게 되는 것이다.

제1차 세계대전의 본질적 중요성은 경제적인 것이었고, 전환점으로 간주될 수 있는 것은 경제 분야에 있다. 이 전쟁의 가장 중요한 결과는 유럽과 미국의 경제적 균형상의 변화였다. 유럽 국가들은 차용자가 되었고 미국은 채권자가 되었다. 어떠한 재건이 1918년 이후의 유럽에서 있었든지, 또는 유럽 대륙이 아직도 세계의 중심이란 것을 그들 자신이 확신하든지, 기본적인 경제적 변화는 변경될 수 없었다. 1917년은 운명의 해라고 일컬어지고 있거니와, 이 해야말로 미국이 고립 상태로부터 밖으로 나온 해이며, 러시아 혁명이 일어난 해이다. 이때부터 레닌의 이데올로기와 윌슨의 이데올로기 사이에 암암리에 대결이 있었다. 1917년에 세계질서를 둘러싼 두 개의 상충하는 이상이 두드러지게 드러났고, 이러한 이상은 냉전의 씨를 품고 있었다.

역사의 전환점으로서 제2차 세계대전은 극동에서보다는 유럽에서 덜 심각하였다. 유럽의 몰락은 1918년에 시작했고 많은 사람이 이러한 사실을 제1차 세계대전이 종식할 무렵에도 시인하지 않았던 데 반해서, 1945년 후에 유럽이 세계 문제에서 그 우월성을 상실하였음을 합리적으로 부정할 수 있는 사람은 아무도 없었다. 사실상 1945년 후에 유럽인들은 이따금 이러한 경향을 과장하였다. 토인비는 그의 《역사의 연구》 제9권에서 문화적 비관론에 관한 일반적 감정을 유럽은 소멸한 화산이 되었다는 말로 나타냈다. 이 비관론은 1952년 후의 유럽의 재건으로 살아남지 못하였다.

제2차 세계대전 당시에 실로 중요한 변화는 극동에서 일어났다. 일본의 경이적이며 전면적인 승리는 핵의 위력에 의한 패퇴로도 소멸되지 않았다. 전쟁 기간 중에 볼 수 있었던 일본의 동남아시아 진출은 유럽이 세운 식민 제국의 종식을 의미하였다. 나는 그것을 가리켜 으뜸가는 중요성을 지닌 세계사적 사건이라고 부르겠다.

그러나 돌이켜 보건대 현대사에서 진정한 전환점은 경제적 대공황 시기였다고 생각하고 싶다. 그 시기는 비록 나라마다 다른 시기에 절정에 다다랐지만 대체로 1931년에서 32년 사이를 줄잡을 수 있다. 나를 놀라게 하는 것은 아무도 본격적으로 대공황에 관한 역사를 세계적 규모에서 기술하려고 시도하지 않았다는 것인데, 그 이유는 대공황大恐慌이야말로 세계적인 사건이었기 때문이다. 우리는 독일에서 있었던 이 공황에 관해서 많이 알고 있으나 이는 아마도 영국이나 미국에서 과장한 것 같다. 그러나 대공황은 이러한 지역뿐만 아니라 저개발된 세계 — 예컨대, 라틴 아메리카의 여러 나라에서도 전환점이며 분수령이었다. 대공황은 아프리카 민족주의의 주요 기동력이 되었으나 아프리카의 민족 운동이 본격화한 것은 1930년대 초기를 지나서부터이며, 이와 같은 움직임은 인도차이나에서도 있었던 것이 사실이다. 대공황의 경제적 효과는 식민 지역에서 민족주의적 반발로 불붙었다. 1929년에 시작한 이 경제적 대혼란은 구세계를 그 기초부터 뒤흔들었고 도무지 진정 국면이 없었다. 그것은 잠시나마 서구의 오랜, 풍요한 자본주의적 사회 구조를 파괴하고 뒤집는 듯이 보였다. 이것은 또한 지금까지 유령이었던 공산주의가 서구 세계에 대한 진정한 도전 세력이 되는 순간이었다. 뉴딜 정책과 케인스 경제학의 적용으로 위기는 극복됐고, 새 형태의 자본주의 사회가 출현하였다. 그러나 기본적인 재정리가 있게 되었다.

내 느낌에 또 다른 큰 변동이 1960년경에 일어난 것 같다. 즉 다시 한번 변동이 있었는데, 이것을 어떤 하나의 사건으로 고정시켜 지적하기는 어렵다. 우리의 호기심을 끄는 것은 이를테면 1958년부터 1963년 사이에 분위기가 얼마나 변했느냐는 문제이다. 전쟁 직후에 중요한 듯이 보였던 문제들은 뒷전으로 물러나 사라졌다. 가장 중심적인 문제로 보였던 독일 분단에 관한 문제는 어떤 방법으로도 정리되지 않았다. 상황은 해결되지 않았으나 아무도 이 문제를 염려하지 않는 듯하며, 독일 사람조차도 걱정하지 않는 것 같았다. 그 대신 전반적인 새 문제가 야기되었고, 이러한 문제들이 20세기의 제4반기에 가장 중심적인 문제로 보였다. 이 문제들이야말로 후기 식민 시대라고 부를 수 있는 것으로서 저개발, 인구 과잉, 인종 전쟁이 내포한 복잡성 등이다.

이와 같이, 나는 20세기에 있어서의 3대 전환점을 보고 있는데, 첫 번째 전환점은 1900년이고, 두 번째는 1930년경이고, 세 번째는 1960년경이다. 30년간이라고 하는 한 세대가 변화를 초래한다는 말을 내가 믿는 것은 아니지만, 다만 변천의 시기를 획정함에 있어서 그러한 규칙성에 맞아들어 갔을 뿐이다. 실제적인 금융적 변화는 오직 장기적인 관찰을 한다든지 변화의 시점을 관찰할 때만 볼 수 있는 것이다. 19세기 말에 유럽 시대는 종식했고 새로운 세계적 균형이 확립되었다. 당신이 특히 이 유럽의 종식이란 것을 언제로 줄잡으려는지, 또는 그러한 것을 원하기나 하는지 나로서는 알 수 없지만, 우리가 부정할 수 없는 것은 유럽의 쇠퇴가 하나의 역사 시대로부터 다른 역사 시대로의 이행을 기록하였다는 것이다. 현 시점에서 역사적 단계를 확정한다는 것은 결코 쉽지 않다. 1890년에 유럽은 정상頂上에 군림했지만, 전체적 초점이 1960년에 이르러 변했던 것이다.

캔터 : 귀하는 일반적 의미의 파시즘과 특수한 의미의 나치즘은 구세계의 쇠퇴에 의한 특징적인 부산물이라고 말하였다. 이러한 이데올로기의 재기를 예견하는가?

바라클라프 : 전하는 바에 의하면, 휴이 롱은 파시즘이 미국에서 일어날 수 있느냐는 질문을 받고 "예, 만일 파시즘을 다른 이름으로 부른다면 말입니다"라고

답변하였다고 한다. 파시스트라고 막연하게 부를 수 있는 경향이 오늘날의 세계에 확실히 있다. 분명히 커다란 위험이 인종 분규 — "인종 전쟁"이라고 말해도 좋지만 — 에 있고, 그 위험은 미국에서 가장 심한데, 그 이유는 미국 인구 가운데 열에 하나가 유색인종이기 때문이다. 알제리의 사정은 격렬하지 않았는데, 그 이유는 전체 알제리에서 단지 백만의 프랑스 사람이 있었기 때문이다.

만일 그곳에 인종 전쟁이 있다면, 나는 특히 미국을 생각하고 있지만, 그것은 아주 손쉽게 어떤 종류의 경찰국가로 이어질 것이다. 인종 전쟁은 흑인과 마찬가지로 백인에게 영향을 미칠 것이지만 백인들은 그들 자신의 위치를 확보하기를 바란 나머지 아무 생각 없이 경찰국가를 지지할 것이다. 인종 전쟁은 정당한 이유 없는 투옥이라든지, 헌법상의 정당한 권리의 유보 같은 것으로 이끌어질 수 있다. 지금 내가 언급한 바 있는 탄압적인 정권의 이론상의 상황이 역사상의 파시즘과 같으냐는 문제가 남는다. 이것은 물론 1930년대에 나타난 유럽의 파시즘과 나치즘에 대한 정의에 따라 좌우된다.

내가 보기에 1930년대의 파시즘에 대한 하나의 본질적인 문제점은 파시즘이 공산주의와 자본주의 사이의 분쟁에 깊이 관련되었다는 데 있다. 한 가지 의미에서 파시즘은 자본주의 사회의 병폐의 산물이었으며 그 당시에 효과적으로 수습할 수 없었던 움직임이다. 그것은 단순히 한 정당에 의한 지배가 아니었고, 또한 그것은 단순히 국민적 집단에 의한 박해나 집단적 대학살의 실천도 아니었다. 결국 이탈리아의 파시즘은 인종주의적인 것이 아니었다. 파시즘이 실제로 일어나는 이유는 하급중산층이 무산계급으로 떨어질 것이란 두려움에 있으며, 그리하여 그들은 이러한 사회주의적 퇴영을 그대로 견디는 것이었다.

이것이 미국에서 볼 수 있는 오늘의 실제적 환경은 아니다. 물론 경제적 요인이 흑백 분쟁에 작용하고 있지만, 그것이 두 개의 서로 모순되는 경제 체제 사이의 분쟁에 근거하는 것은 아니다. 흑인 운동은 어떠한 의미에서도 반자본주의적 운동은 아니며, 또한 그것은 경제 구조를 근본적으로 변경함으로써 사회질서를 재확립하려는 것과도 무관한 것이다. 바로 여기에 30년대의 파시즘을 만들어 낸 조건條件들과 기본적으로 다른 데가 있는 것이다.

둘째로, 단일 정당의 등장과 지배라는 생각은, 가령 이탈리아의 파시스트이건 독일의 국가 사회주의이건 간에 현재적 상황에서는 상대되는 정당이란 있을 수 없다. 계급의 지배나 독재는 내부적 인종분규로 인한 가능한 결과로서 늘 존립한다고 나는 결론짓는다. 그러나 내가 보기에는 1930년대의 파시즘은 무엇인가 다른 것이 없고, 따라서 이 세계의 지평선상에 지금 떠 있는 것은 아니다. 그러나 파시즘을 이해하고 또한 연상케 하는 확실한 양상을 절멸시킨다는 것은 요원하며, 이들 파시즘적 양상은 새로운 위기라는 맥락 속에서 아직도 소생할 수 있을 것이다.

캔터 : 대중민주주의의 도래가 서구와 공산국가의 정치 과정을 어떻게 변경시켰는가? 전체주의와 대중민주주의는 양립할 수 있는가?

바라클라프 : 우선 나는 정말로 "대중민주주의"라는 말을 좋아하지 않거니와, 여하튼 나는 "대중the masses"이란 어휘를 싫어한다. 내가 생각하기에는 "대중"이란 당신이나 나를 의미하는 것이지만, 그것은 약간 경멸적인 언외言外의 의미나 또는 대개 유약한 "엘리트"는 〔강자에게〕 인도되는 양羊이라는 함축된 의미 없이는 거의 사용할 수 없는 어휘이다.

"대중민주주의"가 의미하는 것은 많건 적건 일반적인 성인 기준의 선거권의 공개에 있다고 나는 생각한다. 19세기의 후반에 이르도록 자유주의적 서구 사회에서의 선거권은 빈약한 원칙적 제약을 받았는데, 사회적으로 특정 이권 — 흔히 토지나 자산 — 을 가진 사람만이 자신의 의견을 나타낼 만한 어떤 권한을 가졌던 것이다. 선거권이 갖는 결과적 협소성은 조직적 정치생활과 중요한 연관을 가졌었다.

대중적 선거권자의 출현과 함께 보통선거권을 어떻게 가동하느냐는 실제적 정치 문제가 전면에 나타났다. 엘리트의 투표 효과를 얻고자 활용해 왔던 방법이 대중선거권자와의 관련에서 효과적일 수 없을 것은 분명하다. 따라서 기본적인 문제는 새로운 현실을 에워싼 정치 과정의 조직에 있었다. 자유주의적 서구 사회나 공산주의 사회는 함께 이러한 새로운 상황에 적응해야만 하였다. 내가 보기에는 가장 주요한 결과적 변화는 정당을 정치생활의 중심에 두는 것이다. 고도로 조직화된 정당이 없는 정치 상황이란 극도로 무질서한 것이고, 또한 대중 속의 개인도 자신이 가진 선거권의 분명한 표시를 할 수 있는 방편을 가질 수 없다. 이것은 오직 빈틈없는 조직에 의해서 해결될 수 있고, 따라서 정당의 등장과 대중민주주의의 출현은 서로 상보적相補的으로 나가는 것이다.

마침내 "당"이 국가를 통솔하느냐 또는 그 반대로 국가가 당을 통솔할 것이냐는 문제가 제기되는 것이다. 공산주의 사회에서 정부안의 요직이 당제일서기党第一書記의 자리에 있다고 하는 단순한 사실은 대중의 의사표시 기구로서의 당의 역할이 (적어도 이론적으로는) 막중한 것임을 나타내는 것이다. 실로 모든 나라에서 정당은 그 자체로서 목적으로 되는 경향이 있으며, 내가 말하는 뜻은 당은 자체의 영속화를 위하여 존립하는 것같이 보인다는 것이다. 예컨대 독일에서 사회민주당이 유권자와 격리된 관료적인 기구가 됨으로써 높은 비율의 대표들이 자신의 자리를 유권자들이 아닌 당으로부터 얻었을 뿐만 아니라, 대표들 가운데에는 종종 당의 간부도 있었다. 정치적 쟁패爭覇의 장에서 효과적 행동자인 당이 대중민주주의적 바탕으로부터 격리되는 것을 방지하고자 당의 의원들을 어떻게 하면 유권자들과 교류할 수 있도록 하느냐가 실제의 문제였다.

우리가 논의해 온 대중민주주의의 유형은 분명히 전체주의와 비교할 수 있다. 대중민주주의를 다루는 일은 확실히 엘리트 정치 구조 — 이를테면 비교적 잘 교육받은 사람들로 이루어진 제한된 유권자 — 를 다루기보다 훨씬 용이하다. 제한된 민주주의였던 구체제에서 정치 영역의 모든 측면으로부터 연설과 신문에 나타나는 호소는 이치를 따져 설득하는 것이요, 또한 교양 있는 논의였다. 대중통신의 도래로 말미암아 합리적 논의는 정치 과정에서 중심적 위치를 잃고 말았다. 텔레비전은 대중 유권자로 하여금 막스 베버가 "카리스마적 지도자"라고 부른 사람을 뽑아 낼 수 있다. 소위 카리스마적 지도자와 잠재적 전체주의적 국가 원수 사이의 관련은 실로 강력하다. 대중매체는 전체주의 국가에서 크게 효과적으로 사용될 수 있으며 그 선전의 가능성은 무한하다.

그러나 사실은 서구에서조차도 전체주의와 무관한 지도자들이 개인적인, 또는 그와 비슷한 근거에서 대중 유권자에게 호소하는 경우가 남아 있다. 지방 읍민들의 집단적 민주주의는 그것이 육중하고 흐트러진 유권자들의 규모로 확대되면서 어떤 직결성直結性을 잃고 있는 것이다. 그것은 처칠이 영국의 유권자를 압도하고자 말한 것의 타당성 여부를 의미하는 것이 아니다. 그것은 그 사람의 영향력이었다. 그럴 때 얻을 수 있는 것은 이따금 "국민투표제 민주주의"라고 호칭되는 것인데, 그러한 제도 속에서 유권자는 자신의 모든 신임을 한 사람에게 주든지 또는 그를 거부하든지 해야 한다. 이러한 일은 독일의 히틀러에게 있었고, 또한 그러한 일이 아데나워 박사에게도 마찬가지로 있었다. 투표는 아데나워에 대한 찬반에 있었지 정책에 대한 찬반에 있었던 게 아니다.

선거후보에 대한 동정에 찬동하면서 진정한 정치 문제를 무시하는 태도를 어떻게 고칠 수 있을까? 그것은 서구 사회와 공산 세계에 함께 있는 문제이다. 수백만이란 유권자 때문에 일반선거인과 정부 사이에 교섭을 유지하는 문제가 가장 중요하게 되었다. 당은 이 점에서 부적당하게 되었다. 하원의 개인적인 의원, 의회의 대의원 또는 국회의원은 전적으로 정당의 기구에 의존하고 있으며, 따라서 그들은 많건 적건 지시받은 대로 하고 있다. 정당은 투표하는 대중의 정치적 희망에 따르는 유연한 수레바퀴가 되지 못하고 있다. 이로부터 빠져나갈 수 있는 유일한 길은 기초적 민주주의와 정치 참여를 통해서 이루어지며, 그것은 군소의 지역 단체로 하여금 그들의 보다 큰 국민적·정치적 범위에 걸친 문제에 강력한 발언을 할 수 있도록 허용하는 것이겠다.

내 마음 속에 간직한 것을 가장 잘 설명할 수 있는 것은 아마도 흐루쵸프가 1959년의 소비에트연방 제21차 총회에서 말한 것이겠다. 그가 정당한 자부심을 가지고 관찰한 바에 의하면 총회에 앞서서 96만 8천 회에 걸친 회의에서 당의 정책을 논의하고 또한 공식적 발표를 하고자 7천만 이상의 인민이 모였다고 한다. 467만 2천 명 이상의 동지들이 이러한 여러 회의에서 비판과 제의를 하고자 발언하였다. 이것이야말로 대중유권자를 적응시키고 또한 심각한 내부적 불만을 피할 수 있는 문제 해결을 위한 하나의 방법이다. 이러한 소위 직접민주주의는 공산 세계에서 진행되는 방법인데, 그것은 무엇인가 우리가 장차 더 보게 될 것으로 나는 확신한다.

캔터 : 현대 세계의 내셔널리즘이 19세기의 다양한 내셔널리즘과 어떻게 다른가? 예컨대, 범아랍적 운동과 19세기의 범슬라브적 운동을 비교해 주겠는가?

바라클라프 : 모든 시대 모든 장소에서의 내셔널리즘은 어떤 공통적 양상을 지니고 있는 것이 분명하다. 그럼에도 불구하고 독특한 조건에서 자라난 내셔널리즘의 다양성을 구분하기 위한 시도가 중요하다고 생각된다. 내셔널리즘의 다양성은 바른 이성에 입각해서 이러한 독특한 조건과 함께 분석되어야 한다.

제2차 세계대전이 끝난 뒤에 등장한 나라들의 모든 지도자들 — 이집트의 나세르, 인도네시아의 수카르노, 가나의 몰락한 엔크루마, 그리고 그 같은 인물들 — 은 자신을 민주주의적 강령에 맡겼던 것이다. 그러나 그들이 택한 내셔널리즘의 전제조건이 무엇이며, 또한 그들은 유럽의 내셔널리즘 선구자들과 어떻게 연관되고 있는지를 관찰하는 것이 중요하다. 애초에 내가 생각하기에는 19세기에 독일과 이탈리아에서 발전했던 바와 같은 유럽의 내셔널리즘은 본질적으로 어딘가 비틀거렸던 기존의 국가적 통일성을 신뢰하는 데 그 기초를 두고 있었다. 이것이야말로 19세기 유럽의 내셔널리즘과 후진국에서의 오늘날의 경향 사이에 처음부터 가로놓인 기본적 차이이다. 약간의 예외를 제외하고 아시아와 아프리카의 신생국가들은 이러한 유럽적 의미의 국민국가가 아니었다. 대부분의 아시아·아프리카 국가들은 단순히 유럽 강국들의 식민국가의 후계로서 존립하게 된 것인데, 유럽인들은 식민 제국을 수립할 때 기존하는 인종적·지리적·역사적 구별을 무시하였던 것이다.

반면에 프랑스는 19세기에 단계적으로 인도차이나의 식민 제국을 함께 통합하였다. 제2차 세계대전 후에 이 영역은 세 개의 다른 지역으로 사이가 벌어졌는데, 라오스·캄보디아·베트남 등이다. 베트남에서의 오늘날의 상황에 관해서는 북부와 남부의 베트남이 역사적으로 두 개의 다른 땅이란 것을 이해하는 것이 중요하다고 생각한다. 북부지역은 역사적으로 중국 영향권에 속했고, 반면에 남쪽 부분은 힌두 문화의 외곽 지대였다. 이 두 부분은 프랑스에 의해서 각기 다른 시기에 — 각각 1859년과 1874년에 — 병합되었고, 이들 두 지역은 1887년에 이르러 하나의 식민영토로서 캄보디아와 라오스가 함께 겨우 통합되었던 것이다. 모든 이 지역들은 본래부터 역사적인 차이가 있었다. 따라서 인도차이나에서는 서로 다른, 오래되고 특이한 민족의식이 현존하고 있으며, 다양한 민족 감정의 표현에는 강한 역사적 배경이 있다.

이러한 문제가 동일한 방향에서 아프리카의 신생국가들에 적용되는 것은 아니며, 또는 중동에서 크게 적용되는 것도 아니다. 트란스요르단의 왕족과 이라크 왕국은 제1차 세계대전 후에 영국의 이익을 위해서 세워진 인위적 구분이요 국가일 뿐이다. 가나 또는 나이지리아 같은 국가도 흡사하게 자연적으로 이루어진 국민국가가 아니다. 식민강국에 의해서 짜인 이러한 합성국가들이 갑자기 독립하게 된 것이다. 신생국가들의 내셔널리즘은 이러한 배경을 마음에 두고 검토해야 한다. 이들 여러 나라의 생래적 이질성은 국가적 통일성에 관한 지도자들의 압도적 강조로써 설명된다.

지도자들은 나라를 지탱하고 또한 권력을 유지하는 수단으로 국가적 동일성〔정체성〕을 강조하도록 강요된다. 지도자들이 실현하고자 노력하는 인위적인 구심적 방향 없이는 아마도 정치 구조는 생래적이요 기성적인 부족 단위로 분해될 것이다. 이러한 중앙정권의 붕괴는 바로 벨기에가 콩고를 철수하면서 일어났다. 콩고 정권의 해체와 가탕카의 분리는 계기적繼起的인 것이었다.

정권의 해체는 모든 신생·독립국가들에게 심각한 위험을 남겼다. 수카르노는 외곽지대의 섬들의 반란에 직면하였는데, 이 섬들은 자바로부터의 독립을 바라고 있었다. 엔크루마가 가나에서 직면한 최초의 문제들 중의 하나는 수세대 동안 옛 황금해안 지대를 지배했던 야샨티 추장들에 대한 문제였다. 이들 부족장들은 중앙정부에 대한 복종요구에 항거하였고, 엔크루마는 그들에 대하여 행동을 취하도록 강요당했다. 부족의 독자성이라는 고래의 의식을 신정체新政體에 대한 충성으로 대치하는 문제는 가나에만 국한된 것이 아니었다.

나이지리아에서는 부족의 차이뿐만 아니라 종교적 차이도 함께 있었다. 새로 독립한 식민지역에서는 어느 곳에서든지 국가적 — 비록 인위적인 경우도 자주 있었지만 — 통일성을 강화하기 위해 극단적인 방법을 취하도록 강요되었다.

이 문제는 유럽에서는 대개 중세 때 극복되었다. 국민국가 — 특이한 정치적·영토적 실체로서 — 의 건설은 유럽 내에서는 노르만 정복이 있었던 시기에 이어서 거의 비슷하게 시작되었다. 이와 유사한 과정이 바야흐로 아시아와 아프리카의 신생국가들 사이에 추진되고 있는 것이다. 그 어려움을 어떻게 이겨낼 수 있을까? 어떤 이는 몇 개의 지역에 통일적 행정을 부과할 수 있을 것이요, 또는 가능하다면 단일민족에 속한다는 의식을 강조할 수 있을 것이다.

신생국가를 견지堅持해 보려는 시도에서 내셔널리즘을 가동하는 일은 필요하였지만, 그것을 남용하지 않을 수 없었던 것이 또한 분명하다. 확실히 예견할 수 있었지만 내셔널리즘의 남용은 이따금 극히 야만적으로 소수 집단의 탄압을 초래하였다. 이런 일은 인도에서 볼 수 있는데, 그곳에서는 네루 시대 이래 중앙정부가 직접적으로 나서서 민족의 활동을 탄압하고 있다. 만일, 한 분파를 가고 싶은 데로 가도록 허용한다면, 그것은 선례를 만들게 될 것이며, 마침내 국가적 해체로 이끌어질 수 있을 것이라고 정부는 두려워하고 있는 것이다. 결국 인도는 지금껏 통일적인 국가가 된 적이 없고, 이 나라는 180개의 다른 언어 집단을 갖는 어려움에 처해 있다. 하나의 분리주의 운동은 전체 국가의 붕괴를 촉발할 수 있을 것이다. 이러한 일은 200개가 넘는 종족을 가진 인도네시아에서도 또한 사실이다. 국가란 존립하지 않으면 쓰러지는 것이다. 이렇듯 아시아와 아프리카의 현대 내셔널리즘은 19세기 유럽의 내셔널리즘과 동일하지 않은 것이다. 만일 누구든 비교를 하고자 원한다면, 새로운 아시아 및 아프리카 제국의 내셔널리즘과 1848-1849년의 혁명 전 19세기의 30년대와 40년대 독일 내셔널리즘 사이에 유사성이 있다고 말할 수 있을 것이다. 1848년 후에 독일의 내셔널리즘은 덴마크인이나 폴란드인 같은 다른 민족에게 적대적으로 그 방향을 돌렸으나, 30년대와 40년대의 민족주의자가 지녔던 열정은 이 나라의 내부적 분열을 이겨낼 수 있는 힘으로 간주되었다.

사실상 오늘날의 아시아 및 아프리카의 내셔널리즘은, 내가 보기엔, 신생 제국의 경제적·정치적 변천 과정에서 발생한 전적으로 태생적이며 불가피한 결과인 것이다. 어떤 사회든지 산업화와 현대화의 과정에서는 통합할 수 있는 모든 힘을 자연히 강화하려고 시도한다. 내가 생각하기엔 서구의 강국들은 이들 신생 제국의 내셔널리즘을 근대화 과정에서 생긴 자연적 결과이거나 기능으로 간주해야 하며, 토인비가 지적했듯이 서구로부터 받은 전염병으로 생각해서는 안 된다. 근래의 유럽의 경험으로는 내셔널리즘이란 파괴적인 것이었고, 그것은 정치상의 모든 도덕의식을 파괴하는 유독한 형성물이었다. 이것이 내셔널리즘은 보수적이면서 동시에 건설적인 힘일 수 있다는 서구의 자각을 방해했던 것이다.

근년에 "범아프리카주의"나 "범아랍주의"를 말해 왔지만, 그 대부분이 과장되고 있는 것 같다. 각 지역의 개별적인 국가들의 내셔널리즘은 현재로서는 보다 포괄적인 연맹을 조직하려는 어떠한 열망보다도 훨씬 강력하다. "범아프리카주의"는 아프리카인들이 참여하고 싶어 하는 강대국들의 세계에 대한 반작용이다. 말하자면 그들은 통합만이 세계적인 강대국의 지위나 또는 주요한 문화적 영향국으로의 지위에 도달할 수 있다는 생각에 차 있다. "범슬라브주의"는 본질적으로 범게르만주의에 대한 응답이었으나, 범슬라브주의 역시 역사적 회고와 함께 살아온 낭만주의적 요소를 내포하였는데, 이는 부분적으로는 정치적이며 경제적인 동기에 의해서 거듭 강화되었던 것이다. 이와 같은 것이 중동의 아랍인들에게도 실제로 있었다. 이곳에서 여러 아랍 국가들의 사정에 간섭하려는 주요 강대국들의 시도는 이러한 여러 나라에서 자신의 운명을 자신이 지배하려는 욕망을 불러일으켰다.

아랍인이 처한 상황은 19세기의 슬라브인이 처했던 상황과 흡사하다. 슬라브인들 사이에 통합적 요소가 있었던 반면에 분열적인 요소도 또한 있었다. 중동에서 최근에 있었던 지역적 분열의 주요 원인은 이라크와 이집트 사이에 어느 나라가 어떤 잠재적 아랍연합을 이끌어 갈 것이냐는 문제에 관한 언쟁에 있었는데, 이와 유사한 분쟁은 사하라 남쪽의 아프리카에서도 있는 것이다.

19세기 슬라브인의 내셔널리즘과 현대 아라비아인의 내셔널리즘이 상이한 이유는 지역적 통일에 관한 전후의 일반적인 경향 때문이다. 근대 세계에서는 지역적 진영으로 나누어지는 명확한 경향이 있다. 아랍연합이란 이념에 가장 유사한 것은 아마도 유럽의 통합이겠다. 이와 유사하게 라틴 아메리카인들의 약간은 일종의 공동시장을 건설하려고 시도하고 있거니와, 카리브 해의 통합도 또 하나의 제안인 것이다. 양대 진영인 공산주의 및 비공산주의의 세계적 극대화 현상은 지역적 통합에 관한 주장을 모호하게 하였든지 또는 적어도 곤란하게 만들었다. 정치적 이원주의가 국제적 활동 무대에서 약화될 때에 지역적 통합 경향(19세기의 국가적 통합이 아닌)은 거의 확실하게 자신을 주장하게 될 것이다. 왜냐하면, 아랍과 아프리카의 국민들은 그들의 정치적 비중을 높이기를 바랄 뿐만 아니라 또한 단독으로 도달할 수 없는 경제적 안정과 힘을 갈망하기 때문이다.

캔터 : 마르크스 레닌주의의 아시아 및 아프리카로의 확대에 관해서 논의해 주겠는가? 특히 이러한 후진적 사회에서 이 같은 이데올로기의 수용을 유도하는 어떤 요인이라도 있는가?

바라클라프 : 마르크스 레닌주의의 아시아 및 아프리카로의 확대에 관한 여하한 논의에서도 우선 정치철학적 진전과 정치 체제로서의 공산주의의 진전과를 식별하는 것이 중요하다. 정치철학과 정치 체제는 두 개의 상이한 것들이다. 공산주의가 중국 외부의 후진 세계에서 그 어느 곳에서든 정치 체제로서 진척하지 못한 것은 실로 놀라울 일이다. 아마도 이것은 그 대부분이 실제에 있어서 소련 공산주의가 보여 준 것과 마르크스 레닌주의의 이론 사이에 개재하는 모순에서 기인될 것이다. 비록 아시아와 아프리카의 후진국들은 분명히 그 이데올로기에 매혹되어 왔다고 하더라도 소련 사회의 현실, 특히 스탈린주의적 통치 시기의 황폐한 모습에는 이끌리지 않았다. 이를테면 독단적이라든가 소수의 사람들에 대한 그 가혹성, 그 경직성, 당기관에 의한 지배력 등과 같은 것이다.

정치적 상층 구조 — 이것은 실제로 레닌 이후에 발전한 것이지만 — 는 이 체제가 지니는 경제적 측면과 동일한 생각을 갖지 않는다.

신생국가에 가장 잘 맞는 마르크스주의적 요소는 그것이 지니는 자본주의 사회에 대한 전반적이며 비판적인 분석에 있고, 더욱이 이러한 비판이 성립된 도덕적 근거에 있는 것이다. 마르크스가 자본주의에 의한 인간의 비인간화에 관해서 말했을 때, 그는 곧바로 이러한 신생 해방국가에 대해서 말했던 것이며, 이러한 국가들이야말로 식민주의와 서구 제국주의란 형태에서 비인간화를 경험했던 것이다. "제3세계"의 지도자들은 마르크스주의 사상을 바탕으로 자랐고 또한 육성된 세대에 속한다. 이것은 전적으로 엔크루마의 자서전이나 호치민의 생애에서 알 수 있다. 초기 민족주의자들의 세대는 유럽 내셔널리즘의 문헌으로 훈육되었다. 다름 아닌 루소, 마치니 및 그 밖에 19세기의 내셔널리즘 사상가들의 문헌에 의해서였다. 그런데, 1945년 이후에 세력을 잡게 된 세대는 마르크스주의 사상에 의해서 자랐다. 더욱이 마르크스주의적 이념은 그들이 바라는 정체政體 개념에 관한 주장에서 나타났다. 심지어는 공산주의자가 아닌 사람들도 마르크스주의의 감정적 호소력에 영향을 받았는데 이러한 호소력은 그들 자신이 위치한 상황에 너무나 잘 적합했던 것이다.

마르크스 레닌주의의 경제적 측면은 직접적으로 후진 사회의 마음에 드는 것인데, 그 이유는 이러한 측면이 산업성장을 위한 청사진을 제공하는 듯이 보이기 때문이다. 마르크스 레닌주의의 경제면은 자본주의가 어딘지 갖지 않은 범위에서 신생국가와 관련이 있는 듯이 보인다. 예컨대, 엔크루마가 자본주의는 후진국을 위한 체제로는 너무 복잡하다고 말한 적이 있다. 자유기업을 운영해 본 그들의 경험으로 — 실제로 외국 투자자들에 의한 자연자원의 엄청난 착취가 있었지만 — 는 이 체제야말로 본질적으로 이기적이며 또한 전반적 사회 발전을 위한 행위자가 아니라는 확신을 갖게 하였다. 그들은 개인적 기업가와 경제적 착취를 동등하게 생각하였고, 또한 다른 세계를 따라잡기 위한 극단적인 서두름에서 이 자유기업 체제를 시도해 볼 수가 없었다. 자유기업에 있어서의 고유한 점진적 접근 — 말하자면 개인적 기업가의 주도는 사회의 일반적 복지를 이룩할 것이라는 이념 — 은 첫째로 믿을 만한 것이 못되며, 또한 둘째로 그것은 신생국가에는 적용할 수 없다는 것이다. 그들의 환경조건으로는 국가적 노력이 첫 출발부터 필요한 것이다. 서구에서 수 세기 동안에 완성한 것을 제3세계에서는 2 내지 3세대나, 또는 조금도 안 걸려서 당장 완성해야 한다. 소련과 중공은 급속한 산업화를 추진한 가능성을 실제로 입증하고 있는 것이다. 두 나라가 과시한 것은 거창한 속도로 한 나라를 산업화하는 것이 가능하다는 것이며, 그럼으로써 그 나라의 외부 세계에 대한 위치와 국제적 협상능력과 내부적 생활수준을 높인다는 것이다. 물론 이러한 형태의 계획경제는 엄청난 인건비를 수반하는 것이다. 우리가 염려하는 바와 같은 인건비는 아시아와 아프리카의 신생국 지도자들에게는 무관한 것이다. 그들의 견해로는 대규모 계획을 위한 인간적 비용은 아무 것도 계획하지 않는 데서 드는 비용보다 크지 않을 것 같다는 것이다. 공산 세계의 계획경제에 잠재하는 강제성과 제한성은 방해물이 아닌 것이다.

마르크스 레닌주의의 매력이 갖는 기본적 이유는 그것이 제시하는 급속한 발전과 아울러 결과적으로 오게 될 세계의 다른 나라들과의 경제적 평등에 대해서 밝게 전망하는 데 있다고 생각한다. 다시 말해서 신생국가들은 사람은 자신을 재창조할 수 있다는 마르크스의 말을 믿는다는 것이며 — 이는 자기가 바라는 미래를 계획할 수 있다는 것이다. 물론 이러한 사실이 그들은 마르크스 레닌주의의 이데올로기를 전부 받아들인다는 것을 뜻하는 것은 아니다. 그들은 확실히 계급투쟁의 개념을 받아들이지 않거니와 그 이유는 그것이 실제로 그들 자신의 경험에 맞지 않기 때문이다. 그들은 자기네들의 사회를 본래 계급 없는 사회로 보고 있으며, 결국 그들은 외부 세력에 의해서 착취당했지, 무자비한 기업가들로 이루어진 국내의 계급에 의해서 당했던 것은 아니다. 국민의 전체 인구가 외국 자본가들에 의해서 공동으로 착취당했던 것이다. 이러한 방식으로 제국주의는 그 희생의 영토 안에 비교적 계급 없는 사회를 만들었던 것이다. 식민주의와 제국주의에 대한 봉기는 계급혁명이 아닌 국민혁명으로 보았다. 국내에 계급적 분쟁이 있는 곳에서는 베트남이나 콩고에서와 같이 외부 세력의 작용에 그 분쟁의 원인을 돌렸다. 신생국가들은 계급투쟁의 개념을 받아들이지 않으며, 그런 까닭에 그들은 또한 계급 지배의 도구로서의 국가에 대한 마르크스주의적 견해를 거부한다.

캔터 : 생각건대 바야흐로 우리는 현대의 가장 기초적 문제의 하나인 서구에 대한 항거 문제를 다루게 되었다. 서구 제국주의에 대한 거부와 다른 이 항거의 성격을 논의해 주고, 또한 서구는 제3세계에 대해서 산업기술과 이에 더해서 꼭 무엇을 줄 수 있는지 평가해 주겠는가?

바라클라프 : 내 생각에 서구에 대한 저항을 단순히 식민통치에 대한 항거로만 간주한다면 우리는 큰 잘못을 저지르는 것이다. 이것은 분명히 하나의 초점을 마련하게 되는데, 그렇지만 식민주의에 대한 항거 내지는 독립과 또한 대등한 위치의 확보를 바라는 욕망과 함께 서구의 가치에 대한 배제가 있다는 것이다. 아프리카인은 유럽화를 원하지 않지만, 동시에 확실한 것은 원시 상태로 잔류하기를 바라지도 않는다. 그들은 근대적 아프리카인이 되기를 원하면서, 이것이 불가피하게 유럽 문화의 채택과 유럽의 공업기술에 따른 가치를 수반한다는 것을 감지하지 않는다. 그런데, 이것은 다루기 힘든 서구의 개인주의에 대한 거부이며, 이것은 실제로 아시아나 아프리카 사회에는 근거가 없는 것이다. 더욱 초점을 맞춘다면, 그것은 서구의 오만hubris — 자기주장, 즉 식민지를 혹독하게 내리 누른 주제 넘는 자부심 — 에 대한 거부이다. 예컨대, 한때 자기 나라에 서구적 기준을 채용하도록 촉구했던 중국학자 옌푸Yen Fu는 제1차 세계대전으로 인한 파괴를 관찰하고 나서 통렬히 지적하기를 3세기 동안의 발전 후에 서구가 도달한 것이 네 가지 있는데, 즉 이기적일 수 있는 능력, 남을 살해할 수 있는 능력, 모든 성과의 상실, 수치를 안 느끼는 능력 등이라고 하였다. 이것은 서구의 인문주의적 신화에 대한 거부요, 또한 16세기 남미에서 예수회 수도사가 처음 선언한 "백인의 근심"에 대한 거부인 것이다. 서구가 야만인들에게 인문주의를 가져오고, 정체된 사회에 발전의 씨를 공여한다는 믿음은 "수혜"의 나라에

이 이상 받아들여지지 않는다. 유명한 서인도의 시인 세세르Aimé Césaire의 다음과 같은 시가 있다.

백인 세계에 경청하라
그들의 단언은 불굴의 별들 아래서 어떻게 무산하였는가를
그들의 강철 빛 속력은 육신의 신비로움에서 어떻게 마비되었는가를
그들의 패배가 그들의 승리로부터 얼마나 들리어 오는가를
그들의 위대한 변명 속에서 서글픈 말더듬 소리를 들어봐라

이러한 서구적 가치에 대한 거부는 어떤 곳에서는(특히 인도에서) 토착적 가치의 출현을 허용하였다. 간디는 인도 촌락의 독자적 가치를 재건하는 데 대단한 노력을 기울였다. 이슬람 세계에서는 확실히 서구 문화와 서구기술에 대한 상대적 조치로서 회교도의 종교적, 철학적 신앙의 부흥이 있었다. 그러나 전반적으로 보아서 옛 가치로 돌아가려는 이러한 시도는 그다지 오래 가지 않았고, 게다가 제3세계에서는 새 가치를 추구하고 있다.

서구에 대한 반항이 가져온 주목할 만한 정치적 결과는 서구적인 사건으로부터 손을 떼려는 생각이다. 이러한 생각은 정치적으로 중립주의로 나타나고 있다. 다시 말해서 중립적인 나라에 직접적으로 영향을 미칠 수 있는 서구적 내지는 공산주의적 이데올로기의 논쟁 속에 끼어들게 되는 것을 거부하는 것이다. 이것은 1957년에 카이로 소재 아랍 방송국이 송출한 다음과 같은 방송에서 잘 나타나고 있다. 즉, 강대국 사이의 분쟁에서 우리가 관여할 일이 무엇이냐? 우리가 미국과 또는 반대로 미국이 우리와 동맹을 맺음으로써 러시아의 노여움을 왜 사겠는가? 만일 우리가 그들 양대 강국 사이에서 중립으로 남는다면, 우리는 세계의 모든 다른 중립적 민족과 더불어 양대 세계 강국의 직접적 대립을 막을 수 있을 것이다.

여기서 다시금 중립주의자들은 그들의 박해자가 강요하는 식민주의와 그 가치 체계뿐만 아니라 서구적인 일만을 고려하고 있고, 더욱이 서구는 정치적·사회적인 문제에서 여타의 세계에 명령할 수 있다는 서구적 자부심에 대해서

도 거부하고 있다. 비서구 세계는 그 자체의 가치를 가지고 있을 뿐만 아니라 그 자체의 독립된 목적을 가지고 있다.

지난 100년에 걸친 아시아·아프리카·라틴 아메리카에 대한 서구의 충격에 수반된 양분적 성격은 서구인이 선전한 가치와 이들 여러 민족이 관찰한 실제 사이의 불일치에 있었다. 물론 이러한 불일치는 식민지에 나갔던 사람들 — 상인·모험가·"모자라는 사람들" — 이 서구 문화의 가장 좋은 대표자들이 아니었다고 주장함으로써 설명될 수도 있다. 심지어는 평균적인 식민지의 총독들도 서구 문명의 이상적인 보호자요, 완벽한 공급자일 것을 기대할 수 없다. 그럼에도 불구하고, 오늘날 신뢰할 수 있는 괴리가 조성되었고, 또한 현존한다. 즉, 서구의 공언을 단순히 믿지 않고 있는 것이다. 확실히 서구의 자유민주주의는 무엇인가 공업상의 기술 이외에 제공해야 할 것을 가져야 하지만, 그러나 신생국가들은 서구의 공여에 대해서 세심한 주목을 하고 있는 것이다. 우리가 일컫는 서구적 가치는 힌두이즘이나 회교나 또는 그와 흡사한 가치와 함께 인류에 대한 중요한 공헌으로 간주될 수 있는 모든 권리를 가지고 있다는 것에는 의심의 여지가 없다. 그러나 실제로 서구적 가치는 강압적인 규제와 착취가 뒤따르기 때문에 제3세계로 하여금 수락하도록 하기에는 극히 어려운 데가 있다. 서구인에게 허용될 수 있는 유일한 공헌은 사실상 그들의 공업기술뿐이라면 어떤 사람이든 이따금 의문을 가질 것이다. 결국 어떤 나라든 반드시 기술면으로 발전할 수 있는 것같이, 어떤 나라이든 공업적인 모범국가로서 봉사할 수 있다. 그렇다면 무엇이 서구의 특징적인 공헌으로 입증될 수 있으며, 또한 서구는 과연 그것을 이룩할 수 있을 것인가?

캔터 : 전후 세계의 요인으로서 국제연합의 중요성을 논의해 주겠는가? 이 기구를 위해서 앞으로 무엇이 있어야 하겠는가?

바라클라프 : 이 점에 관해서는 내가 절대로 말하고 싶지 않은 것이 국제연합에 관한 냉소적 또는 비관적 표현이요, 또한 그 업적을 과소평가하는 것임을 말해

두고자 한다. 이렇게 말한 이상 내 생각엔 세계 문제에 대한 국제연합의 영향은 미약하다는 것을 시인하지 않을 수 없다. 첫째로, 국제연합은 그 출발부터 강대국들의 태도 때문에 잠재력의 제한을 받아 왔다. 강대국들은 처음부터 거부권 — 고유한 한계 — 을 주장했었다. 예컨대, 미국은 유엔으로 하여금 결코 남미의 발언권을 허용하도록 준비하지 않았다. 이러한 미국의 처사가 옳다든지 그르다든지 논란하자는 것은 아니며, 단지 사실을 기록해 두자는 것이다.

유엔은 1947년에 그리스에서 발생한 사태에서 즉각적으로 외면당했다. 미국은 유엔에 호소할 수 있었겠지만, 즉각적으로 개입할 것을 결정하였다. 1950년의 한국 위기에서 미국이 취한 최상의 이점이란 유엔을 앞질러 행동하는 것을 필요로 한다고 다시금 결정했던 사실이다. 유엔은 그 뒤에 개입되었는데, 여기서 다시 국제 정치의 "옳고 그르고"를 논란하고자 바라는 것은 아니다. 북한에 대한 즉각적인 행동은 유엔과 무관하게 미국에 의해서 취해졌다. 1950년의 "평화를 위한 연합"이란 결의안은 기묘한 우발적 사건이었다. 그 이유는 러시아가 그 같은 중대한 순간에 스스로 불참할 만큼, 어리석을 것으로 예측할 사람은 아무도 없었을 것이기 때문이다.

유엔은 아무 일도 할 수 없고 또한 결코 독자적으로 무엇이든 하려고 의도하지도 않았다는 것이 사실로 남는다. 국제연합의 위치는 국제연맹이 차지했던 위치보다 독립적인 것은 아니다. 이것이 제기하는 문제를 반드시 알아야 한다. 예컨대, 세력과 영향력 있는 유엔의 다른 회원국 사이에는 실질적인 불균형이 있다는 것이다. 일반 회원국은 미국과 같은 동등한 세력을 휘두르지 못하지만, 그들은 동등한 회원국이요, 또한 제가끔 단일의 투표권을 갖는다. 책임을 지지 않는 다수회원국 — 행동의 의무가 그들에게 돌아오지 않는 의미에서 무책임한 — 의 표가 강대국으로 하여금 행동을 취하도록 강요할 수 있고 또는 강요해야 하는가? 유엔은 다른 어떤 경우에도 평등하지 않는 나라들의 연합체이다. 실제적 책임을 갖는 초강국이 2급이나 3급의 강국들을 완전한 동업자적 자격을 가진 나라로 받아들일 것이라고는 상상조차 할 수 없다. 그들 초강국들에게 기대하는 것마저도 온당치 않을 것이다.

그런데 유엔 산하기구의 유효성에 관해서는 굉장히 많은 논의가 있어 왔고, 또한 이러한 기구의 조직망은 유럽 공동시장에서와 같은 국제적 통일성을 수립하는 데 도움이 될 것이라고 지적되어 왔다. 이러한 논란에서 말하고 있는 것은 유엔이 처한 매우 곤란한 직접적 정치 활동이 아니라는 것이며, 오히려 국제적 관례를 창출해 내는 데 요긴한 산하기구를 통한 간접적 활동이라는 것이다. 그러나 가령 공동시장에서와 같은 관례를 검토해 본다면, 이러한 관례는 유럽적 통일성을 오직 일정한 수준밖에 이끌지 못한다는 것을 발견하게 될 것이다. 강국들은 정치적 통일의 문턱에서 갑자기 멈추었었다. 내 생각에 이와 같은 것이 유엔의 산하기구의 경우에도 해당될 것이다. 이들 기구가 훌륭한 일을 수행하고 있긴 하지만, 나로서는 다만 지구적 차원의 정치기구의 전조前兆로 볼 수는 없다.

유엔은 의사전파를 위한 활동 무대로서 매우 유용한 기능을 수행해 왔고, 아직도 국제 정치의 정책 형성에 일익을 담당하고 있다. 예컨대, 유엔은 수에즈 운하 위기에서 일반 여론을 위한 놀라울 만한 도약대였다. 이스라엘과 이집트 두 세력 사이에 개재했던 유엔의 실효성은 강대국들의 뒷받침에 의지했던 것이다. 1957년에 영국·프랑스·이스라엘이 이집트로부터 직접적으로 받은 것은 유엔에 있는 것이 아니라 미·소 양국이 교전국에게 가했던 압력에 있었다. 유엔에 강대국의 뒷받침이 없었다면, 영국과 프랑스는 유엔을 그만큼 무시했을 것이다. 유엔이 어떤 강대국에게 조건을 부과할 수 있다고 규정한다면 크나큰 착각일 것이다. 우리가 유엔에 대해서 할 수 있는 최악의 대접은 할 수 없는 일을 맡도록 당부하는 것이겠고, 즉 강대국들에 대해서 결정적으로 또한 독자적으로 행동하라는 것이겠다. 유엔은 콩고 위기에서 거의 재난을 당했거니와, 아무도 그러한 실수를 반복하도록 바라지 않을 것이다. 그와 같은 행동은 1945년에 인식되었던 유엔의 성격에는 예나 지금이나 합당치 않은 것이다.

캔터 : 아마도 이제부터 우리는 현대 문화로 관심을 돌릴 수 있을 것이다. 당신은 새로운 심미적 경향을 인문주의에 대한 공격으로 볼 수 있다고 느끼는가? 현대

의 미술·음악·문학은 새로운 가치로서 기념할 수 있는가?

바라클라프 : 현대인이 문화적 경향을 객관적으로 말한다는 것은 매우 어렵다. 나로서는 약간의 일시적 유행 — 예컨대 비틀스·히피·약물사용과 같은 것들 — 은 그들 나름의 권리를 주장할 만한 근거가 있다고 생각된다. 내 생각으로는 그들은 우리가 사는 세계의 중요하고 특징적인 두 가지 사실에 대한 반작용을 나타내고 있는 것이다. 첫 번째의 아마도 가장 기본적인 것은 수소폭탄의 존재이다. 1945년에 있었던 핵무기의 첫 폭발은 서구의 인문주의적 전통에 대한 기본적인 의구심을 제기하였다. 15세기에 인문주의가 출현한 이래 서구 문화가 쌓아올린 절정이 핵무기의 대량학살로 세계를 파괴하는 시현示現된 잠재력에 꼬투리를 잡힌다면, 뉘라서 사람은 "가려 내야 한다"는 말에 호기심을 가질 것인가? 나는 여기서 확실히 인류를 말살하는 최후 수단이 될 것 같은 "코발트탄"의 제조 가능성을 고려하지도 않고 있다. 내가 보기에는 비틀스든 히피든 어떤 말로써 이러한 현상을 묘사하는 데 사용하기를 바라든 간에 이들에 관한 기본적 사실은 서구 문명의 근본이라고 볼 수 있는 인문주의적 신화를 이들은 더 믿지 않게 되었다는 것이다.

인간의 파괴 능력에 관한 갑작스런 누설 — 말하자면 우리는 모두 "닥터 스트레인지 러브Dr. Strange-love"(영화에 나오는 주인공이름으로 원폭제조에 광분했던 인물)의 처분에 따라야 한다는 인식 — 은 실로 진보와 이성의 자유주의적 신조에 대한 최종적 타격이다. 이 신조는 이미 많은 타격을 입었거니와, 유럽에서 벌어진 유태인의 멸종 문제와 정치범수용소의 망령은 이미 인문주의적 전통의 화려한 밝은 빛 위에 어두운 그림자를 던졌던 것이다. 만일 역사의 전성全盛이 원폭으로 인한 멸종의 위기에 있고, 만일 이것이야말로 히로시마廣島의 폐허에서 만들어 낸 것이라면, 뉘라서 거창한 역사의 과정이 진실로 목적을 위해서 봉사했다고 말할 수 있을 것인가?

원자탄은 미래를 수수께끼같이 예측할 수 없는 것으로 만들었을 뿐만 아니라, 그것은 또한 과거를 파괴하였다. 우리는 옛날의 확실성이 소멸한 세계에서 살고 있으며, 그러한 세계에서는 오직 늙은이와 바보만이 아직도 과거를 믿고 있다. 그런데 물론 우리는 아무도 정치와 정치가를 믿지 않는 세계에서 살고 있는 것이다. 이것은 이따금 "믿음의 틈새"라고 일컬어지는 것의 본질인 것이다. 단지 존슨 대통령의 태도나 정책에 대한 냉소적인 논평 이상으로 믿음의 간격은 히로시마 이후의 시대의 전면적 성격인 것이다. 아무도 자기가 들은 것을 믿으려 하지 않거니와 이것이야말로 히피들의 반항의 핵심이다. 덕망가나 정치가의 명언이 기껏해야 단순한 헛소리에 불과하다.

그것은 또한 자유주의자들, 즉 이 세계를 타락하도록 놓아 둔 옛날 방식의 사람들에 대한 반항이다. 이러한 반전이 갖는 흥미로운 모습은 그것이 갖는 보편성이다. 예컨대, 이러한 항거는 워싱턴·파리·런던과 마찬가지로 모스크바나 도쿄에서도 생생하게 존재한다. 그것은 4세기에 걸친 서구 문명이 가져온 결과에 대한 환멸로서 특징 지어진 전 세계적 항거이다. 이에 대해서 분명히 우리 모두가 성취한 풍요한 사회가 갖는 무미건조함에 관해서 굉장한 염증이 얘기되고 있다. 불행히도 엘리엇의 "황무지"가 현실화한 것이다.

아마도 다른 어느 곳보다도 캘리포니아야말로 "진보는 우리의 가장 중요한 생산물"이라는 서구 문명의 격조가 무의미하다는 것을 의식할 수 있는 곳이다. 무료한 고속도로는 달리고 또 달려서 — 허무 속으로 빠지는 것이다. 찬바람이 4세기 동안의 서구역사가 낳은 황야를 뒤덮고 있는 것이다. 그것의 하나의 결과가 "이데올로기의 종식"이라고 불리는 것이겠다. 노력을 기울일 만한 가치가 있는 것을 아무도 믿으려 들지 않는다든지, "미국의 세기"라든지, "평민의 세기"라는 관념은 아무도 더 믿지 않는다. 아무도 사회주의의 이데올로기를(내가 개인적으로 생각하기에는 이것은 더욱 불행한 결과인데) 믿지 않을 뿐 아니라, 사회주의적 기초 위에 세워진 사회의 재구성은 새로운 형태의 착취 아닌 무엇이든 낳을 것이라고 믿는 사람도 없다.

그러면 히피들의 반항의 본질은 무엇인가? 이와 같은 경향은 왜 중요한 문화적 표현인가? 이러한 경향의 의의는 실로 다음과 같다 — 만일 풍요한 사회만이 우리가 앞으로 바라야 할 전부라면, 생존 그 자체는 아무런 가치가 없는 것이다.

그러면 회답은 없어지고 만다.

생존한다는 것은 정신적 황폐와 연결된 물질적 풍요를 유지하는 데 도움이 되는 수단을 가진 자만을 위하여 유쾌한 — 이것이야말로 무서운 일이지만 — 것이다. 정신병의사, 진정제, 폭음, 거금 같은 것은 그들에게는 생존을 지탱하는 유일한 길인 것같이 보인다. 분명히 서구의 물질적 풍요는 후진 제국이 원하는 것이지만, 그들이 그 풍요를 얻게 되면 마음의 변화를 일으킬 수도 있을 것이다. 사람은 이러한 삶을 견디어 나가는데, 그 까닭은 다른 선택의 여지가 없기 때문이거니와, 그러나 이 사람은 그러한 삶을 정당화하는 어떤 이데올로기에 대해서 동의할 필요는 없다. 히피의 항거는 심각한 현상이며, 그것은 일시적 유행이 아니다. 실제의 형태 — 긴 머리든 짧은 머리든, 수염이 있든 수염이 없든 — 는 엉뚱한 것이다. 그러나 유일한 해결책은 손을 떼는 것이라고 할 만큼 문제의 심각성이 있는 것은 분명하며, 내가 이미 말한 바와 같이 그 심각성은 한 대륙에만 국한된 것은 아니다. 그것은 모든 현대문명을 꿰뚫고 있는 것이다.

이것이 인문주의 그 자체에 대한 공격인지는 나도 모르겠으나, 그것은 확실히 서구 인문주의가 자신을 위해서 형성한 주장에 대한 본격적 불신을 나타내는 것이며, 또한 400여 년의 이러한 문화 형태의 역사가 사기적인 것이었다는 확신을 나타내는 것이다. 문제는 — 나로서는 명백한 해답이 있다고 믿지 않지만 — 오늘날의 문학이나 예술이나 또는 그와 같은 것이 새 가치의 표현이냐 또는 단지 옛 가치의 정체 상태에 대한 항거냐에 있다. 내가 볼 수 있는 한, 옛 가치의 파산은 확연하고, 아무도 새 가치나 신념에 의한 갑작스런 대치를 바랄 수 없을 것이다. 내가 잘못인지는 모르겠으나, 누구든 사회주의 세계의 이상적 주장이나 열망을 믿지 않는 한, 옛 가치에 대치할 만한 새 가치를 발견하였다고 나는 생각지 않는다. 그런데 그러한 사회주의는 이제는 결코 열렬한 지지와 함께 전파되든지 신뢰되지 않는다는 것이다. 여러 가지 수준에서 새로운 이데올로기적 기초에 관한 연구가 계속되고 있으나, 이것도 사람들로 하여금 자본주의 체제나 사회주의 체제나 또는 그 밖에 어떤 다른 현대적 이데올로기적 체제 속에 편입되기를 강요하지 않는 가운데서 그들 자신의 길을 찾을 수 있도록 허용하지 않는 한, 제대로 연구되지 못할 것이다.

캔터: 20세기에 있어서 아시아·아프리카 및 라틴 아메리카의 약간의 문화발전의 양상은 무엇인가? 유럽이 이들 세계에서 정치적 패권을 잃으면서 문화적 우월성도 또한 잃었는지?

바라클라프: 격식화된 이러한 질문 방법에 대해서 나는 정말로 동의하고 싶지 않다고 말하지 않을 수 없다. 나에게 관계되는 한, 문제는 정치적 패권의 상실이 반드시 문화적 우월성의 쇠퇴로 이끌어지는 것이냐에 있지 않고, 오히려 이러한 문화적 우월성이 처음부터 존재하였느냐에 있다. 솔직히 말해서 이것은 대답하기 굉장히 어려운 문제이거니와, 나는 다른 나라의 문화에 대한 전문가가 아니다. 유럽인으로서 나는 자연스럽게 유럽 문화수준을 적용하는 데 치우치게 된다. 예컨대, 내가 북아프리카에 있었을 때 이집트 음악이 나에게는 낯설고, 야만적이고 혐오감을 일으키게 하였다. 내가 말할 수 있는 모든 것은 내 자신의 문화적 편견을 인식할 만큼 충분히 개명했다는 것이다. 상당히 많은 분량의 미국 및 유럽의 현대음악도 또한 나에게 혐오감을 일으키게 한다는 것을 인정하지 않을 수 없다. 맹세코 말하지만, 이 문제야말로 내가 독단적으로 단정하려는 주제가 아니다.

후진 지역의 예술적·문화적 진전을 분석함에 있어서 한 사람 정도는 자기가 알고 있다고 생각하는 것에 대해서 말할 수밖에 없다. 이따금 우리는 문화 경향에 대한 보외법적補外法的 시도를 하는 데 걸출한 사례로 간주되는 것을 축출해야 한다. 그 같은 한 예가 고故 디에고 리베라의 회화가 지니는 특출한 성격이다. 그는 순수한 혁명적 예술가로서 최고의 유일한 존재로 기록되어 왔거니와, 그의 국적이야말로 그의 예술에서 매우 중요한 비중을 차지하였다. 그가 멕시코인이 아니었다면, 같은 수준의 예술가가 못되었을 것이다. 오늘날 그의 작품은 현대예술의 전위적 위치에 서 있다.

다시금 여기서 내가 정정을 해야 할 위치에 있는지 모르겠으나, 이를테면 리오 데 자네이로나 브라질리아보다 더욱 특출한 대표적 현대건축을 어디서 찾을 수 있을 것인가? 건축은 현대 문화의 중요한 표현이다. 서구와 마찬가지로 "후진" 제국에서의 건축은 특히 문화적 표현으로서 의의가 깊은데, 그 이유는 확실히 사회 발전에 밀접히 포함되는 까닭이다.

미국 대학들 가운데서 후진국들의 새로운 문학이나 산문이나 시에 관한 대학원 과정을 받아들인 대학이 있는지? 이것이야말로 신생국들의 소중한 문화 발전의 상승도를 나타내는 기압계수氣壓計數에 다름없다. 비유럽 세계가 귀중한 문화적 기여를 하고 있으며 또한 하게 될 것을 의심치 않는다. 나는 유럽과 미국의 현재의 문화 활동에서도 동일한 자신감을 느끼게 될 것을 바랄 뿐이다.

캔터 : 제3세계의 문화와 예술이 그 자체로서 독특한지 또는 정말로 유럽적 양식을 채택한 것인지? 멕시코의 예술과 건축은 정말 서구의 선례로부터 이끌어 낸 것인지?

바라클라프 : 내 생각에 이것은 정당한 질문인 것 같다. 확실히 연관성이 있다. 르네상스 시대의 유럽의 예술과 건축은 그 본보기와 자극을 고대로마의 예술에서 받았는데, 그러나 그 결과는 고전적 전형의 재현 이상의 것이었다. 외부로부터 온 자극이란 단순한 사실이 생래적·창조적 기동력起動力을 무효로 만드는 것 같지는 않다. 가령 브라질리아의 건축을 살펴보면 그것이 베를린의 건축과 같지 않다는 것을 알 수 있다. 그것은 전 세계적 움직임과 관습적 부분적 특색을 공유하는 것이지만, 그 자체로서 특이한 성격을 갖는 것이다.

따라서 우리는 이따금 미의 전형을 만들어 내는 외적인 원천源泉으로부터의 자극과, 한편 밖으로부터 빌려 온 형태를 새로운 환경에 어울리도록 독특한 모양으로 재구성하는 고유한 예술적 원동력과의 사이를 구별해야 한다. 프랑스의 상징주의적·초현실주의적超現實主義的 시는 아프리카의 시에 엄청난 충격을 주었으나, 그러한 시가 이러한 유형의 문학의 본질은 아니다. 새로운 미는 옛 형태의 단순한 파생물이 아니다. 그것은 옛 형태와 새 형태의 조화인 것이다.

캔터 : 나는 C. P. 스노의 두 개의 문화, 즉 과학의 세계와 예술의 세계 사이의 간격에 관해서 묻고 싶다. 이러한 간격은 실제의 문제인지 또는 단지 공허한 지적인 체계인지?

바라클라프 : 나로서는 두 개의 문화에 대한 스노의 진단에 대하여 개인적인 논평 이상의 것을 줄 수 있다고 생각지 않는다. 진실로 나는 단순한 초보적 과학교과서로 되돌아가서 아무리 살펴보더라도, 아직도 열역학熱力學의 제2법칙이 무엇인지를 잊게 된다. 이것이야말로 실로 문젯거리이다. 그리고 그것이 나를 오늘날의 세계에서 진행하고 있는 많은 것으로부터 절연絶緣시킨다. 심지어는 아주 단순한 산술 문제도 나로선 이해할 수 없는 실정이다. 내가 보기엔 이것은 아마도 변천하는 시대의 현상일 것인데, 한편 스노의 진단은 엘리엇과 파운드의 세계 — 그리고 솔직히 말해서 내 자신의 것도 포함해서 — 에도 상당히 작용하고 있다. 아마도 그러한 현상은 근본적으로 전前 과학 시대에 태어난 사람들 전체의 시대에 적용될 수 있을 것이다. 나는 개인적으로 결코 과학을 경멸하지 않았지만, 과학에는 무지無知였다. 이러한 사실은 양차의 세계대전 사이에 출생해서 교육받고 성장한 사람들 — 대체로 1945년에서 60년 사이에 지배적 위치에 있는 사람들 — 의 세계에 적용될 수 있다.

내 생각에 앞으로 15년이나 또는 그 정도면 우리는 이러한 이원적二元的·문화적 간격을 자연히 극복하는 방향으로 움직일 것이다. 인문 분야, 즉 비과학적 연구 분야가 과학에 의해서 침범되어 왔고, 또한 이것은 앞으로 두 세대 안에 노출될 것이다. 예술 분야에 종사한 많은 사람이 지금까지 지켜 왔던 우월한 태도나 심미적 초연성은 금후에는 불가능할 것이다.

새 세대는 과학자가 아닐지라도 그들의 양친보다는 과학에 관해서 훨씬 세련될 것이다. 케임브리지와 옥스퍼드를 다니는 내 아이들은 30년 내지 40년 전에 대학 재학생들이 끝낸 것과 거의 동등한 수준의 과학 연구를 이제 배우기 시작 — 그렇게 듣고 있지만 — 하고 있다. 과학은 우리가 전에 결코 꿈꾸지 못한 영역에 대한 새로운 연구수단과 분석을 위한 도구를 마련할 것이다. 한 연구 영역에서 생잔生殘할 시험 방법은 과학적 가능성과 새 기틀에 자신을 적응할 수 있는 범위 안에서 가능할 것이다. 예컨대, 역사가들은 액튼의 시대인 1900년대에 세계를 이끌고 있다고 느꼈고 — 그들은 진보의 전위에 있었다. 그러나 오늘날의 역사는 후위에 있고, 역사는 과학을 상대로 패배의 전쟁터에서 싸우고 있다. 얼마간에 역사는 과학자들에 대해서 독립적인 위치를 유지하고자 노력하고 있거니와, 과학자들은 투키디데스나 헤로도토스에 관한 연구가 더욱 과학적으로 되었다고 주장하고 있다.

새 세대는 옛날의 위치나 태도를 받아들이지 않고 있다. 인문학적 연구에 의존하는 학생은 이미 내가 경제학이나 통계학이나 사회과학 일반에 관해서 회의적으로 자랐던 것과 같이 회의하지 않는다. 그 학생은 사회과학이란 어휘를 받아들이고, 스노의 두 개의 세계 사이의 상호 연관적 공동의 광장에서 일할 수 있는 준비가 되어 있다.

내 자신의 견해로는, 스노의 평가가 오직 인문학적 전통과 과학적 통계가 불화 상태에 있었던 특수한 순간에만 타당성이 있다는 것이다. 이러한 간격이 신생국에서 넓은지 좁은지 나로서는 말할 수 없다. 서구는 두 문화 간의 차이를 유지하기 위한 시도에서 엄청난 자본 투입을 하였다는 단순한 이유 때문에 그 간격은 아마도 좁을 것이다. 내 생각으로는 한 세기 이상에 걸쳐 인문학의 제안자들이 서구에서 수세에 있었다. 역사를 과학으로 전환시키려는 시도에 대한 반작용은 심하게 과장되었다. 한 분야로부터 다른 분야로의 전환을 옹호하는 작용은 전체적 문제를 편견으로 대했기 때문에 두 문화의 상호적응을 곤란케 만들었다. 신생 제국에서는 이 문제에서 감정적 함축이 훨씬 덜 내포되어 있다고 생각된다. 이러한 이유 때문에 그들은 과학과 예술 사이에 가상적 분쟁의 전선을 설정하는 일 없이 문제를 검토하기 위한 보다 많은 솔직성을 가지고 있는 것이다. 신생 제국에는 옹호해야 할 부여된 학술적 이해의 문제가 없는 것이다.

캔터 : 1940년대 이래 성행된 냉전의 시대가 종말에 가까워지고 있는 오늘날, 어떠한 확증을 볼 수 있는지?

바라클라프 : 나는 냉전이 종말에 가까워지고 있다고 말하지 않고, 냉전은 끝났다고 말하겠다. 더욱이 냉전은 한 10년 전에 끝났다고 주장하겠다. 냉전은 우리가 역사적 과정의 부분 — 물론 당신이 뜻하는 냉전이란 것에 좌우되는 — 으로서 돌이켜 볼 수 있고 또한 평가할 수 있는 사상事象이다. 오늘날 아직도 냉전이 지속하고 있음을 주장하기 쉽지만, 그것은 얼어붙었던 전번의 냉전보다 다른 성격의 것이다. 그러나 이럴 경우 어떤 종류의 분쟁에 대해서도 냉전이란 낱말을 전면적으로 사용하는 것이 된다.

1940년대 후기에 나타났던 바와 같은 냉전의 본질은 두 철학 — 공산주의의 철학과 소위 개방적 자유 세계의 철학 — 사이의 원리상의 쟁투爭鬪였다. 이러한 개념과 혼합된 신조는 공산주의라고 하는 것이 직접적 공격이나 전복으로써 세계를 장악하려고 시도한다는 것이다. 서구는 자유 세계의 방위망防衛網을 구축함으로써 이렇듯 공개적으로 나선 공격에 대한 제어制御를 시도하였다. 소련 영역에서 냉전이라고 하는 것은 미 제국주의로 간주되었다. 이는 소멸한 유럽 강국의 제국주의를 미국이 대신하려는 시도로 보였기 때문이다. 그들이 생각한 것은 힘의 공백이 유럽에 있었고 그리하여 미국은 그것을 채우려고 노력한다는 것이다.

1940년대에 형성된 냉전에 대한 이러한 태도의 전환점은 대체로 1957년경에 왔다. 이 무렵에 있었던 교착 상태는 — 국제적인 대결에 이르렀다. 1957년에, 나로서는 정확한 일자를 지적하려는 뜻은 없지만, 한 가지 명확한 것은 — 미국이 소련의 희생 위에 전진하려 들지 않았을 뿐 아니라, 그 반대로 소련이 그러려고 시도하지도 않았다. 10년여 동안 양측은 세계를 분할하려는 시도에서 가능한 어느 곳에서든지 동맹자를 얻으려고 노력해 왔다. 스탈린과 덜레스의 단일 체제적單一體制的 진영은(모든 비난을 덜레스에게 안겨 줄 생각은 없지만, 그는 한 시대의 상징으로서 두드러지고 있다) 이 무렵에 끈질긴 투쟁을 조용하게 닫을 수 있었다.

1957년에 이르러 양대 단일 체제의 진영은 분해하기 시작하였다. 동방에서는 사회주의로 가는 길의 다양성을 인정했던 1956년의 소련 제20차 공산당대회에서 이미 미심쩍은 상황이 야기되었다. 문제는 또한 소련과 중공에 의해서 개진된 공산주의 전략에 관한 상이한 해석에서도 야기되었다.

서구에서도 이와 병행해서 분해가 있었다. 공격적인 소련에 대한 방어를 유지하기 위하여 서구는 워싱턴의 독재적 지배에 추종해야 한다는 생각이 붕괴하고 있었다. 경계선이 그어졌고 완전히 평탄한 곳에서 더욱이 아무도 그 너머로 침입할 수 없었을 때이던 1957년부터 서구의 통일성은 분산하기 시작했다. 물론 서구에서 있었던 이러한 분열은 동구의 분열과 같지 않다. 서부 진영의 지도 역량이나 지배력은 이미 절대적인 것이 아니라고 많은 유럽인들이 지각知覺했다. 이것은 1958년에 프랑스에서 잘 나타났거니와, 이때 자신이 생각하고 있는 것이 옳은지 그른지를 생각할 줄 아는 드골이 유럽은 자체의 독립을 주장해야 한다고 결정했던 것이다. 그가 또한 확신했던 것은 이러한 움직임이 미국의 궁극적 이해에 관계되며, 이 나라는 유럽과 다른 세계라는 것이다. 은연중에 그는 유럽이 북미인과 러시아인이 만든 원자탄이라고 하는 맷돌에 희생되기를 원치 않는다고 말하였다. 나는 드골이 옳은지 그른지에 관해서 논란하지 않겠거니와, 내가 말하고자 원하는 것은 국제 정치의 활동무대에서 묵계적默契的 재정리와 함께 새로운 심리적 동향이 발생하였다는 사실이다.

역설적으로, 새로 전개되는 세계에서 가장 공통성을 갖는 것은 소련과 미국이다. 후자는 프랑스에 의해서 도전받게 된 자신을 깨달았다. 러시아는 공산주의는 받아들였으나, 러시아의 명령을 거절한 동유럽 제국에 의해서 도전받았으며, 또한 어떤 문제이든 러시아와 함께 제기되는 문제에 도전하는 중국의 도전을 받았다. 그리하여 매우 이상스런 일이 일어났는데 — 두 강대국들은 미묘한 길목으로 함께 온 것이다. 워싱턴이나 모스크바의 공식적 성명은 없었으나 두 나라 수도 사이에 세워진 직통전화선은 내가 보기에는 새로운 세계 정세를 상징하는 것이다. 바야흐로 위급한 사정에 처한 모스크바와 워싱턴은 함께 모여 타협이 이루어진 것이다. 새로운 정리는 1963년의 핵실험금지 조약에서 또한 나타났는데, 이 조약은 본질적으로 다른 나라들이 만일 희망한다면 동의할 수도 있는 러시아·미국 양국 간의 쌍무적 협약인 것이다.

전후 세계의 두 초강국은 평화를 지켜야 한다는 공동의 이해를 가지고 있음을 볼 수 있다. 독일이나 중국이나 또는 그 밖에 다른 곳의 성급한 사람들이 이데올로기적 분쟁을 계속 바란다는 것은 모두 좋다고 치더라도, 그러한 계속적 분쟁에서 얻는 자는 누구인가? 러시아인가 미국인가? 전후 시대에 있었던 소련의 거창한 발전은 그 냉전 정책에서 일정한 한계를 설정하게 하였다. 혁명에의 열망을 토로한다는 것은 볼셰비키의 대성공 이후 반 세기가 지난 오늘날, 소련의 새로운 공업 사회에서는 다소 어리석은 일이다. 러시아인들은 그 열망을 이룩하였다. 다시 말해서, 그들은 바야흐로 성공적인 이득을 얻게 된 것이다. 11월 혁명이 지난 지 53년이 되는 오늘날의 소련은 "가진" 사회이다. 오늘날의 소련 시민은 핵 전쟁의 가능성을 원치 않는다. 보다 안락한 생활은 별 문제로 하고, 소련의 시민은 핵 파괴력에 연결된 혁명적 열망은 함부로 장난할 일이 아닌 것임을 앞장서서 주장하기 시작하고 있다. 소련 시민은 지난번 전쟁에서 많이 파괴되었듯이 도시의 파괴를 원할 것인가, 아니면 맹렬한 탄압에 뒤이은 감미로운 풍요를 향유할 것인가? 러시아인들은 그들의 투쟁이 주는 이익을 바라고 있다.

다른 수준에서 미국은 같은 위치에 있다. 1957년에 거대한 스푸트니크가 서구의 하늘에 그림자를 던지면서 러시아도 또한 미국에 대해서 핵 공격을 감행할 만한 역량이 있다는 것이 밝혀졌고, 덜레스의 전쟁 일보 전 정책은 그것이 어떠한 가치를 지불한다 할지라도 시대에 뒤떨어지는 정책이 되었다. 냉전은 그것이 유럽이나 아프리카나 아시아에서 벌어진다면 괜찮지만 미국의 내시빌이나 샌디에이고에서 벌어진다면 받아들일 수 없다는 것이다. 미국과 러시아는 냉전의 유치한 차원으로부터 성장할 필요가 있었다.

물론 냉전은 아직도 지속되고 있으며, 중국은 소련의 자리를 물려받고 있다고 말할 수 있을 것이다. 이것이 어떤 의미에서는 사실이겠으나, 1940년대에 기원한 냉전은 아니다. 냉전은 이미 존립하지 않는다. 만일 새로운 냉전이 있다면 그 근본적 노선은 매우 상이한 것이겠다. 중국과 미국에 대한 직접적 대치에서 소련의 위치는 무엇인가? 이 문제에 대답할 사람은 아무도 없다. 그것은 우리가 트루먼 시대에 기대할 수 있었던 것과 전혀 다른 것이다.

캔터 : 귀하는 인구면의 실패가 유럽의 세계적 패권을 유지하는 데 근본적 실패라고 말한 적이 있다. 이에 대한 논평을 해 주고 또한 제3세계에서의 지속적인 인구 증가에서 무슨 결과가 올 것인지 예진해 달라.

바라클라프 : 내가 생각하기에는, 단순한 인구의 수나 그 밀집 상태가 국가적 힘이나 우월성의 기준이 되는 것은 아니다. 만일 그렇지 않다면, 전체적·세계적으로 상황은 매우 달랐을 것이다. 인도의 인구와 같은 거창한 인구는 자원의 정반대일 수밖에 없다.

반면에, 만일 인구를 동원할 수 있고 인력을 좋은 일에 인도할 수 있다면 결코 문제가 아닌 것만은 사실이다. 그럴 경우 인구의 크기가 무시해도 좋은 기준은 아니다. 영국은 19세기에 적은 인구를 가졌었는데, 인구 부족의 대부분을 경이적인 산업화로 보충했으며, 그리하여 이 나라는 훨씬 더 많은 인구를 가진 지역을 지배할 수 있었다. 그러나 만일 영국의 인구가 19세기 초입부터 성장하지 않았다면, 영국은 고도한 산업적 성장이 있었음에도 불구하고 같은 세기 후반에 차지한 특출한 위치에 오르지 못했을 것이다.

오늘날 산업 발전을 이룬다는 것은 이미 한 나라만이 독점할 수 있는 것은 아니다. 산업화의 열쇠인 공업기술을 전달하는 것보다 쉬운 것은 없을 것 같이 생각된다. 유럽인들의 편견 — 그중의 하나가 아시아인들은 성공적인 항공 전쟁을 수행할 만한 기술에 너무나 무지하다는 것인데 — 은 이미 차례차례 무너져 가고 있다. 미국 공업기술이 만들어 낸 값진 생산품이 아시아의 조종사들에 의해서 격추당할 수 있다. 토인비를 혼돈케 했던 것으로서 문화는 전달될 수 있느냐 없느냐는 문제는 진정으로 나에게는 납득이 안 간다. 극히 손쉽게 전달될 수 있는 것은 공업기술의 능력이다. 만일 이러한 전달이 사실이 아니라면 순수한 규모는 문제가 아닐 것이지만, 바야흐로 그 규모가 실제로 문제되고 있는 것이다. 유럽의 패권이 좌절한 이유는 유럽의 소수의 사람들이(이들의 실제 출생률은 아무튼 떨어지고 있었지만) 인도·인도네시아·인도차이나, 그리고 이와 유사한 신생 산업국가의 늘어나는 인구를 조종한다는 것이 단순히 불가능하였기 때문이다. 예컨대, 근 3억 인구에 달하는 한 나라에서 불과 6만의 영국군대와 4천의 영국인 관리를 가졌던 인도 속의 영국의 위치는 오직 인도인이 상황을 받아들인 한도 안에서 견딜 수 있었다. 아亞 대륙으로서의 인도의 내부적 분열과 정치적 냉담성이 어떤 다른 요소보다도 영국의 통치를 유지하게 하였다.

이와 같이, 인간의 단순한 수적 규모는 중요하지 않지만 그것이 가동되면 역사에서 커다란 힘을 낳는 것이다. 우리가 지금 당면한 세계에서 인구의 대다수는 백인이 되지 않을 것이다. 백인의 출생률이 부족한 수를 채울 만큼 천문학적으로 증가할 것을 예측할 만한 아무런 근거가 없다. 멀지 않은 장래에 백인은 세계 인구의 4분의 1미만으로 될 것이며, 그 인구의 대다수가 특별히 백인의 문화적 상상력이나 가망성可望性에 매료되지 않을 것이다. 이러한 상황이야말로 다음 4분의 1세기에 가장 중요한 요인으로 될 것이다. 이 문제가 외교 정책이나 국제적 재편성에 국한될 것이냐, 또는 더 크게 확대될 것이냐? 그것이 단순히 유색인의 세계에 대한 백인 세계의 단합에 관한 문제가 될 것이냐, 아니면 — 이것이 내가 보기엔 더 그럴싸하지만 — 아시아나 아프리카의 유색인의 세계가 백인 세계 안의 내부적 전복을 지지하는 정책을 쓸 것이냐? 유색인의 세계가 미국 내의 흑인이나 러시아 내의 소수 유색인을 지지할 것인지? 외부적 분쟁일 것이 폭력적 내란으로 발전할 수도 있을 것이다. 그러한 사건이 있을 때 백인들은 강력한 무기를(새로운 가스 같은 것) 사용할 수 있을 것이며, 어떤 미국 도시의 경찰은 시험을 해 온 바도 있지만, 역시 인구 통계는 비백인 편에 있는 것이다. 아마도 시간과 역사는 같이 흐를 것이다.

캔터 : 역사에서 중요 요인은 이미 정치가의 활약이나 특정의 전장戰場일 것 같지 않고, 오히려 원자력, 인구 통계, 자동 조작 등과 같은 요인들로 보인다. 이러한 일을 생각하면서 역사를 어떻게 쓸 수 있을 것인가? 우리가 가장 우수한 가르침일 것이라고 알고 있는 역사학은 쓸모없는 것인가?

바라클라프 : 지당한 말씀이지만, 이 질문은 내가 보기엔 허식적 대조對照 위에

근거한 것 같다고 말하지 않을 수 없다. 확실히 전자공학이라든지 원자력이나 자동 조작은 역사에서 지극히 중요한 요인이다. 자동 조작은 이미 미국노동총연맹 산업별회의에서 굉장히 속을 태우는 원인이 되고 있다. 사람의 손이 해내던 일을 기계가 하도록 만들어진다면 이것이야말로 모든 우리들의 생활에 영향을 줄 것이다. 어쨌든 산업혁명 전의 영국에서 최초의 방직기계가 사람의 일을 박탈하였었다. 오늘날 한 사람이 스위치 하나를 돌림으로써 100사람의 일을 할 수 있다면 그 반응은 동요를 일으킬 것이다. 자본주의경제의 원리 — 즉, 일하면 돈을 벌고 성공하는 좋은 이치理致이다 — 는 그 기초부터 뒤흔들릴 것이다. 우리가 오늘날 이미 알고 있는 것은 일을 해서 부를 얻는 것이 아니라는 것이고 자원을 조종한다든지 다른 사람을 부려서 부를 축적한다는 것이다. 자동조작과 함께 만일 사람들로 하여금 일하는 것을 원치 않게 만든다면, 우리는 그들에게 무엇을 하도록 바랄 것인가? 우리는 그들에게 일하지 않는 방법을 가르쳐야 할 것이다.

그러나 나의 견해로는 역사가들이 항시 정치가와 외교가들의 활동을 과장했다는 것이다. 그 한 예가 역사가들이 비스마르크를 개인적으로 독일통일에 책임을 지도록 만드는 방법이고, 한편 독일의 역사가들이 후대에 일어난 모든 독일의 과오를 비스마르크의 몰락에 돌리는 바와 같은 환위적換位的인 의미의 오류를 범하는 일이다. 그러나 주요 동인動因이 1850년대와 1960년대의 독일에서 작용하기 시작했고, 그러한 동인 없이 비스마르크의 사업은 불가능했을 것이며, 또한 1880년대와 1890년대에 이와 유사한 동인이 독일을 비스마르크 시대로부터 밀어냈던 것이다. 독일 산업화의 육중한 과정은 그 규모나 힘에서 대체로 우리들의 세계의 자동화 과정과 대등한 것이었다. 독일국민은 이러한 새로운 동력을 어떻게 활용할 수 있었는지, 또한 독일의 정치적 현실을 산업화 과정에서 오게 된 폭넓은 사회변동에 어떻게 적응할 수 있었는지? 내 생각으로는 우리들의 오늘의 위치가 매우 유사하다는 것이다.

정치가의 행동은 그들이 직면한 환경으로부터 격리되어 있는 것이 아니다. 정치의 세계와 표면상 비인격적 힘으로 이루어진 것 같은 엄청난 변화와 사이의 이원적 상층 구조는 쉽게 설명할 수 없는 어떤 과정에서 서로 영향을 미친다. 역사에서 "의식"과 "무의식"의 힘이나 인격적 또는 비인격적 힘 사이에는 굳이 양분법兩分法이 필요 없다. 예컨대, 너무나 많은 역사가들이 비스마르크는 그 당시에 동일한 방향으로 작용하고 있었던 강력한 경제력 없이 독일 통일을 완성했을 것으로 간주하고 있다. 이런 종류의 역사는 실로 쓸모없는 역사이며, 이는 전체적 역사가 아니다. 나는 개인적으로 개인들의 활동에 집약된 역사를 결코 믿지 않는다. 나는 교양적으로〔생각하게〕되기를 바라지 않거니와, 내 생각에 대부분의 의식적인 역사가들은 마르크스가 말하는 역사에서 객관적 요인이라는 것을 충분히 알고 있을 것이다. 말하자면 환경에서 객관적 요인이라는 것은 정책 입안에서 조건적 요소란 것이다. 이 객관적 요인을 믿기 위해 마르크스주의자가 되어야 할 것은 없다. 가령 만일 트루먼 대통령이 원자탄을 가진 사실을 스스로 몰랐다면, 1945년에서 47년 동안에 모스크바와의 관계에서 그렇게 행동할 수 있었을까? 오늘날 객관적 요인이 성행盛行한다고 해서 역사의 가르침을 그 자체에서 쓸모없는 것으로 만드는 것은 아니다. 쓸모없는 것으로 만드는 것 — 이것은 좋은 것이지만 — 은 직관直觀이나 "느낌"이나 편견에 근거한, 그리고 전혀 과학적인 가르침이 아닌, 그러한 종류의 역사이다.

캔터 : 만일 현대사에는 전 지구적 고려가 필요하고 또한 거의 모든 미국 및 유럽의 역사학자들이 동양이나 아프리카의 언어에 대한 지식이 결여되었다면 이런 종류의 역사를 쓰는 데 어떻게 자격을 가질 수 있을 것인가?

바라클라프 : 확실히 언어에 대한 무지와 편협한 태도는 역사가들에게 심각한 한계성이다. 그럼에도 불구하고 누구든 선의를 가지고 배울 수 있다. 한 사람이 어려운 아프리카의 지방언어를 말할 수 없다는 이유 때문에 반드시 편협한 유럽인이나 편협한 미국인이 되어야 할 것은 없다. 그는 원하는 것만큼 자기의 눈을 열 수 있을 것이다. 단순히 기능면의 주요성만 강조한다는 것은 무서운 잘못 일 것이다. 그것은 중세전공자들에게 가장 중요한 것은 고문서학이란 말

과 같은 것이겠다. 나는 오랫동안 고문서학을 배우는 데 시간을 보냈거니와, 또한 나는 좋아했다. 그러나 고문서학자가 아니면 중세전문가가 될 수 없다고 말할 수는 없는 것이다.

처음 보아서 언어의 장벽은 가공한 것으로 나타나며, 또한 실지로 그렇다. 아직도 명확한 것은 현대의 세계사를 쓰기 위하여 모든 세계의 언어에 통달하게 될 사람은 없을 것이다. 그것은 불가능하다. 그러나 언어가 반드시 필요한 자격조건인가? 나의 분야를 위해서, 나는 오늘날의 미국의 탁월한 극동사가極東史家인 하버드대학의 존 F. 페어뱅크에게 동의하거니와, 그는 말하기를 역사 사상은 문서를 통달하는 데 필요한 언어를 읽을 수 있는 사람만이 가능하냐는 논란에 대해서 신중한 의문을 던져야 한다는 것이다. 만일 기능적 자격이 본질적인 것으로 고려된다면, 그럴 경우 편협한 특수주의特殊主義가 나오게 될 것이다. 미안한 말이지만, 이런 것들을 우리가 지금 만들어 내고 있는 것이다. 나 자신은 옥스퍼드에서 자랐고, 감히 말할 수 있는 것은 가장 메마른 심오한 특수주의 — 영국중세헌정사英國中世憲政史 — 에 빠졌던 사람이다. 나는 모든 특수주의를 비난할 마음은 없고 나는 그러한 특수주의의 전통에서 배웠고 가르쳤다. 기술적인 것으로서 특수주의는 확실히 가치가 있으나, 그것은 역시 역사보다는 골동품 수집 같은 입장에 가까워질 수 있다. 페어뱅크가 주장한 대로 세계사에 관한 폭넓은 비교 연구를 준비하기보다는 언어에만 정통하라는 것은 지구적 역사에 국한된다. 다각적 문제를 극복하려는 학생들을 위해서 사실상 장애가 될 수 있을 것이다.

물론 모든 역사가들은 그들 나름의 경향성을 갖고 있으며, 또한 곁들여 말하자면 모든 과학자들이 그러하다. 우리는 세론世論과 같은 어떤 것을 가질 것으로 믿지 않으며 — 바라지도 않는다. 부분적인 과거는 다른 여러 이점利點으로부터 보아서 동일하지 않다. 지금으로부터 50년 후에 미국·프랑스·중국·소련의 역사가들이 한국 전쟁을 어떻게 볼 것인가. 지금도 수십의 다른 견해가 있으며, 그러한 해석의 다양성은 유리함과 함께 불리함을 지니고 있는 것이다. 만일 한 역사가가 편협하다면, 그는 적어도 그 편협성을 깨달아야 한다. 만일 스스로 깨닫지 못한다면 이 편협성은 다른 나라와 마찬가지로 그 자신의 나라의 역사를 파악하는 데에도 영향을 미칠 것이다. 서구에 있는 우리의 경우 지구적 또는 보편적 관점 — 학문적 보편주의 — 을 가져야 하는 하나의 이유는 다른 사회를 더 알게 되는 과정 자체가 우리 자신을 이해하는 데 도움이 되는 까닭이다. 그런데, 우리와 동등한 조건으로 제3세계의 역사를 소개한다는 것이 단지 거만스런 이타적利他的 이유의 계기로 되어서는 안 된다. 온 세계가 앞으로 수십 년이 지나면 더욱 더 서로 알아야 할 문제에 관해서 더 많이 배워야 한다.

귀하의 질문 뒤에 함축된 가정은 역사는 좁은 미국적·유럽적 관점에서 계속 쓰이게 될 것이고 다음 세대에도 쓰여질 중요한 역사는 오직 유럽 내지는 미국이 된다는 것이다. 실로 아랍 세계나 아프리카·중국·일본 또는 소련의 아시아에는 그들 자신의 관점과 함께 훌륭한 역사학이 있다. 우리가 서구인이나 미국인들이 역사 지식의 독점권을 계속 향유할 수 있을 것으로 생각한다면 어리석은 일이겠다. 나의 관점으로부터 볼 때에 우리가 그와 같은 독점을 바란다는 것은 더욱 어리석은 일일 것이다. 신생국들은 마침내 역사학의 영역 속에 포괄되었고, 우리는 그들을 동등한 조건으로 받아들이기 시작해야 한다. 결국 미래를 건설하는 데 한몫을 차지하게 될 이러한 신생지역이 역사를 기술하는 데 커다란 역할을 할 것이라고 생각하는 것이 과연 불합리한 생각일까?

인명 찾아보기

ㅁ

ㅂ

ㅎ

유럽사의 해석

초판 발행 2009년 9월 25일
초판 1쇄 2010년 6월 25일
지은이 최영보
펴낸곳 **고려대학교출판부**
www.kupress.com
kupress@korea.ac.kr
136-701 서울특별시 성북구 안암동
02-3290-4230, 4232
Fax 923-6311
찍은곳 한국컴퓨터인쇄정보

ISBN 978-89-7641-697-1 93920

값 20,000원